研究&方法

HLM

The Practice of Multilevel Modeling

多層次模式
的實務應用

吳明隆 著

序言

    目前許多量化研究的資料結構中，都有巢套（nested）的特性，所謂巢套即個體樣本可聚合在某個同質性較高層的群組之中，如員工巢套於部門或組織之中，病患巢套於醫師之中，學生巢套於班級（或學校）之中，教師巢套於學校之中，校長巢套於縣市之中等，這種對結果變項的影響變項，除個體樣本的變因外，個體樣本所聚集的群組或組織環境也可能是另一個影響變因。

    當搜集的資料結構本身具有階層（Level）特性時，研究者若只以個體樣本為分析單位，採用傳統迴歸分析方法有時可能會遺漏許多重要資訊，若改採用階層線性模式（Hierarchical Linear Modeling;[HLM]）或多層次模式（Multilevel Modeling）分析方法，不僅可以分析個體層次（micro level）自變項對結果變項的影響，也可以探究資料結構之總體層次（macro level）自變項與結果變項是否有顯著的直接影響效果，進而探究個體層次與總體層次解釋變項對結果變項影響的跨層級交互作用效果（cross-level interaction effect）。

    目前國內外專門論述多層次模式或階層線性模式的書籍不少，但大部分已出版的書籍多偏向於多層次模式的理論與其方法學的介紹，有關資料結構於多層次模式的實務應用著墨較少，本書以實務應用導向的觀點出發撰述，配合階層線性模式分析軟體HLM（Hierarchical Linear Modeling）的操作說明，詳細說明各種多層次模型的分析程序，並對分析結果加以完整詳細的解析，使用者看完內容後可於最短時間內上手應用。

    本書從使用者觀察出發，從實務的角度論述，循序漸進，配合圖表及文字解析，兼顧基本理論與實務操作方法，以各種範例詳細說明多層次模式分析的原理，並完整的解釋報表結果，對於閱讀者而言，是一本「看得懂、學得會、容易上手、能立即應用」的書籍。

    本書得以順利出版，要感謝五南圖書公司的鼎力支持與協助。作者於本書的撰寫期間雖然十分投入用心，但恐有能力不及或論述未周詳之處，這些疏漏或錯誤的內容，盼請讀者、各方先進或專家學者不吝斧正。

吳明隆 謹識

2013 年 5 月

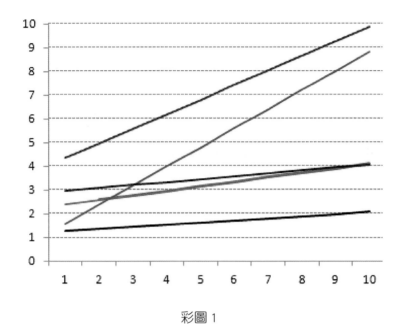

彩圖 1

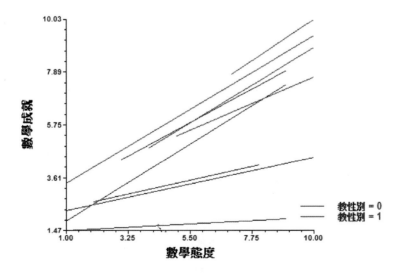

彩圖 2

多層次模式的實務應用

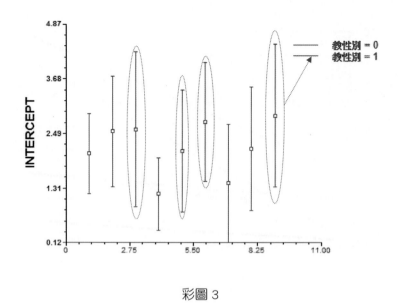

彩圖 3

隨機係數迴歸模型圖

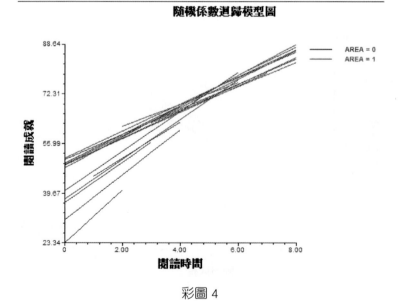

彩圖 4

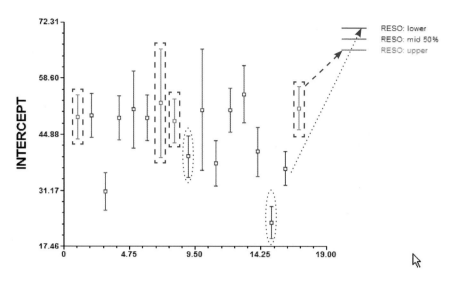

彩圖 5

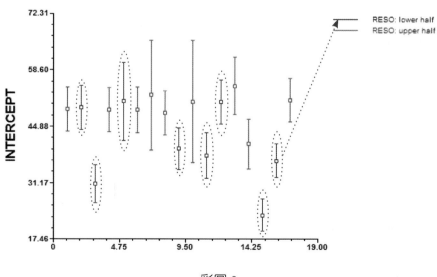

彩圖 6

多層次模式的實務應用

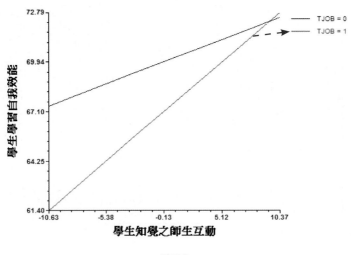

彩圖 7

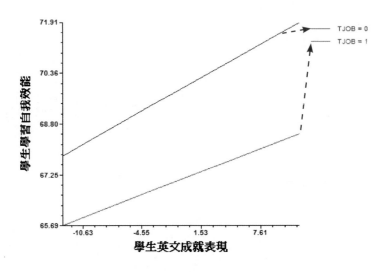

彩圖 8

目次

第 **1** 章

多層次線性模式

多層次模式的實務應用

　　如果研究者研究主題的測量值或分數間有巢套關係，除採用一般線性迴歸探究所有樣本在自變項（解釋變項）與結果變項（效標變項）間的關係，也可以進一步採用多層次線性模式分析結果變項與個體層次解釋變項及總體層次解釋變項間的關係。

壹　多層次線性模式基本理論

　　「多層次線性模型」（multilevel linear modeling；簡稱 MLM）又稱「階層線性模型」（hierarchical linear modeling；簡稱 HLM，一套專門分析階層線性模型的軟體也稱為 HLM），此種模型可用來分析不同層次的資料結構。多層次線性模型中的層次通常分為「個體層次」（individual level/micro level）與「總體層次」（macro level），總體層次又稱為「組別層次」（group level）。個體層次（如學生個人社經地位、學生個人的學習成就、員工個人）通常內嵌於群組層次（如班級、學校、公司）之內，總體層次是由不同層次或個體之脈絡（context）所構成，因而在 MLM 分析中，較高層次之分析單位的名稱可能指「群組」、「集群」（cluster）、「脈絡」等。多層次分析模型因為同時具有個體層次與總體層次的脈絡，其分析模式也稱為「脈絡模式」（contextual models）或「集群化模式」（cluster models）（集群化模式和集群分析是二種不同的統計方法）（吳明隆，2009）。

　　多層次模型的層次（或稱階層）可能有二層或三層，以學校組織架構而言，三個層次模型分別是：層次一為學生、層次二為學生所在班級、層次三為學校，學生巢套（nested）於班級之中，班級又巢套於學校之中；二個階層的分析模型，個體層次為學生，總體層次為學生班級或學校，如果是以教師為研究對象，教師樣本為個體層次，總體層次為校長領導或學校，個體層次的教師樣本巢套於學校組織之中；以企業組織為例，三個層次模型中的層次分別是：層次一為員工、層次二為員工的部門、層次三為部門所屬的企業組織，員工巢套於部門之中，部門又巢套於組織之中；如果是二個階層，則階層一通常為員工，階層二為部門或組織。

　　一般迴歸分析方程為 $Y_i = \beta_0 + \beta_1 X_1 + r_i$，層次一的方程可以知悉截距估計值及解釋變項 X 對結果變項 Y 影響的斜率，但並未考量到個體（層次一）所在群組（層

次二）間的差異，因而迴歸方程式的註標把群組 j 省略，群組間的變異未加以考量，截距與斜率都被視為固定參數，如果研究者考量到層次二群組單位間的差異，班級群組以數學態度預測數學成就迴歸的截距及斜率可能不同，一般迴歸方程會增列群組註標：$Y_{ij} = \beta_{0j} + \beta_1 X_{1j} + r_{ij}$ 或（$Y_{ij} = \beta_{0j} + \beta_1 X_{1j} + \varepsilon_{ij}$），$r_{ij}$ 是群組 j 中個體 i 的誤差值，多層次分析程序不僅可以檢定跨群組單位（如班級）間的變異，也可進行跨較高層次單位隨機變異估計值間的比較，由於模型假定層次一之截距與斜率為隨機變動參數，因而可視為是一種隨機係數模型。層次一模型中的斜率與截距參數，考量到群組單位間的變異，其通用模型為：

$$\beta_{kj} = \gamma_{k0} + \mu_{kj} \text{，} k = 0, 1, 2, \cdots\cdots, k$$

β_{kj} 是來自層次一單位群組內的迴歸參數，γ_{k0} 是每個單位群組內參數的平均數，跨所有群組單位，每個 β_{kj} 的分配都有其平均數與變異數參數值。為了決定層次一的斜率或截距參數是隨機參數（random parameters）或固定參數（fixed parameters），研究者應根據理論架構或相關文獻加以界定，其次為跨層次二單位群組間（如班級間、學校間）變異量的高低，層次一結果變項的總變異量中有多少比例的變異是由群組間造成的，可由組內相關係數（intraclass correlation）加以判別，組內相關係數統計量大小可作為結果變項在層次二單位間的差異是否有統計上的意義，此種有意義差異的存在與否進一步作為資料結構是否適合進行多層次模型的分析。當層次一沒有納入任何解釋變項，層次一的方程為 $Y_{ij} = \beta_{0j} + r_{ij}$，層次二的方程為 $\beta_{0j} = \gamma_{00} + \mu_{0j}$，$Y_{ij}$ 為層次二群組單位 j 內第 i 位個體在結果變項的分數，也就是層次一的效果，β_{0j} 群組單位 j 內於層次一的截距，r_{ij} 是群組單位 j 中個體 i 的誤差（來自層次二單位群組平均數與個體 i 分數間的差異量），μ_{0j} 是層次二的效果，γ_{00} 是結果變項 Y_{ij} 的總平均數，層次一的變異成分為 σ^2，層次二的變異成分為 τ_{00}，結果變項 Y_{ij} 的變異數為：

$$Var(Y_{ij}) = Var(\mu_{0j} + r_{ij}) = \sigma^2 + \tau_{00} \text{（Heck \& Thomas, 2009）}$$

二個階層的資料結構圖示如下，圖示中階層一（個體層次）為學生、階層二（總體層次）為班級，以學生閱讀成就的探討為例，個體層次探究的為所有學生閱讀

態度對閱讀成就的影響，此種情況並未考慮到班級教師的變因，因為學生的閱讀態度受到班級教師教學態度、教學策略及對閱讀能力重視度的影響，班級教師的教學態度、教學策略、對閱讀能力重視度都是從班級教師測量而得的，因而可以以單一測量值分數表示，如果是班級學生知覺填答的，班級學生的平均值也是單一測量值，學生平均知覺的教師教學態度、教學策略、對閱讀能力重視度可以表示班級教師個人影響學生閱讀成就或「班級學生閱讀態度對閱讀成就影響」的變因，此種變因稱為脈絡變項。

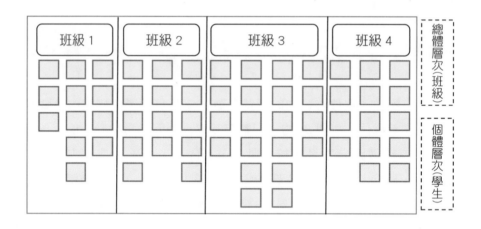

以學生為標的樣本，探討學生測驗成績或學習表現與學校屬性關係時，研究者可能採用分層隨機抽樣法，從不同學校中抽取樣本學生施測，假設研究的自變項為學生學習動機、學生家庭社經地位、學生知覺的教師教學策略等變因，單一層次的分析為所有學生樣本在學習動機、家庭社經地位、知覺的教師教學策略等測量值作為自變項，而以所有學生學習表現分數為依變項，進行迴歸分析，以探究三個自變項對學習表現的解釋變異程度，單一層次迴歸分析的探討並未考量到分層抽樣之學校群組間的差異，因為來自同一學校之學生樣本的學習動機、家庭社經地位、知覺的教師教學策略等測量值可以整合為校平均學習動機、校平均家庭社經地位、校平均教學策略等學校屬性變因，此種變因也可能影響學生學習表現，單一個別學生為分析單位，會忽略學生所屬學生層級間的差異，因為同一所學校內學生樣本的學業表現分數可能不是相互獨立關係，研究若同時考量個別學生的學習動機、家庭社經地位、知覺的教師教學策略等對其學習表現分數的影響，

又能考量到學生所屬學校群組之校平均學習動機、校平均家庭社經地位、校平均教學策略等變因（脈絡變項）對學習表現分數的影響，則可以兼顧學校層級間差異對學生學習表現解釋變異程度。多層次模型中，個別樣本學生變因對學習表現的影響屬層次一模型（個體層次模型）、學校群組變因對學習表現的影響屬層次二模型（總體層次模型）。

　　學校組織層級中，班級教師的教學態度、教學策略、對閱讀能力重視度又可能受到學校校長創新理念及領導風格的影響，每位教師知覺的校長創新理念及領導風格也可聚合成平均測量值，此時對學生閱讀成就的影響便有三個不同層次的變因：層次一為學生的閱讀態度；層次二為班級教師的教學態度、教學策略、對閱讀能力重視度；層次三為學校校長創新理念、領導風格。三個階層的資料架構圖如下：

學校甲	學校乙	學校層次

| 班級 1 | 班級 2 | 班級 3 | 班級 4 | 總體層次（班級） 個體層次（學生） |

　　多層次分析模式中對於總體層次（macro-level）的相同用語，有總體層次單位（macro-level units）、總體單位（macro units）、主要單位（primary units）、集群（clusters）、層次二單位（level-two units）、較高階層（higher level）、第二階層（second level）、群組層次（group-level）、組織層次（organizational-level）；對應於總體層次之個體層次（individual level）的相同用語，有個體層次單位（micro-level units）、個體單位（micro units）、次要單位（secondary units）、元素單位（elementary units）、層次一單位（level-one units）、較低階層（lower level）、第一階層（first level）、個體層次（individual-level）（Snijders & Bosker, 2012）。本書中所指的總體層次變項，即是個別樣本之上的組織群組，所有個別樣本階層為個體層次變項，層次一模型即為階層一模型，層次二模型即為階層二模型，層次一與階層一表達的意涵一樣，層次二與階層二表達的意涵一樣。以教師工作投入及教學效能的探究為例，取樣時採用分層隨機抽樣，首先會先抽取學校組織，其次再從學校組織中隨機抽取三十位教師，全部所有學校的教師樣本稱為「個體層次」，同一所學校的教師的工作投入或教學效能可能受到該校校長人格特質或領導型態的影響，學校組織的變因稱為「總體層次」，總體層次的屬性特徵也可能包括學校組織氣氛、學校知識管理、校長辦學理念、校長的年齡、校長的性別等。

上述的研究問題中，研究者可以直接探究個體層次變項間的關係，即所有教師的工作投入測量值對其教學效能的影響，此種探究即為一般迴歸分析模式（修改自 Toe, 2012, p. 90; Snijders & Bosker, 2012）。

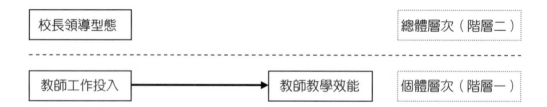

進一步的分析，可以增列探究學校校長的人格特質或領導型態對學校平均教師教學效能的影響，此種探究即同時分別探討個體層次變項間及總體層次變項間的關係。

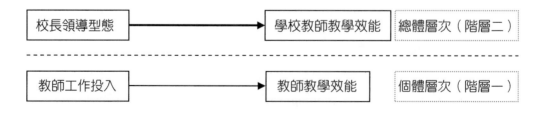

同時以教師工作投入、各校校長領導型態為解釋變項，探討其對教師教學效能的影響，即為多層次模式之基本架構。

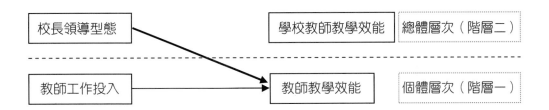

更複雜的因果關係模式為「總體層次→個體層次→個體層次→總體層次」因果鏈，圖示如下：

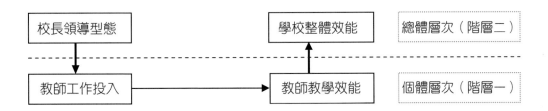

上圖顯示的為總體層次的校長領導型態影響到全校教師的工作投入態度，教師個人的工作投入態度影響到教師個人或班級教學效能，教師教學效能進而再聚合成學校整體效能或學校整體教學效能。

以學生的學習態度與學習成就間的相關為例，研究者搜集資料使用的測量工具為學生自我評定的「學習態度量表」、「學習成就測驗」或學期成績，研究者加入的學生人口變項為學生性別、學生家庭社經地位、學生家庭結構等。研究樣本抽取時，研究者可能採取隨機叢集抽樣法，第一階段以分層隨機法抽取學校組織，第二階段再以班級為單位隨機抽取數個班級，被抽取的班級內學生皆為標的樣本（採用的取樣為叢集抽樣法），研究者再分析所有學生樣本之學習態度與學習成就間的關係，並探討學生人口變項對學習態度或學習成就的影響，或人口變項在學習態度或學習成就的差異情形，此種分析程序均以學生個體為分析單位，統計分析程序並沒有錯，只是如果研究者若可以進一步考量班級屬性或教師特質對學生學習態度或學習成就的影響，則可以從有層次性資料結構中得到更多有用的訊息，因為教師態度、教師領導風格、教師班級經營策略、班級氣氛、班級組織大小（人數多寡）等有關教師或班級的變因，也可能影響到學生的學習態度或學習成就，教師特性或班級屬性的變因對學生學習成就表現不僅有直接影響效果（教師的教學態度直接影響學生的學習成就表現），可能也有間接影響效果（教師的

教學態度影響班級學生的學習態度，學生的學習態度再影響其學習成就表現），此種影響路徑，學生本身的學習態度或學習動機變因是一種中介（mediation）變項，對班級學生學習成就表現而言，教師特性或班級屬性的變因可能也是重要影響因素。

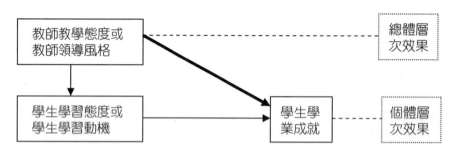

多層次模式可以同時考量班級或教師之總體層次變項及學生樣本個體層次變項對學生學業成就（結果變項）的影響，也可以分開進行探究學生樣本個體層次變項與學生學業成就間的關係，班級或教師之總體層次變項與學生學業成就間的關係，此外也可以探究班級或教師之總體層次變項對「學生樣本個體層次變項與學生學業成就間的關係」是否有顯著的影響力（此為多層次模式之跨層級交互作用效果的檢定）。

多層次資料結構也應用於一對多不同的樣本，以上述探究的主題為例，班上有三十位學生，可以搜集到三十位學生學習態度的測量值、學習成就的分數，及三十位學生個人的人口變項，但若要搜集教師的教學態度、教師的領導風格、班級經營理念等班級教師個人屬性特質，若能由教師個人填答最能回應教師個人真實情況，教師填答時班級中只有教師一個樣本，因而變項只有一個測量值（此測量值為班級的平均分數），這種由教師、學生分開填答量表的方式，無法採用一般迴歸分析方法，探究教師個人變項對學生學業成就的影響，若改為多層次分析模式，將教師回答的測量值或整個班級分數作為階層二總體層次的解釋變項，學生回答的資料作為階層一的自變項及結果變項，便可同時探究學生個體層次解釋變項、教師或班級總體層次解釋變項對結果變項的影響。

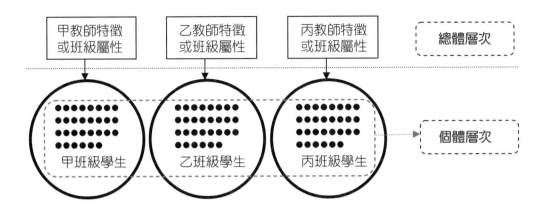

班級屬性或教師特徵的總體層次變項，除了可直接以教師為樣本取得相關量化數據外，也可以由班級學生的填答情況聚合而成。在組織架構中，位於同一組織架構系統下的員工或學生，因為受到組織或班級文化的影響，在許多變項的同質性會較高，與其他班級比較之下，同一班級中學生之間的學習動機、學習態度、學習投入等差異的變異程度會較小，經由班級所有學生直接測量的個別測量值加以聚合而成的變項，也會反映班級的特徵或組織的屬性，這種由個體層次學生樣本之解釋變項聚合而成的總體層次解釋變項（反映班級屬性或班級特徵）稱為脈絡變項（contextual variable），由個體層次自變項聚合而成的脈絡變項（aggregated contextual variables）也屬總體層次的解釋變項。階層線性模式中，若於階層二模型中納入脈絡變項，其模型特別稱為脈絡模型（contextual model），模型分析的目的在於探究總體層次的脈絡變項對結果變項影響的脈絡效果（contextual effect）。

範例表格之學生樣本共有 16 個，巢套於四個班級組織之中，四個班級內各有四位學生，從學生處直接搜集的變項有學生學習態度、學生學習投入、學生學習策略、學生性別（0 為女生、1 為男生）、教師性別（0 為女教師、1 為男教師）、婚姻狀態為教師的婚姻狀態（0 表示教師已婚、1 表示教師未婚），以班級組織（總體層次）為單位，將個體層次之學生樣本的解釋變項加以聚合可以產製班級總體層次的脈絡變項：班級學習態度、班級學習投入、班級學習策略；脈絡變項（Z）與班級屬性或教師特徵之總體層次變項（W）：班級教師性別、教師婚姻狀態即可作為階層二的資料結構，原先由學生填答搜集的資料將教師人口變項刪除後，即為階層一資料結構的個體層次解釋變項。

個體樣本學生直接測得的數據								由班級學生測量值聚合而成的班級新變項					
班級	學生	學習態度	學習投入	學習策略	學生性別	教師性別	婚姻狀態	班級	班級學習態度	班級學習投入	班級學習策略	班級教師性別	教師婚姻狀態
1	1	2	3	5	0	1	0	1	2.75	2.75	5.50	1	0
1	2	3	2	6	0	1	0	1	2.75	2.75	5.50	1	0
1	3	4	3	5	1	1	0	1	2.75	2.75	5.50	1	0
1	4	2	3	6	1	1	0	1	2.75	2.75	5.50	1	0
2	1	6	7	4	0	0	1	2	6.75	6.25	4.00	0	1
2	2	6	5	4	1	0	1	2	6.75	6.25	4.00	0	1
2	3	7	7	4	0	0	1	2	6.75	6.25	4.00	0	1
2	4	8	6	4	1	0	1	2	6.75	6.25	4.00	0	1
3	1	1	2	2	0	0	0	3	1.75	2.00	1.50	0	0
3	2	1	2	1	1	0	0	3	1.75	2.00	1.50	0	0
3	3	2	3	2	1	0	0	3	1.75	2.00	1.50	0	0
3	4	3	1	1	0	0	0	3	1.75	2.00	1.50	0	0
4	1	8	7	7	1	1	0	4	9.00	8.50	7.50	1	0
4	2	9	10	8	0	1	0	4	9.00	8.50	7.50	1	0
4	3	9	9	8	1	1	0	4	9.00	8.50	7.50	1	0
4	4	10	8	7	0	1	0	4	9.00	8.50	7.50	1	0

階層一資料結構的解釋變項					
班級	學生	學習態度	學習投入	學習策略	學生性別
1	1	2	3	5	0
1	2	3	2	6	0
1	3	4	3	5	1
1	4	2	3	6	1
2	1	6	7	4	0
2	2	6	5	4	1
2	3	7	7	4	0
2	4	8	6	4	1
3	1	1	2	2	0
3	2	1	2	1	1
3	3	2	3	2	1
3	4	3	1	1	0
4	1	8	7	7	1
4	2	9	10	8	0
4	3	9	9	8	1
4	4	10	8	7	0

階層二的脈絡變項及總體層次變項					
班級	班級學習態度	班級學習投入	班級學習策略	班級教師性別	教師婚姻狀態
1	2.75	2.75	5.50	1	0
2	6.75	6.25	4.00	0	1
3	1.75	2.00	1.50	0	0
4	9.00	8.50	7.50	1	0

以學生學業成就為結果變項（依變項），上述二個階層資料結構之多層次分析模式摘要表如下（學生巢套於班級組織之內）：

階層一：學生個體
結果變項：學生學業成就
個體層次解釋變項：學生學習態度、學生學習投入、學生學習策略、學生性別
研究問題：學生人口變項、學習態度、學習投入、學習策略對學生學業成就是否有顯著的影響作用？
階層二：班級組織
結果變項：學生學業成就
總體層次解釋變項：班級學習態度、班級學習投入、班級學習策略、班級教師性別、教師婚姻狀態
研究問題：教師人口變項、班級學習態度、班級學習投入、班級學習策略對學生學業成就是否有顯著的影響作用？
研究問題：同時考量個體層次及總體層次的解釋變項時，各層次的解釋變項對學生學業成就影響的直接效果是否達到顯著？
研究問題：總體層次解釋變項是否有可以有效調節「個體層次解釋變項對學生學業成就的影響」？

　　有條件化的模型中，三個階層的模型如下：

　　第一層為受試學生個體（i）、第二層為班級群組（j）、第三層為學校組織（k），隨機截距模型（random intercept models）。為：

$$Y_{ijk} = \beta_{0jk} + \beta_1 X_{ijk} + r_{ijk}$$

　　β_{0jk} 是階層三 k 學校單位內階層二班級單位 j 的截距（第一層截距，班級 j 與學校組織 k 之學生平均數學成就分數），以學校內班級學生的數學成就而言，Y_{ijk} 是第 k 個學校組織之 j 個班級中，第 i 位學生個體的數學成就分數，X_{ijk} 是第 k 個學校組織之 j 個班級中，第 i 位學生個體的數學態度分數，數學態度變項是個體層次的解釋變項，數學成就變項是個體層次的結果變項或依變項。r_{ijk} 為第一層的誤差項，其平均數為 0、變異數為 σ^2。

　　階層二模型為：

$$\beta_{0jk} = \delta_{00k} + \mu_{0jk}$$

β_{0jk} 為第 k 個學校第 j 個班級平均的數學成就分數。

δ_{00k} 是階層三學校單位 k 的平均截距（第二層的截距），表示的是第 k 個學校組織所有學生平均的數學成就分數。

μ_{0jk} 為第二層的誤差項，其平均數為 0、變異數為 τ^2。

階層三的模型為：

$$\delta_{00k} = \gamma_{000} + v_{00k}$$

δ_{00k} 為第 k 個學校組織內所有樣本學生平均的數學成就。

γ_{000} 為所有 k 個學校組織之學生數學成就的總體平均值（第三層截距）。

三個階層模型殘差值的變異數分別為：

$Var(r_{ijk}) = \sigma^2$、$Var(\mu_{0jk}) = \tau^2$、$Var(v_{00k}) = \varphi^2$，所有階層一單位的總變異量等於 $\sigma^2 + \tau^2 + \varphi^2$，階層二單位的總變異量為 $\tau^2 + \varphi^2$。混合模型為：

$$Y_{ijk} = \gamma_{000} + \gamma_{000}X_{ijk} + v_{00k} + \mu_{0jk} + r_{ijk}$$

群組平均數之解釋變項為階層二群組屬性特徵的變項，或是階層一所有個體屬性特徵個體變項的群組平均數，屬於階層一個體屬性的解釋變項原先不屬於群組屬性特徵變項，但因為階層一單位個體內嵌於階層二群組單位內，同一群組單位內的個體層次解釋變項同質性較高，測量值聚合後便成為影響階層二群組單位的解釋變項，此種解釋變項稱為脈絡變項（contextual variable）。群組內迴歸與群組間迴歸之間，階層一解釋變項的群組平均數允許是不同的，群組內的迴歸係數與群組間的迴歸係數可能差異很大或完全相反，組內迴歸係數表示特定群組內解釋變項的效果，組間迴歸係數表示群組平均解釋變項對平均結果變項的群組效果，組間迴歸係數是迴歸分析中群組層次係數的整合或平均化效果（Snijders & Bosker, 2012）。

二個層次之完整的 HLM 的基本方程範例如：

階層一：$Y_{ij} = \beta_{0j} + \beta_{1j}(X_{ij}) + e_{ij}$

Y_{ij}：階層一觀察值依變項分數，下標 i 為群組內個體、下標 j 為群組。

X_{ij}：階層一的預測變項。

β_{0j}：群組 j（群組 j 屬總體階層——第二層次）依變項的截距。

β_{1j}：群組 j（群組 j 屬總體階層）依變項與階層一預測變項間之斜率。

e_{ij}：階層一方程的隨機誤差項（有時以符號 r_{ij} 或 ε_{ij} 表示），個體層次誤差項 $r_{ij}(e_{ij})$ 的變異數為 σ^2（HLM 視窗界面中第一層的誤差項以 r_{ij} 符號表示）。

HLM 第二層為總體層次（組間差異），方程為：$\beta_{0j} = \gamma_{00} + \gamma_{00}W_j + \mu_{0j}$；$\beta_{1j} = \gamma_{10} + \gamma_{11}W_j + \mu_{1j}$

上述層次二模型中的總體層次解釋變項除用 W_j 表示外，如果總體層次的解釋變項是脈絡變項會用 Z_j 表示（由層次一解釋變項以第二層群組為單位進行整合而產生，變項名稱符號一般表示為 Z_j，Z_j 或 W_j 都是總體層次的解釋變項，在 HLM 的書籍中，第二層的解釋變項中常以符號 Z 表示脈絡變項，而以符號 W 表示總體層次的解釋變項）。

第二層為總體層次（組間差異）方程也可表示如下：

$\beta_{0j} = \gamma_{00} + \gamma_{01}Z_j + \mu_{0j}$

$\beta_{1j} = \gamma_{10} + \gamma_{11}Z_j + \mu_{1j}$

混合模型為：$Y_{ij} = \gamma_{00} + \gamma_{10}X_{ij} + \gamma_{01}Z_j + \gamma_{11}Z_jX_{ij} + \mu_{0j} + \mu_{1j}X_{ij} + e_{ij}$

上述模型為完整的多層次模型，如果 $\beta_{1j} = \gamma_{10}$（固定效果），表示沒有隨機效果，此種模型稱為以截距為結果模型（intercept-as-outcome model）。

混合模型由二個效果組成：

$$Y_{ij} = (\gamma_{00} + \gamma_{10}X_{ij} + \gamma_{01}Z_j + \gamma_{11}Z_jX_{ij}) + (\mu_{0j} + \mu_{1j}X_{ij} + e_{ij})$$

混合模型等號右邊的前四項：$\gamma_{00} + \gamma_{10}X_{ij} + \gamma_{01}Z_j + \gamma_{11}Z_jX_{ij}$，四個迴歸係數皆為固定係數，類似一般迴歸方程式有自變項的部分，後三項 $\mu_{0j} + \mu_{1j}X_{ij} + e_{ij}$ 為層次一與層次二誤差項總合的隨機係數。多層次模式的分析程序可以估計結構化的參數及殘差參數（residual parameters），殘差參數包括階層一指標變項的測量誤差，階層二截距與斜率的殘差變異，階層二截距與斜率的殘差變異間的共變關係，對於每個階層參數的估計更為精確及有效，殘差變異及共變關係在 HLM 輸出報表中即為模式的變異成分（variance components）。在群組階層特性上，階層性資料結構有群組階層的同質性，即個體之解釋變項在同一群組組織中變異程度較小，因而適合聚合為群組階層變項，對於結果變項的全體解釋變異可以拆解為二個部

多層次模式的實務應用

分：一為群組之內（within-group）的變異、二為群組之間（between-group）的變異，與結果變項有關的解釋變項也可區分為二種：一為群組之內變項（within-group variables）、二為群組之間變項（between-group variables），前者為個體層次的變項、後者為總體層次的變項（Heck & Thomas, 2009）。

上述方程式中 j = 1, 2, ..., J，β_{0j} 在階層一的迴歸模式為截距項參數、β_{1j} 在階層一的迴歸模式為斜率項參數，這二個參數於階層二的迴歸模式中均作為依變項（結果變項），階層二中主要的自變項（解釋變項／預測變項）為 W_j，W_j 表示的是學校特性（各學校社經地位的平均值），γ_{00}（平均截距，表示總體層次解釋變項對結果變項的直接影響）、γ_{01}（斜率係數）、γ_{10}（個體層次變項解釋變項對結果變項的影響）、γ_{11}（斜率係數，為跨層次交互作用項）為階層二迴歸方程的參數，這些參數均為固定效果（fixed effect），其所表示的為階層二的預測變項 / 解釋變項對階層一截距項的影響，或階層二的預測變項 / 解釋變項對階層一斜率係數項的影響。μ_{0j} 與 μ_{1j} 為階層二迴歸方程的誤差項，誤差項參數為隨機效果（random effect），其變異數分別為 τ_{00}、τ_{11}。在 HLM 模式中，不同階層迴歸方程之誤差項間沒有共變關係，即 $Cov(e_{ij}, \mu_{0j}) = 0$、$Cov(e_{ij}, \mu_{1j}) = 0$，階層二誤差項的假定為符合聯合常態分配（二元常態分配）：$\begin{bmatrix} \mu_{0j} \\ \mu_{1j} \end{bmatrix} \sim N \left\{ \begin{bmatrix} 0 \\ 0 \end{bmatrix}, \begin{bmatrix} \tau_{00} & \tau_{10} \\ \tau_{01} & \tau_{11} \end{bmatrix} \right\}$，服從平均數為 0、變異數為 τ_{00} 與 τ_{11}，共變數為 τ_{01} 的二元常態分配。就誤差項而言，階層二的誤差項個數等於階層一迴歸方程中的參數個數（包括截距項與斜率係數）。

$Y_{ij} = (\gamma_{00} + \gamma_{01} W_j + \mu_{0j}) + (\gamma_{10} + \gamma_{11} W_j + \mu_{1j}) X_{ij} + e_{ij}$。其中 $E \begin{bmatrix} \mu_{0j} \\ \mu_{1j} \end{bmatrix} = \begin{bmatrix} 0 \\ 0 \end{bmatrix}$（平均數均為 0）、$VAR \begin{bmatrix} \mu_{0j} \\ \mu_{1j} \end{bmatrix} = T = \begin{bmatrix} \tau_{00} & \tau_{01} \\ \tau_{10} & \tau_{11} \end{bmatrix}$。

混合模型中，固定係數 γ_{11} 為個體層次解釋變項 X 與總體層次解釋變項 W 對結果變項影響的跨層次交互作用效果，如果 γ_{11} 係數值達到 .05 顯著水準，表示總體層次「解釋變項 W」對「個體層次解釋變項 X 對結果變項 Y 的影響」有顯著影響力，或總體層次「解釋變項 W」對「個體層次解釋變項 X 與結果變項 Y 的關係」有顯著影響。若是個體層次解釋變項 X 對結果變項 Y 的影響之直接效果達到 .05 顯著水準，則「解釋變項 W」對「個體層次解釋變項 X 對結果變項 Y 的影響」具有調節效果作用，「解釋變項 W」稱為調節變項（moderator variable）。若只是固

定係數 γ_{11} 跨層次交互作用效果項顯著，而個體層次解釋變項 X 對結果變項 Y 的影響之直接效果值不顯著（γ_{10} 係數，$p > .05$），則「解釋變項 W」對「個體層次解釋變項 X 對結果變項 Y 的影響」的調節作用效果也未達顯著。

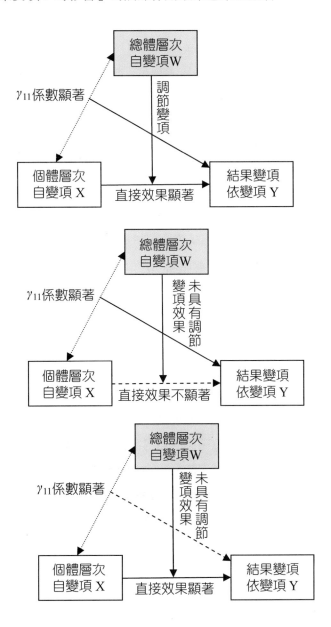

上面階層模式中,階層一與階層二各只有一個預測變項,階層一的解釋變項為個體層次的 X_{ij}、階層二的解釋變項為總體層次的自變項 W_j 或脈絡變項 Z_j,如果階層一有三個個體預測變項、第二層總體層次之預測變項有二個,則階層一模式方程為:

$$Y_{ij} = \beta_{0j} + \beta_{1j} X_{1ij} + \beta_{2j} X_{2ij} + \beta_{3j} X_{3ij} + e_{ij}$$

階層二的迴歸基本方程為:

$$\beta_{0j} = \gamma_{00} + \gamma_{01} W_{1j} + \gamma_{02} W_{2j} + \mu_{0j}$$
$$\beta_{1j} = \gamma_{10} + \gamma_{11} W_{1j} + \gamma_{12} W_{2j} + \mu_{1j}$$
$$\beta_{2j} = \gamma_{20} + \gamma_{21} W_{1j} + \gamma_{22} W_{2j} + \mu_{2j}$$
$$\beta_{3j} = \gamma_{30} + \gamma_{31} W_{1j} + \gamma_{32} W_{2j} + \mu_{3j}$$

對於多層次分析的樣本數大小,如果是二個層次的設計,Bickel(2007)建議的對應準則是 20/30,總體層次的群組有 20 個以上,個體層次的樣本數有 30 位以上。Kreft(1996,引自溫福生、邱皓政,2011,p. 3-5)建議 30/30 法則,即總體層次的群組數(j)要大於 30 以上,各群組內個體層次的樣本數(i)也要大於 30 以上,如果研究者進一步想探究個體層次與總體層次間跨層次的交互作用,總體層次群組與個體層次樣本數最好設為 50/20 準則(50 個群組以上,每個群組至少有 20 位樣本)。若是要進行隨機效果的檢驗,總體層次群組與個體層次樣本數的對應準則也可調整至 100/10。多層次模式分析時,總體層次愈多、層次內的樣本數愈大,估計所得的估計值會愈精確,但考量研究的可行性及成本,上述對應準則不一定完全適用,如果總體層次的群組數較多,則個體層次的樣本數可以相對的較少,否則資料搜集可能有困難。

多層次設計要讓估計的係數沒有偏誤及有較高統計考驗力(power),必須注意階層二集群的群組數及每個群組內的有效的樣本個數。Mok(1995)從模擬研究建議當總樣本數少於 800 時,集群群組數(階層二的 n_2)大於集群內樣本數(階層一的 n_1)時,階層一估計所得的固定參數會隨集群群組數的增加會愈精確(偏誤值愈小)。Mass 及 Hox(2005)研究發現,多層次模型的參數正確與否有其一定的情境範圍限制,這些情境考量包含群組樣本數大小、群組個數、實際的組內相關係數值(ICC),當階層二單位群組數少於 30 時,階層二估計的變異數標準

誤之偏誤會較明顯；當不考量群組內的樣本數大小及階層的 ICC 係數時，階層二群組數若少於 10，階層二群組階層的變異成分一般都會變得很大。多數研究顯示，當估計個體層次的固定效果值時，階層二的群組數目多寡比階層一群組內樣本數中的大小還重要。Bassiri（1988）建議在多層次分析模式程序中，若要進行跨層級交互作用效果檢定，階層二群組個數要大於 30 以上，每個群組內的樣本數至少要有 30 位個體樣本（N=900）。Kreft 與 Leeuw（1998）認為當階層二群組數很大（如 $n_2 > 150$），每個單位群組內的樣本數很少（$n_1 = 5$），估計所得之階層一的固定效果值也會達到統計顯著水準，且統計考驗力會高於 0.90，多層次模式分析的資料結構除了考量階層二的群組個數外，也要注意參數效果值（effect size）的大小，由於效果值是由 t 檢定統計量估計而得，因而階層一若是有足夠的總樣本數（N），則估計值的估計標準誤會較小，此時得到的參數估計值較為精確（Heck & Thomas, 2009）。

 多層次線性模式之模型

HLM 分析程序中常見的分析模式有以下幾種：

 一、隨機效果的單因子變異數分析模型

隨機效果的單因子變異數分析模型（one-way ANOVA with random effects）又稱為零模型（null model）或虛無模型。階層一只有截距項的模型表示迴歸方程式中沒有任何預測變項，個體反應變項（依變項分數）被不同群組的截距項所預測，在 HLM 模式中只有截距項模式（虛無模型）有其單一重要性，因為它提供有關群組內相關（intraclass correlations）的訊息，其數值有助於研究者判別是否進一步進行多層次線性模型分析。

階層一只有截距項的模型方程為：$Y_{ij} = \beta_{0j} + e_{ij}$

Y_{ij} 是個體依變項的分數（結果變項），是截距項（平均數）的總和，β_{0j} 表示依變項在 j 群組的截距項，e_{ij} 是個體與其群組平均數的差異量（第一層的誤差項），此誤差項除以 e_{ij} 符號表示外，也有以 ε_{ij} 或 r_{ij} 符號表示，e_{ij} 誤差項的變異數為 σ^2。

多層次模式的實務應用

　　階層二的分析以群組（如學校或班級）為分析單位，截距項的模式乃是使用階層一截距項（群組平均數）作為依變項，預測 j 群組截距項的模型方程為：$\beta_{0j} = \gamma_{00} + \mu_{0j}$，第一層與第二層誤差項間彼此互為獨立。其中 β_{0j} 是以跨群組的平均截距來預測，其中並沒有納入預測變項，γ_{00} 表示全體個體樣本在依變項測量值的總平均值（結果變項的總平均值），群組誤差 μ_{0j} 是群組 j 與平均截距的差異量（第二層的誤差項）。混合模型為 $Y_{ij} = \beta_{0j} + e_{ij} = \gamma_{00} + \mu_{0j} + e_{ij}$，$\gamma_{00}$ 為平均截距（總平均數），其估計值是樣本的總平均值，屬於固定成分（fixed component）或稱「固定效果」，μ_{0j} 與 e_{ij} 均為隨機成分或隨機效果，μ_{0j} 為群組內個體截距項的差異量，屬於「隨機效果」，e_{ij} 為個體 i 與其群組 j 的差異量，第一層的誤差變異在 HLM 模式中一定存在；迴歸方程中的參數 $e_{ij} \sim N(0, \sigma^2)$、$\mu_{0j} \sim N(0, \tau_{00})$，$Cov(e_{ij}, \mu_{0j}) = 0$。虛無模式方程 $Y_{ij} = \gamma_{00} + \mu_{0j} + e_{ij}$ 與單因子變異數分析模式相似，單因子變異數分析模式方程為：$Y_{ij} = \mu + \alpha_j + e_{ij}$，其中 μ 為總平均數，α_j 為 j 實驗處理組的效果。單因子變異數分析模式的檢定在於考驗 j 個群組間的平均數是否有顯著的不同，其虛無假設為 $H_0: \alpha_1 = \alpha_2 = \ldots\ldots = \alpha_j$。以實驗處理的觀點來看固定效果變異數分析模式，$Y_{ij}$ 表示受試者 i 在第 j 個實驗處理水準下於結果變項上的測量分數，此測量分數共可拆解成三個部分：一為整體的平均效果測量值 μ、二為各實驗處理的效果測量值 α_j、三為實驗誤差值 e_{ij}。內在組別相關係數 $\rho = \dfrac{\tau_{00}}{\tau_{00} + \sigma^2}$，表示組間變異占總變異的比例。

　　以學生的學業成就與學習投入為例，結果變項為學業成就分數，測量值愈高，表示學生的學業成就愈佳，階層一的解釋變項為學生於「學習投入量表」上測得的測量值，測量值分數愈高，表示學生學習投入時間愈多，零模型如下：

第一層模型：學業成就$_{ij} = \beta_{0j} + r_{ij}$

第二層模型：$\beta_{0j} = \gamma_{00} + \mu_{0j}$

學業成就$_{ij}$ 表示第 j 所學校第 i 位學生的學業成就。

β_{0j} 為第 j 所學校學生平均的學業成就。

γ_{00} 為所有學校學業成就的總平均值。

r_{ij} 為群組之內（學校團體之內）學業成就的變異，變異數為 σ^2。

μ_{0j} 為群組之間（學校團體之間）學業成就的變異，變異數為 τ_{00}。

組內相關係數為 ICC 數值，$\text{ICC} = \rho = \dfrac{\tau_{00}}{\tau_{00} + \sigma^2}$，假設組內相關係數 ICC=.25，

表示學生學業成就的總變異中可以被「學校間」（組間）解釋的變異量百分比為 25%，可以被學校群組內解釋的變異約為 75%，或無法被學校群組間解釋的變異有 75%。當 ICC 數值愈大，學校間平均學業成就的差異就愈大，結果變項之學校間的差異情況愈不容忽視，此時採用多層次分析模型來進行資料結構的分析才有實質的意涵。

一個完全多層次模型可以決定結果變項的差異是位於層次之內或層次之間，虛無模型（null model）雖然沒有納入任何解釋變項，在多層次分析程序可提供以下重要訊息：1. 提供所有班級（層級 2 單位）之結果變項的估計總平均數；2. 提供結果變項（如數學成就）總變異量在層次一 (r_{ij}) 與層次二 (μ_{0j}) 間變異分配情況；3. 藉由內在相關係數 ρ 提供結果變項在每個層級單位內的測量值；4. 提供每個班級平均的數學成就之信度的量測值大小；5. 提供所有班級群組有相同平均數學成就分數的正式假設檢定（Heck & Thomas, 2009）。

二、以階層一各組平均數作為階層二方程之結果變項的迴歸方程

此模型中第二層次的結果變項為第一層次（虛無模式）中的截距項，由於第一層次為虛無模型，因而其截距項即為平均數。此種迴歸模式的目的在於探究各群組的變因能否有效解釋各組平均數，如果能有效解釋則其解釋變異為多少？

階層一為虛無模型，依變項為個體層次，其方程為：$Y_{ij} = \beta_{0j} + e_{ij}$（第一層中沒有任何個體解釋變項）。

階層二中的依變項為階層一方程之截距項參數，自變項為總體層次（W），其方程為：$\beta_{0j} = \gamma_{00} + \gamma_{01}W_j + \mu_{0j}$，其中 β_{0j} 為結果變項（依變項）、W_j 為各組平均數（自變項），變項屬性為總體層次的解釋變項、γ_{00} 參數為截距項、γ_{01} 參數為斜率係數、μ_{0j} 為隨機誤差項。

一般模式方程為：$Y_{ij} = \beta_{0j} + e_{ij} = (\gamma_{00} + \gamma_{01}W_j + \mu_{0j}) + e_{ij}$，其中 $\mu_{0j} = \beta_{0j} - \gamma_{00} - \gamma_{01}W_j$，$\mu_{0j}$ 的變異數 τ_{00} 表示在控制 W_j 變因後，β_{0j} 的條件變異數（conditional variance）。

上述零模型中增列總體層次解釋變項校長領導，校長領導為學校校長領導的平均分數。

多層次模式的實務應用

第一層模型：學業成就$_{ij}$ = β_{0j} + r_{ij}

第二層模型：β_{0j} = γ_{00} + γ_{01} × (校長領導$_j$) + μ_{0j}

學業成就$_{ij}$ 表示第 j 所學校第 i 位學生的學業成就。

校長領導$_j$ 為第 j 所學校平均的校長領導分數。

γ_{00} 為第 j 所學校（所有學校群組）平均學業成就的總平均值。

γ_{01} 為學校校長領導（總體層次解釋變項）對學校平均學業成就的影響力。

μ_{0j} 為第 j 所學校之平均學業成就與總學業成就間的差異項，變異數為 τ_{00}。

以平均數為結果變項之模型，一般在於探究總體層次解釋變項對結果變項是否具有顯著的直接效果，總體層次的變項可能為脈絡變項（Z）或屬於總體層次的特徵或屬性（W）。以有四個脈絡變項（Z_{1j}、Z_{2j}、Z_{3j}、Z_{4j}）為例，脈絡變項對結果變項影響的直接效果多層次模式為：

階層一模型：Y_{ij} = β_{0j} + r_{ij}

階層二模型：β_{0j} = γ_{00} + γ_{01}×Z_{1j} + γ_{02}×Z_{2j} + γ_{03}×Z_{3j} + γ_{04}×Z_{4j} + μ_{0j}

以有四個總體層次屬性變項（W_{1j}、W_{2j}、W_{3j}、W_{4j}）為例，總體層次變項（非脈絡變項，變項性質不是個體層次計量解釋變項的群組平均數）對結果變項影響的直接效果多層次模式為：

階層一模型：Y_{ij} = β_{0j} + r_{ij}

階層二模型：β_{0j} = γ_{00} + γ_{01}×W_{1j} + γ_{02}×W_{2j} + γ_{03}×W_{3j} + γ_{04}×W_{4j} + μ_{0j}

總體層次變項中引進二個脈絡變項、二個總體層次特徵變項，四個總體層次解釋變項對結果變項影響的直接效果多層次模式為：

階層一模型：Y_{ij} = β_{0j} + r_{ij}

階層二模型：β_{0j} = γ_{00} + γ_{01}×W_{1j} + γ_{02}×W_{2j} + γ_{03}×Z_{3j} + γ_{04}×Z_{4j} + μ_{0j}

◆ 三、隨機效果的單因子共變異數分析模式

隨機效果的單因子共變異數分析（one-way ANCOVA with random effects）二個層次的方程如下：

階層一迴歸方程為：Y_{ij} = β_{0j} + $\beta_{1j} X_{ij}$ + e_{ij} 或 Y_{ij} = β_{0j} + $\beta_{1j}(X_{ij} - \overline{X}_{..})$ + e_{ij}

階層二迴歸方程為：β_{0j} = γ_{00} + μ_{0j}、β_{1j} = γ_{10}

第二層迴歸方程中各組預測變項的影響力 β_{1j} 是個固定數值 γ_{10}（固定效果），表示採用此種模式的目的在於探究第一層方程中各組預測變項對結果變項的影響

（β_{1j}）被固定後，各個群組在 β_{0j} 的差異是否達到顯著。第一層迴歸模式的預測變項為個體層次的 X 變數，第二層迴歸模式中沒有選取任何解釋變項。

階層二誤差項符合 $\mu_{0j} \sim N(0, \tau_{00})$、$COV(\mu_{0j}, e_{ij}) = 0$

整合模式方程為：$Y_{ij} = \beta_{0j} + \beta_{1j}X_{ij} + e_{ij} = (\gamma_{00} + \mu_{0j}) + (\gamma_{10})X_{ij} + e_{ij}$

個體層次結果變項為學業成就，個體層次的解釋變項為學習投入時間，隨機效果的單因子共變數分析模式範例如下：

層次一模型（Level-1 Model）：

學業成就$_{ij} = \beta_{0j} + \beta_{1j} \times ($ 學習投入$_{ij}) + r_{ij}$

層次二模型（Level-2 Model）：

$\beta_{0j} = \gamma_{00} + \mu_{0j}$（截距項為隨機效果）

$\beta_{1j} = \gamma_{10}$（斜率項為固定效果），當斜率項設定為固定效果時，表示各學校以學習投入時間預測學業成就的斜率估計值是相同的，由於誤差項 μ_{1j} 是「學習投入時間預測學業成就」之迴歸係數的校間變異，當 μ_{1j} 不加以估計時，表示忽略迴歸係數的變異情況，斜率為固定效果時即各學校以學習投入時間預測學業成就結果變項的影響力是一樣的，μ_{0j} 是各校平均學業成就間的變異情況，其數值 = $\beta_{0j} - \gamma_{00}$，β_{0j} 為第 j 所學校平均學業成就，γ_{00} 為所有學校平均學業成就的總平均值，各校平均學業成就與整體平均學業成就的差異量即為學校間學業成就的變異，$\beta_{0j} = \gamma_{00} + \mu_{0j}$ 方程稱為隨機效果模式，誤差項 μ_{0j} 的變異數為 τ_{00}。如果將 $\beta_{0j} = \gamma_{00} + \mu_{0j}$ 方程由隨機效果改為固定效果（$\beta_{0j} = \gamma_{00}$），表示限定各校的平均學業成就等於整體學業成就，各校平均學業成就間的變異為 0，此種情況的資料結構較不適用於多層次模式。

假設對結果變項影響的個體層次解釋變項有五個（X_{1ij}、X_{2ij}、X_{3ij}、X_{4ij}、X_{5ij}），隨機效果的單因子共變異數分析模式如下：

多層次模式的實務應用

階層一模式：

$Y_{ij} = \beta_{0j} + \beta_{1j} \times X_{1ij} + \beta_{2j} \times X_{2ij} + \beta_{3j} \times X_{3ij} + \beta_{4j} \times X_{4ij} + \beta_{5j} \times X_{5ij} + r_{ij}$

階層二模式：

$\beta_{0j} = \gamma_{00} + \mu_{0j}$

$\beta_{1j} = \gamma_{10}$

$\beta_{2j} = \gamma_{20}$

$\beta_{3j} = \gamma_{30}$

$\beta_{4j} = \gamma_{40}$

$\beta_{5j} = \gamma_{50}$

誤差項 $\gamma_{ij} \sim N(0, \sigma^2)$、$\mu_{0j} \sim N(0, \tau_{00})$

假定個體層次的解釋變項除「學習投入時間」外，還包括學生的「學習動機」、「學習信心」、「家庭文化資本」等三個解釋變項，隨機效果的單因子共變異數分析模式如下：

學業成就$_{ij} = \beta_{0j} + \beta_{1j} \times$ 學習投入$_{ij} + \beta_{2j} \times$ 學習動機$_{ij} + \beta_{3j} \times$ 學習信心$_{ij}$

$\qquad + \beta_{4j} \times$ 家庭資本$_{ij} + r_{ij}$

層次二模型（Level-2 Model）

$\beta_{0j} = \gamma_{00} + \mu_{0j}$（隨機效果）

$\beta_{1j} = \gamma_{10}$（固定效果）

$\beta_{2j} = \gamma_{20}$（固定效果）

$\beta_{3j} = \gamma_{30}$（固定效果）

$\beta_{4j} = \gamma_{40}$（固定效果）

β_{0j} 為第 j 所學校的平均學業成就。

β_{1j} 為第 j 所學校學習投入時間對學校學業成就影響的平均數。

β_{2j} 為第 j 所學校學習動機對學校學業成就影響的平均數。

β_{3j} 為第 j 所學校學習信心對學校學業成就影響的平均數。

β_{4j} 為第 j 所學校家庭文化資本對學校學業成就影響的平均數。

r_{ij}（或 ε_{ij}）為階層一的隨機效果，γ_{00} 為所有學校群體學業成就的總平均數，γ_{10} 為各校學習投入對學業成就影響的斜率平均值，γ_{20} 為各校學習動機對學業成就

影響的斜率平均值，γ_{30} 為各校學習信心對學業成就影響的斜率平均值，γ_{40} 為各校家庭文化資本對學業成就影響的斜率平均值。

 ## 四、隨機係數的迴歸模式

隨機係數迴歸模式（random coefficients regression model）的第二層為虛無模型，沒有任何總體層次的變項，只有第一層個體層次模型有解釋變項與結果變項。

階層一迴歸方程為：$Y_{ij} = \beta_{0j} + \beta_{1j} X_{ij} + e_{ij}$

方程符號 Y、X、e 均有二個下標 i、j，二個下標符號分別表示為個體層次、群組層次，迴歸係數截距項與斜率係數項也有一個下標符號 j，表示這二個係數隨著群組的不同而有不同。迴歸係數隨著群組而變動，因而它是屬於隨機的，此種係數模式稱為「隨機係數模型」（random coefficient model），隨機係數截距項 β_{0j} 與斜率係數 β_{1j} 根據群組的不同而變動，至於誤差項均被視為隨機變項。

階層二方程為：$\beta_{0j} = \gamma_{00} + \mu_{0j}$、$\beta_{1j} = \gamma_{10} + \mu_{1j}$

階層二中誤差項 μ_{0j} 與 μ_{1j} 的相關係數為：$r_{01} = \dfrac{\tau_{01}}{\sqrt{\tau_{00}} \sqrt{\tau_{11}}}$

整體模式方程為 $Y_{ij} = \beta_{0j} + \beta_{1j} X_{ij} + e_{ij} = (\gamma_{00} + \mu_{0j}) + (\gamma_{10} + \mu_{1j}) X_{ij} + e_{ij}$

$$= \gamma_{00} + \mu_{0j} + \gamma_{10} X_{ij} + \mu_{1j} X_{ij} + e_{ij}$$

$$= \gamma_{00} + \gamma_{10} X_{ij} + \mu_{0j} + \mu_{1j} X_{ij} + e_{ij}$$

或 $\gamma_{00} + \gamma_{10} (X_{ij} - \overline{X}_{..}) + \mu_{0j} + \mu_{1j} (X_{ij} - \overline{X}_{..}) + e_{ij}$，整合模式方程中的「$\gamma_{00} + \gamma_{10} X_{ij}$」二個參數為研究者界定的固定效果模式，$\gamma_{00}$ 為平均截距；「$\mu_{0j} + \mu_{1j} X_{ij} + e_{ij}$」三個為整體模式的誤差項，「$\mu_{1j} X_{ij}$」為第二層與個體層次自變項的隨機交互作用項（random interaction between level 2 and X）。

假設對結果變項影響的個體層次解釋變項有五個（X_{1ij}、X_{2ij}、X_{3ij}、X_{4ij}、X_{5ij}），隨機效果的單因子共變異數分析模式如下：

階層一模式：

$$Y_{ij} = \beta_{0j} + \beta_{1j} \times X_{1ij} + \beta_{2j} \times X_{2ij} + \beta_{3j} \times X_{3ij} + \beta_{4j} \times X_{4ij} + \beta_{5j} \times X_{5ij} + r_{ij}$$

階層二模式：

$$\beta_{0j} = \gamma_{00} + \mu_{0j}$$

$$\beta_{1j} = \gamma_{10} + \mu_{1j}$$

$$\beta_{2j} = \gamma_{20} + \mu_{2j}$$

$$\beta_{3j} = \gamma_{30} + \mu_{3j}$$

$$\beta_{4j} = \gamma_{40} + \mu_{4j}$$

$$\beta_{5j} = \gamma_{50} + \mu_{5j}$$

誤差項 $\gamma_{ij} \sim N(0, \sigma^2)$、$\mu_{0j} \sim N(0, \tau_{00})$

假定個體層次結果變項為「學業成就」，個體層次的解釋變項為「學習投入」。

層次一模型（Level-1 Model）：

學業成就$_{ij} = \beta_{0j} + \beta_{1j} \times ($學習投入$_{ij}) \, r_{ij}$

層次二模型（Level-2 Model）：

$$\beta_{0j} = \gamma_{00} + \mu_{0j}$$

$$\beta_{1j} = \gamma_{10} + \mu_{1j}$$

學業成就$_{ij}$ 表示第 j 所學校第 i 位學生的學業成就。

學習投入$_{ij}$ 表示第 j 所學校第 i 位學生的學習投入時間。

β_{0j} 為第 j 所學校學生平均的學業成就。

β_{1j} 為第 j 所學校學生平均的學習投入時間。

γ_{00} 為所有學校學業成就的總平均值。

γ_{10} 為所有學校學習投入時間預測學業成就的總平均斜率（跨學校群組斜率的平均值）。

r_{ij} 為群組之內（學校團體之內）殘差變異，第 j 所學校內所有學生的變異，變異數為 σ^2。

μ_{0j} 為截距的變異數（τ_{00}），階層二平均數與第 j 所學校單位截距上獨特效果，τ_{00} 為層次一中所有截距的非條件變異數。

μ_{1j} 為斜率的變異數（τ_{11}），階層二平均數與第 j 所學校單位斜率上獨特效果，

τ_{11} 為層次一中所有斜率的非條件變異數（unconditional variance），即第 j 所學校學生以解釋變項預測結果變項的斜率與所有學校學生以解釋變項預測結果變項的總平均斜率值間的差異量。

假定個體層次的解釋變項除學習投入時間外，還包括學生的「學習動機」、「學習信心」、「家庭文化資本」等三個解釋變項，隨機係數的迴歸模型如下：

層次一模型：

$$學業成就_{ij} = \beta_{0j} + \beta_{1j} \times 學習投入_{ij} + \beta_{2j} \times 學習動機_{ij} + \beta_{3j} \times 學習信心_{ij}$$
$$+ \beta_{4j} \times 家庭資本_{ij} + r_{ij}$$

層次二模型：

$\beta_{0j} = \gamma_{00} + \mu_{0j}$（隨機效果）

$\beta_{1j} = \gamma_{10} + \mu_{1j}$（隨機效果）

$\beta_{2j} = \gamma_{20} + \mu_{2j}$（隨機效果）

$\beta_{3j} = \gamma_{30} + \mu_{3j}$（隨機效果）

$\beta_{4j} = \gamma_{40} + \mu_{4j}$（隨機效果）

β_{0j} 為第 j 所學校的平均學業成就。

β_{1j} 為第 j 所學校學習投入時間對學校學業成就影響的平均數。

β_{2j} 為第 j 所學校學習動機對學校學業成就影響的平均數。

β_{3j} 為第 j 所學校學習信心對學校學業成就影響的平均數。

β_{4j} 為第 j 所學校家庭文化資本對學校學業成就影響的平均數。

r_{ij}（或 ε_{ij}）為階層一的隨機效果，其變異數為 σ^2，γ_{00} 為所有學校群體學業成就的總平均數，γ_{10} 為各校學習投入對學業成就影響的斜率平均值，γ_{20} 為各校學習動機對學業成就影響的斜率平均值，γ_{30} 為各校學習信心對學業成就影響的斜率平均值，γ_{40} 為各校家庭文化資本對學業成就影響的斜率平均值。μ_{0j} 為第 j 所學校的平均學業成就與所有學校學業成就整體平均數間之差異，差異值的變異數為 τ_{00}；μ_{1j} 為第 j 所學校學習投入時間對學業成就的影響效果與所有學校學習投入時間對學業成就的影響整體效果間之差異，差異值的變異數為 τ_{11}；μ_{2j} 為第 j 所學校學習動機對學業成就的影響效果與所有學校學習動機對學業成就的影響整體效果間之差異，差異值的變異數為 τ_{22}；μ_{3j} 為第 j 所學校學習信心對學業成就的影響效果與所有學校學習信心對學業成就的影響整體效果間之差異，差異值的變異數為 τ_{33}；μ_{4j} 為第 j 所學校家庭文化資本對學業成就的影響效果與所有學校家庭文化資本對

學業成就的影響整體效果間之差異，差異值的變異數為 τ_{44}。

 五、隨機變動係數模式

隨機變動係數模式（random varying coefficient model）又稱以截距及斜率為結果的迴歸模式，模式中第二層的結果變項（依變項）為第一層迴歸模式方程中參數（截距項加上斜率係數），第一層迴歸模式中有 p 個迴歸參數（$p-1$ 個解釋變項），第二層迴歸模式就會有 p 個迴歸方程。

階層一迴歸方程為：$Y_{ij} = \beta_{0j} + \beta_{1j} X_{ij} + e_{ij}$ 或 $Y_{ij} = \beta_{0j} + \beta_{1j} (X_{ij} - \overline{X}_{.\,}) + e_{ij}$ 或 $Y_{ij} = \beta_{0j} + \beta_{1j} (X_{ij} - \overline{X}_j) + e_{ij}$。其中 Y_{ij} 為個體層次在依變項的分數（第 j 個群組第 i 個個體的反應變數之測量值），β_{0j} 為截距項、β_{1j} 是跨群組 j 的斜率係數、X_{ij} 是同一個個體在個體層次解釋變項的測量值、e_{ij} 為誤差項，即個體與其群組平均數的差異量。

階層二迴歸方程為：$\beta_{0j} = \gamma_{00} + \gamma_{01} W_j + \mu_{0j}$、$\beta_{1j} = \gamma_{10} + \gamma_{11} W_j + \mu_{1j}$

整體模式方程為：$Y_{ij} = \beta_{0j} + \beta_{1j} X_{ij} + e_{ij}$

$$= (\gamma_{00} + \gamma_{01} W_j + \mu_{0j}) + (\gamma_{10} + \gamma_{11} W_j + \mu_{1j}) X_{ij} + e_{ij}$$

$$Y_{ij} = \gamma_{00} + \gamma_{01} W_j + \mu_{0j} + \gamma_{10} X_{ij} + \gamma_{11} W_j X_{ij} + \mu_{1j} X_{ij} + e_{ij}$$

$$= (\gamma_{00} + \gamma_{10} X_{ij} + \gamma_{01} W_j + \gamma_{11} W_j X_{ij}) + (\mu_{0j} + \mu_{1j} X_{ij} + e_{ij})$$

= 四個固定效果 + 三個誤差項效果，其中 X_{ij} 為個體層次中的自變項、W_j 為總體層次中的預測變項。e_{ij} 為階層一的誤差項，μ_{0j} 與 $\mu_{1j} X_{ij}$ 均為階層二的誤差項。

範例中結果變項為學生學業成就，個體層次變項為學生學習投入、總體層次變項（W）為校長領導。

層次一模型：

學業成就$_{ij} = \beta_{0j} + \beta_{1j} \times$(學習投入$_{ij}$) r_{ij}

層次二模型（Level-2 Model）

$\beta_{0j} = \gamma_{00} + \gamma_{01} \times$(校長領導$_j$) $+ \mu_{0j}$（截距為隨機效果）

$\beta_{1j} = \gamma_{10} + \gamma_{11} \times$(校長領導$_j$) $+ \mu_{1j}$（斜率為隨機效果）

學業成就$_{ij}$ 表示第 j 所學校第 i 位學生的學業成就。

學習投入$_{ij}$ 表示第 j 所學校第 i 位學生的學習投入時間。

校長領導$_j$ 表示第 j 所學校平均校長領導分數。

γ_{00} 為調整後學業成就的總平均數。

γ_{10} 為學習投入對學業成就影響的平均斜率。

γ_{01} 為各校校長領導對學業成就影響的平均斜率。

γ_{11} 為跨層次交互作用效果（個體層次學習投入時間與校長領導對學業成就的共同影響力）。

完整模型中如果將斜率固定，則層次二的斜率為固定效果，此時沒有 μ_{1j} 誤差項。

範例中層次一模型為：

學業成就$_{ij} = \beta_{0j} + \beta_{1j} \times ($ 學習投入$_{ij})$ r_{ij}

層次二模型（Level-2 Model）為：

$\beta_{0j} = \gamma_{00} + \gamma_{01} \times ($ 校長領導$_j) + \mu_{0j}$（截距為隨機效果）

$\beta_{1j} = \gamma_{10} + \gamma_{11} \times ($ 校長領導$_j)$（斜率為固定效果）

完整模型中如果將截距固定，則層次二的截距為固定效果，此時沒有 μ_{0j} 誤差項。

範例中層次一模型為：

學業成就$_{ij} = \beta_{0j} + \beta_{1j} \times ($ 學習投入$_{ij})$ r_{ij}

層次二模型（Level-2 Model）為：

$\beta_{0j} = \gamma_{00} + \gamma_{01} \times ($ 校長領導$_j)$（截距為固定效果）

$\beta_{1j} = \gamma_{10} + \gamma_{11} \times ($ 校長領導$_j) + \mu_{1j}$（斜率為隨機效果）

完整模型中如果將截距固定，斜率固定，則層次二的截距與斜率均為固定效果，此時沒有 μ_{0j} 誤差項、也沒有 μ_{1j} 誤差項。

範例中層次一模型為：

學業成就$_{ij} = \beta_{0j} + \beta_{1j} \times ($ 學習投入$_{ij})$ r_{ij}

層次二模型（Level-2 Model）為：

$\beta_{0j} = \gamma_{00} + \gamma_{01} \times ($ 校長領導$_j)$（截距為固定效果）

$\beta_{1j} = \gamma_{10} + \gamma_{11} \times ($ 校長領導$_j)$（斜率為固定效果）

◆ 六、非隨機變動之斜率模式

非隨機變動之斜率模式（a model with nonrandomly varying slopes）中，在階層一迴歸方程內斜率係數是變動的常數，在階層二的迴歸方程中斜率係數屬於固定效果。

階層一迴歸方程為：

$Y_{ij} = \beta_{0j} + \beta_{1j} \times X_{ij} + \varepsilon_{ij}$ 或 $Y_{ij} = \beta_{0j} + \beta_{1j} \times X_{ij} + e_{ij}$（解釋變項未經平減轉換）

或 $Y_{ij} = \beta_{0j} + \beta_{1j} \times (X_{ij} - \overline{X}_{..}) + \varepsilon_{ij}$（解釋變項經總平減轉換）

或 $Y_{ij} = \beta_{0j} + \beta_{1j} \times (X_{ij} - \overline{X}_{.j}) + \varepsilon_{ij}$（解釋變項經組平減轉換）

階層二迴歸方程為：

$\beta_{0j} = \gamma_{00} + \gamma_{01} W_j + \mu_{0j}$

$\beta_{1j} = \gamma_{10}$（固定效果）

整合迴歸模型為：

$Y_{ij} = \beta_{0j} + \beta_{1j} X_{ij} + e_{ij} = (\gamma_{00} + \gamma_{01} W_j + \mu_{0j}) + (\gamma_{10}) X_{ij} + e_{ij}$

$Y_{ij} = (\gamma_{00} + \gamma_{10} X_{ij} + \gamma_{01} W_j) + (\mu_{0j} + e_{ij})$

如果階層二的斜率項由固定效果改為隨機效果：$\beta_{1j} = \gamma_{10} + \mu_{1j}$，則模型變為以截距為結果之模型（intercepts-as-outcome model）。如：

$$\text{學業成就}_{ij} = \beta_{0j} + \beta_{1j} \times (\text{學習投入}_{ij})\, r_{ij}$$

層次二模型（Level-2 Model）

$\beta_{0j} = \gamma_{00} + \gamma_{01} \times (\text{校長領導}_j) + \mu_{0j}$

$\beta_{1j} = \gamma_{10} + \mu_{1j}$

學業成就$_{ij}$ 表示第 j 所學校第 i 位學生的學業成就

學習投入$_{ij}$ 表示第 j 所學校第 i 位學生的學習投入時間

校長領導$_j$ 表示第 j 所學校平均校長領導分數

β_{0j} 為第 j 所學校學生平均的學業成就。

β_{1j} 為第 j 所學校學生平均的學習投入時間。

γ_{00} 為所有學校學業成就的總平均值。

γ_{01} 為層次二的斜率。

γ_{10} 為平均斜率（跨學校群組斜率的平均值）。

r_{ij} 為層次一的殘差變異數。

μ_{0j} 為殘差截距的變異數。

μ_{1j} 為斜率的變異數。

◆ 七、脈絡模型

脈絡模型是以個體層次預測變項測量值的群組平均數作為脈絡變項（contextual variable），第一層次的預測變項為個體層次的測量值，第二層次的解釋變項為個體變項所在的群組平均數，如以個別學生的學習動機為 X_{ij}，學生內嵌於班級群組中，以班級群組屬性之平均學生的學習動機作為較高層次的解釋變項 $\overline{X}_j$，在此種迴歸模式中，相同的測量值分數被使用二次，一為個體學生的測量值、二為每班個體平均的測量值，後者的測量值是從前者聚合而來。

以學校教師及學校組織二個層級，學校個別教師的工作投入為個體層次的測量值，以學校組織為單位將所有教師工作投入測量值求其平均數，則學校工作投入即為脈絡變項，教師工作投入為階層一的解釋變項，學校平均工作投入（脈絡變項）為階層二的解釋變項。

階層一迴歸方程為：$Y_{ij} = \beta_{0j} + \beta_1 X_{ij} + e_{ij}$

階層二迴歸方程為：$\beta_{0j} = \gamma_{00} + \gamma_{01} \overline{X}_j + \mu_{0j}$、$\beta_1 = \gamma_{10}$

脈絡模型中總體層次（層次二）的解釋變項為個體層次（層次一）解釋變項的平均值，階層一模式解釋變項求出其平均值，作為階層二模式截距項的解釋變項，此種解釋變項稱為脈絡變項。如果個體層次解釋變項的測量值為 X_{ij}，則總體層次測量值的平均值為 $\overline{X}_j$（表示第 j 所學校在 X 解釋變項的平均值）。若是個體層次的解釋變項有五個，五個解釋變項（X_{1ij}、X_{2ij}、X_{3ij}、X_{4ij}、X_{5ij}）都可以以群組為單位計算其群組平均數，則五個個體層次的解釋變項可以各聚合成五個脈絡變項（Z_{1j}、Z_{2j}、Z_{3j}、Z_{4j}、Z_{5j}）。

層次一模型為：

$$Y_{ij} = \beta_{0j} + \beta_{1j} \times X_{1ij} + \beta_{2j} \times X_{2ij} + \beta_{3j} \times X_{3ij} + \beta_{4j} \times X_{4ij} + \beta_{5j} \times X_{5ij} + \varepsilon_{ij}$$

層次二模型（Level-2 Model）：

$$\beta_{0j} = \gamma_{00} + \gamma_{01} \times Z_{1j} + \gamma_{02} \times Z_{2j} + \gamma_{03} \times Z_{3j} + \gamma_{04} \times Z_{4j} + \gamma_{05} \times Z_{5j} + \mu_{0j}$$

$$\beta_{1j} = \gamma_{10} + \mu_{1j}（隨機效果）$$

$$\beta_{2j} = \gamma_{20} + \mu_{2j}（隨機效果）$$

$$\beta_{3j} = \gamma_{30} + \mu_{3j}（隨機效果）$$

$$\beta_{4j} = \gamma_{40} + \mu_{4j}（隨機效果）$$

$$\beta_{5j} = \gamma_{50} + \mu_{5j}（隨機效果）$$

多層次模式的實務應用

假定個體層次的解釋變項除「學習投入時間」外，還包括學生的「學習動機」、「學習信心」、「家庭文化資本」等三個解釋變項，則脈絡模型如下：

$$Y_{ij}\,(學業成就) = \beta_{0j} + \beta_{1j}X_{1ij}\,(學習投入) + \beta_{2j}X_{2ij}\,(學習動機)$$
$$+ \beta_{3j}X_{3ij}\,(學習信心) + \beta_{4j}X_{4ij}\,(家庭文化資本) + \varepsilon_{ij}$$

學業成就$_{ij}$ = β_{0j} + β_{1j}× 學習投入$_{ij}$ + β_{2j}× 學習動機$_{ij}$ + β_{3j}× 學習信心$_{ij}$
$\qquad$ + β_{4j}× 家庭資本$_{ij}$ + r_{ij}

層次二模型（Level-2 Model）

$\beta_{0j} = \gamma_{00} + \gamma_{01}\times \overline{學習投入}_{.j} + \gamma_{02}\times \overline{學習動機}_{j} + \gamma_{03}\times \overline{學習信心}_{.j} + \gamma_{04}\times \overline{家庭資本}_{.j}$
$\qquad + \mu_{0j}$（隨機效果）

$\beta_{1j} = \gamma_{10} + \mu_{1j}$（隨機效果）

$\beta_{2j} = \gamma_{20} + \mu_{2j}$（隨機效果）

$\beta_{3j} = \gamma_{30} + \mu_{3j}$（隨機效果）

$\beta_{4j} = \gamma_{40} + \mu_{4j}$（隨機效果）

$\overline{學習投入}_{j}$為第 j 所學校在學習投入時間的平均值，$\overline{學習動機}_{j}$為第 j 所學校在學習動機的平均值，$\overline{學習信心}_{j}$為第 j 所學校在學習信心的平均值，$\overline{家庭資本}_{j}$為第 j 所學校在家庭文化資本的平均值。

HLM 分析中的解釋變項如果為計量變數，為了讓截距項的解釋更為合理，不讓解釋變項的數值為 0，會進行解釋變項的中心化（centering）轉換或平減轉換。就個體層次（階層一）的解釋變項而言，進行中心化轉換有二種：一為組平均數中心化（group mean centering）、二為總平均數中心化（grand mean centering），組平均數中心化是以個體層次的原始測量值 X_{ij} 減掉各群組平均數 $\overline{X}_j$，簡稱為「組平減」，以符號表示為 $X_{ij} - \overline{X}_j$；總平均數中心化是以個體層次的原始測量值 X_{ij} 減掉所有群組的總平均值 $\overline{X}_{..}$，簡稱為「總平減」，以符號表示為 $X_{ij} - \overline{X}_{..}$。就總體層次（階層二）的解釋變項而言，進行中心化轉換為總平均數中心化（grand mean centering），總平均數中心化是以總體層次的測量值 $\overline{Z}_j$（或 $\overline{W}_j$）（群組 j 在 Z 解釋變項的分數），減掉所有群組的總平均值 $\overline{Z}_{..}$（或 $\overline{W}_{..}$），簡稱為「總平減」，以符號表示為 $\overline{Z}_j - \overline{Z}_{..}$（或 $\overline{W}_j - \overline{W}_{..}$），層次一解釋變項 X_{ij} 進行中心化轉換後，對模式的斜率及截距會產生影響，而總體層次的解釋變項 $\overline{Z}_j$（或 $\overline{W}_j$）進行中心化轉換後，僅對模式的截距產生影響。HLM 視窗界面中解釋變項進行組平減轉換的選單為「add variable group centered」，進行總平減轉換的選單為「add variable grand

centered」，不進行組平減或總平減轉換，而以原始測量值作為解釋變項的選單為
「add variable uncentered」。

下面以十六位學生巢套於四個班級（階層二）的樣本資料為例，組平均數為
以班級組織為單位，將班級內四位學生樣本（階層一）分數加總後求其平均值，
組平均數中心化轉換為班級學生的測量值減掉班級平均數，總平均數中心化轉換
為學生的測量值減掉所有學生加總後的總平均數。

班級	原始測量值			組別（班級）平均數			組平減轉換後測量值原始測量值減班級平均數			總平減轉換後測量值原始測量值減總平均數		
	學習態度	學習投入	學習策略	班級學習態度	班級學習投入	班級學習策略	學習態度	學習投入	學習策略	學習態度	學習投入	學習策略
1	2	3	5	2.75	2.75	5.50	−0.75	0.25	−0.50	−3.06	−1.88	0.37
1	3	2	6	2.75	2.75	5.50	0.25	−0.75	0.50	−2.06	−2.88	1.37
1	4	3	5	2.75	2.75	5.50	1.25	0.25	−0.50	−1.06	−1.88	0.37
1	2	3	6	2.75	2.75	5.50	−0.75	0.25	0.50	−3.06	−1.88	1.37
2	6	7	4	6.75	6.25	4.00	−0.75	0.75	0.00	0.94	2.12	−0.63
2	6	5	4	6.75	6.25	4.00	−0.75	−1.25	0.00	0.94	0.12	−0.63
2	7	7	4	6.75	6.25	4.00	0.25	0.75	0.00	1.94	2.12	−0.63
2	8	6	4	6.75	6.25	4.00	1.25	−0.25	0.00	2.94	1.12	−0.63
3	1	2	2	1.75	2.00	1.50	−0.75	0.00	0.50	−4.06	−2.88	−2.63
3	1	2	1	1.75	2.00	1.50	−0.75	0.00	−0.50	−4.06	−2.88	−3.63
3	2	3	2	1.75	2.00	1.50	0.25	1.00	0.50	−3.06	−1.88	−2.63
3	3	1	1	1.75	2.00	1.50	1.25	−1.00	−0.50	−2.06	−3.88	−3.63
4	8	7	7	9.00	8.50	7.50	−1.00	−1.50	−0.50	2.94	2.12	2.37
4	9	10	8	9.00	8.50	7.50	0.00	1.50	0.50	3.94	5.12	3.37
4	9	9	8	9.00	8.50	7.50	0.00	0.50	0.50	3.94	4.12	3.37
4	10	8	7	9.00	8.50	7.50	1.00	−0.50	−0.50	4.94	3.12	2.37
總平均數	5.06	4.88	4.63									

多層次中介效果（mediation effect）的檢定，關注的是跨層級解釋變項間交互
作用效果的關係方面。在單層次中介效果的考驗型態有二：一為自變項對依變項
影響的完全中介效果（completed mediation effects）、二為自變項對依變項影響的
部分中介效果（partial mediation effects），二種效果圖示如下：

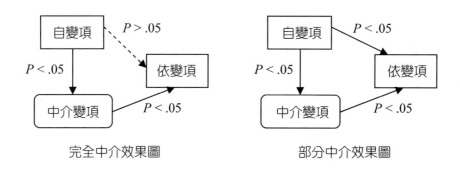

完全中介效果圖　　　　　　　　部分中介效果圖

　　以班級教師教學態度總體層次、學生學習投入個體層次解釋變項對學生學業成就的影響為例,跨層次中介效果的檢定圖如下(修改自溫福星、邱皓政,2011,p.11-16):

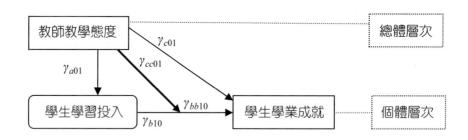

　　多層次模式檢定的程序如下:

(一)零模型檢驗

1. 以學生學業成就(依變項)為結果變項

層次一模型:
學業成就$_{ij} = \beta_{0j} + r_{ij}$
層次二模型:
$\beta_{0j} = \gamma_{00} + \mu_{0j}$

2. 以學生學習投入（個體層次之中介變項）為結果變項

層次一模型：
學習投入$_{ij} = \beta_{0j} + r_{ij}$
層次二模型：
$\beta_{0j} = \gamma_{00} + \mu_{0j}$

（二）以截距作為結果模型檢驗

1. 研究假設

　　總體層次教師教學態度（自變項）對學生學業成就（依變項）是否有顯著的直接效果？

層次一模型：
學業成就$_{ij} = \beta_{0j} + r_{ij}$
層次二模型：
$\beta_{0j} = \gamma_{00} + \gamma_{01} \times$ 教師教學態度$_j + \mu_{0j}$

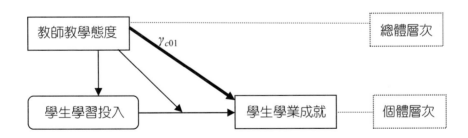

2. 研究假設

　　總體層次教師教學態度（自變項）對學生學習態度（中介變項）是否有顯著的直接效果？

多層次模式的實務應用

層次一模型：

學習投入$_{ij} = \beta_{0j} + r_{ij}$

層次二模型：

$\beta_{0j} = \gamma_{00} + \gamma_{01} \times$ 教師教學態度$_j + \mu_{0j}$

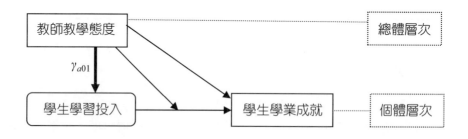

（三）隨機係數迴歸模型

研究假設：不考量總體層次教師教學態度（自變項）之解釋變項時，個體層次學生學習投入解釋變項（中介變項）對學生學業成就（依變項）影響的直接效果是否達到顯著？

層次一模型：

學業成就$_{ij} = \beta_{0j} + \beta_{1j} \times$ 學習投入$_{ij} + r_{ij}$

層次二模型：

$\beta_{0j} = \gamma_{00} + \mu_{0j}$

$\beta_{1j} = \gamma_{10} + \mu_{1j}$

此直接效果路徑的檢定，也可以採用隨機效果共變異數分析模型：

層次一模型：

學業成就$_{ij} = \beta_{0j} + \beta_{1j} \times$ 學習投入$_{ij} + r_{ij}$

層次二模型：

$\beta_{0j} = \gamma_{00} + \mu_{0j}$

$\beta_{1j} = \gamma_{10}$

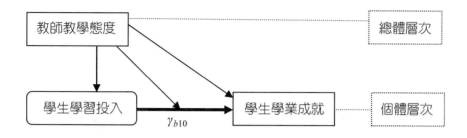

（四）斜率／截距為結果模型

研究假設：同時考量總體層次教師教學態度（自變項）及個體層次學生學習投入解釋變項（中介變項）時，教師教學態度／學生學習投入對學生學業成就（依變項）影響的直接效果是否達到顯著？

層次一模型：

學業成就$_{ij} = \beta_{0j} + \beta_{1j} \times$ 學習投入$_{ij} + r_{ij}$

層次二模型：

$\beta_{0j} = \gamma_{00} + \gamma_{01} \times$ 教師教學態度$_j + \mu_{0j}$

$\beta_{1j} = \gamma_{10}$（斜率為固定效果）

階層二斜率列也可設定為有誤差項的隨機效果。

層次一模型：

學業成就$_{ij} = \beta_{0j} + \beta_{1j} \times$ 學習投入$_{ij} + r_{ij}$

層次二模型：

$\beta_{0j} = \gamma_{00} + \gamma_{01} \times$ 教師教學態度$_j + \mu_{0j}$

$\beta_{1j} = \gamma_{10} + \mu_{1j}$

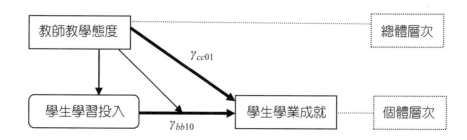

多層次模式的實務應用

　　多層次各種模型的應用與研究問題的對應，以「師生因素與學業成就關係之探討」為例，學生個體層次的變項有「學習投入」、「學習動機」、「學習信心」、「家庭資本」等四個，班級教師總體層次的變項有「教師教學態度」、「教師性別」等二個，結果變項為學生的學業成就表現。

★ 研究問題一

　　學生個體層次的學習投入、學習動機、學習信心、家庭資本（家庭文化資本）等四個變因，是否會顯著影響學生的學業成就表現？

　　研究問題在探討學生層次變數（個體層次變因）與學業成就之關係，對應的多層次模型如下：

1. **多層次模式一（隨機效果之單因子共變異數分析模型）**

   層次一模型：

   $$學業成就_{ij} = \beta_{0j} + \beta_{1j} \times 學習投入_{ij} + \beta_{2j} \times 學習動機_{ij} + \beta_{3j} \times 學習信心_{ij} + \beta_{4j} \times 家庭資本_{ij} + r_{ij}$$

   層次二模型：

   $$\beta_{0j} = \gamma_{00} + \mu_{0j}$$
   $$\beta_{1j} = \gamma_{10}$$
   $$\beta_{2j} = \gamma_{20}$$
   $$\beta_{3j} = \gamma_{30}$$
   $$\beta_{4j} = \gamma_{40}$$

2. **多層次模式二（隨機迴歸係數模型）**

   層次一模型：

   $$學業成就_{ij} = \beta_{0j} + \beta_{1j} \times 學習投入_{ij} + \beta_{2j} \times 學習動機_{ij} + \beta_{3j} \times 學習信心_{ij} + \beta_{4j} \times 家庭資本_{ij} + r_{ij}$$

   層次二模型：

   $$\beta_{0j} = \gamma_{00} + \mu_{0j}$$
   $$\beta_{1j} = \gamma_{10} + \mu_{1j}$$
   $$\beta_{2j} = \gamma_{20} + \mu_{2j}$$
   $$\beta_{3j} = \gamma_{30} + \mu_{3j}$$
   $$\beta_{4j} = \gamma_{40} + \mu_{4j}$$

3. 多層次模式三（隨機迴歸係數模型）

層次一模型：

$$學業成就_{ij} = \beta_{0j} + \beta_{1j} \times 學習投入_{ij} + \beta_{2j} \times 學習動機_{ij} + \beta_{3j} \times 學習信心_{ij}$$
$$+ \beta_{4j} \times 家庭資本_{ij} + r_{ij}$$

層次二模型：

$$\beta_{0j} = \gamma_{00} + \gamma_{01} \times \overline{學習投入}_j + \gamma_{02} \times \overline{學習動機}_j + \gamma_{03} \times \overline{學習信心}_j + \gamma_{04} \times \overline{家庭資本}_j$$
$$+ \mu_{0j}$$

$$\beta_{1j} = \gamma_{10} + \mu_{1j}$$

$$\beta_{2j} = \gamma_{20} + \mu_{2j}$$

$$\beta_{3j} = \gamma_{30} + \mu_{3j}$$

$$\beta_{4j} = \gamma_{40} + \mu_{4j}$$

★ 研究問題二

教師總體層次的教師教學態度、教師性別等二個變因，是否會顯著影響學生的學業成就表現？

研究問題在探討教師層次變數（總體層次變因）與學業成就之關係，對應的多層次模型（以平均數為結果變項之模型）如下：

層次一模型：

$$學業成就_{ij} = \beta_{0j} + r_{ij}$$

層次二模型：

$$\beta_{0j} = \gamma_{00} + \gamma_{01} \times 教師教學態度_j + \gamma_{02} \times 教師性別_j + \mu_{0j}$$

★ 研究問題三

學生個體層次的學習投入、學習動機、學習信心、家庭資本四個變因與教師總體層次的教師教學態度、教師性別二個變因，是否會顯著影響學生的學業成就表現？

研究問題在探討教師、學生層次變數與學業成就之關係，當考量到不同層次解釋變項同時納入迴歸模型時，個別變項對學業成就的影響是否還有顯著的直接效果？對應的多層次模型（脈絡模型）如下：

層次一模型：

$$學業成就_{ij} = \beta_{0j} + \beta_{1j} \times 學習投入_{ij} + \beta_{2j} \times 學習動機_{ij} + \beta_{3j} \times 學習信心_{ij}$$
$$+ \beta_{4j} \times 家庭資本_{ij} + r_{ij}$$

層次二模型：

$$\beta_{0j} = \gamma_{00} + \gamma_{01} \times \overline{學習投入}_j + \gamma_{02} \times \overline{學習動機}_j + \gamma_{03} \times \overline{學習信心}_j + \gamma_{04} \times \overline{家庭資本}_j$$
$$+ \gamma_{05} \times 教師教學態度_j + \gamma_{06} \times 教師性別_j + \mu_{0j}$$

$$\beta_{1j} = \gamma_{10} + \mu_{1j}$$
$$\beta_{2j} = \gamma_{20} + \mu_{2j}$$
$$\beta_{3j} = \gamma_{30} + \mu_{3j}$$
$$\beta_{4j} = \gamma_{40} + \mu_{4j}$$

★ 研究問題四

　　教師總體層次的教師教學態度、教師性別二個變因，對於學生個體層次的學習投入、學習動機、學習信心、家庭文化資本四個變因與學業成就表現的關係，是否具有顯著的調節效果？

　　研究問題在於探討教師層次變項與學生層次變項對學業成就影響之跨層次交互作用效果是否顯著。以總體層次之教師教學態度變項與個體層次的學習投入變項而言，如果跨層次的交互作用顯著，表示「教師教學態度」對「學生學習投入對學業成就的平均影響」具影響力；如果學生學習投入對學業成就的平均影響達到統計顯著水準（直接效果顯著），則「教師教學態度」對「學生學習投入與學業成就間的關係」具有調節效果；如果跨層次交互作用效果係數值為正，則「教師教學態度」能夠正向強化「學生學習投入與學業成就間的關係」。對應的多層次模型（完整模型）如下：

層次一模型：

$$學業成就_{ij} = \beta_{0j} + \beta_{1j} \times 學習投入_{ij} + \beta_{2j} \times 學習動機_{ij} + \beta_{3j} \times 學習信心_{ij}$$
$$+ \beta_{4j} \times 家庭資本_{ij} + r_{ij}$$

層次二模型：

$$\beta_{0j} = \gamma_{00} + \gamma_{01} \times \overline{學習投入}_j + \gamma_{02} \times \overline{學習動機}_j + \gamma_{03} \times \overline{學習信心}_j + \gamma_{04} \times \overline{家庭資本}_j$$
$$+ \gamma_{05} \times 教師教學態度_j + \gamma_{06} \times 教師性別_j + \mu_{0j}$$
$$\beta_{1j} = \gamma_{10} + \gamma_{11} \times 教師教學態度_j + \gamma_{12} \times 教師性別_j + \mu_{1j}$$

$$\beta_{2j} = \gamma_{20} + \gamma_{21} \times 教師教學態度_j + \gamma_{22} \times 教師性別_j + \mu_{2j}$$

$$\beta_{3j} = \gamma_{30} + \gamma_{31} \times 教師教學態度_j + \gamma_{32} \times 教師性別_j + \mu_{3j}$$

$$\beta_{4j} = \gamma_{40} + \gamma_{41} \times 教師教學態度_j + \gamma_{42} \times 教師性別_j + \mu_{4j}$$

如果研究問題假定，家庭文化資本對學生個體學業成就的直接效果不會受到教師變因（教師教學態度及教師性別）的影響，則階層二模型如下：

$$\beta_{1j} = \gamma_{10} + \gamma_{11} \times 教師教學態度_j + \gamma_{12} \times 教師性別_j + \mu_{1j}$$

$$\beta_{2j} = \gamma_{20} + \gamma_{21} \times 教師教學態度_j + \gamma_{22} \times 教師性別_j + \mu_{2j}$$

$$\beta_{3j} = \gamma_{30} + \gamma_{31} \times 教師教學態度_j + \gamma_{32} \times 教師性別_j + \mu_{3j}$$

$$\beta_{4j} = \gamma_{40} + \mu_{4j}$$

第2章

多層次的資料結構

多層次模式的實務應用

　　二個階層的多層次模式會有二個層次的資料檔，層次一的資料檔為個體層次的結果變項及個體層次的解釋變項（如學生樣本），層次二的資料檔為總體層次的脈絡變項及總體層次屬性特徵的解釋變項（如學校組織或班級教師特徵）。若以教師個體為階層一樣本，階層二資料檔變項一般為學校組織或校長特徵，以教師班級經營效能為結果變項為例，個體層次的教師樣本變項為教師知識管理、時間管理、管教策略、教師學歷（研究所以上組別、專科大學組別）、教師性別（男生、女生）；總體層次的解釋變因或解釋變項（W）為學校組織氣氛、校長的人格特質、校長性別（男校長、女校長），脈絡變項為學校知識管理、學校時間管理、學校管教策略。二個階層資料結構摘要表如下：

階層一資料結構	階層二資料結構	
個體層次（教師個人）	總體層次（學校或校長變項）	
學校組織編號	學校組織編號	共同關鍵 ID 變項
知識管理（個體解釋變項）	學校知識管理	脈絡變項
時間管理（個體解釋變項）	學校時間管理	脈絡變項
管教策略（個體解釋變項）	學校管教策略	脈絡變項
教師學歷（個體解釋變項）	學校組織氣氛	解釋變項
教師性別（男生、女生） （個體解釋變項）	校長人格特質	解釋變項
	校長性別（男校長、女校長）	解釋變項
班級經營效能	----------------------	結果變項

壹　單層次與多層次迴歸比較

J	I	N	X	M_X	Y	M_Y	D_X
學校編號	學生編號	學生總編號	X_{ij}	$\overline{X}_j$	Y_{ij}	$\overline{Y}_{ij}$	$X_{ij}-\overline{X}_j$
1	1	1	1	2	5	6	−1
1	2	2	3	2	7	6	1
2	1	3	2	3	4	5	−1
2	2	4	4	3	6	5	1
3	1	5	3	4	3	4	−1
3	2	6	5	4	5	4	1
4	1	7	4	5	2	3	−1
4	2	8	6	5	4	3	1
5	1	9	5	6	1	2	−1
5	2	10	7	6	3	2	1

（資料來源：Snijders & Bosker, 2012, p.28）

　　假設 X_{ij} 為第 j 所學校第 i 位學生的學習投入時間、Y_{ij} 為第 j 所學校第 i 位學生的數學成就，學習投入時間為解釋變項，學生的數學成就為結果變項，單一層次最小平方法求得的迴歸方程為：$Y_i=\beta_0+\beta_1X_i+r_i$，$Y_i$ 是第 i 位學生（以全部學生進行編碼）的數學成就分數，X_i 是第 i 位學生（以全部學生進行編碼）的學習投入時間，β_1 是斜率係數表示的是學生學習投入時間與數學成就的關係，研究期待的是 β_1 為正值，當斜率係數 β_1 為正值時，顯示當學生學習投入時間增加一個單位時，數學成就可提高多少分數，截距項表示的學習投入時間平均等於 0 時，數學成就的平均分數，r_i 為殘差項，表示根據迴歸模式預測之數學成就分數與學生真實分數間的差異量，殘差項的假定是服從常態分配，其平均數為 0、變異數為 σ^2。

（一）整體迴歸分析

　　學生投入學習時間與數學成就間的關係，即解釋變項 X_{ij} 和結果變項 Y_{ij} 二個測量值間的關係，個體層次全部 10 個觀察變項（10 位學生）之解釋變項 X_{ij} 和結果變項 Y_{ij} 的線性迴歸如下：

多層次模式的實務應用

模式		未標準化係數		標準化係數		
		B 之估計值	標準誤差	Beta 分配	t	顯著性
1	（常數）	5.333	1.453		3.671	.006
	X	−.333	.333	−.333	−1.000	.347

$$Y_{ij} = 5.333 - 0.333X_{ij} + r_{ij}$$

上述迴歸是個未聚合學校群組的關係，因為個體層次（學生）巢套於總體層次（學校群組）之中，迴歸方程未考量到總體層次變因，迴歸係數（斜率）為 −0.333，截距為 5.333，傳統迴歸分析中，斜率與截距二個參數估計值視為固定係數值（fixed coefficient）不會隨機變動，係數數值是透過觀察資料所估算而得，因此稱為係數估計值，相對於固定係數值者稱為隨機係數值（random coefficient），隨機係數是指係數的數值為機率函數分配之抽樣觀察值，每個機率分配皆有其期望值與變異數，以斜率而言，斜率的隨機係數被區分為二個部分：一是整體斜率（overall slope）係數，係數值是從所有群組個體樣本估算而得，與個體隸屬於那個群組無關；二為斜率變異數（slope variance），表示每一組根據其組別內樣本估計求得的組別斜率係數與整體斜率的差異變動情形（溫福星、邱皓政，2011），在多層次分析模型中，若是隨機效果表示各組中以解釋變項來預測結果變項的截距或斜率允許有群組間的變異存在，因為各組間允許有差異變動，便有所謂的誤差項，如 μ_{0j}、μ_{1j}。

（二）群組平均數間的迴歸分析

個體層次測量值聚合的變項為總體層次學校的平均得分，學生投入學習時間測量值 X_{ij} 的聚合為學校群組平均投入學習時間 $\overline{X}_j$，學生個別數學成就 Y_{ij} 的聚合為學校群組平均數學成就分數 $\overline{Y}_j$，以總體層次學校平均投入學習時間 $\overline{X}_j$ 來預測學校平均數學成就分數 $\overline{Y}_j$，迴歸方程為：

模式		未標準化係數		標準化係數		
		B 之估計值	標準誤差	Beta 分配	t	顯著性
1	（常數）	8.000	.000		.	.
	M_X	−1.000	.000	−1.000	.	.

$$\overline{Y}_j = 8.000 - 1.000\overline{X}_j + r_j$$

迴歸係數（斜率係數）為 -1.000，截距係數為 8.000。

（三）學校群組內的迴歸

每個單一學校群組解釋變項 X_{ij} 和結果變項 Y_{ij} 測量值間的關係，假定每個學校群組有相同的迴歸係數（斜率相同），組內 Y 測量值差異（$Y_{ij}-\overline{Y}_j$）與 X 測量值差異（$X_{ij}-\overline{X}_j$）的迴歸係數一樣，迴歸方程為：

模式		未標準化係數		標準化係數		
		B 之估計值	標準誤差	Beta 分配	t	顯著性
1	（常數）	4.000	.500		8.000	.000
	D_X	1.000	.500	.577	2.000	.081

$$Y_{ij} = \overline{Y}_j + 1.000(X_{ij}-\overline{X}_j) + r_{ij} = 4.000 + 1.000(X_{ij}-\overline{X}_j) + r_{ij}$$

迴歸係數（斜率係數）為 $+1.000$。

當同時考量到學校群組內與學校群組間之解釋變項 X 與結果變項 Y 間之關係，結合學校群組內的迴歸方程與學校群組間的迴歸方程後，混合模型為：

$$Y_{ij} = 8.000 - 1.000\overline{X}_j + 1.000(X_{ij} - \overline{X}_j) + r_{ij}$$
$$= 8.000 + 1.000X_{ij} - 2.000\overline{X}_j + r_{ij}$$

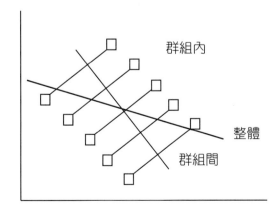

五條平行遞增的線條，表示的是學校群組內結果變項 Y 與解釋變項 X 間的關係（$X_{ij} \rightarrow Y_{ij}$），較為陡峭遞減的迴歸線為學校群組間（聚合層次）結果變項 Y 與解釋變項 X 間的關係（$\overline{X}_j \rightarrow \overline{Y}_j$），另一條較為水平遞減的迴歸線為個體層次之結果變項 Y 與解釋變項 X 間的關係，以所有學生的學習投入時間 X_{ij} 為解釋變項，以所有學生的數學成就 Y_{ij} 為結果變項，進行迴歸分析（忽略學校組織總體層次結構的影響）。資料檔範例中，組內（學校群組內）迴歸係數為 +1.000，組間（學校群組間）迴歸係數為 −1.000，整體迴歸係數為 −0.333，學校群組內迴歸係數與學校群組間迴歸係數剛好相反，結果變項 Y 與解釋變項 X 間的真實關係，只有同時考量到學校群組內與學校群組間的關係才能正確反映出來，同時考量到個體層次的迴歸效果與總體層次的迴歸效果就是多層次迴歸模型的應用。

階層二資料檔的建立

下面為九個班級（階層二群組單位）學生的數學態度與數學成就的模擬數據，每個班級內各有 10 位學生，因為學生是巢套於班級之內，不考慮班級屬性間的差異，以全部調查的學生為標的樣本，學生在數學態度量表上的得分與在數學成就測驗上的得分分別作為學生數學態度與數學成就的分數，整體迴歸方程為：
$Y_i = \beta_0 + \beta_1 X_i + r_i$，其中 Y_i 是第 i 位學生在數學成就的分數，X_i 是第 i 位學生在數學態度的分數，迴歸分析中以數學態度作為解釋變項（自變項）、以數學成就作為結果變項（依變項），β_1 斜率係數表示是數學態度與數學成就間的關係，β_0 是截距項表示的是班級抽樣中數學態度的總測量值為 0 分，學生在數學成就的平均分數。

班級	學生	性別	數學態度	數學成就	班級	學生	性別	數學態度
1	1	1	1	1	5	6	0	5
1	2	1	1	2	5	7	0	6
1	3	1	2	3	5	8	0	6
1	4	1	2	3	5	9	0	7
1	5	1	3	4	5	10	0	10
1	6	0	3	4	6	1	1	1
1	7	0	3	4	6	2	1	5

1	8	0	3	2	6	3	1	6
1	9	0	4	1	6	4	1	6
1	10	0	10	4	6	5	1	8
2	1	1	3	4	6	6	0	8
2	2	1	3	4	6	7	0	7
2	3	1	3	4	6	8	0	7
2	4	1	4	4	6	9	0	8
2	5	1	4	5	6	10	0	10
2	6	0	4	5	7	1	1	1
2	7	0	5	6	7	2	1	4
2	8	0	5	6	7	3	1	6
2	9	0	5	8	7	4	1	7
2	10	0	9	7	7	5	1	7
3	1	1	7	8	7	6	0	7
3	2	1	8	8	7	7	0	8
3	3	1	8	8	7	8	0	8
3	4	0	7	8	7	9	0	9
3	5	0	8	9	7	10	0	9
3	6	0	8	10	8	1	1	2
3	7	0	9	10	8	2	1	4
3	8	0	9	8	8	3	1	5
3	9	1	10	10	8	4	1	5
3	10	1	10	10	8	5	1	5
4	1	1	1	1	8	6	0	6
4	2	1	1	1	8	7	0	6
4	3	1	1	2	8	8	0	6
4	4	1	1	2	8	9	0	7
4	5	1	2	2	8	10	0	8
4	6	0	2	2	9	1	1	5
4	7	0	2	2	9	2	1	6
4	8	0	2	4	9	3	1	6
4	9	0	3	3	9	4	1	7
4	10	0	9	8	9	5	1	7
5	1	1	4	4	9	6	0	7
5	2	1	4	5	9	7	0	8
5	3	1	4	4	9	8	0	8
5	4	1	5	4	9	9	0	9
5	5	1	5	6	9	10	0	10

學生性別編碼中 1 是男生 0 是女生。

多層次模式的實務應用

係數 ^a

模式		未標準化係數		標準化係數		
		B 之估計值	標準誤差	Beta 分配	t	顯著性
1	（常數）	1.502	.510		2.945	.004
	數學態度	.620	.083	.623	7.479	.000

a. 依變數 數學成就

整體迴歸方程為：

$Y_{ij} = 1.502 + 0.620X_{ij} + r_{ij}$，當分別以九個班級進行迴歸分析時，九個班級迴歸方程如下：

係數 ^{a,b}

模式		未標準化係數		標準化係數		
		B 之估計值	標準誤差	Beta 分配	t	顯著性
1	（常數）	2.188	.623		3.513	.008
	數學態度	.191	.155	.400	1.236	.252

a. 班級 = 1
b. 依變數 數學成就

$Y_{i1} = 2.188 + 0.191X_{i1} + r_{i1}$（第 1 個班級，$R^2 = .160$）

$Y_{i2} = 2.695 + 0.579X_{i2} + r_{i2}$（第 2 個班級，$R^2 = .528$）

$Y_{i3} = 3.731 + 0.615X_{i3} + r_{i3}$（第 3 個班級，$R^2 = .443$）

$Y_{i4} = 0.767 + 0.805X_{i4} + r_{i4}$（第 4 個班級，$R^2 = .892$）

$Y_{i5} = 1.553 + 0.776X_{i5} + r_{i5}$（第 5 個班級，$R^2 = .681$）

$Y_{i6} = 3.195 + 0.607X_{i6} + r_{i6}$（第 6 個班級，$R^2 = .513$）

$Y_{i7} = 1.118 + 0.088X_{i7} + r_{i7}$（第 7 個班級，$R^2 = .103$）

$Y_{i8} = 2.836 + 0.123X_{i8} + r_{i8}$（第 8 個班級，$R^2 = .082$）

$Y_{i9} = 5.592 + 0.124X_{i9} + r_{i9}$（第 9 個班級，$R^2 = .037$）

根據 90 位個體層次之樣本（學生樣本）導出的迴歸方程：$Y_{ij} = 1.502 + 0.620X_{ij} + r_{ij}$，依據迴歸所得的截距與斜率係數繪出的迴歸線如下：截距項 1.502，迴歸斜率 0.620，表示學生的數學態度增加一個單位，學生的數學成就分數就提高 0.620 分，學生個體數學態度解釋變項對學生數學成就的影響是正向的。

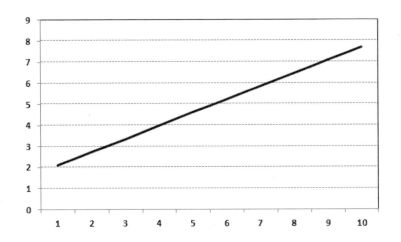

　　假設同一班級內學生的數學態度有較高的同質性，數學成就表現也有較高的同質性，以班級群組為總體層次單位，九個班級中數學態度解釋變項預測數學成就的迴歸中，解釋變異量 R^2 介於 3.7% 至 89.2% 中間，班級間 R^2 量數的差異值甚大，下圖為其中五個班級數學態度對數學成就預測的迴歸線。從圖中可以看出，截距項及斜率係數值班級間有很大的差異存在。

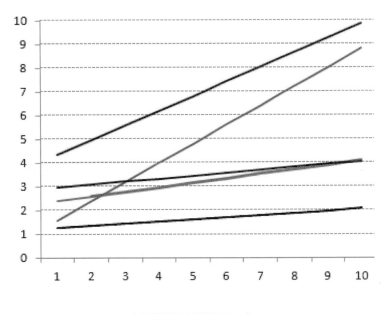

（原圖請參閱彩圖 1）

　　下表為執行 SPSS 功能表列「一般線性模式」中之「單變量」程序結果，依變項（依變數）為數學成就，固定因子（自變項）為「班級」。

受試者間效應項的檢定　　　　　依變數：數學成就

來源	型 III 平方和	df	平均平方和	F	顯著性	淨相關 Eta 平方
班級	464.422	8	58.053	29.334	.000	.743
誤差	160.300	81	1.979			
校正後的總數	624.722	89				

a. R 平方 = .743（調過後的 R 平方 = .718）

　　班級間平均數差異整體考驗的 F 值為 29.334，班級間平均數學成就分數有顯著差異存在，淨相關 η^2 為 .743，關聯強度係數 ω^2 為 .718，表示「班級」因子變項可以解釋數學成就總變異的 71.8% 的變異量。

　　下圖為根據變異數分析程序自動繪製的平均數圖，九個班級間數學成就分數的班級平均值間有顯著的高低落差，如果只以所有學生為分析單位，無法看到群聚於班級個體平均表現情況，會忽略班級群組間（階層二）的差異情形。

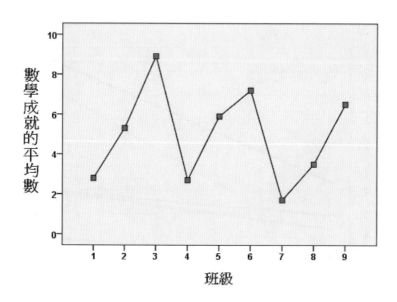

　　HLM 分析中，層次二的資料檔（階層二的資料檔）一般是根據層次一的原始資料檔加以彙整或整合（aggregate），整合時可保留階層二的學校或班級變數，

並將層次一單位樣本的計量變數以學校或班級變數加以平均，產製「脈絡變數」，範例中層次一的解釋變項為數學態度，進行資料整合時可以建立「學校平均數學態度」變項。

　　執行功能表列「資料（D）」／「整合（A）」，開啟「整合資料」對話視窗。

※整合資料

　班級
　學生
　性別
　數學態度
　數學成就

分段變數(B)：

整合變數
　變數摘要(S)：

　函數(F)...　　名稱與標記(N)...
　□ 觀察值個數(C)　名稱(M)：　N_BREAK

儲存
◉ 新增整合變數至作用中資料集(D)
○ 建立僅包含整合變數的新資料集(E)
　資料集名稱(D)：
○ 寫入僅包含整合變數的新資料檔(E)
　檔案(I)...　　D:\HLM\aggr.sav

　　新變數的儲存有三種選單可以選取：「◉ 新增整合變數至作用中資料集（D）」、「○ 建立僅包含整合變數的新資料集（E）」、「○ 寫入僅包含整合變數的新資料檔（E）」，層次二資料檔變數由於與層次一資料檔變數獨立，在HLM 操作程序通常是選取「◉ 建立僅包含整合變數的新資料集（E）」、「◉ 寫入僅包含整合變數的新資料檔（E）」二個選項，前者會開啟一個新資料集儲存新變數（之後另外進行存檔程序），後者可直接將整合的新變數儲存，按『檔案（I）』鈕選取新資料檔要存放的位置與名稱。

　　「分段變數（B）」方盒中選取階層二的主要關鍵 ID 變數，範例為「班級」，「變數摘要（S）」方盒中點選的變數是數學態度、數學成就，新的變數名稱為「數學態度_mean」、「數學成就_mean」（數學成就為結果變項，在多層次分析中不會作為脈絡變項，範例在於說明變項整合程序，因而把數學成就計量變數也包含在內），方盒中出現的訊息為：

　　「數學態度_mean = MEAN（數學態度）」、「數學成就_mean = MEAN（數學成就）」，表示新變項「數學態度_mean」的分數為原先「班級」群組中班上學生數學態度的平均值，「數學成就_mean」的分數為原先「班級」群組中班上學生數學成就的平均值。

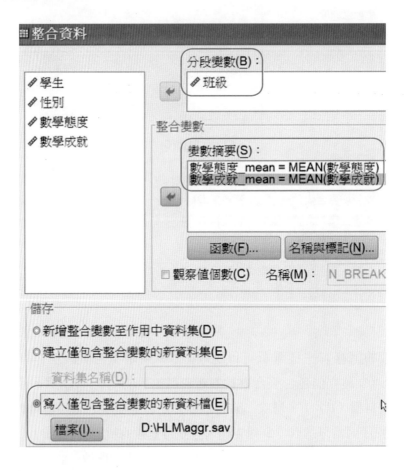

　　「儲存」方盒中勾選「⊙寫入僅包含整合變數的新資料檔（E）」，點選『檔案（I）』鈕選取新資料檔存放的位置與檔名，範例存放的位置為：「D:\HLM」

資料夾下,檔名為「aggr.sav」。

　　「aggr.sav」整合後新資料檔的變項及變項測量值如下(範例中階層二的群組只有九個班,所以整合後的個數只有九班)。

　　「數學態度 _mean」、「數學成就 _mean」為整合時內定的變數名稱,研究者可於「變數檢視」視窗中加以修改。

	班級	數學態度_mean	數學成就_mean
1	1	3.20	2.80
2	2	4.50	5.30
3	3	8.40	8.90
4	4	2.40	2.70
5	5	5.60	5.90
6	6	6.60	7.20
7	7	6.60	1.70
8	8	5.40	3.50
9	9	7.30	6.50

　　層次二的資料檔有九筆(九個班),變數中的測量值為九個班級內十位學生平均的數學態度分數、平均的數學成就分數,整合後的層次二資料檔,研究者也可增列歸於「班級」屬性的變因(階層二總體層次的變項),如教師的性別、教師的年齡、教師的數學態度、教師的教學策略等,教師屬性的變因可以直接測量教師本人獲取相關數據,範例視窗界面中增列教師性別總體變因,水準數值 0 為男性教師、水準數值 1 為女性教師。在 HLM 分析程序中,結果變項為層次一的變項,層次一中計量屬性的解釋變項才會進行整合工作,以群組平均數為層次二的解釋變項,此種解釋變項為層次一群組樣本個體分數的平均值,此類型的解釋變項又稱為脈絡變項。階層二變數重新命名及增列教師性別變項的資料檔格式如下:

	班級	班數態度	班數成就	教性別
1	1	3.20	2.80	0
2	2	4.50	5.30	0
3	3	8.40	8.90	1
4	4	2.40	2.70	0
5	5	5.60	5.90	1
6	6	6.60	7.20	1
7	7	6.60	1.70	0
8	8	5.40	3.50	0
9	9	7.30	6.50	1

　　以數學態度為個體層次的解釋變項，數學成就為結果變項，HLM 繪圖方程繪製的九個班級迴歸線，九個班級迴歸線的截距與斜率係數間均有明顯不同。

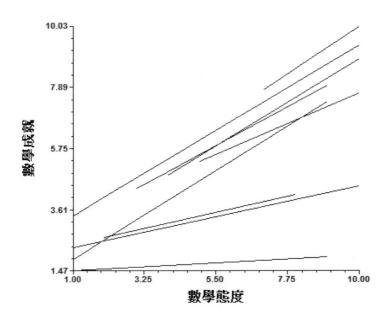

　　Z 軸中增列總體層次的教師性別變項，教師性別水準數值 1 以紅色線條表示，教師性別水準數值 0 以藍色線條表示，增列教師性別變項後，很清楚可以看出藍色線條多數位於圖的下方。

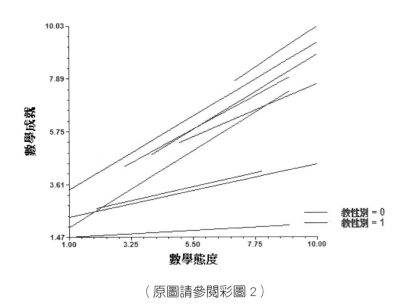

（原圖請參閱彩圖 2）

以實徵貝氏估計法繪製九個班級的 EB 估計值（數學成就平均數估計值）及其 95% 信賴區間。

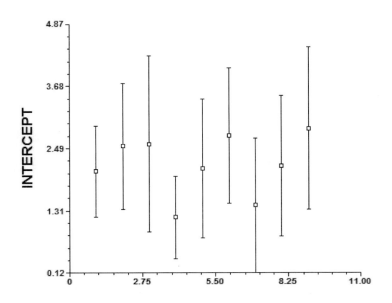

Z 軸中增列總體層次之教師性別變項，教師性別水準數值 1 以紅色線條表示，教師性別水準數值 0 以藍色線條表示。

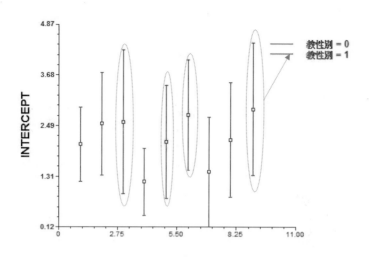

（原圖請參閱彩圖3）

參 採用多層次模型分析

上述資料結構中學生個體巢套於班級組織之中，資料結構有其階層性，因而適用多層次模式分析程序。內文中層次一與階層一意涵均為個體層次，層次二與階層二意涵均為總體層次。

一、虛無模型

多層次線性模型中之虛無模型視窗界面如下：

虛無模型中階層一與階層二均沒有納入任何解釋變項，結果變項為階層一之學生的數學成就分數。

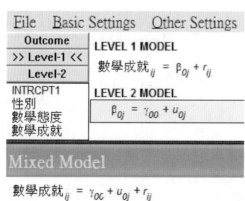

二個階層使用資料檔的變數名稱對照表如下，HLM 之結果變數（依變項）必須是階層一的個體變項，總體層次的變數不能作為結果變項：

階層一	階層二	備註
班級（共同關鍵 ID 變數）	班級（共同關鍵 ID 變數）	二個階層共同關鍵 ID 變數的變項名稱必須相同
性別（學生性別）	教性別（教師性別）	
數學成就（結果變項）		
數學態度（解釋變項）	班級數學態度（脈絡變項）	

範例中之所以適用於採用多層次分析模型，乃是個體學生巢套（nested）於班級群組之中，且個別班級間的數學成就平均值有顯著的差異存在，影響學生數學成就分數的變因，除了是個別學生的數學態度外，也可能是班級群組變因造成的，如班級平均數學態度或班級屬性等。層次一（學生層次）的方程為一般迴歸方程，一般迴歸方程為：$Y_i = \beta_0 + \beta_1 X_i + r_i = 1.502 + 0.620 X_i + r_i$，變數註標下的班級變因 j 沒有納入，因為分析的單位是所有學生，跟學生所在的班級 j 沒有關係。層次二（班級層次）的方程表示的層次一迴歸係數會隨班級（j）而變動，因而迴歸的截距與斜率係數並不是固定值，迴歸係數 β_{0j} 與 β_{1j} 在班級層次（總體層次）會從反應變項模型變成結果變項，班級迴歸方程的變動指的是原方程式中的係數可能隨班級變動而變動，跨班級間的截距可以為：$\beta_{0j} = \gamma_{00} + \mu_{0j}$，$\beta_{0j}$ 為第 j 所班級的截距，γ_{00} 是所有班級平均截距（average intercept），以數學態度預測數學成就而言，γ_{00} 是控制數學態度變項的影響後，九個班級平均的數學成就分數，μ_{0j} 是 β_{0j} 與 γ_{00} 間的差異量，其平均數為 0、變異數為 τ_{00}。跨班級間數學態度與數學成就關係的變動為斜率係數 β_{1j}，$\beta_{1j} = \gamma_{10} + \mu_{1j}$，$\beta_{1j}$ 為第 j 個班級的斜率，γ_{10} 為跨九個班級間的平均斜率（average slope），跨班級間的平均斜率為所有班級間數學態度與數學成就間關係的平均量測值，μ_{1j} 是 β_{1j} 與 γ_{10} 間的差異量，其平均數為 0、變異數為 τ_{11}，一般研究均假定：截距與斜率（β_{0j} 與 β_{1j}）是二元常態分配（bivariately normally distributed），二者間共變數為 τ_{01}。

零模型中由於二個層次均未納入解釋變項，因而二個層次都是無條件化的模型（unconditional model），範例中層次一納入一個個體層次的解釋變項數學態度，二個層次隨機變動的參數有三個，一為層次一誤差項 r_{ij}，一為層次二跨班級間的截距與斜率誤差項 μ_{0j}、μ_{1j}。

多層次模式的實務應用

　　HLM 執行疊代運算過程中，經由疊代程序進行不同參數估計值的估計，如果概似函數的改變差異量很小，則會停止疊代運算程序：「Iterations stopped due to small change in likelihood function」，出現最後參數估計結果。無條件模型參數估計結果如下：$\sigma^2 = 1.97901$

　　學生班級內數學成就分數的變異數（假定跨班級間的變異數是同質），層次一誤差項的變異數為 1.979。

Random level-1 coefficient 階層一隨機係數	Reliability estimate 信度估計值
INTRCPT1, β_0	0.966

　　截距 β_0 的信度係數為 0.966，表示以 β_{0j} 估計值作為 γ_{00} 估計值的可靠度。

Final estimation of fixed effects（最後固定效果估計值）

Fixed Effect 固定效果	Coefficient 係數	Standard error 標準誤	t-ratio t 值	Approx. d.f. 自由度	p-value p 值
For INTRCPT1, β_0 INTRCPT2, γ_{00}	4.944444	0.803138	6.156	8	< 0.001

$\gamma_{00} = 4.944$、標準誤為 0.803、$t(8) = 6.156$、$p < .001$

Final estimation of fixed effects（最後固定效果估計值）

with robust standard errors（有強韌性標準誤）

Fixed Effect 固定效果	Coefficient 係數	Standard error 標準誤	t-ratio t 值	Approx. d.f. 自由度	p-value p 值
For INTRCPT1, β_0 INTRCPT2, γ_{00}	4.944444	0.757206	6.530	8	< 0.001

$\gamma_{00} = 4.944$、標準誤為 0.757、$t(8) = 6.530$、$p < .001$

　　HLM 輸出的固定效果（fixed effects）估計值中包含二種表格，第一種為未採用強韌性標準誤的固定效果估計值表格，表的標題為「Final estimation of fixed effects」，第二種為採用強韌性標準誤的固定效果估計值表格，表的標題除「Final estimation of fixed effects」外，也增列「with robust standard errors」提示語，表示第二個表格呈現的標準誤為強韌性標準誤。在多數 HLM 分析結果中，二種表格之固定效果估計值的估計標準誤數值差異不大，若是二種表格之固定效果的估計值

的估計標準誤有明顯的差異，研究者可能必須重新考量潛在模型假定的合理性，進行模型的修正（Stevens, 2012）。

　　範例資料中，未採用強韌性標準誤的固定效果係數值顯示：$\gamma_{00} = 4.944$、標準誤為 0.803、$t(8) = 6.156$、$p < .001$；採用強韌性標準誤的固定效果係數值顯示：$\gamma_{00} = 4.944$、標準誤為 0.757、$t(8) = 6.530$、$p < .001$。二個固定效果估計值的估計標準誤差異甚小，t 值統計量為係數估計值除以估計值標準誤，如：$\dfrac{4.944}{0.803} = 6.156$、$\dfrac{4.944}{0.757} = 6.530$，$\gamma_{00} = 4.944$ 表示跨九個班級間班級平均數學成就分數的總平均值。

Final estimation of variance components（最後變異成分估計值）

Random Effect 隨機效果	Standard Deviation 標準差	Variance Component 變異數	d.f. 自由度	χ^2 卡方值	p-value 顯著性
INTRCPT1, μ_0	2.36799	5.60738	8	234.67374	<0.001
level-1, r	1.40677	1.97901			

Deviance = 343.014242

　　「Final estimation of variance components」為二個層次之變異數估計值，層次一為班級群組內變動的參數 σ^2，班級間變異的參數估計值為 τ_{00}，τ_{00} 值是否顯著不等於 0，採用的檢定統計量為卡方值 χ^2，當 χ^2 值檢定統計量達到 .05 顯著水準時，表示 τ_{00} 係數值顯著不等於 0。範例中的 $\tau_{00} = 5.607$，$\chi^2(8) = 234.674$，$p < .001$，顯示班級間數學成就分數的變動是有統計意涵的，班級內學生數學成就分數群組的二個層次模型是適當的，內在相關係數 ICC $= \rho = \dfrac{\tau_{00}}{\tau_{00} + \sigma^2} = \dfrac{5.607}{5.607 + 1.979} = 74.2\%$，表示學生數學成就的總變異中有 74.2% 的變異是班級間造成的，至於班級內可以解釋的變異為 25.8%，一般實徵性的資料結構，採用 HLM 分析結果，班級間或學校間可以解釋結果變項的變異比例會小於班級內或學校內可以解釋的變異。無條件模型估計結果，離異係數值為 343.014，有二個共變數參數估計值（τ_{00}、σ^2）。

　　在多層次模式的分析程序中，皆以零模型為基準模型或參照模型，而以比較模型估計所得的二個階層誤差項變異數減少程度，作為投入模型之解釋變項的解釋力，階層一投入模型之個體解釋變項可以解釋第一層組內變異為：$\dfrac{\sigma^2_{標的模型} - \sigma^2_{零模型}}{\sigma^2_{零模型}}$，或 $\dfrac{\sigma^2_{參照模型} - \sigma^2_{比較模型}}{\sigma^2_{參照模型}}$（$\sigma^2_{參照模型} = \sigma^2_{基準線模型}$），第二層迴歸模式投入

總體層次解釋變項後，可以解釋第二層組間變異為：$\dfrac{\tau_{00(零模型)} - \tau_{00(標的模型)}}{\tau_{00(零模型)}}$，或

$\dfrac{\tau_{00\_參照模型} - \tau_{00\_比較模型}}{\tau_{00\_參照模型}}$，此種個別層次誤差項變異數減少程度的百分比應用與複迴

歸中決定係數的改變量ΔR^2類似。

學生數學成就表現在零模型分析結果摘要表（二個階層模型均沒有任何解釋變項）

固定效果	係數	t 值	自由度
β_0 截距			
階層二 學生數學成就之整體平均值 γ_{00}	4.944	6.156***	8
隨機效果	變異數	χ^2 值	自由度
階層二 班級間平均數學成就之差異 μ_{0j} (τ_{00})	5.607	234.673***	8
第一層班級內平均數學成就分數之差異 ε_{ij} (σ^2)	1.979		

離異係數 (−2LL) = 343.014、*** $p < .001$

（註：表格整理格式修改自張芳全 2011）

 二、隨機係數迴歸模型：一個個體層次的解釋變項

HLM 之隨機係數模型視窗界面如下：

（一）解釋變項未進行平減轉換

隨機係數模型中階層一納入的解釋變項為學生的數學態度分數，階層二的截距為隨機效果，斜率係數為隨機效果。

File　Basic Settings　Other Settings　Run Analysis　Help

Outcome
Level-1
>> Level-2 <<
INTRCPT2 班數態度 班數成就 教性別

LEVEL 1 MODEL

數學成就$_{ij}$ = β_{0j} + β_{1j}(數學態度$_{ij}$) + r_{ij}

LEVEL 2 MODEL

β_{0j} = γ_{00} + u_{0j}

β_{1j} = γ_{10} + u_{1j}

Mixed Model

數學成就$_{ij}$ = γ_{0C} + γ_{1C}*數學態度$_{ij}$ + u_{0j} + u_{1j}*數學態度$_{ij}$ + r_{ij}

混合模型為：數學成就$_{ij}$ = γ_{00} + γ_{10} 數學態度$_{ij}$ + μ_{0j} + μ_{1j} 數學態度$_{ij}$ + r_{ij}

Final estimation of fixed effects（最後固定效果估計值）

Fixed Effect 固定效果	Coefficient 係數	Standard error 標準誤	t-ratio t 值	Approx. $d.f.$ 自由度	p-value p 值
For INTRCPT1, β_0 　　INTRCPT2, γ_{00}	2.188202	0.425114	5.147	8	<0.001
For 數學態度, β_1 　　INTRCPT2, γ_{10}	0.489517	0.104381	4.690	8	0.002

　　γ_{00} = 2.188，為調整後總平均數（調整所有第一層中之解釋變項的影響後，數學成就的總平均分數）。γ_{10} = 0.490，$t(8)$ = 4.690，$p < .01$，表示學生數學態度對數學成就的影響為正向，當學生的數學態度增加一個單位，學生的數學成就分數可提高 0.490 分。將二個截距固定效果代入混合模式中，混合模型為：

數學成就$_{ij}$ = 2.188 + 0.490× 數學態度$_{ij}$ + (μ_{0j} + μ_{1j} × 數學態度$_{ij}$ + r_{ij})

Final estimation of variance components（最後變異成分估計值）

Random Effect 隨機效果	Standard Deviation 標準差	Variance Component 變異數	$d.f.$ 自由度	χ^2 卡方值	p-value p 值
INTRCPT1, μ_0	0.83989	0.70542	8	17.62572	0.024
數學態度, μ_1	0.26931	0.07253	8	29.01249	<0.001
level-1, r	0.99739	0.99479			

Deviance = 291.382663（模型適配度檢驗的離異係數）
Number of estimated parameters = 4

　　表中三個參數為隨機效果，截距的變異數為 0.705（τ_{00} = 0.705），$\chi^2(8)$ = 17.626，$p < .05$，表示控制個體層次之學生數學態度對數學成就的影響外，班級間平均數學成就分數的差異還是達到統計顯著水準。τ_{11} = 0.073，$\chi^2(8)$ = 29.012，$p < .001$，表示九個班級學生數學態度對數學成就影響的平均數（斜率係數）間有顯著的差異。與零模型相較之下，層次一誤差項 ε_{ij} 的變異數 σ^2 由 1.979 下降至 0.995，層次一誤差項變異數削減百分比 $= \dfrac{1.979 - 0.995}{1.979}$ = 49.7%，表示階層一納入數學態度個體層次的解釋變項後，能解釋班級內學生學習成就的變異占總變異的 49.7%。

多層次模式的實務應用

如果斜率係數的變異成分或變異數 τ_{11} 達到統計顯著水準（$p < .05$），表示層次二斜率的變動差異情形顯著不為 0，範例中為班級學生的數學態度與數學成就間的關係有顯著的跨班級間差異存在，班級屬性或班級特徵的預測變項必須加以考量，以了解班級間 β_{1j} 的差異變動情況，當層次二也納入班級屬性或班級特徵的解釋變項時，斜率係數方程中的參數即為「跨層次交互作用」項，變項間的交互作用可以描述不同班級群組層次的情形（Stevens, 2009）。

隨機係數迴歸模型分析結果摘要表（結果變項為學生數學成就）

固定效果	係數	t 值	自由度
β_0 截距			
階層二 學生數學成就之整體平均值 γ_{00}	2.188	5.147***	8
斜率 β_1			
數學態度對數學成就影響之平均值 γ_{10}	0.490	4.690**	
隨機效果	**變異數**	**χ^2 值**	**自由度**
階層二 班級間平均數學成就之差異 μ_{0j} (τ_{00})	0.705	17.626*	8
班級間學生數學態度對數學成就影響之差異 μ_{1j} (τ_{11})	0.073	29.012***	8
第一層班級內平均數學成就分數之差異 ε_{ij} (σ^2)	0.995		

離異係數 $(-2LL) = 291.383$、* $p < .05$、** $p < .01$、*** $p < .001$

（二）解釋變項經總平減轉換

個體層次數學態度解釋變項採用總平減轉換，總平均數中心化為原始數學態度測量值（數學態度$_{ij}$）減掉所有樣本在數學態度的總平均值（$\overline{\text{數學態度}_{..}}$），投入模型的解釋變項符號為「數學態度$_{ij}$ – $\overline{\text{數學態度}_{..}}$」。

Outcome	LEVEL 1 MODEL
Level-1	數學成就$_{ij}$ = β_{0j} + β_{1j}(數學態度$_{ij}$ - 數學態度$_{..}$) + r_{ij}
>> Level-2 <<	LEVEL 2 MODEL
INTRCPT2 班數態度 班數成就 教性別	β_{0j} = γ_{00} + u_{0j}
	β_{1j} = γ_{10} + u_{1j}

Mixed Model

數學成就$_{ij}$ = γ_{0C} + γ_{1C}*(數學態度$_{ij}$ - 數學態度$_{..}$) + u_{0j} + u_{1j}*(數學態度$_{ij}$ - 數學態度$_{..}$) + r_{ij}

隨機係數模型中的階層二模型為：$\beta_{0j} = \gamma_{00} + \mu_{0j}$；$\beta_{1j} = \gamma_{10} + \mu_{1j}$，若是研究假定各個班級群組的斜率沒有差異之變動情形（即各個班級以數學態度預測數學成就的群組斜率與整體平均斜率沒有顯著不同），層次二模型中以斜率為結果變項的方程即沒有誤差項 μ_{1j}，方程式變為：$\beta_{1j} = \gamma_{10}$，此種模型方程稱為固定效果模式，多層次模型稱為共變數模型。

層次一模型為：

數學成就 $_{ij} = \beta_{0j} + \beta_{1j}$ (數學態度 $_{ij}$ － 數學態度 $_{.j}$) + r_{ij}

層次二模型為：

$\beta_{0j} = \gamma_{00} + \mu_{0j}$（截距為結果變項之效果為隨機效果）

$\beta_{1j} = \gamma_{10}$（斜率為固定效果）

μ_{0j} 為第 j 所學校平均數學成就與整體平均數學成就之間的差異值，其變異數為 τ_{00}，γ_{10} 為各校學生的數學態度對數學成就的影響。

（三）解釋變項經組平減轉換

個體層次數學態度解釋變項採用組平減轉換，組平均數中心化為原始數學態度測量值（數學態度 $_{ij}$）減掉樣本在其群組（班級）之數學態度的平均值（$\overline{\text{數學態度}_{.j}}$），投入模型的解釋變項符號為「數學態度 $_{ij}$ － $\overline{\text{數學態度}_{.j}}$」。$\overline{\text{數學態度}_{.j}}$ 表示第 j 個班級學生之數學態度的班級平均數。

File	Basic Settings	Other Settings	Run Analysis	Help

Outcome	**LEVEL 1 MODEL**
Level-1	數學成就 $_{ij}$ = β_{0j} + β_{1j}(數學態度 $_{ij}$ - 數學態度 $_{.j}$) + r_{ij}
>> Level-2 <<	
INTRCPT2 班數態度 班數成就 教性別	**LEVEL 2 MODEL** β_{0j} = γ_{00} + u_{0j} β_{1j} = γ_{10} + u_{1j}

Mixed Model

數學成就 $_{ij}$ = γ_{0C} + γ_{1C}*(數學態度 $_{ij}$ - 數學態度 $_{.j}$) + u_{0j} + r_{ij}

輸出結果中加註「數學態度個體層次解釋變項已經過組平均數集中化」（數學態度 has been centered around the group mean.），表示解釋變項經過組平減轉換。

多層次模式的實務應用

Final estimation of fixed effects（最後固定效果估計值）

Fixed Effect 固定效果	Coefficient 係數	Standard error 標準誤	t-ratio t 值	Approx. $d.f.$ 自由度	p - value p 值
For INTRCPT1, β_0					
INTRCPT2, γ_{00}	4.944444	0.803149	6.156	8	<0.001
For 數學態度 slope, β_1					
INTRCPT2, γ_{10}	0.427541	0.061152	6.991	80	<0.001

　　γ_{00} = 4.944，為調整後總平均數（調整所有第一層中之解釋變項的影響後，數學成就的總平均分數）。γ_{10} = 0.428，t（80）= 6.991，p < .001，表示學生數學態度對數學成就的影響為正向，當學生的數學態度增加一個單位，學生的數學成就分數可提高 0.428 分。

Final estimation of variance components（最後變異成分估計值）

Random Effect 隨機效果	Standard Deviation 標準差	Variance Component 變異數	$d.f.$ 自由度	χ^2 卡方值	p-value p 值
INTRCPT1, μ_0	2.38347	5.68091	8	373.39153	< 0.001
level-1, r	1.11526	1.24379			

Deviance = 309.984231
Number of estimated parameters = 2

　　表中二個參數為隨機效果，截距的變異數為 5.681（τ_{00} = 5.681），$\chi^2(8)$ = 373.392，p < .001，表示控制個體層次之學生數學態度對數學成就的影響外，班級間平均數學成就分數的差異還是達到統計顯著水準。與零模型相較之下，層次一誤差項 ε_{ij} 的變異數 σ^2 由 1.979 下降至 1.244，層次一誤差項變異數削減百分比 = $\dfrac{1.979-1.244}{1.979}$ = 37.1%，表示階層一納入數學態度個體層次的解釋變項後，能解釋班級內學生學習成就的變異占總變異的 37.1%。零模型的離異係數為 343.014，隨機效果的單因子共變數分析模式的離異係數為 309.984，表示隨機效果的單因子共變數分析模式比零模型適配度還好，但與隨機係數的迴歸模型相較之下，隨機係數的迴歸模型的離異係數為 291.383，隨機效果的單因子共變數分析模式的離異係數為 309.984，隨機係數的迴歸模型之適配度顯著的較佳，離異係數可視為假設模型與樣本資料的差異量數，其數值愈大表示假設模型的適配度愈差或假設模型與

樣本資料愈不適配。此外，從層次一之誤差項 ε_{ij} 的變異數 σ^2 變化來比較，與零模型為參照基準，隨機效果的單因子共變數模型，階層一納入數學態度個體層次的解釋變項後，能解釋班級內學生學習成就的變異占總變異的 37.1%，班級內無法解釋的變異為 62.9%；隨機係數的迴歸模型，階層一納入數學態度個體層次的解釋變項後，能解釋班級內學生學習成就的變異占總變異的 49.7%，班級內無法解釋的變異為 50.3%，可見隨機係數的迴歸模型較隨機效果的單因子共變數分析模型更為適切。

 ## 三、隨機係數迴歸模型──二個個體層次的解釋變項

$$數學成就_{ij} = \beta_{0j} + \beta_{1j}\,(\,學生性別_{ij}) + \beta_{2j}\,(\,數學態度_{ij}) + r_{ij}$$

總體層次（層次二）中未納入教師層級的解釋變項，層次二模型為：

$\beta_{0j} = \gamma_{00} + \mu_{0j}$
$\beta_{1j} = \gamma_{10} + \mu_{1j}$
$\beta_{2j} = \gamma_{20} + \mu_{2j}$

混合模型為：

$$數學成就_{ij} = \gamma_{00} + \gamma_{10} \times (\,學生性別_{ij}) + \gamma_{20} \times (\,數學態度_{ij}) + \mu_{0j} + \mu_{1j}$$
$$\times (\,學生性別_{ij}) + \mu_{2j} \times (\,數學態度_{ij}) + r_{ij}$$

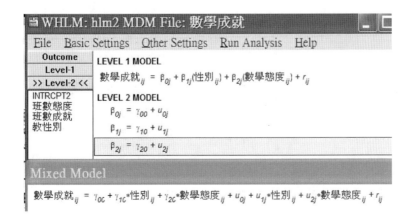

多層次模式的實務應用

Final estimation of fixed effects（最後固定效果估計值）

Fixed Effect 固定效果	Coefficient 係數	Standard error 標準誤	t-ratio t 值	Approx. d.f. 自由度	p-value p 值
For INTRCPT1, β_0					
INTRCPT2, γ_{00}	2.300638	0.560273	4.106	8	0.003
For 學生性別 slope, β_1					
INTRCPT2, γ_{10}	−0.084379	0.287958	−0.293	8	0.777
For 數學態度 slope, β_2					
INTRCPT2, γ_{20}	0.478751	0.096963	4.937	8	0.001

$$數學成就_{ij} = 2.301 + (-0.084) \times (學生性別_{ij}) + 0.479 \times (數學態度_{ij}) + \mu_{0j}$$
$$+ \mu_{1j} \times (學生性別_{ij}) + \mu_{2j} \times (數學態度_{ij}) + r_{ij}$$

個體層次學生性別與學生數學成就分數間沒有顯著相關（$\gamma_{10} = -0.084$，$t(8) = -0.293$，$p > .05$），如果固定效果 γ_{10} 達到 .05 顯著水準，且數值為正值，表示具有相同數學態度分數的學生，女學生的數學成就分數顯著的高於男學生，以 $\gamma_{10} = 1.257$、$p < .05$ 為例，其意涵為具有相同數學態度分數的男女學生，男學生的數學成就為一個單位，女學生的數學成就為 1.257 個單位。學生的數學態度對其數學成就有顯著正向的影響，（$\gamma_{20} = 0.479$，$t(8) = 4.937$，$p < .001$），當學生數學態度增加一個單位，平均數學成就分數提高 0.479 分。

Final estimation of variance components（最後變異成分估計值）

Random Effect 隨機效果	Standard Deviation 標準差	Variance Component 變異數	d.f. 自由度	χ^2 卡方值	p-value p 值
INTRCPT1, μ_0	1.01283	1.02582	8	10.16484	0.253
學生性別 slope, μ_1	0.43126	0.18599	8	8.64208	0.373
數學態度 slope, μ_2	0.22015	0.04847	8	12.96746	0.112
level-1, r	0.97451	0.94967			

Deviance = 288.106795
Number of estimated parameters = 7

階層一的變異數為 0.950，無條件的模型（零模型）層次一誤差項的變異數為 1.407，層次一只納入數學態度預測變項之有條件模型誤差項的變異數為 0.994，班級內數學成就的變異由 29.4% 變為 32.5%（$\frac{1.407 - 0.950}{1.407} = 32.5\%$），表示性別變

項可以解釋班級內數學成就的變異只有 32.5% − 29.4% = 3.1%。控制個體層次解釋變項學生性別與數學態度的變因後，班級間平均數學成就分數沒有顯著差異（$\chi^2(8)$ = 10.165，$p > .05$），學生性別對數學成就的影響（斜率），班級間的差異不顯著（$\chi^2(8) = 8.642$，$p > .05$），數學態度對數學成就的影響（斜率），班級間的差異也不顯著（$\chi^2(8) = 12.967$，$p > .05$）。截距係數、性別影響力、數學態度影響力在層次二（班級間）的變異都未達顯著，其可能的原因之一是各群組內的樣本數太少（班級內各只有 10 位學生），當各群組（階層二）內的個體層次樣本數太少時，會降低隨機效果估計值的統計考驗力（Stevens, 2009）。模式估計的離異係數值為 288.107，有七個參數估計值，三個隨機效果變異數 μ_{0j}、μ_{1j}、μ_{2j}，三個隨機效果的三對共變數估計值、層次一的變異數 σ^2。

隨機係數迴歸模型分析結果摘要表（結果變項為學生數學成就）

固定效果	係數	t 值	自由度
β_0 截距			
階層二 學生數學成就之整體平均值 γ_{00}	2.301	4.106**	8
斜率 β_1			
學生性別對數學成就影響之平均值 γ_{10}	− 0.084	−0.293ns	8
斜率 β_2			
數學態度對數學成就影響之平均值 γ_{20}	0.479	4.937***	8
隨機效果	變異數	χ^2 值	自由度
階層二 班級間平均數學成就之差異 μ_{0j}（τ_{00}）	1.026	10.165ns	8
班級間學生性別對數學成就影響之差異 μ_{1j}（τ_{11}）	0.186	8.642ns	8
班級間學生數學態度對數學成就影響之差異 μ_{2j}（τ_{22}）	0.048	12.967ns	
第一層班級內平均數學成就分數之差異 ε_{ij}（σ^2）	0.950		

離異係數 (−2LL) = 291.383、$ns\ p > .05$、** $p < .01$、*** $p < .001$

多層次模式的實務應用

◈ 四、完整模型

HLM 之完整模型視窗界面如下：

結果變項為學生數學成就，階層一的解釋變項為學生的數學態度、階層二的解釋變項為總體層次的教師性別，μ_{0j}、μ_{1j} 為第二層迴歸模式的誤差項，μ_{0j} 表示為第 j 個班級的數學成就平均分數與調整後總平均數間的差異量，μ_{1j} 表示為第 j 個班級的斜率與總平均斜率間的差異量。

層次一模型中結果變項為個體層次數學成就分數，解釋變項為個體層次的數學態度變項。

$$數學成就_{ij} = \beta_{0j} + \beta_{1j}\,(\,數學態度_{ij}) + r_{ij}$$

總體層次（層次二）中納入教師層級的解釋變項「教師性別」，層次二模型為：

$\beta_{0j} = \gamma_{00} + \gamma_{01}\,(\,教師性別_j) + \mu_{0j}$

$\beta_{1j} = \gamma_{10} + \gamma_{11}\,(\,教師性別_j) + \mu_{1j}$

混合模型為：

$$數學成就_{ij} = \gamma_{00} + \gamma_{01} \times 教師性別_j + \gamma_{10} \times 數學態度_{ij} + \gamma_{11} \times (\,教師性別_j) \times 數學態度_{ij}$$
$$+ \mu_{0j} + \mu_{1j} \times 數學態度_{ij} + r_{ij}$$

γ_{00} 為調整後數學成就總平均值、γ_{01} 為教師性別對數學成就的影響力、γ_{10} 為數學態度對數學成就的影響力、γ_{11} 為總體層次教師性別與個體層次數學態度對數學成就的跨層次交互作用效果。（HLM 視窗界面中，只保留四個中文字變數，某些中文字無法相容，會出現奇怪的編碼字體，建議分析時以英文作為變數名稱較方便）

Final estimation of fixed effects（最後固定效果估計值）

Fixed Effect 固定效果	Coefficient 係數	Standard error 標準誤	*t*-ratio *t* 值	Approx. *d.f.* 自由度	*p*-value *p* 值
For INTRCPT1, β_0					
INTRCPT2, γ_{00}	1.820354	0.457492	3.979	7	0.005
教師性別 , γ_{01}	1.235076	0.878465	1.406	7	0.203
For 數學態度 slope, β_1					
INTRCPT2, γ_{10}	0.370908	0.130394	2.845	7	0.025
教師性別 , γ_{11}	0.210865	0.203132	1.038	7	0.334

$\gamma_{01} = 1.235$，$t(7) = 1.406$，$p > .05$，控制個體層次數學態度對數學成就的影響後，總體層次教師性別對數學成就的影響未達統計顯著水準，$\gamma_{10} = 0.371$，$t(7) = 2.845$，$p < .05$，數學態度對數學成就有顯著的影響力，其影響為正向，即學生數學態度增加一個單位，數學成就可提高 0.371 分。教師性別與數學態度之跨層次交互作用未達統計顯著水準 （$\gamma_{11} = 0.211$，$t(7) = 1.038$，$p > .05$）。

Final estimation of variance components（最後變異成分估計值）

Random Effect 隨機效果	Standard Deviation 標準差	Variance Component 變異數	*d.f.* 自由度	χ^2 卡方值	*p*-value *p* 值
INTRCPT1, μ_0	0.70496	0.49697	7	12.54742	0.083
數學態度 slope, μ_1	0.25098	0.06299	7	24.40445	0.001
level-1, r	0.99773	0.99546			

Deviance = 285.226896
Number of estimated parameters = 4

班級間平均數學成就差異的變異數 μ_{0j}（τ_{00}）為 0.497，$\chi^2(7) = 12.547$，$p > .05$，未達 .05 顯著水準，表示各班學生平均的數學成就間沒有顯著不同。班級間數學態

度對數學成就影響的斜率係數差異的變異數 μ_{1j}（τ_{11}）為 0.063，$\chi^2(7) = 24.404$，$p <$ .001，達 .05 顯著水準，表示各班中數學態度對數學成就影響的斜率係數間有明顯不同。階層一班級內平均數學成就變異數 ε_{ij}（σ^2）為 0.995，離異係數為 285.227。

完整模型分析結果摘要表（結果變項為學生數學成就）

固定效果	係數	t 值	自由度
β_0 截距			
階層二 學生數學成就之整體平均值 γ_{00}	1.820	3.979**	7
班級教師性別對數學成就影響之平均值 γ_{01}	1.235	1.406ns	7
斜率 β_1			
數學態度對數學成就影響之平均值 γ_{10}	1.820	3.979**	7
班級教師性別──數學態度對數學成就影響之平均值 γ_{11}	1.235	1.406ns	7
隨機效果	變異數	χ^2 值	自由度
階層二　班級間平均數學成就之差異 μ_{0j}（τ_{00}）	0.497	12.547ns	7
班級間學生數學態度對數學成就影響之差異 μ_{1j}（τ_{11}）	0.063	24.404**	7
第一層班級內平均數學成就分數之差異 ε_{ij}（σ^2）	0.995		

離異係數 (−2LL) = 285.227、ns $p > .05$、** $p < .01$

 五、截距模型

　　層次一未納入任何個體層次的解釋變項，層次二以層次一各班級平均數學成就作為結果變項，納入總體層次教師性別，以探究總體層次教師性別對各班數學成就的差異情況。

　　層次一模型為：

　　數學成就$_{ij} = \beta_{0j} + r_{ij}$

　　層次二模型為：

　　$\beta_{0j} = \gamma_{00} + \gamma_{01} \times$（教師性別$_j$）$+ \mu_{0j}$

　　混合模型為：

　　數學成就$_{ij} = \gamma_{00} + \gamma_{01} \times$（教師性別$_j$）$+ r_{ij}$

File   Basic Settings   Other Settings   Run Analysis   Help

| Outcome |
| Level-1 |
| >> Level-2 << |

| INTRCPT2 |
| 班數態度 |
| 班數成就 |
| 教性別 |

LEVEL 1 MODEL

數學成就$_{ij}$ = β_{0j} + r_{ij}

LEVEL 2 MODEL

β_{0j} = γ_{00} + γ_{01}(教性別$_j$) + u_{0j}

Mixed Model

數學成就$_{ij}$ = γ_{0c} + γ_{01}*教性別$_j$ + u_{0j} + r_{ij}

Final estimation of fixed effects（最後固定效果估計值）

Fixed Effect 固定效果	Coefficient 係數	Standard error 標準誤	t-ratio t 值	Approx. d.f. 自由度	p-value p 值
For INTRCPT1, β_0					
INTRCPT2, γ_{00}	3.200000	0.590581	5.418	7	<0.001
教師性別 , γ_{01}	3.925000	0.885871	4.431	7	0.003

$$數學成就_{ij} = 3.200 + 3.925 \times (教師性別_j) + r_{ij}$$

γ_{01} = 3.925，$t(7)$ = 4.431，p < .01，固定效果 γ_{01} 達到統計顯著水準，表示教師性別總體層次對各班平均數學成就有正向影響，女教師（水準數值編碼為 1）班上的平均數學成就顯著高於男教師（水準數值編碼為 0）班上的數學成就，如果男教師班上平均數學成就為一個單位，女教師班上平均數學成就為 3.925 個單位。

Final estimation of variance components（最後變異成分估計值）

Random Effect 隨機效果	Standard Deviation 標準差	Variance Component 變異數	d.f. 自由度	χ^2 卡方值	p-value p 值
INTRCPT1, μ_0	1.24339	1.54603	7	61.68481	< 0.001
level-1, r	1.40677	1.97901			

Deviance = 332.635593

若是班級間平均數學成就差異的變異數 μ_{0j}（τ_{00}）為 1.546，$\chi^2(7)$ = 61.685，

$p < .001$，達 .05 顯著水準，表示控制班級教師性別影響的變因後，各班學生平均的數學成就間還有顯著不同，可見影響班級間平均數學成就的差異還有其他變因存在。與零模型相較之下，教師性別可以解釋數學成就的變異量百分比為 64.7%（$\frac{5.607 - 1.979}{5.607} = 64.7\%$），階層一班級內平均數學成就變異數 ε_{ij}（σ^2）為 1.979，組內相關係數為 .439（$\frac{1.546}{1.546 + 1.979} = 43.9\%$），此組內相關係數值與零模型之組內相關係數值相較之下，數值從 74.2% 下降至 43.9%，表示總體層次的教師性別變項是影響班級間平均數學成就差異的變因之一。

◆ 六、脈絡模型

脈絡模型中的脈絡變項為個體層次解釋變項在層次二班級群組的平均值（Z_j），個體層次解釋變項數學態度在班級的平均值為「班數學態度」，以脈絡變項作為層次二截距項的解釋變項，階層一截距項作為層次二的結果變項，各斜率項均為隨機效果。

$$數學成就_{ij} = \beta_{0j} + \beta_{1j}(\,學生性別_{ij}) + \beta_{2j}(\,數學態度_{ij}) + r_{ij}$$

總體層次（層次二）的截距項納入班級數學態度脈絡變項，層次二模型為：

$$\beta_{0j} = \gamma_{00} + \gamma_{01} \times (\,班數學態度_j) + \mu_{0j}$$

$$\beta_{1j} = \gamma_{10} + \mu_{1j}$$

$$\beta_{2j} = \gamma_{20} + \mu_{2j}$$

混合模型為：

$$數學成就_{ij} = \gamma_{00} + \gamma_{01} \times (\,班數學態度_j) + \gamma_{10} \times (\,學生性別_{ij}) + \gamma_{20} \times (\,數學態度_{ij}) + \mu_{0j}$$
$$+ \mu_{1j} \times (\,學生性別_{ij}) + \mu_{2j} \times (\,數學態度_{ij}) + r_{ij}$$

Final estimation of fixed effects（最後固定效果估計值）

Fixed Effect 固定效果	Coefficient 係數	Standard error 標準誤	t-ratio t 值	Approx. d.f. 自由度	p-value p 值
For INTRCPT1, β_0					
INTRCPT2, γ_{00}	0.276133	1.154234	0.239	7	0.818
班數學態度, γ_{01}	0.427708	0.226390	1.889	7	0.101
For 學生性別 slope, β_1					
INTRCPT2, γ_{10}	−0.154028	0.289190	−0.533	8	0.609
For 數學態度 slope, β_2					
INTRCPT2, γ_{20}	0.434219	0.097254	4.465	8	0.002

$$數學成就_{ij} = 0.276 + 0.428 \times (班數學態度_j) + (-0.154) \times (學生性別_{ij}) + 0.434$$
$$\times (數學態度_{ij}) + \mu_{0j} + \mu_{1j} \times (學生性別_{ij}) + \mu_{2j} \times (數學態度_{ij}) + r_{ij}$$

　　考量到個體層次之學生性別、數學態度變項的影響時，脈絡變項「班數學態度」對數學成就的影響未達 .05 顯著水準（$\gamma_{01} = 0.428$，$t(7) = 1.889$，$p > .05$），個體層次數學態度解釋變項對數學成就的影響達到統計顯著水準（$\gamma_{20} = 0.434$，$t(8) = 4.465$，$p < .01$），表示學生數學態度增加一個單位，學生的數學成就可提高 0.434 分，至於學生性別變項對數學成就影響的直接效果則未達統計顯著水準（$\gamma_{10} = -0.154$，$t(8) = -0.533$，$p > .05$）。

Final estimation of variance components（最後變異成分估計值）

Random Effect 隨機效果	Standard Deviation 標準差	Variance Component 變異數	d.f. 自由度	χ^2 卡方值	p-value p 值
INTRCPT1, μ_0	0.94335	0.88991	7	7.69159	0.360
學生性別 slope, μ_1	0.42153	0.17769	8	8.36731	0.399
數學態度 slope, μ_2	0.20743	0.04303	8	12.52277	0.129
level-1, r	0.97248	0.94572			

Deviance = 287.809953

　　控制學生性別、數學態度、班數學態度對數學成就的影響後，班級間平均數學成就差異的變異數 μ_{0j}（τ_{00}）為 0.890，$\chi^2(7) = 7.692$，$p > .05$，未達 .05 顯著水準，

多層次模式的實務應用

班級間平均數學成就的差異未達統計顯著。班級間學生性別對學業成就影響的斜率沒有顯著不同（$\tau_{11} = 0.178$，$\chi^2(8) = 8.367$，$p > .05$），班級間學生數學態度對學業成就影響的斜率沒有顯著不同（$\tau_{22} = 0.043$，$\chi^2(8) = 12.523$，$p > .05$）。

脈絡模型分析結果摘要表

固定效果	係數	t 值
β_0 截距		
階層二 學生數學成就之整體平均值 γ_{00}	0.276	0.239ns
脈絡變項		
各班平均數學態度對數學成就影響平均值 γ_{01}	0.428	1.889ns
斜率 β_1		
學校性別對數學成就影響之平均值 γ_{10}	−0.154	−0.533ns
斜率 β_2		
數學態度對數學成就影響之平均值 γ_{20}	0.434	4.465**
隨機效果	變異數	χ^2 值
階層二 班級間平均數學成就之差異 μ_{0j}（τ_{00}）	0.890	7.692ns
班級間學生性別對數學成就影響之差異 μ_{1j}（τ_{11}）	0.178	8.367ns
班級間學生數學態度對數學成就影響之差異 μ_{2j}（τ_{22}）	0.043	12.523ns
第一層班級內平均數學成就分數之差異 ε_{ij}（σ^2）	0.946	

離異係數 $(-2LL) = 287.810$、$ns\ p > .05$、$** \ p < .01$

第 **3** 章

多層次資料整合
與模組建製

　　多層次分析的第一步為二個層次資料檔的建製，階層一的資料檔與一般統計分析鍵入的資料檔格式相同，唯一的差異是階層一資料檔中必須有一個總體層次（macro）的變項，以「學生」樣本（individual level）巢套於「學校」組織（aggregate level）之中為例，階層一資料檔必須有一個學校組織編號的變項；至於階層二資料檔的變項中，若是脈絡變項（個體層次連續變項之解釋變數）可以由階層一資料檔加以整合而得，階層二資料檔中的學校組織編號變項之變數名稱必須與階層一資料檔變數名稱相同，且變數必須經過排序，如此學校組織才能作為二個階層共同關鍵的 ID 變數，進行 MDM 模組的整合。

壹 階層資料的結構

	名稱	類型	寬度	小數	標記	值	遺漏
1	SCHID	數字的	11	0	學校編號	無	無
2	STUID	數字的	11	0	學生編號	無	無
3	HOME	數字的	11	0	家庭結構	{0, 單親}...	無
4	SSEX	數字的	4	0	學生性別	{0, 女生}...	無
5	TIME	數字的	11	0	閱讀時間	無	無
6	HCUL	數字的	4	0	家庭文化資本	無	無
7	READ	數字的	11	0	閱讀成就	無	無
8	AREA	數字的	4	0	學校所在地區	無	無
9	PSEX	數字的	4	0	校長性別	無	無

　　在原始資料檔中，共有九個變項：學校編號（SCHID）、學生編號（STUID）、家庭結構（HOME）（0 為單親家庭、1 為完整家庭）、學生性別（SSEX）（0 為女生群體、1 為男生群體）、學生每週閱讀時間（TIME）、學生家庭文化資本（HCUL）、學校所在地區（AREA）（1 為都會地區、0 為非都會地區）、校長性別（PSEX）（0 為女校長、1 為男校長）、閱讀成就（READ）。學校編號 1、學校編號 2 部分的學生樣本資料如下：

	SCHID	STUID	HOME	SSEX	TIME	HCUL	READ	AREA	PSEX
10	1	10	1	0	4	7	68	1	0
11	1	11	1	0	5	9	70	1	0
12	1	12	1	0	6	10	84	1	0
13	1	13	1	0	7	9	88	1	0
14	1	14	1	0	8	8	80	1	0
15	1	15	1	0	8	6	78	1	0
16	2	1	1	1	0	3	40	1	0
17	2	2	1	1	0	4	45	1	0
18	2	3	1	1	1	5	48	0	1
19	2	4	1	1	1	1	60	0	1
20	2	5	0	1	1	1	54	0	1
21	2	6	1	1	1	1	70	0	1
22	2	7	0	1	3	3	65	0	1
23	2	8	1	1	3	9	70	0	1
24	2	9	1	0	4	10	72	0	1
25	2	10	0	0	4	4	65	1	1
26	2	11	0	0	4	4	64	1	1

　　階層一的資料檔中，學校編號變數為二個階層共同的 ID 關鍵變項，結果變項為學生閱讀成就（變項名稱為 READ），個體層次計量的解釋變項為學生每週閱讀時間（單位小時）（變項名稱為 TIME）、學生家庭文化資本（HCUL），測量值愈高表示學生家庭文化資本愈豐富（或愈好），這二個變項可以整合為階層二的脈絡變項，脈絡變項即以「學校群組」為單位進行變項 TIME、HCUL 的平均；此外，學校所在地區（AREA）、校長性別（PSEX）為學校組織總體層次的特徵或屬性變項，由於其原先於個體層次資料檔的編碼為 0、1，因而也可以進行變項整合。研究者若只要進行脈絡變項的建立，操作程序為：執行功能表列「資料（D）」（Data）/「整合（A）」（Aggregate）程序，開啟「整合資料」對話視窗，於「整合資料」對話視窗中，「分段變數（B）」方盒內選入「學校編號 [SCHID]」變項，於「變數摘要（S）」方盒內選入「TIME」（閱讀時間）、「HCUL」（家庭文化資本）變項，「儲存」方盒中勾選「◉ 建立僅包含整合變數的新資料集（E）」，於「資料集名稱（D）：」提示語後面鍵入資料集的暫存名稱，如「階層二資料檔」，按『確定』鈕。

多層次模式的實務應用

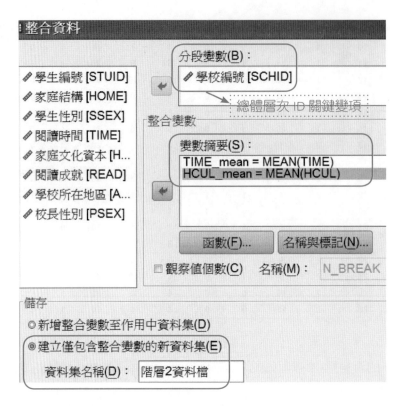

下面的「整合資料」對話視窗中，進行學校組織群組變數整合的變項共有四個：TIME（閱讀時間）、HCUL（家庭文化資本）、AREA（學校所在區域）、PSEX（校長性別）。

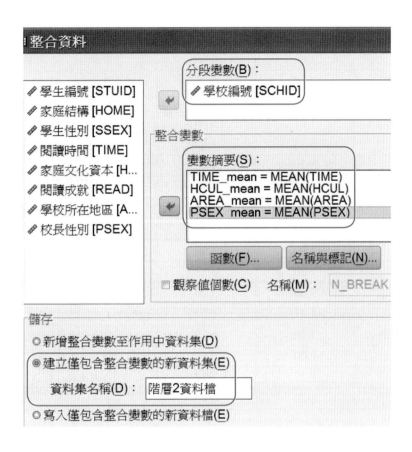

「儲存」方盒中也可以選取「◉ 寫入僅包含整合變數的新資料檔（E）」，此時整合後的所有脈絡變項會以新資料檔儲存。

階層二整合後資料檔中的變數共有五個：SCHID（學校編號）、TIME_mean（學校平均閱讀時間）、HCUL_mean（學校平均家庭文化資本）、AREA_mean（學校所在地區）、PSEX_mean（校長性別），後四個變數名稱依序更改簡化為 TIME_M、HCUL_M、AREA、PSEX，並將資料檔存成「階層二資料檔 .sav」。

多層次模式的實務應用

SCHID	TIME_mean	HCUL_mean	AREA_mean	PSEX_mean
1	3.60	6.80	1	0
2	2.80	5.27	0	1
3	1.73	2.13	0	1
4	3.67	5.80	1	1
5	5.33	7.60	1	0
6	3.20	4.73	1	1
7	6.47	6.20	1	0
8	3.60	5.87	1	0
9	2.07	3.20	0	1
10	7.00	7.40	1	0
11	3.20	4.53	0	0
12	3.60	5.20	0	0
13	3.27	5.27	1	0
14	3.20	4.73	0	1
15	1.00	1.60	0	1
16	1.27	2.40	0	1
17	4.20	6.80	1	1

階層二資料檔新增學校組織（總體層次）屬性變項：RESO（學校圖書資源）、PATT（校長對閱讀活動的態度），十七所學校的組織變項資料如下，其中變項SCHID（學校組織編號）的變項名稱必須與階層一資料檔中的變項名稱相同。

SCHID	TIME_M	HCUL_M	RESO	AREA	PATT	PSEX
1	3.60	6.80	70	1	5	0
2	2.80	5.27	40	0	2	1
3	1.73	2.13	50	0	4	1
4	3.67	5.80	65	1	8	1
5	5.33	7.60	40	1	10	0
6	3.20	4.73	60	1	8	1
7	6.47	6.20	70	1	10	0
8	3.60	5.87	66	1	9	0
9	2.07	3.20	32	0	8	1
10	7.00	7.40	60	1	9	0
11	3.20	4.53	50	0	8	0
12	3.60	5.20	50	0	7	0
13	3.27	5.27	52	1	8	0
14	3.20	4.73	52	0	5	1
15	1.00	1.60	30	0	2	1
16	1.27	2.40	22	0	1	1
17	4.20	6.80	76	1	10	1

　　階層二資料檔進行變數名稱的增刪及總體層次（學校組織變因）變項資料的建立後，共有七個變數名稱：SCHID（學校編號）、TIME_M（學校平均閱讀時間）、HCUL_M（學校平均家庭文化資本）、RESO（學校圖書資源）、AREA（學校所在地區）、PATT（校長對閱讀活動的態度）、PSEX（校長性別）。

	名稱	類型	寬度	小數	標記	值
1	SCHID	數字的	11	0	學校編號	無
2	TIME_M	數字的	8	2	校閱讀時間	無
3	HCUL_M	數字的	4	2	校平均家庭資本	無
4	RESO	數字的	8	0	校圖書資源	無
5	AREA	數字的	4	0	地區	{0, 非都會}...
6	PATT	數字的	4	0	校長閱讀態度	無
7	PSEX	數字的	4	0	校長性別	{0, 女生}...

多層次模式的實務應用

	SCHID	TIME_M	HCUL_M	RESO	AREA	PATT	PSEX
1	1	3.60	6.80	70	1	5	0
2	2	2.80	5.27	40	0	2	1
3	3	1.73	2.13	50	0	4	1
4	4	3.67	5.80	65	1	8	1
5	5	5.33	7.60	40	1	10	0
6	6	3.20	4.73	60	1	8	1
7	7	6.47	6.20	70	1	10	0
8	8	3.60	5.87	66	1	9	0
9	9	2.07	3.20	32	0	8	1
10	10	7.00	7.40	60	1	9	0
11	11	3.20	4.53	50	0	8	0
12	12	3.60	5.20	50	0	7	0
13	13	3.27	5.27	52	1	8	0
14	14	3.20	4.73	52	0	5	1
15	15	1.00	1.60	30	0	2	1
16	16	1.27	2.40	22	0	1	1
17	17	4.20	6.80	76	1	10	1

階層一資料檔中將總體層次變項 AREA、PSEX 刪除，只保留結果變項 READ 及個體層次（學生屬性）的變因，範例中有學校組織編號（SCHID）、學生編號（STUID）（此變項只作為參考，在多層次分析中不會使用到）、學生家庭結構（HOME）、學生性別（SSEX）、學生每週閱讀時間（TIME）、學生家庭文化資本（HCUL），下面為前四所學校學生個體層次的資料檔。在 HLM「MDM 模組」的整合中，總體層次的關鍵 ID 變數必須先經「遞增程序」排序，如此階層二的資料檔才會依照總體層次學校組織編號排序。

SCHID	STUID	HOME	SSEX	TIME	HCUL	READ
1	1	1	1	0	3	40
1	2	0	1	0	5	45
1	3	0	1	1	1	48
1	4	0	1	1	5	60
1	5	1	1	2	8	54
1	6	1	1	2	8	70
1	7	1	1	3	3	65

1	8	0	1	3	10	70
1	9	1	0	4	10	75
1	10	1	0	4	7	68
1	11	1	0	5	9	70
1	12	1	0	6	10	84
1	13	1	0	7	9	88
1	14	1	0	8	8	80
1	15	1	0	8	6	78
2	1	1	1	0	3	40
2	2	1	1	0	4	45
2	3	1	1	1	5	48
2	4	1	1	1	1	60
2	5	0	1	1	1	54
2	6	1	1	1	1	70
2	7	0	1	3	3	65
2	8	1	1	3	9	70
2	9	1	0	4	10	72
2	10	0	0	4	4	65
2	11	0	0	4	4	64
2	12	0	0	5	8	70
2	13	1	0	5	7	72
2	14	1	0	5	9	76
2	15	1	0	5	10	78
3	1	0	1	0	1	30
3	2	0	1	0	1	32
3	3	0	1	1	1	40
3	4	0	1	1	1	42
3	5	0	1	1	1	38
3	6	0	1	1	1	36
3	7	0	1	1	1	38
3	8	0	1	2	1	42
3	9	0	0	2	2	45
3	10	1	0	2	6	40
3	11	0	0	2	2	48
3	12	1	0	2	1	42
3	13	1	0	3	3	58
3	14	1	0	4	6	60
3	15	0	0	4	4	52

多層次模式的實務應用

4	1	1	1	0	2	42
4	2	0	1	0	3	45
4	3	0	1	1	5	48
4	4	1	1	1	6	60
4	5	0	1	2	2	54
4	6	0	1	2	8	70
4	7	1	1	3	6	60
4	8	0	1	3	8	70
4	9	1	0	4	8	75
4	10	0	0	5	2	58
4	11	0	0	5	5	62
4	12	1	0	6	10	84
4	13	1	0	7	9	88
4	14	1	0	8	5	80
4	15	0	0	8	8	72

範例中二個階層資料檔包含的變數名稱整理如下表：

階層一資料檔結構			階層二資料檔結構		
變數	變數註解	變數功能	變數	變數註解	變數功能
SCHID	學校組織編號	共同關鍵 ID 變數	SCHID	學校組織編號	共同關鍵 ID 變數
STUID	學生流水編號	資料建檔參考	TIME_M	校平均閱讀時間	脈絡變項
HOME	學生家庭結構	個體層次解釋變項	HCUL_M	校平均家庭文化資本	脈絡變項
SSEX	學生性別	個體層次解釋變項	RESO	學校圖書資源	總體層次解釋變項
TIME	每週閱讀時間	個體層次解釋變項	AREA	學校所在地區	總體層次解釋變項
HCUL	家庭文化資本	個體層次解釋變項	PATT	校長對閱讀活動的態度	總體層次解釋變項
READ	閱讀成就	結果變項	PSEX	校長性別	總體層次解釋變項
二個階層資料檔之總體層次共同關鍵 ID 變數「SCHID」必須相同			脈絡變項由階層一資料檔整合而得		

HLM 應用軟體之多層次分析模式的操作程序，可以簡化為下列圖示：

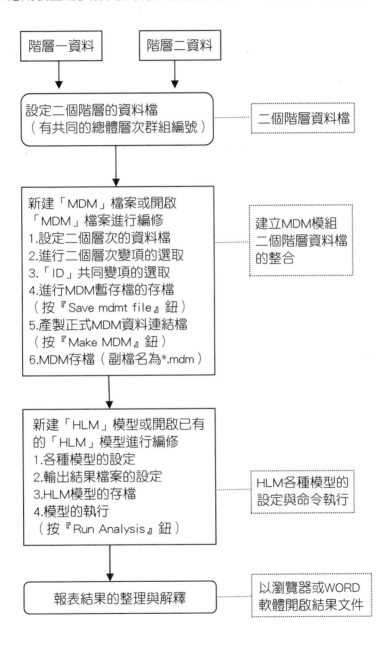

多層次模式的實務應用

範例中 MDM 模組視窗界面如下：

```
Make MDM - HLM2

MDM template file                                    MDM File Name (use .mdm suffix)
  File Name:  D:\HLM\閱讀成就.mdmt                        閱讀成就

   [Open mdmt file]  [Save mdmt file]  [Edit mdmt file]   Input File Type  [SPSS/Windows        ▼]

Structure of Data - this affects the notation only!
      ● cross sectional (persons within groups)      ○ measures within groups
      ○ longitudinal (occasions within persons)

Level-1 Specification
   [Browse]    Level-1 File Name:  D:\HLM\階層一資料檔.sav              [Choose Variables]
   Missing Data?   Delete missing level-1 data when:
    ● No  ○ Yes     ○ making mdm      ○ running analyses

Level-2 Specification
   [Browse]    Level-2 File Name:  D:\HLM\階層二資料檔.sav              [Choose Variables]

Spatial Dependence Specification
   □ Include spatial dependence matrix
   [Browse]    Spatial Dep. File Name:                                 [Choose Variables]

          [Make MDM]            [Check Stats]            [Done]
```

　　「Level-1 Specification」（階層一界定）方盒中選取的標的資料檔檔名為「階層一資料檔.sav」，「Level-2 Specification」（階層二界定）方盒中選取的標的資料檔為「階層二資料檔.sav」。

Make MDM - HLM2

MDM template file
File Name: D:\HLM\閱讀成就.mdmt

[Open mdmt file] [Save mdmt file] [Edit mdmt file]

MDM File Name (use .mdm suffix)
[閱讀成就]

Input File Type [SPSS/Windows ▼]

Structure of Data - this affects the notation only!
- ⦿ cross sectional (persons within groups)   ○ measures within groups
- ○ longitudinal (occasions within persons)

Level-1 Specification
[Browse] Level-1 File Name: D:\HLM\階層一資料檔.sav   [Choose Variables]

Missing Data?   Delete
⦿ No   ○ Yes   ○ ma

Choose variables - HLM2

SCHID	☑ ID ☐ in MDM		☐ ID ☐ in MDM
STUID	☐ ID ☐ in MDM		☐ ID ☐ in MDM
HOME	☐ ID ☑ in MDM		☐ ID ☐ in MDM
SSEX	☐ ID ☑ in MDM		☐ ID ☐ in MDM
TIME	☐ ID ☑ in MDM		☐ ID ☐ in MDM
HCUL	☐ ID ☑ in MDM		☐ ID ☐ in MDM
READ	☐ ID ☑ in MDM		☐ ID ☐ in MDM
	☐ ID ☐ in MDM		☐ ID ☐ in MDM

Level-2 Specification
[Browse] Level-2 File Nan

Spatial Dependence Specificatio
☐ Include spatial dependence
[Browse] Spatial Dep. File

　　「階層一資料檔.sav」中按『Choose Variables』（選擇變項）鈕後，開啟「Choose Variables-HLM2」對話視窗，「ID」關鍵變項勾選「SCHID」變數，「HOME」、「SSEX」、「TIME」、「HCUL」、「READ」等五個變項勾選「☑in MDM」選項，表示五個變項作為階層一的變數，其中「READ」（學生閱讀成就）為結果變項，若是要進行多層次中介模式檢定，個體層次的解釋變項為中介變項者，研究者也可以設定其為結果變項，進行總體層次的解釋變項對個體層次中介變項影響的直接效果值檢定。

多層次模式的實務應用

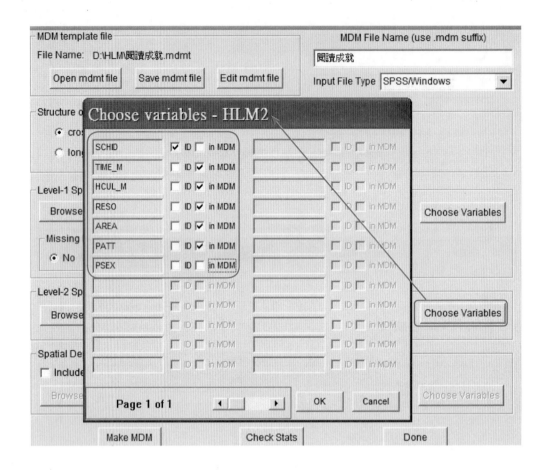

　　「階層二資料檔.sav」中按『Choose Variables』（選擇變項）鈕後，開啟「Choose Variables-HLM2」對話視窗，「ID」關鍵變項勾選「SCHID」變數，「TIME_M」（校平均閱讀時間）、「HCUL_M」（校平均家庭文化資本）、「RESO」（學校圖書資源）、「AREA」（學校所在地區）、「PATT」（校長對閱讀活動的態度）、「PSEX」（校長性別）等變項勾選「☑in MDM」選項，表示這些變項作為階層二的總體解釋變數。MDM 模組存檔後，依續按『Make MDM』（製作 MDM 模組）鈕→『Check MDM』（查核 MDM 模組整合資料）鈕→『Done』（執行）鈕，可以進入「WHLM: hlm2 MDM File:」對話視窗，進行 HLM 模型的建立。

上圖為階層一資料檔中的結果變項及個體層次解釋變項的變數目錄清單。HLM 對話視窗中，首要點選的變項為結果變項，如果沒有點選結果變項（READ），則其他解釋變項或階層二變項目錄清單無法切換。

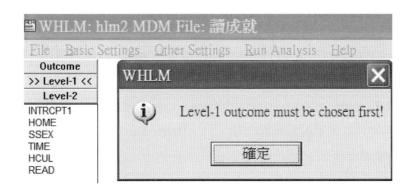

界面視窗中操作者想要直接切換到階層二（Level-2）的變數清單，視窗界面會出現警告訊息：「Level-1 outcome must be chosen first!」（必須先選擇階層一的結果變項），第一次不管研究者點選階層一左邊變數清單中任一變項，均只能選取「結果變項」選項（Outcome Variable）。

多層次模式的實務應用

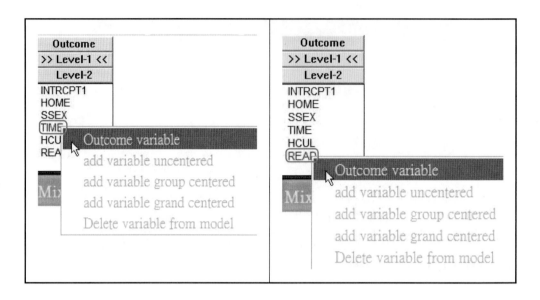

　　由於尚未界定結果變項，因而點選 TIME 變項、READ 變項，五個選項中只有「Outcome variable」（結果變項）功能可以執行，其餘四個選項功能暫時停用，這四個無法使用的選項為「add variable uncentered」（增列為未平減的解釋變項）、「add variable group centered」（增列為組平減的解釋變項）、「add variable grand centered」（增列為總平減的解釋變項）、「Delete variable from model」（已點選至階層中的變項從模式中移除）。

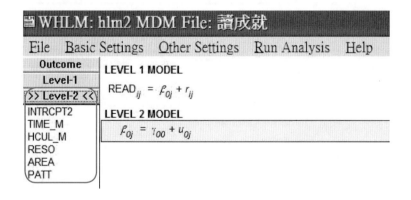

　　上圖為階層二資料檔中的脈絡變項（Z）及總體層次屬性解釋變項（W）的變數目錄清單，進行二個階層資料整合或串聯的共同關鍵 ID 變數「SCHID」不會呈現於變數清單中。

貳 MDM 模組的製作

執行 HLM 統計軟體應用程式，開啟「HLM for Windows」視窗後，最先能使用的功能列為「File」（檔案），「File」（檔案）功能表幾個常用的選項：

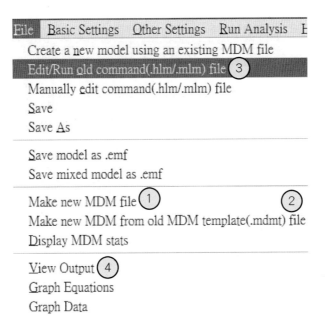

（一）「Make new MDM file」（製作新的 MDM 檔案）選項

MDM 檔案在於將二個層次的資料檔加以串聯，並共同建立總體層次的 ID 編碼（二個資料檔要有相同的 ID 變項，如學校層級編號（SCHID）），選單內有二個次選項，一為「ASCII input」、一為「Stat package input」，前者適用於資料庫是從文書處理應用軟體建立的，後者是其他統計軟體建立的，一般研究者的資料檔都是統計軟體建置的（如 SPSS），因而次選單選項多數是選取「Stat package input」（建議研究者以統計軟體建置與整合二個層次的資料檔）。

（二）「Make new MDM from old MDM template（.mdmt）file」選項

從已存檔的 MDM 模組檔中進行編修以製作新的 MDM 檔案，如果資料檔有更改或選取的變項有變動，研究者要再進行存檔動作，並按『Make MDM』鈕，以進行 MDM 檔案的製作，檔案類型為「MDM template files（*.mdmt）」。當各

多層次模式的實務應用

層次的變數有增刪或變項資料檔有進行修改，MDM 製作必須重新進行資料整合工作，若是資料檔檔名變動，必須重新點選資料檔檔案及選取變數名稱（要選取一個關鍵 ID 變數）；如果資料檔的變項名稱有增刪，必須重新選取變數名稱（要選取一個關鍵 ID 變數），之後按『Make MDM』鈕，以進行二個層次的資料整合，再按『Done』鈕，以開啟 HLM 命令檔案視窗。

「Open MDM Template File」對話視窗，只能開啟 MDM 模組檔案，MDM 模組檔案的副檔名為「*.mdmt」，範例界面為開啟「閱讀成就.mdmt」之 MDM 模組檔案。

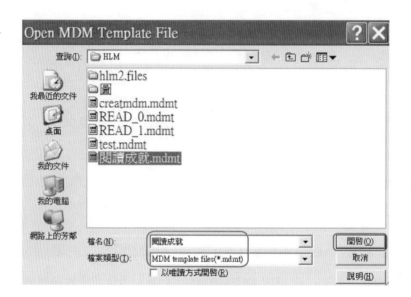

（三）「Edit/Run command（.hlm/.mlm） file」選項

直接編輯 / 執行已存檔的 HLM 檔案，進行模型的編修與執行。檔案類型為「Command files（*.hlm;*.mlm）」，副檔名為「*.hlm」，此功能可以直接開啟的副檔名為「*.hlm」的 HLM 模型命令檔。

範例為執行「File」/「Edit/Run command（.hlm/.mlm） file」程序，開啟「零模型 .hlm」命令檔案視窗界面。

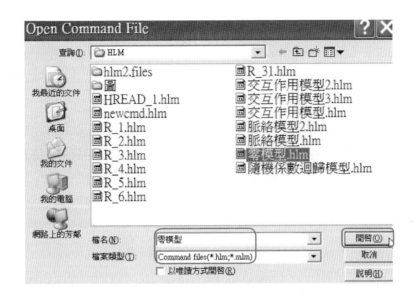

「Open Command File」（開啟命令檔案）對話視窗，只能開啟 HLM 視窗界面設定的命令檔，副檔名為「*.hlm」。

「View Output」（檢視結果文件）選項可以使用內定上網瀏覽器或 WORD 應用軟體開啟「*.html」輸出結果檔，若是於「Preferences」（偏好）對話視窗中，設定輸出文件型態為「⊙plain text output」，則按『View Output』會以瀏覽器軟體開啟結果文件檔。

開啟的「零模型.hlm」檔案內容如下，左邊為二個階層的變數選單，右邊「LEVEL 1 MODEL」下的內容為階層一的模型，「LEVEL 2 MODEL」下的內容為階層二的模型，階層一模型的結果變項為 $READ_{ij}$（學生的閱讀成就），二個層次都沒有納入任何的解釋變項。

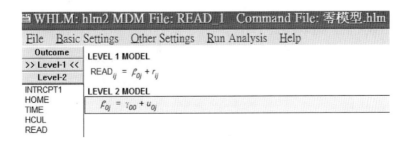

執行功能表列「File」（檔案）/「Preferences」（偏好）程序，可開啟「Preferences」（偏好）對話視窗。「type of non-ASCII data」（非 ASCII 文字檔資料型態）方盒內有五個選項：「SAS」、「SPSS」、「Stata」、「SYSTAT」、「other non-ASCII」（功能暫時停用），內定的選項為「◉「SPSS」，表示資料型態為 SPSS 建立的資料檔。「Type of output」（結果輸出的型態）方盒有二種選項：一為以文字檔結果輸出，選項為「○plain text output」；二為以 HTML 格式輸出，選項為「◉HTML output」，以 HTML 格式輸出時又有二種選擇，一為以內定的瀏覽器輸出結果，選項為「○view HTML in default browser」；二為以 WORD 文書處理軟體直接輸出結果，選項為「◉view HTML in Word」，就使用的便利性而言，建議研究者勾選「◉view HTML in Word」直接輸出結果檔較為便利。「Colors」（顏色）方盒內有二個選單鈕：「Choose foreground color」（選取前景顏色）、「Choose background color」（選取背景顏色），前者可以設定 HLM 命令視窗的文字變數顏色，後者可以設定 HLM 命令視窗背景顏色。

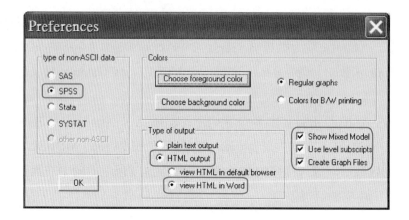

「WHLM: hlm2 MDM File」對話視窗，二個階層模型設定好後，執行功能表列「執行分析」（Run Analysis）選單程序，參數若能順利估計，則會自動開啟 WORD 文書處理軟體，再開啟輸出結果「*.html」檔案。

The maximum number of iterations = 100

Method of estimation: restricted maximum likelihood

The outcome variable is READ

Summary of the model specified

Level-1 Model

$READ_{ij} = \beta_{0j} + \beta_{1j}*(TIME_{ij}) + r_{ij}$

Level-2 Model

$\beta_{0j} = \gamma_{00} + u_{0j}$

$\beta_{1j} = \gamma_{10}$

Mixed Model

$READ_{ij} = \gamma_{00}$

$+ \gamma_{10}*TIME_{ij} + u_{0j} + r_{ij}$

Final Results - Iteration 6

隨機效果單因子共變數分析模型中，個體層次的解釋變項為「TIME」，階層二截距項為隨機效果（誤差項為 μ_{0j}），斜率列為固定效果（沒有誤差項）。

WHLM: hlm2 MDM File: READ_1　Command File: ...

File　Basic Settings　Other Settings　Run Analysis　Help

Outcome
>> Level-1 <<
Level-2
INTRCPT1
HOME
TIME
HCUL
READ

LEVEL 1 MODEL

$READ_{ij} = \beta_{0j} + \beta_{1j}(TIME_{ij}) + r_{ij}$

LEVEL 2 MODEL

$\beta_{0j} = \gamma_{00} + u_{0j}$

$\beta_{1j} = \gamma_{10} + u_{1j}$

模式估計結果以 WORD 文書處理軟體開啟的主要內容如下：

Specifications for this HLM2 run
Problem Title: no title
The data source for this run = READ_1
The command file for this run = C:\DOCUME~1\user\LOCALS~1\Temp\whlmtemp.hlm
Output file name = D:\HLM\hlm2.html
The maximum number of level-1 units = 260
The maximum number of level-2 units = 17
The maximum number of iterations = 100
Method of estimation: restricted maximum likelihood
The outcome variable is READ
[上面為二個階層、模式估計方法、結果變項、MDM 模組狀態資訊等的說明]
Summary of the model specified
Level-1 Model
$$READ_{ij} = \beta_{0j} + \beta_{1j} \times (TIME_{ij}) + r_{ij}$$
Level-2 Model
$$\beta_{0j} = \gamma_{00} + u_{0j}$$
$$\beta_{1j} = \gamma_{10}$$
Mixed Model
$$READ_{ij} = \gamma_{00}$$
$$+ \gamma_{10} \times TIME_{ij} + u_{0j} + r_{ij}$$
[上面為二個階層模式及混合模型內容的說明]
Final Results - Iteration 6
Iterations stopped due to small change in likelihood function
$\sigma^2 = 46.39076$
τ
INTRCPT1, β_0 41.13256

Random level-1 coefficient	Reliability estimate
INTRCPT1, β_0	0.931

The value of the log-likelihood function at iteration 6 = $-8.886948E + 002$
Final estimation of fixed effects:

Fixed Effect	Coefficient	Standard error	t-ratio	Approx. $d.f.$	p-value
For INTRCPT1, β_0					
INTRCPT2, γ_{00}	45.117585	1.784301	25.286	16	< 0.001
For TIME slope, β_1					
INTRCPT2, γ_{10}	4.807588	0.219599	21.893	242	< 0.001

Final estimation of fixed effects
（with robust standard errors）

Fixed Effect	Coefficient	Standard error	t-ratio	Approx. $d.f.$	p-value
For INTRCPT1, β_0					
INTRCPT2, γ_{00}	45.117585	2.195394	20.551	16	< 0.001
For TIME slope, β_1					
INTRCPT2, γ_{10}	4.807588	0.306143	15.704	242	< 0.001

The robust standard errors are appropriate for datasets having a moderate to
large number of level 2 units. These data do not meet this criterion.
[上面為固定效果值的參數及其顯著性檢定]
Final estimation of variance components

Random Effect	Standard Deviation	Variance Component	d.f.	χ^2	p-value
INTRCPT1, u_0	6.41347	41.13256	16	230.92122	< 0.001
level-1, r	6.81108	46.39076			

[上面為隨機效果值的參數及其顯著性檢定]
Statistics for current covariance components model
Deviance = 1777.389546
Number of estimated parameters = 2
[離異係數值的大小及模型中估計參數的個數說明]

輸出型態方盒選取「⊙HTML output」選項，表示結果檔案以 HTML 格式輸
出，之後再選取「⊙view HTML in default browser」選項，表示以內定瀏覽器開啟
HTML 格式之輸出結果檔案。

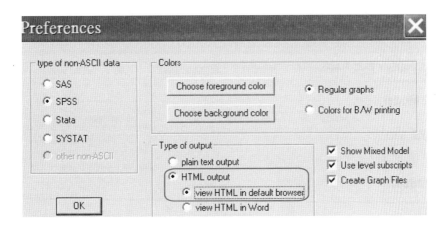

輸出結果文件「D:/HLM/hlm2.html」自動以「Mozilla Firefox」瀏覽器啟動。

多層次模式的實務應用

Specifications for this HLM2 run

Problem Title: no title

The data source for this run = READ_1
The command file for this run = C:\DOCUME~1\user\LOCALS~1\Temp\whlmtemp.hlm
Output file name = D:\HLM\hlm2.html
The maximum number of level-1 units = 260
The maximum number of level-2 units = 17
The maximum number of iterations = 100

Method of estimation: restricted maximum likelihood

The outcome variable is READ

Summary of the model specified

Level-1 Model

$$READ_{ij} = \beta_{0j} + \beta_{1j}*(TIME_{ij}) + r_{ij}$$

Level-2 Model

$$\beta_{0j} = \gamma_{00} + u_{0j}$$
$$\beta_{1j} = \gamma_{10}$$

Mixed Model

　　視窗右下方三個選項：「☑Show Mixed Model」、「☑Use level subscripts」、「☑Create Graph Files」，選項功能分別為呈現混合模型視窗、各階層模型變項是否呈現完整下標註記、是否建立圖形檔案，這三個選項最好同時勾選。

　　「WHLM:hlm2 MDM Files: READ_1 Command File」命令檔案視窗界面中，取消使用水準完整下標註記選項的模型畫面如下（取消勾選「☐Use level subscripts」選項）。

取消勾選「□Use level subscripts」選項後，階層一模式會增列下列說明文字：
「bold: group-mean centering; bold italic: grand-mean centering」，提示模式中若解釋變項經組平均數中心化轉換（組平減）會以粗體字顯示，模式中若解釋變項經總平均數中心化轉換（總平減）會以粗斜體字顯示。範例中因為 TIME 是以正常字體顯示，表示解釋變項未經組平減或總平減處理。階層二模式會增列下列說明文字：「bold italic: grand-mean centering」，提示模式中若解釋變項經總平均數中心化轉換（總平減）會以粗斜體字顯示（階層二解釋變項沒有組平均數中心化選單）。

WHLM: hlm2 MDM File: READ_1　Command File: 隨

File　Basic Settings　Other Settings　Run Analysis　Help

| Outcome |
| >> Level-1 << |
| Level-2 |
| INTRCPT1 |
| HOME |
| TIME |
| HCUL |
| READ |

LEVEL 1 MODEL (bold: group-mean centering; bold italic: grand-mean centering)

$READ = \beta_0 + \beta_1(TIME) + r$

LEVEL 2 MODEL (bold italic: grand-mean centering)

$\beta_0 = \gamma_{00} + u_0$

$\beta_1 = \gamma_{10} + u_1$

「☑Use level subscripts」選項，各變數呈現完整下標註記的畫面如下，下標註記中的 j 為階層二的群組，i 為 j 群組中第 i 位受試者，第 j 所學校第 i 位學生的閱讀成就分數以 $READ_{ij}$ 表示，第 j 所學校第 i 位學生每週閱讀時間以 $TIME_{ij}$ 表示。

WHLM: hlm2 MDM File: READ_1　Command F

File　Basic Settings　Other Settings　Run Analysis　Help

| Outcome |
| >> Level-1 << |
| Level-2 |
| INTRCPT1 |
| HOME |
| TIME |
| HCUL |
| READ |

LEVEL 1 MODEL

$READ_{ij} = \beta_{0j} + \beta_{1j}(TIME_{ij}) + r_{ij}$

LEVEL 2 MODEL

$\beta_{0j} = \gamma_{00} + u_{0j}$

$\beta_{1j} = \gamma_{10} + u_{1j}$

範例界面視窗中解釋變項 TIME 經總平減處理：$TIME_{ij} - \overline{TIME_{..}}$，勾選「☑Use level subscripts」選項的模式如下：

多層次模式的實務應用

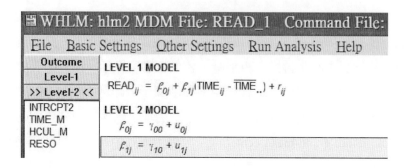

解釋變項 TIME 經總平減處理：$TIME_{ij} - \overline{TIME}_{..}$，取消勾選「□Use level subscripts」選項的模式如下：

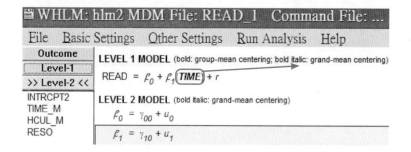

範例界面視窗中解釋變項 TIME 經組平減處理：$TIME_{ij} - \overline{TIME}_j$，勾選「☑Use level subscripts」選項的模式如下，其中「TIME」為粗斜體字，表示解釋變項經總平均數中心化轉換。

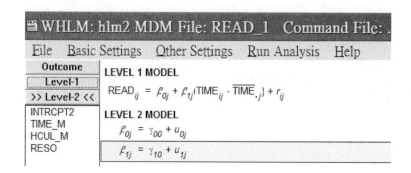

解釋變項 TIME 經組平減處理：$TIME_{ij} - \overline{TIME}_{.j}$，取消勾選「□Use level subscripts」選項的模式如下，其中「**TIME**」為粗體字，表示解釋變項經組平均數中心化轉換。

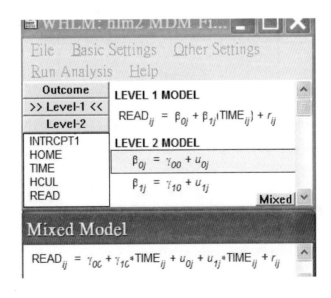

勾選增列混合模型「☑Show Mixed Model」選項，視窗的下方會增列層次一模型及層次二模型結合的混合模型。

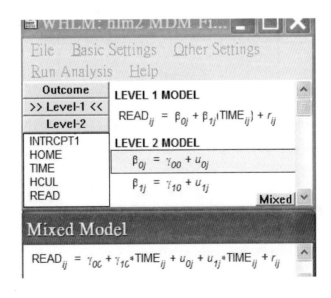

多層次模式的實務應用

（一）開啟 HLM 對話視窗

執行 HLM 統計軟體應用程式，可以開啟「HLM for Windows」視窗。

（二）選擇新的 MDM 模組型態

執行功能表「File」（檔案）/「Make new MDM file」（製作新的 MDM 檔案）/「Stat package input」（從統計套裝軟體建立的資料檔匯入層次資料）程序，開啟「Select MDM type」（選擇 MDM 型態）對話視窗。

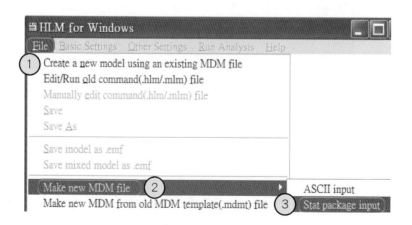

（三）選取巢套模型

在「Select MDM type」（選擇 MDM 型態）對話視窗中，選取內定「Nested Models」（方盒中的「HLM2」選項），按『OK』鈕，開啟「Make MDM-HLM2」主對話視窗。

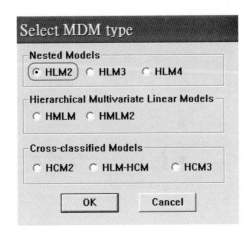

「Nested Models」（巢套模型）方盒中有三個選項：HLM2（二層巢套的資料結構，如學生、班級）、HLM3（三層巢套的資料結構，如學生、班級、學校）、HLM4（四層巢套的資料結構，如學生、班級、學校、縣市），內定的選項為二層巢套的資料型態，如果研究者階層線性模式的資料型態為三個階層，須改選「HLM3」選項。「Hierarchical Multivariate Linear Models」（階層多變量線性模式）方盒，內有二個選項：HMLM（單層階層多變量線性模式）、HMLM2（二層階層多變量線性模式）；「Cross-classified Models」（跨類別的模型）方盒，內有三個選項：HCM2、HLM-HCM、HCM3。

（四）設定 MDM 模組內容

「Make MDM-HLM2」主對話視窗起始狀態內容，中間右邊二個按鈕『Choose Variables』均處於灰色狀態，表示按鈕功能無法使用（因為研究者尚未選取二個層次的來源資料檔，沒有標的資料檔，就無法選各層次的變數）。

多層次模式的實務應用

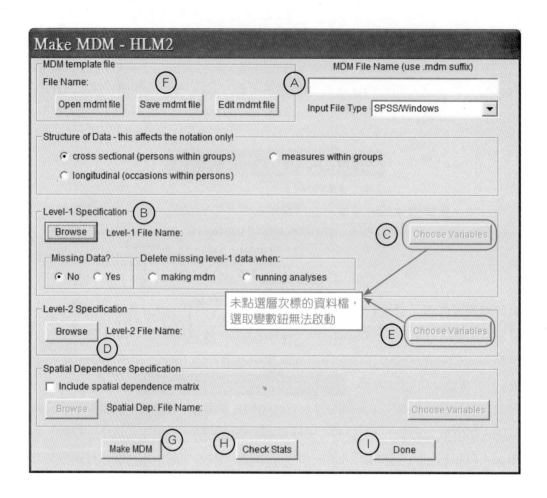

A：輸入 MDM 檔案名稱（MDM File Name），如「數學成就」。

B：『Browse』（瀏覽）鈕，點選層次一（個體層次）資料檔檔案。

C：『Choose Variables』（選擇檔案）鈕，選取層次一的關鍵 ID 變數（關鍵 ID 變數要和層次二關鍵 ID 變數相同）及要納入在 MDM 中的變項。

D：『Browse』（瀏覽）鈕，點選層次二（組織層次）資料檔檔案。

E：『Choose Variables』（選擇檔案）鈕，選取層次二的關鍵 ID 變數（關鍵 ID 變數要和層次一關鍵 ID 變數相同）及要納入在 MDM 中的變項。

F：『Save mdmt file』（儲存 mdmt 模組檔案）鈕，檔名可以與 MDM 檔案名稱相同，模組檔的副檔名為「*.mdmt」。

G：『Make MDM』鈕，進行 MDM 模組檔案的製作，可將二個層次的資料進

行整合。

H：『Check Stats』鈕，可檢核 MDM 整合之資料檔的相關訊息。

I：『Done』鈕，按此鈕才可以繼續進行 HLM 模型的設定。

「Make MDM-HLM2」視窗中其他重要設定：

1. 層次一資料檔遺漏值的處理

在「Missing Data?」（有無遺漏值資料）方盒中有二個選項：「◉No」、「○Yes」，在於確定階層一資料檔中是否有遺漏值？內定的選項為沒有，如果選項改勾選「◉ Yes」，則「Delete missing level-1 data when」方盒選單中會出現二個次選項：「◉making mdm」、「○running analyses」，前者表示在產製「MDM 檔案」時把遺漏值排除掉，重新編製的 MDM 檔案第一層的資料檔即沒有遺漏值的數據；後者選項表示執行 HLM 模型時，再將有遺漏值的樣本排除。

2. 輸入型態資料格式的選擇

「Input File Type」（輸入資料檔案型態）右側下拉式選單可選取資料檔的格式，即二個層次的資料檔是以何種統計套裝軟體建立的，選項包括「SPSS/Windows」、「SAS 5 transport」、「SYSTAT」、「Stata」等，內定的選項為視窗版 SPSS 統計軟體建立的資料檔，副檔名為「＊.sav」。

3. 資料結構的選取

「Structure of Data-this affects the notation only!」（資料結構——只會影響變數的註腳）方盒有三個選項：「◉cross sectional（persons within groups）」、「○measures within groups」、「○longitudinal（occasions within persons」，一般多層次橫斷面的資料是一種個人巢套於群體之內，因而內定的選項為「◉cross sectional（persons within groups）」，如果是潛在特質的成長變化或縱貫性的重複量測資料，必須改選「◉longitudinal（occasions within persons」選項（縱貫性的重複量測資料，如果資料檔重新排列，採用多層次的資料檔型態，也可選取「◉cross sectional（persons within groups）」選項，進行潛在特質成長曲線分析。

（五）Make MDM 視窗界面的操作

1. 「MDM File Name（use .mdm suffix）」下方的空格要輸入「MDM 檔案名稱」，範例為「READ」（中英文的檔案名稱皆可以），「Input File Type」（輸入檔

案型態）選取內定的「SPSS/Windows」選項。

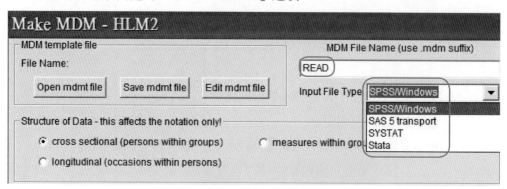

2. 在「Level-1 Specification」（層次一界定）方盒中按『Browse』（瀏覽）鈕，開啟「Open Data File」（開啟資料檔案）視窗，選取層次一的資料檔名稱，範例為「DATA_1.sav」，內定的檔案類型為「SPSS/Windows files（*.SAV）」，選取標的資料檔後，按『開啟』鈕。

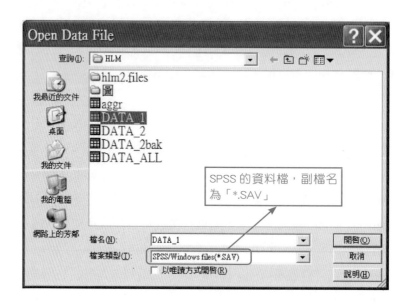

3. 選擇層次一資料檔後，右邊按鈕『Choose Variables』（選擇變數）由灰色變為啟動狀態，按『Choose Variables』（選擇變數）鈕，開啟「Choose variables-HLM2」對話視窗，選取層次一使用到的變項。

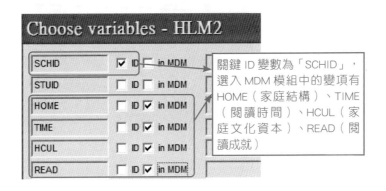

層次一資料檔內共有六個變項名稱：學校編號（SCHID）、學生編號
（STUID）、家庭結構（HOME）、每週閱讀時間（TIME）、學生家庭文化
資本（HCUL）、閱讀成就（READ），其中學校編號（SCHID）變數為二
個階層的共同變項，因而是資料連結的 ID 變數，學生編號（STUID）是學
校群組中學生的代碼，沒有實質意義。範例中 ID 勾選「SCHID」變數，「in
MDM」中的變數勾選 HOME、TIME、HCUL、READ 四個。

多層次模式的實務應用

4. 在「Level-2 Specification」（層次二界定）方盒中按『Browse』（瀏覽）鈕，開啟「Open Data File」（開啟資料檔案）視窗，選取層次二的資料檔名稱，範例為「DATA_2.sav」，內定的檔案類型為「SPSS/Windows files（*.SAV）」，選取標的資料檔後，按『開啟』鈕。

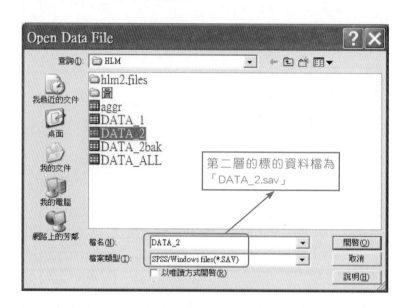

選擇層次二資料檔後，右邊按鈕『Choose Variables』（選擇變數）由灰色變為啟動狀態，按『Choose Variables』（選擇變數）鈕，開啟「Choose variables-HLM2」對話視窗，選取層次二使用到的變項。

「Choose variables-HLM2」對話視窗，層次二的變項有學校編號（SCHID）、平均學校閱讀時間（TIME_M）、平均學校家庭文化資本（HCUL_M）、學校圖書資源（RESO）。學校編號（SCHID）是二個層次資料檔串聯的共同變項，必須設為 ID 變數。

層次二資料檔內共有四個變項名稱，範例中 ID 勾選「SCHID」（學校編號）變數，「in MDM」中的變數勾選「TIME_M」（校平均閱讀時間）、「HCUL_M」（校平均家庭文化資本）、「RESO」（校圖書資源）三個，其中「TIME_M」（校平均閱讀時間）、「HCUL_M」（校平均家庭文化資本）為層次一（個體層次）變項「TIME」（學生閱讀時間）、「HCUL」（學生家庭文化資本）聚合而成，此種變項的測量值為個體層次學生以學校群組為單位的平均數，變項屬性又稱為脈絡變項。

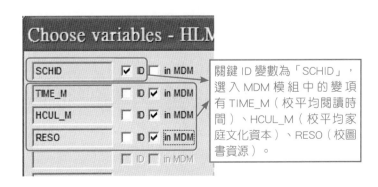

二個層次界定方盒設定資料檔後，在「Level-1 File Name」（層次一檔案名字）的右邊會出現層次一的資料檔檔名及其所在資料夾位置，範例中為「D:\HLM\DATA_1.sav」；在「Level-2 File Name」（層次二檔案名字）的右邊會出現層次二的資料檔檔名及其所在資料夾位置，範例中為「D:\HLM\DATA_2.sav」，若是層次之標的資料檔有更改，或資料檔檔案名稱變更，則按『Browse』（瀏覽）鈕重新點選，並按『Choose Variables』（選擇變數）鈕，重新選取 ID 變項及在 MDM 模組中（in MDM）使用的變項。

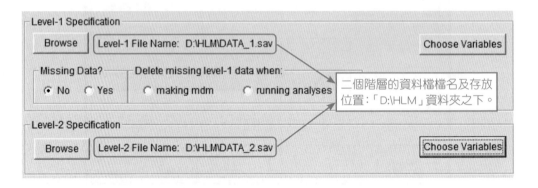

5. 於「MDM template file」（MDM 模組檔案）方盒中按『Save mdmt file』（儲存 mdmt 檔案）鈕，以便將製作的 MDM 模組檔案內容儲存，按『Save mdmt file』（儲存 mdmt 檔案）鈕後，可開啟「Save As MDM Template File」（儲存 MDM 模組檔案）儲存對話視窗。

「Save As MDM Template File」（儲存 MDM 模組檔案）對話視窗中，存檔類型（T）為「MDM template files（*.mdmt）」，範例檔名為「READ_0」（範例檔名中英文名均可以），按『儲存』鈕，表示將 MDM 模組檔案以檔名「READ_0.mdmt」儲存。

「MDM template file」（MDM 模組檔案）方盒中，「File Name:」（檔案名稱）為「D:\HLM\READ_0.mdmt」，表示將製作的 MDM 模組檔案儲存在「D:\HLM」位置，檔名為「READ_0.mdmt」。

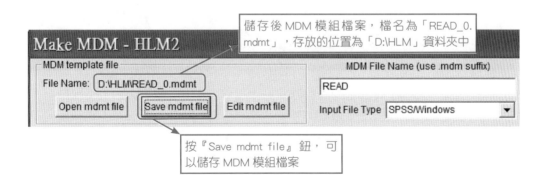

6. 各層次的資料檔及變項設定完成後，要進行二個階層資料的整合，資料整合或串聯時必須有一個共同的 ID 變數，進行層次資料的整合。按『Make MDM』（製作 MDM）鈕，按下『Make MDM』鈕後，可進行資料統整。

按下『Make MDM』（製作 MDM）鈕後，會出現下列類似 DOS 畫面。

```
C:\Program Files\HLM7Student\HLM2S.EXE                    _  □  ×

                LEVEL-1 DESCRIPTIVE STATISTICS

VARIABLE NAME      N       MEAN        SD       MINIMUM     MAXIMUM
     HOME         260      0.51       0.50       0.00        1.00
     TIME         260      3.50       2.45       0.00        8.00
     HCUL         260     14.00       3.01       7.00       20.00
     READ         260     62.02      16.89      20.00       88.00


                LEVEL-2 DESCRIPTIVE STATISTICS

VARIABLE NAME      N       MEAN        SD       MINIMUM     MAXIMUM
    TIME_M        17       3.48       1.62       1.00        7.00
    HCUL_M        17      13.97       1.71      11.00       17.53
     RESO         17      52.06      15.41      22.00       76.00

 260 level-1 records have been processed
  17 level-2 records have been processed
```

之後 DOS 畫面會自動消失，改以記事本視窗，出現下列視窗界面。畫面內
容呈現層次一資料檔四個變項的描述性統計量，包括樣本數（N）、平均數
（MEAN）、標準差（SD）、最小值（MINIMUM）、最大值（MAXIMUM）；
層次二資料檔三個變項的描述性統計量，包括樣本數（N）、平均數
（MEAN）、標準差（SD）、最小值（MINIMUM）、最大值（MAXIMUM），
這些變項在變項選取時，均是勾選「☑in MDM」選項的變數。經整合的
MDM 暫時模組，按『Check Stats』鈕也會出現如下記事本的內容，此記事本
開啟的檔案不會自動關閉，研究者必須按右上角關閉鈕「×」，才能關閉視窗。

```
HLM2MDM.STS - 記事本

檔案(F)   編輯(E)   格式(O)   檢視(V)   說明(H)

              LEVEL-1 DESCRIPTIVE STATISTICS

VARIABLE NAME     N        MEAN       SD       MINIMUM      MAXIMUM
     HOME        260       0.51      0.50        0.00         1.00
     TIME        260       3.50      2.45        0.00         8.00
     HCUL        260      14.00      3.01        7.00        20.00
     READ        260      62.02     16.89       20.00        88.00


              LEVEL-2 DESCRIPTIVE STATISTICS

VARIABLE NAME     N        MEAN       SD       MINIMUM      MAXIMUM
     TIME_M       17       3.48      1.62        1.00         7.00
     HCUL_M       17      13.97      1.71       11.00        17.53
     RESO         17      52.06     15.41       22.00        76.00
```

執行功能表列「File」（檔案）/「Display MDM stats」（顯示 MDM 訊息狀態）
程序，可以開啟「HLM2 MDM INFORMATION」視窗，視窗內容會顯示研究
者之前編製的 MDM 檔案內容，包括各層次的資料檔名稱、變項的個數、樣
本數（層次一為個體層次的樣本，層次二為總體層次的群組單位數）。

```
HLM2 MDM INFORMATION

Version of MDM: 7.00      Type of MDM   ● Normal  ○ V-known       OK

┌─ Level-1 info ─────────────────────────────────────────────────┐
│  Number of variables 4          level-1 records          260    │
│  Missing Data   ● None  ○ when mdm was made  ○ at analysis time │
│  Input data    D:\HLM\DATA_1.sav                                │
└────────────────────────────────────────────────────────────────┘

┌─ Level-2 info ─────────────────────────────────────────────────┐
│  Number of variables 3                                          │
│                                 level-2 records          17     │
│  Input data    D:\HLM\DATA_2.sav                                │
│  Weight variable                                                │
└────────────────────────────────────────────────────────────────┘

┌─ Spatial dependence info ──────────────────────────────────────┐
│  □ Has spatial correlation matrix                               │
│  Maximum number of spatial adjacencies                          │
│  Input data                                                     │
└────────────────────────────────────────────────────────────────┘
```

上述模組整合訊息的視窗（HLM2 MDM INFORMATION），會告知 MDM 製作的版本（Version of MDM: 7.00），階層一資料檔的資訊，包含資料檔的來源及檔名、樣本數（level-1 records:N=260）、變項個數（Number of variables 4）；階層二資料檔的資訊，包含資料檔的來源及檔名、樣本數（level-2 records:N=17）、變項個數（Number of variables 3）。

如果研究者之前的 MDM 模組檔案已經存檔，之後的新模組製作可以根據舊有的 MDM 模組檔案進行編修。執行功能表列「File」（檔案）/「Make new MDM from old MDM template（.mdmt）file」（從舊的 MDM 模組檔案製作新的 MDM 模組檔案）程序，可以開啟「Make MDM-HLM2」模組整合對話視窗。

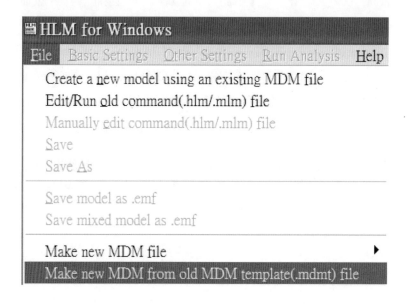

「Open MDM Template File」（開啟 MDM 模組檔）對話視窗之檔案類型為「MDM template files（*.mdmt）」，視窗只能開啟副檔名為「*.mdmt」的模組檔案，範例中為開啟「READ_0.mdmt」檔案，新的 MDM 模組檔可以重新進行二個層次資料檔的選取，並分開挑選層次使用的變項及共同關鍵變項 ID，模組修改完成，要依下列程序操作：按『Save mdmt file』鈕進行存檔→按『Make MDM』鈕進行模組編製→按『Done』鈕開啟 HLM 命令編修視窗，或按『Save mdmt file』鈕進行存檔→按『Make MDM』鈕進行模組編製→按『Check Stats』鈕進行模組狀態的查核→按『Done』（執行）鈕開啟 HLM 命

令編修視窗。

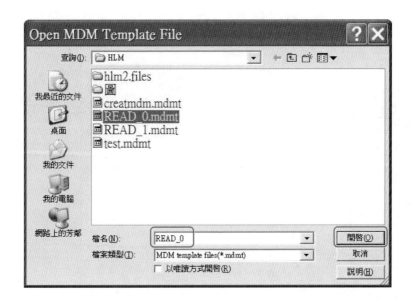

『Make MDM』模組製作的視窗中，若是各階層資料檔內容有異動，或是各階層有新增的變項名稱，要重新按『Choose Variables』（選擇變項）鈕，重新執行變項的選取程序，其中二個階層共同關鍵 ID 變數名稱必須一樣，由此模組內容有異動，因而二個階層資料整合的 MDM 模組必須再重新執行一次，按『Make MDM』鈕進行二個階層資料的串聯。資料檔整合後的 DOS 視窗界面如下：

多層次模式的實務應用

```
C:\Program Files\HLM6\HLM2.EXE                              - □

              LEVEL-1 DESCRIPTIVE STATISTICS

VARIABLE NAME      N        MEAN        SD       MINIMUM      MAXIMUM
      HOME        260       0.51       0.50       0.00         1.00
      SSEX        260       0.54       0.50       0.00         1.00
      TIME        260       3.50       2.45       0.00         8.00
      HCUL        260       5.07       2.88       1.00        10.00
      READ        260      62.02      16.89      20.00        88.00


              LEVEL-2 DESCRIPTIVE STATISTICS

VARIABLE NAME      N        MEAN        SD       MINIMUM      MAXIMUM
     TIME_M        17       3.48       1.62       1.00         7.00
     HCUL_M        17       5.03       1.81       1.60         7.60
      RESO         17      52.06      15.41      22.00        76.00
      AREA         17       0.53       0.51       0.00         1.00
      PATT         17       6.71       2.97       1.00        10.00

   260 level-1 records have been processed
   17 level-2 records have been processed
```

按『Check Stats』鈕（模組狀態查核），開啟的記事本文件視窗如下：

```
HLM2MDM.STS - 記事本                              _ □ □

檔案(E)   編輯(E)   格式(O)   檢視(V)   說明(H)

              LEVEL-1 DESCRIPTIVE STATISTICS

VARIABLE NAME      N        MEAN        SD       MINIMUM      MAXIMUM
      HOME        260       0.51       0.50       0.00         1.00
      SSEX        260       0.54       0.50       0.00         1.00
      TIME        260       3.50       2.45       0.00         8.00
      HCUL        260       5.07       2.88       1.00        10.00
      READ        260      62.02      16.89      20.00        88.00


              LEVEL-2 DESCRIPTIVE STATISTICS

VARIABLE NAME      N        MEAN        SD       MINIMUM      MAXIMUM
     TIME_M        17       3.48       1.62       1.00         7.00
     HCUL_M        17       5.03       1.81       1.60         7.60
      RESO         17      52.06      15.41      22.00        76.00
      AREA         17       0.53       0.51       0.00         1.00
      PATT         17       6.71       2.97       1.00        10.00
```

階層一資料檔變數中增列學生性別（SSEX）變項、階層二資料檔變數中增列
學校所在地區（AREA）、校長對閱讀學習態度（PATT）二個變項，部分變
項描述性統計量不同，表示之前資料檔變數中有錯誤已進行修改。二個階層
的描述性統計量包括變項名稱（VARIABLE NAME）、樣本數（N）、平均數
（MEAN）、標準差（SD）、最小值（MINIMUM）、最大值（MAXIMUM）。
階層一的樣本數有260，階層二的樣本數有17，表示所有樣本學生共有260位，
學校群組共有17所，學生為個體層次變項、學校為總體層次變項，階層一的
樣本巢套於階層二的群組中。

按『Save mdmt file』鈕進行存檔過程中，如果MDM模組內容設定欠完整，
或有遺漏之處，會出現警告視窗，範例圖為層次變項中沒有選取共同關鍵變
項ID，出現「Please choose（only）1 ID at each level!」（每個層次只能選取
一個ID變項）提示語。

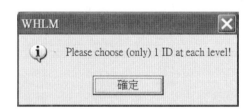

層次一資料檔沒有按選擇變項鈕選取在MDM模組中的變項，會出現「Please
choose level-1 variables!」（請選取層次一的變項）。

層次二資料檔沒有按選擇變項鈕選取在MDM模組中的變項，會出現「Please
choose level-2 variables!」（請選取層次二的變項）。

「MDM File Name（use .mdm suffix）下方的空格未輸入「MDM 檔案名稱」，
範例為「READ」，會出現「You need to choose an MDM name」（您需要選取
一個 MDM 檔案）提示語。

第 4 章

HLM 模型的設定

多層次模式的實務應用

　　HLM 命令視窗第一列為功能表選單，選單共有五個：「File」(檔案)、「Basic Settings」（基本設定）、「Other Settings」（其他設定）、「Run Analysis」（執行分析）、「Help」（輔助說明）。最左邊選項有三個：「Outcome」（結果）、「Level-1」（層次一）、「Level-2」（層次二）。

1. 「Outcome variable」（結果變項）

　　HLM 模式視窗中，第一個要選取的是第一層的結果變項（依變項）。

2. 「add variable uncentered」（增列為未平減的解釋變項）

　　解釋變項未經過平減的程序，以原始變項的測量值作為解釋變項，以符號表示為 X_{ij}，「解釋變項$_{ij}$」為第 j 個群組（如學校）中第 i 個樣本（如學生）的測量值。第二層為群組平均分數，以符號表示為 Z_j。

3. 「add variable group centered」（增列為組平減的解釋變項）

　　解釋變項經過平減的程序，以組別平均數為中心進行平移，新的解釋變項為每個變項原始測量值減掉群組（如每所學校）平均數的測量值，以符號表示為 $X_{ij} - \overline{X}_j$，$\overline{解釋變項}_j$ 為第 j 所群體解釋變項的平均值。第二層次解釋變項的測量值表示的是群組平均數，因而變項選項中不會出現「增列為組平減變數」（add variable group centered）。

4. 「add variable grand centered」（增列為總平減的解釋變項）

　　解釋變項經過總平減的程序，以所有組別的總平均數為中心進行平移，新的解釋變項為每個變項原始測量值減掉所有群組（如所有學校）的總平均數的測量值，以符號表示為 $X_{ij} - \overline{X}_{..}$，$\overline{解釋變項}_{..}$ 為所有群體的總平均值。第二層次的解釋變項經過總平減的程序，解釋變項為各群組單位的平均數減掉總平均數，以符號表示為 $Z_j - \overline{Z}_.$，$\overline{解釋變項}_.$ 為所有群體的總平均值。

5. 「Delete variable from model」（從模式中將變項刪除）

　　已選入模式的結果變項或解釋變項從模式中移除。不論是第一層模型或第二層模型，凡已被選入模式的解釋變項，再點選此變項時，才會出現「Delete variable from model」（從模式中將變項刪除）選項。如果變項沒有被選為解釋變項，第一層模型的選單會出現「add variable uncentered」、「add variable group centered」、「add variable grand centered」；第二層模型的選單會出現「add variable uncentered」、「add variable grand centered」等供研究者選取。

　　範例視窗標題「WHLM: hlm2 MDM File: READ」，「READ」為製作 MDM

模組中輸入的檔名，左方呈現的是二個階層及階層的變項名稱，內定為階層一資料檔的變項名稱，共有 HOME、TIME、HCUL、READ。

壹 模式中變項的投入與移除

　　HLM 模式選取中第一個要設定的為結果變項，因而 HLM 軟體內定研究者選取的第一個變項為結果變項。點選變項「READ」（閱讀成就），被點選的標的變項字體顏色會由內定黑色字體變為紅色字體，會出現「Outcome variable」（結果變項）選單，至於其他四個選項則是呈灰色，表示其功能關閉，無法使用。第一層其餘四個選項為「add variable uncentered」（解釋變項未平減）、「add variable group centered」（解釋變項經組平減轉換）、「add variable grand centered」（解釋變項經總平減轉換）、「Delete variable from model」（從模式中將變項移除）。

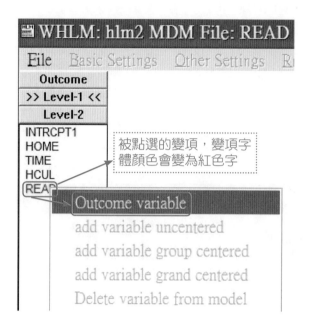

將變項「READ」（閱讀成就）點選為「Outcome variable」（結果變項）後，
HLM 模型如下：第 1 層模型中沒有任何解釋變項，第 2 層模式也沒有任何解釋變
項。

層次一模型（Level-1 Model）：

$$READ_{ij} = \beta_{0j} + r_{ij}$$

層次二模型（Level-2 Model）：

$$\beta_{0j} = \gamma_{00} + \mu_{0j}$$

視窗下方會自動出現混合模型

$$READ_{ij} = \gamma_{00} + \mu_{0j} + r_{ij}$$

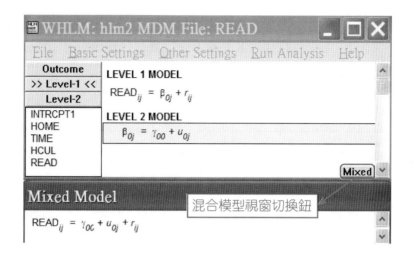

執行功能表「File」/「Save as」，可將設定的 HLM 模型命令檔儲存，之後可以直接開啟使用或編修，「Save Command File」（儲存命令檔案）對話視窗，存檔類型為「Command files（*.hlm;*.mlm）」，副檔名為「*.hlm」，範例檔名為「HREAD_1」，按『儲存』鈕後，範例存檔的完整檔名為「HREAD_1.hlm」或「零模型.hlm」。

副檔名為「*.hlm」檔案，可以直接執行功能表列「File」（檔案）/「Edit/Run command（.hlm/.mlm）file」（編輯或執行hlm命令檔）程序，直接開啟使用或修改。

多層次模式的實務應用

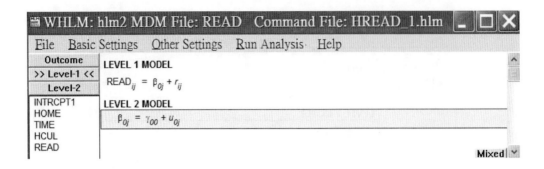

　　增列層次一解釋變項「TIME」，點選左方「TIME」變項，選取「add variable uncentered」選項，增列變項為未平減的解釋變項。由於階層一模式中尚未點選「TIME」（每週閱讀時間）變項，因而此變項有四個選項可供選擇：結果變項（Outcome variable）、「add variable uncentered」、「add variable group centered」、「add variable grand centered」，後三個選項為以未平減作為解釋變項、以組平減作為解釋變項、以總平減作為解釋變項，至於第五個選項「從模式中移除變項」（Delete variable from model）選項功能暫時無法使用。

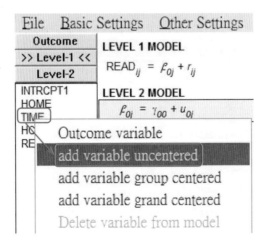

層次一模型（Level-1 Model）：

$READ_{ij} = \beta_{0j} + \beta_{1j} \times (TIME_{ij}) + r_{ij}$

層次二模型（Level-2 Model）：

$\beta_{0j} = \gamma_{00} + \mu_{0j}$

$\beta_{1j} = \gamma_{10}$，斜率列後面「$+ \mu_{1j}$」符號為灰色字，表示此參數估計被停用，斜率項為結果變項是被設定為固定效果而不是隨機效果。

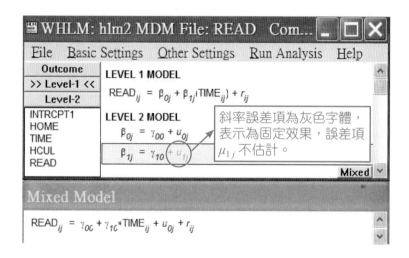

當變項已選入模式之中，再次點選已在模式之中的變項，會出現「Delete variable from model」（從模式中刪除變項）選項，點選「Delete variable from model」選項，可將已選入模式的變項從模型中刪除。範例中再次點選「TIME」變項，由於「TIME」變項已被選入階層一模式中，再次點選時只能從模式中刪除，其餘四個選項均無法使用，暫時停止功能的選項為：「Outcome variable」、「add variable uncentered」、「add variable group centered」、「add variable grand centered」。

多層次模式的實務應用

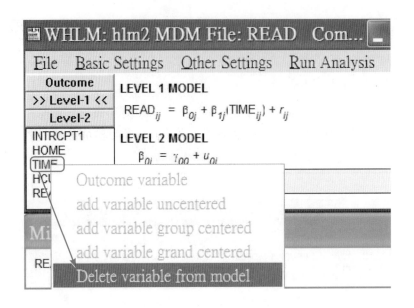

　　原先模型中解釋變項 TIME（每週閱讀時間）從模型中移除後，才可以再點選此變項作為解釋變項，增列第一層每週閱讀時間（TIME）為組平減（組平均數集中化）的解釋變項，右邊選單中選取「add variable group centered」（增列為組平減解釋變項）。

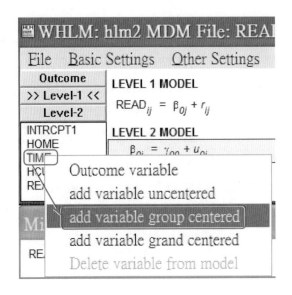

　　第一層變項「TIME」（每週閱讀時間）增列為組平減解釋變項，表示以每位學生（個體層次）原始的閱讀時間測量值減掉各校（學校群組）平均閱讀時間分

數，以符號表示為：$TIME_{ij} - \overline{TIME}_j$，$TIME_{ij}$ 變項為第 j 所學校第 i 位學生閱讀時間測量值，$\overline{TIME}_j$ 為第 j 所學校所有學生閱讀時間平均值。

　　第一層模式方程為：$READ_{ij} = \beta_{0j} + \beta_{1j} \times (TIME_{ij} - \overline{TIME}_j) + r_{ij}$

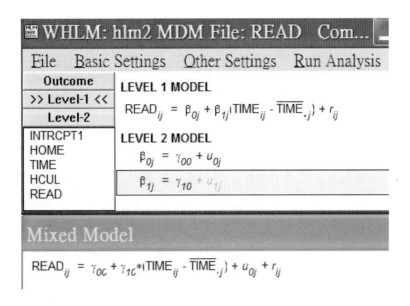

　　第一層變項「TIME」（每週閱讀時間）增列為總平減解釋變項，表示以每位學生（個體層次）原始的閱讀時間測量值減掉所有學校（或所有學生）閱讀時間總平均值，以符號表示為：$TIME_{ij} - \overline{TIME}_{..}$，$TIME_{ij}$ 變項為第 j 所學校第 i 位學生閱讀時間測量值，$\overline{TIME}_{..}$ 為所有學校學生閱讀時間的總平均值。

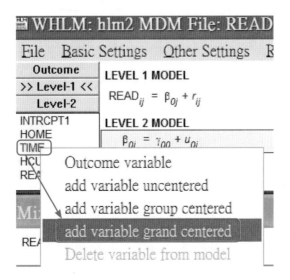

第一層模式方程為： $READ_{ij} = \beta_{0j} + \beta_{1j} \times (TIME_{ij} - \overline{TIME_{..}}) + r_{ij}$

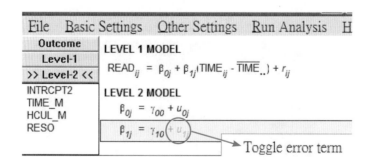

第二層以斜率項為結果變項的方程為 $\beta_{1j} = \gamma_{10}$，後面「$+ \mu_{1j}$」符號為灰色字，當誤差項的字體為灰色字而非黑色字時，表示此參數估計的狀態是「被停用」，斜率項為結果變項是被設定為「固定效果」而非「隨機效果」，要將斜率項為結果變項設定為隨機效果，可以估計其誤差項，可以選取 $\beta_{1j} = \gamma_{10}$ 列，再按滑鼠左鍵點選切換，若「$+ \mu_{1j}$」符號為灰色字，滑鼠點選一下，「$+ \mu_{1j}$」符號會由灰色字變為黑色字，再點選一下會變回灰色字；或選取 $\beta_{1j} = \gamma_{10} + \mu_{1j}$ 列，按滑鼠右鍵，點選「Toggle error term」（誤差項切換）選項。若原先「$+ \mu_{1j}$」字體為灰色字，點選「Toggle error term」（誤差項切換）選項，字體會由灰色字變成實體黑色字（隨機效果），第二次再點選「Toggle error term」（誤差項切換）選項，字體會由實體黑色字變回灰色字（固定效果）。

斜率項為固定效果，$\beta_{1j} = \gamma_{10}$，表示以學生閱讀時間變項預測學生閱讀成就表現之「各校斜率」均等於以所有學生閱讀時間變項預測其閱讀成就表現的總平均效率，即學校間的斜率相同，沒有學校間斜率差異量存在。

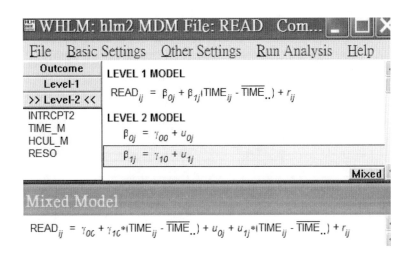

按一下「Toggle error term」提示語後，$\beta_{1j} = \gamma_{10} + \mu_{1j}$，後面「$+ \mu_{1j}$」由灰色字變為黑體字，表示誤差項功能可以估計，斜率項 $\beta_{1j} = \gamma_{10} + \mu_{1j}$ 由固定效果變為隨機效果，如果誤差項 μ_{1j} 的變異數 τ_{11} 達到統計顯著水準（$p < .05$），表示學校群組以閱讀時間預測閱讀成就之斜率有顯著的「學校間」差異存在；相對的，若是誤差項 μ_{1j} 的變異數 τ_{11} 未達統計顯著水準（$p > .05$），表示學校群組間的斜率沒有顯著不同。

要增列第二層模型的解釋變項，須再點選左上方選單「Level-2」選項，選取後「Level-2」選單會變為「>> Level-2 <<」（或直接選取層次二模型的方程式列，也可切換到第二層的變數清單）。範例中點選「學校圖書資源」變項（RESO）作為解釋變項，點選「RESO」變項後，會有三個選項：「add variable uncentered」（增列為未平減解釋變項）、「add variable grand centered」（增列為總平減解釋變項）、「Delete variable from model」（從模式中刪除，由於第二層模式選取的方程式列中尚未有此解釋變項，因而此選項暫時關閉），視窗圖面中為選取「add variable uncentered」（增列為未平減解釋變項）選項。第二層解釋變項的選單中沒有「add variable group uncentered」（增列為組平減解釋變項）選項，因為第二層變項為變項在群組的平均數或群組（總體層次）的測量值，再以組平減處理，解釋變項的測量值會變為 0，此種總體層次（階層二）解釋變項以組平減轉換再投入階層二迴歸模式中是沒有意義的。

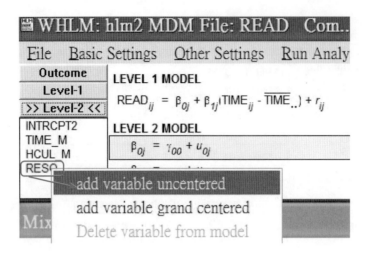

模次 2 模型方程為：

$$\beta_{0j} = \gamma_{00} + \gamma_{01} \times (RESO_j) + \mu_{0j}$$

$$\beta_{1j} = \gamma_{10} + \mu_{1j}$$

若是選單中選取經總平減轉換（add variable grand centered）後，再投入階層二模式中，則階層二模式為（截距列與斜率列中的解釋變項要分開點選）：

$$\beta_{0j} = \gamma_{00} + \gamma_{01} \times (RESO_j - \overline{RESO}) + \mu_{0j}$$

$$\beta_{1j} = \gamma_{10} + \gamma_{11} \times (RESO_j - \overline{RESO}) + \mu_{1j}$$

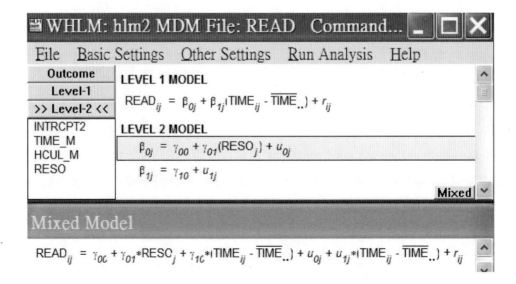

當選取右邊第二層模型方程式列「$\beta_{0j} = \gamma_{00} + \gamma_{01} \times (RESO_j) + \mu_{0j}$」，再點選第二層變數清單中變項「RESO」，選單中只有一個選項可供研究者選取：「Delete variable from model」（從模式中刪除），要變更解釋變項為總平減變項，必須先把原先模型方程列的同一解釋變項移除，若是不同的總體層次解釋變項則不用移除。

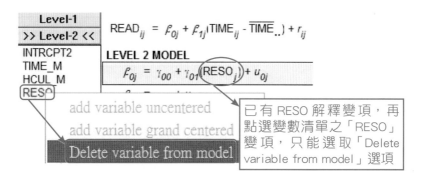

將解釋變項「RESO」從第二層模型方程式列「$\beta_{0j} = \gamma_{00} + \gamma_{01} \times (RESO_j) + \mu_{0j}$」中移除後，截距項為結果變項的方程式變為：「$\beta_{0j} = \gamma_{00} + \mu_{0j}$」。

增列斜率為結果變項之隨機效果的總體層次變項時，要先點選 $\beta_{1j} = \gamma_{10} + \mu_{1j}$ 列方程式，再點選解釋變項如「RESO」，由於原先模型方程式列沒有選入此解釋變項，選單中會有二個選項可以選取：「add variable uncentered」（增列為未平減解釋變項）、「add variable grand centered」（增列為總平減解釋變項），範例為選取「add variable uncentered」（增列為未平減解釋變項）選項。

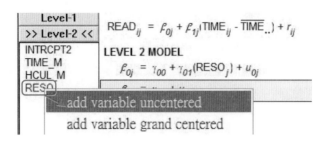

第二層方程式 $\beta_{1j} = \gamma_{10} + \mu_{1j}$ 為以斜率為結果變項列，增列未平減的解釋變項「RESO」（學校圖書資源），方程式變為：$\beta_{1j} = \gamma_{10} + \gamma_{11} \times (RESO_j) + \mu_{1j}$。

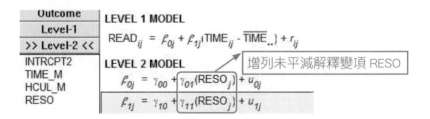

以截距為結果變項之隨機效果方程式列增列解釋變項「RESO」，解釋變項採用總平減轉換，於層次二變數清單中點選「RESO」變項，選取「add variable grand centered」（增列為總平減解釋變項）選項。

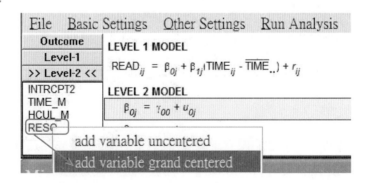

模式 2 第一列以截距項為結果變項的方程式會由「$\beta_{0j} = \gamma_{00} + \mu_{0j}$」變為「$\beta_{0j} = \gamma_{00} + \gamma_{01} \times (RESO_j - \overline{RESO}_{.}) + \mu_{0j}$」，$RESO_j$ 為學校群組圖書資源測量值（各校 RESO 的平均值），$\overline{RESO}_{.}$ 為所有學校群組在圖書資源變項的總平均值，由於斜率列尚未選取解釋變項，斜率列方程式為「$\beta_{1j} = \gamma_{10} + \mu_{1j}$」。

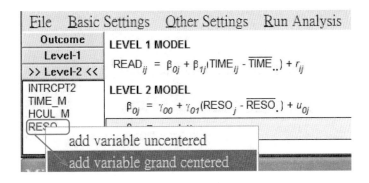

以斜率為結果變項之隨機效果方程式列增列為解釋變項「RESO」，解釋變項採用總平減轉換，選取「$\beta_{1j} = \gamma_{10} + \mu_{1j}$」列方程式。

點選第二層變數清單中之變項「RESO」（學校圖書資源），選取選單中的「add variable grand centered」（增列為總平減解釋變項）選項。

將「RESO」（學校圖書資源）以總平減解釋變項投入斜率列後，階層二斜率方程式由「$\beta_{1j} = \gamma_{10} + \mu_{1j}$」變為「$\beta_{1j} = \gamma_{10} + \gamma_{11} \times (RESO_j - \overline{RESO}_.) + \mu_1$」。

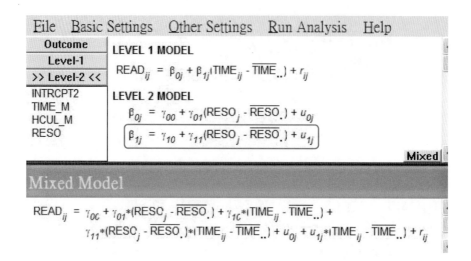

　　HLM 命令視窗界面的右下方有一個「Mixed」（混合模式）鈕，此鈕功用在於開啟或關閉「Mixed Model」（混合模式）對話視窗。如果「Mixed Model」（混合模式）對話視窗在開啟狀態，視窗內容可呈現二個層次模型的混合模式。

　　第一層模型中增列未平減的解釋變項「TIME」，層次一模型為：

$READ_{ij} = \beta_{0j} + \beta_{1j} \times (TIME_{ij}) + r_{ij}$

層次二模型：

$\beta_{0j} = \gamma_{00} + \mu_{0j}$

$\beta_{1j} = \gamma_{10} + \mu_{1j}$

Outcome	LEVEL 1 MODEL
>> Level-1 <<	$READ_{ij} = \beta_{0j} + \beta_{1j}(TIME_{ij}) + r_{ij}$
Level-2	
INTRCPT1	**LEVEL 2 MODEL**
HOME	$\beta_{0j} = \gamma_{00} + u_{0j}$
TIME	
HCUL	$\beta_{1j} = \gamma_{10} + u_{1j}$
READ	

　　第一層模型中再增列未平減的解釋變項學生「家庭結構」（HOME）解釋變項，先點選左邊變數清單中的「HOME」，再選取「add variable uncentered」選項，階層一的變數清單中只能作為結果變項或階層一的解釋變項，不會增列至階層二的模型中。

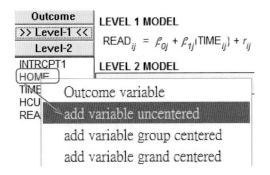

層次一模型為：

$READ_{ij} = \beta_{0j} + \beta_{1j} \times (HOME_{ij}) + \beta_{2j} \times (TIME_{ij}) + r_{ij}$

層次二模型為：

$\beta_{0j} = \gamma_{00} + \mu_{0j}$

$\beta_{1j} = \gamma_{10} + \mu_{1j}$

$\beta_{2j} = \gamma_{20} + \mu_{2j}$

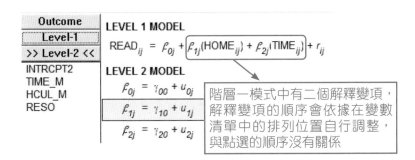

在變數清單中，HOME 變項的位置在 TIME 變項之前，斜率係數值參數編號會自行調整，階層一變數清單中的變項排列順序為 HOME、TIME、HCUL，第一次先選取解釋變項閱讀時間（TIME）投入階層一模式中，TIME 的斜率係數符號為 β_{1j}。

$READ_{ij} = \beta_{0j} + \beta_{1j} \times (TIME_{ij}) + r_{ij}$

第二次選取解釋變項家庭結構（HOME）投入階層一模式中，TIME 的斜率係數符號自動變為 β_{2j}，家庭結構（HOME）的斜率係數符號變為 β_{1j}。

$READ_{ij} = \beta_{0j} + \beta_{1j} \times (HOME_{ij}) + \beta_{2j} \times (TIME_{ij}) + r_{ij}$

多層次模式的實務應用

　　其實各階層中解釋變項的前後順序不同，估計所得的固定效果係數值與隨機效果變異數成分是相同的。

　　下列模式以隨機效果單因子共變數模型為例，階層一四個解釋變項排列順序為 HOME（家庭結構）、SSEX（學生性別）、TIME（學生每週閱讀時間）、HCUL（學生家庭文化資本）。

（一）第一個被選入的解釋變項為 HCUL

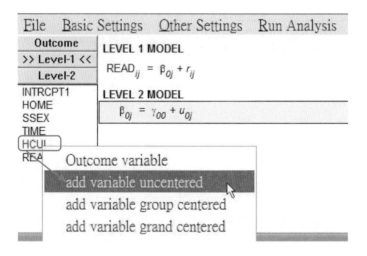

　　層次一模型為：$READ_{ij} = \beta_{0j} + \beta_{1j} \times (HCUL_{ij}) + r_{ij}$。

（二）第二個被選入的解釋變項為 SSEX

File　Basic Settings　Other Settings　Run Analysis　Help

| Outcome |
| >> Level-1 << |
| Level-2 |
| INTRCPT1 |
| HOME |
| SSEX |
| TIME |
| HCUL |
| READ |

LEVEL 1 MODEL

$READ_{ij} = \beta_{0j} + \beta_{1j}(SSEX_{ij}) + \beta_{2j}(HCUL_{ij}) + r_{ij}$

LEVEL 2 MODEL

$\beta_{0j} = \gamma_{00} + u_{0j}$

$\beta_{1j} = \gamma_{10} + u_{1j}$

$\beta_{2j} = \gamma_{20} + u_{2j}$

　　層次一模型為：$READ_{ij} = \beta_{0j} + \beta_{1j} \times (SSEX_{ij}) + \beta_{2j} \times (HCUL_{ij}) + r_{ij}$（模型中因為在變數清單中 SSEX 變項的排列順序在 HCUL 之前，因而其被選入層次一的位置會移往 HCUL 的前面）。

（三）第三個被選入的解釋變項為 TIME

File　Basic Settings　Other Settings　Run Analysis　Help

| Outcome |
| >> Level-1 << |
| Level-2 |
| INTRCPT1 |
| HOME |
| SSEX |
| TIME |
| HCUL |
| READ |

LEVEL 1 MODEL

$READ_{ij} = \beta_{0j} + \beta_{1j}(SSEX_{ij}) + \beta_{2j}(TIME_{ij}) + \beta_{3j}(HCUL_{ij}) + r_{ij}$

LEVEL 2 MODEL

$\beta_{0j} = \gamma_{00} + u_{0j}$

$\beta_{1j} = \gamma_{10} + u_{1j}$

$\beta_{2j} = \gamma_{20} + u_{2j}$

$\beta_{3j} = \gamma_{30} + u_{3j}$

　　層次一模型為：$READ_{ij} = \beta_{0j} + \beta_{1j} \times (SSEX_{ij}) + \beta_{2j} \times (TIME_{ij}) + \beta_{3j} \times (HCUL_{ij}) + r_{ij}$（模型中因為在變數清單中 TIME 變項的排列順序在 HCUL 之前，因而其被選入層次一的位置會移往 HCUL 的前面，但其原先變數位置在 SSEX 的後面，因而被選入層次一的位置會在 SSEX 之後）。

多層次模式的實務應用

（四）第四個被選入的解釋變項為 HOME

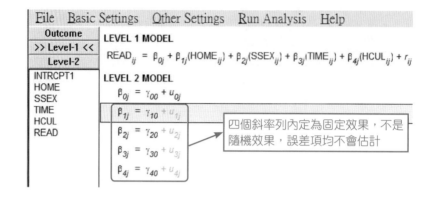

層次一模型為：$READ_{ij} = \beta_{0j} + \beta_{1j} \times (HOME_{ij}) + \beta_{2j} \times (SSEX_{ij}) + \beta_{3j} \times (TIME_{ij}) + \beta_{4j} \times (HCUL_{ij}) + r_{ij}$（因為在變數清單中，HOME 變項的排列順序在最前面，因而其被選入層次一的位置會移往 SSEX 之前）。

混合模型為：$READ_{ij} = \gamma_{00} + \gamma_{10} \times HOME_{ij} + \gamma_{20} \times SSEX_{ij} + \gamma_{30} \times TIME_{ij} + \gamma_{40} \times HCUL_{ij} + \mu_{0j} + r_{ij}$

Mixed Model

$READ_{ij} = \gamma_{0C} + \gamma_{1C}*HOME_{ij} + \gamma_{2C}*SSEX_{ij} + \gamma_{3C}*TIME_{ij} + \gamma_{4C}*HCUL_{ij} + u_{0j} + r_{ij}$

　　HLM 命令對話視窗中，點選「Outcome」（結果）選項，或點選功能表列「Basic Settings」（基本設定）選項，其功能相同，均可開啟「Basic Model Specifications-HLM2」（基本模式界定）對話視窗，視窗內容可選擇第 1 層結果變項 Y_{ij} 的分配型態，輸出結果存放位置及檔案名稱的設定。結果變項分配型態「Distribution of Outcome Variable」方盒中，內定的變項型態為常態性的計量變項（⊙Normal Continuous），其他屬性的變項還有「○Bernoulli」、「○Poisson（constant exposure）」（波式分配）、「○Binomial（number of trials」（二元名義變項）、「○Poisson（variable exposure）」（波式分配）、「○Multinomial」（多元名義變項）、「○Ordinal」（次序變項）。

　　中間二個按鈕：「Level-1 Residual File」（層次一殘差檔案）、「Level-2 Residual File」（層次二殘差檔案），按鈕功能可設定二個層次模式殘差項儲存的位置及檔名。按鈕下方「Title」（結果標題）右方空格可設定分析結果的標題名稱，內定的標題文字為「no title」（沒有標題），「Output file name」（輸出結果檔案名字）右方空格可設定輸出結果的位置及檔案名稱，範例的檔案名稱為內定的「hlm2.html」。「Graph file name」（圖檔案名稱）提示語右邊的空格可設定圖檔的存放位置及圖檔檔名，內定的檔名為「grapheq.geq」。

Basic Model Specifications - HLM2

Distribution of Outcome Variable
- ● Normal (Continuous)
- ○ Bernoulli (0 or 1)
- ○ Poisson (constant exposure)

- ○ Binomial (number of trials)
- ○ Poisson (variable exposure)　　　None ▼

- ○ Multinomial
- ○ Ordinal　　Number of categories 　　[　　]

☐ Over dispersion

[Level-1 Residual File]　[Level-2 Residual File]

結果輸出的檔案及資料夾位置的設定

Title　　　　[no title]

Output file name　[D:\HLM\hlm2.html]

(See File->Preferences to set default output type)

☑ Make graph file

Graph file name　[D:\HLM\grapheq.geq]

[Cancel]　　　　[OK]

Title	零模型
Output file name	D:\HLM\OUT_0.html
	(See File->Preferences to set default output type)
☑ Make graph file	
Graph file name	D:\HLM\grapheq.geq

範例視窗界面中結果輸出的標題設定為「零模型」，結果輸出的位置存放於「D:\HLM」資料夾之中，輸出的檔名為「OUT_0.html」。（由於輸出的型態設定為「◉HTML output」，因而會以副檔名為 *.html 的檔案存檔，輸出的結果設定自動以 Word 開啟，也可以設為電腦安裝的內定瀏覽器開啟。）

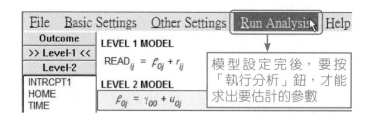

HLM 視窗界定完成二個層次模型的方程式後，最好將「.hlm」檔案加以存檔，以便日後可直接開啟編修，如果 HLM 設定命令視窗沒有存檔，按執行功能表列「Run Analysis」程序，會出現以下的對話視窗。「This model has not been saved」（模型尚未存檔），三個啟動按鈕為『Save as and Run』（另存新檔與執行分析）、『Run the model shown』（執行顯示的模型）、『Cancel』（取消）鈕。按『Save as and Run』鈕，會先進行「*.hlm」的存檔動作，存檔完再進行參數估計程序，按『Run the model shown』鈕不會進行「*.hlm」的存檔動作，而是直接進行模型的執行及參數估計，按『Cancel』（取消）鈕，放棄分析執行的動作（視窗界面中因為模式已經存檔，所以只能另存新檔，存檔及執行鈕『Save and run』選項鈕的功能暫時關閉）。

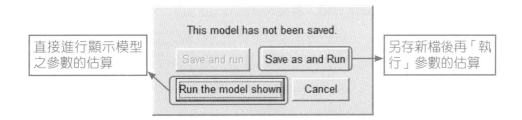

按下『Save as and Run』鈕後，會開啟「Save as Command File」（另存命令檔案）對話視窗，存檔類型（T）為「Command files（*.hlm;*.mlm）」，範例的檔名為「零模型」，表示儲存檔案的完整檔名為「零模型 .hlm」。

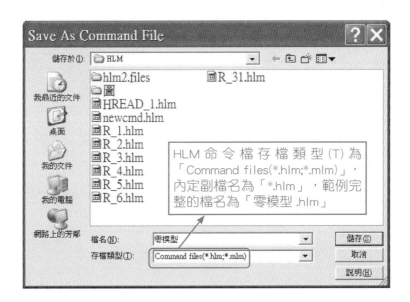

命令檔儲存完後，或直接按『Run the model shown』鈕會出現疊代運算過程的 DOS 視窗，如果在設定最大疊代運算次數內模型可以聚斂，表示參數可以順利估計出來，DOS 視窗會自動關閉，並以 WORD 文書處理軟體或瀏覽器軟體開啟結果檔案（內定檔名為 hlm2.html）。

```
C:\Program Files\HLM7Student\HLM2S.EXE                    _ □ ×
Computing . . . ., please wait
Starting values computed.  Iterations begun.
Should you wish to terminate the iterations prior to convergence, enter cntl-c
The value of the log-likelihood function at iteration 1 = -1.022607E+003
The value of the log-likelihood function at iteration 2 = -1.022607E+003
```

　　若是原模型已更改尚未存檔，視窗中『Save and run』、『Save as and Run』、『Run the model shown』三個按鈕功能均可使用，建議研究者如果要存檔及執行，最好按『Save as and Run』鈕；若是不存檔只要執行命令檔，按『Run the model shown』鈕會較簡便，因為按『Save and run』鈕會直接進行存檔動作，然後立即執行分析程序，有時會把原先命令檔覆蓋。

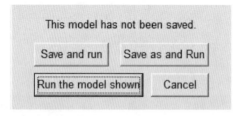

貳　其他重要設定

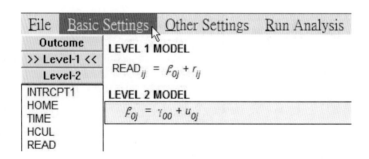

　　功能表列「Other Settings」（其他設定）有六個選項：「Iteration Settings」（疊代設定）、「Estimation Settings」（估計法設定）、「Hypothesis Testing」（假設檢定）、「Output Settings」（輸出結果設定）、「Exploratory Analysis（level2）」（第二層探索性分析）、「Exploratory Analysis（level3）」（有三個層次的模型此選項才可選取）。

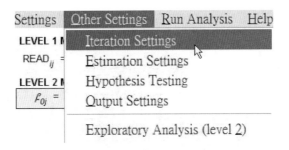

按「Iteration Settings」（疊代設定）選項，可開啟「Iteration Control-HLM2」
對話視窗，「Number of（micro）iterations」（最大疊代數值）提示語右邊的數
值內定為「100」，表示疊代運算的次數最大值為 100，有時疊代運算的次數達到
100 時，參數估計值還是無法估算出來，因而研究者最好把最大疊代運算數值改為
較大的數值，如「1000」。「How to handle bad Tau（0）」（如何處理不合理的
變異數解值）方盒中有三個選項：「○Set off diagonals to 0」（設定對角線的數值
為 0）、「○Manual reset」（手動重設）、「◉Automatic fixup」（自動修正），
由於模型中出現不合理的變異數（變異數為負值時），讓 HLM 程式自動校正比
較方便，內定選項最好不要更改。「What to do when maximum number of iterations
achieved without convergence?」（已達到疊代運算次數最大值的限制，但模式還未
達到聚合時要如何處理？）方盒中有三個選項「◉Prompt」（提醒）、「○Continue
iterating」（繼續疊代運算程序）、「○Stop iterating」（停止疊代運算程序），內
定選項為以 DOS 界面提醒（◉Prompt）研究者是否繼續進行疊代運算程序，如果
要繼續按「Y」鍵，再按「Enter」（確認鍵），按「N」鍵則停止疊代運算程序。

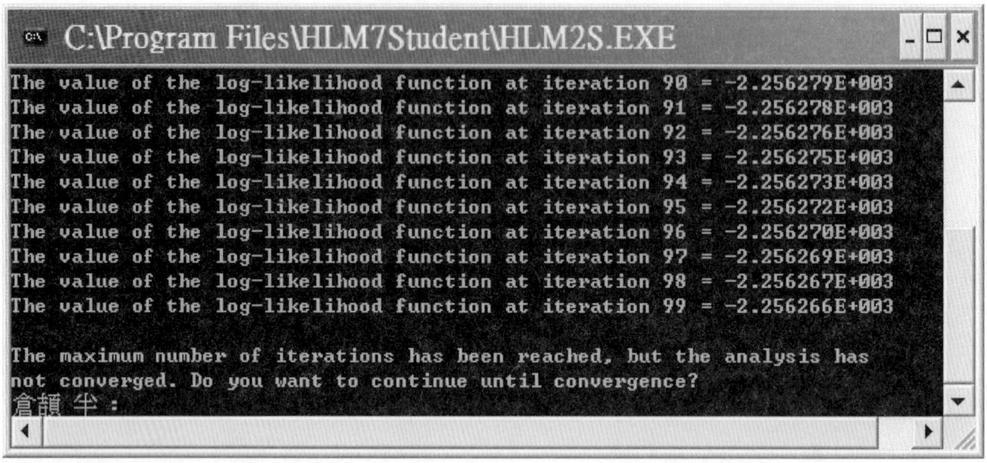

執行分析程序，出現「The maximum number of iterations has been reached, but the analysis has not converged. Do you want to continue until convergence?」（疊代運算次數已達到最大限制，分析程序尚未達到收斂，您想要繼續執行程序直到模型收斂嗎？），此種現象，一般是疊代運算最大次數的數值太小，若是將疊代運算最大次數值更改大些，則可避免此種情況，如果研究者未調整最大疊代運算次數，可直接按「Y」+「Enter」鍵，會繼續執行疊代運算過程，估計固定效果及隨機效果的參數。

範例視窗圖示為將最大疊代運算次數調高至 1000。

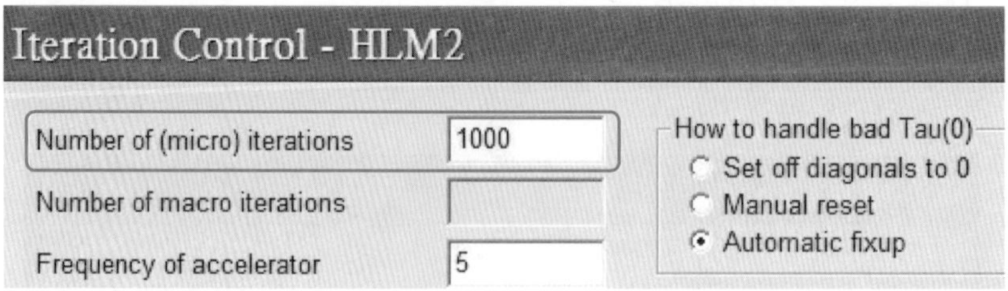

按「Estimation Settings」（估計法設定）選單，可開啟「Estimation Settings-HLM2」對話視窗，模式估計概似法型態（Type of Likelihood）方盒有二個選項：「◉Restricted maximum likelihood」（受限最大概似估計法）、「○Full maximum likelihood」（完全最大概似估計法），受限最大概似估計法又稱為殘差最大概似估計法（residual maximum likelihood），當樣本數愈大時，二種估計法所得參數值

會愈接近，HLM 內定的模式估計法為受限最大概似估計法（REML）。

Estimation Settings - HLM2

Type of Likelihood
- ⦿ Restricted maximum likelihood
- ○ Full maximum likelihood

Adaptive Gaussian Quadrature Iteration Control
- ☐ Do adaptive Gaussian iterations　　Maximum number of iterations ____
- Number of quadrature points ____
- ○ First derivative　　○ Second derivative

　　受限或殘差最大概似估計法（REML）與完全最大概似估計法（FUML）二者估計法的差別，在於對分母自由度耗損的考量，完全最大概似估計法的公式運算並未考量到分母自由度的耗損，受限或殘差最大概似估計法對於 FUML 進行修正，參數估計時考量到分母自由度的耗損。FUML 估計法會同時對固定效果參數及隨機效果的變異數成分進行估計，估算變異數成分時會以樣本數大小作為估計的基準；REML 估計法估計程序為先估算固定效果的迴歸係數，再求出觀察值與固定效果估計的預測值之間二者的整體殘差項，最後再根據整體殘差項去估算各階層誤差項的變異數與誤差項間的共變數，如果研究者關注的是模型適配度差異值，採用 FULM 估計法可以確保模式巢套的特性，但若是進行模型參數估計，根據統計不偏估計的準則，建議模式估計時採用 REML 估計法（溫福星、邱皓政，2011）。

　　按「Output Settings」（輸出結果設定）選單，可開啟「Output Settings-HLM2」對話視窗，內定選項中「# of OLS estimates shown 10」（以 OLS 估計法顯示第 2 層前 10 群組單位的截距與斜率估計值），如果研究者要得到階層二所有學校群組的內容，選項中「# of OLS estimates shown 10」必須改為「# of OLS estimates shown 17」（因為階層二共有 17 所學校）。

　　「☐Print variance-covariance matrices」（印出變異數共變數矩陣）、「☑Reduced output」（簡化輸出結果），若是將取消勾選「☐Reduced output」選項，則結果會詳細輸出總體層次群組的估計數內容，變異數共變數矩陣選項如勾選輸出的變異

多層次模式的實務應用

數共變數矩陣,包括固定效果迴歸係數估計值的共變異數矩陣、強韌性共變異數矩陣、階層二迴歸模型誤差項的共變異數矩陣。

多層次模式以隨機係數迴歸模型(或稱隨機截距及隨機斜率模型)為例,階層一模式的結果變項為學生閱讀成就(READ),解釋變項為學生每週閱讀時間(TIME),階層二的截距及斜率均為隨機效果,截距的誤差項 μ_{0j} 與斜率的誤差項 μ_{1j} 均為隨機係數。

「Output Setting-HLM2」輸出結果設計對話視窗設定中,取消勾選「□Reduced output」選項,OLS 估計數目由內定的 10 改為 17。

視窗界面設定輸出之結果如下：

Level-1 OLS Regressions

Level-2 Unit	INTRCPT1	TIME slope
1	49.48005	4.68147
2	49.17048	5.03435
3	31.64968	6.47134
4	49.47215	4.10759
5	53.46154	3.33846
6	50.39759	3.56325
7	61.54392	2.89527
8	48.10039	5.36100
9	45.25773	2.64948
10	74.40000	1.40000
11	36.78715	6.83735
12	51.55341	3.77220
13	60.02229	1.85032
14	37.06897	7.97845
15	23.20000	8.00000
16	35.22115	7.50962
17	51.75155	4.45201

The average OLS level-1 coefficient for INTRCPT1 = 47.56106
The average OLS level-1 coefficient for TIME = 4.70013

輸出結果中增列十七所學校（階層二群組）的截距與斜率係數，此外，也會增列所有學校平均的截距（47.561）與學校平均的斜率係數值（4.700）。

功能表列「File」（檔案）/「Graph Equations」（圖形方程）選單內有五個選項：「Model graphs」（模式圖形）、「Level-1 equation graphing」（層次一方程式圖）、「Level-1 residual box-whisker」（層次一殘差盒鬚）、「Level-1 residual vs. predicted value」（層次一殘差與預測值）、「Level-2 EB/OLS coefficient intervals」（層次二貝氏實證／最小平方法係數間距）。

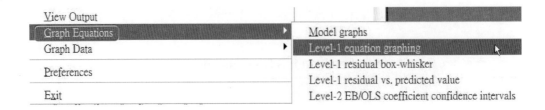

　　點選「Level-1 equation graphing」選項，會開啟「Level-1 equation Graphing」對話視窗，「X focus」（X 軸的變項）方盒一般是選取層次一的自變項（解釋變項），下拉式選單中的解釋變項只有被選取引入模型的變項才會出現，「Number of groups」（層次二群組的個數），方盒下拉式選單有三個選項：「First ten groups」（前面十個群組）、「Random sample of spec'd prob」（隨機選取群組）、「All groups [*n* = 17]」（所有群組），內定的選項為只呈現前十個群組的圖形（First ten groups），圖形的 Y 軸變項是預設於模型中的結果變數，範例中的結果變項為學生閱讀成就（READ），「Z-focus」（Z 軸）是三度空間的解釋變項，三度空間的解釋變項是層次二中的所有變項，下拉式選單中列出的變項不一定完全出現於 HLM 模型中，由於平面圖形無法呈現三度空間圖，因而會以不同顏色來區別。

　　視窗介面之「Level-1」右側的下拉式選單內定為「[not chosen]」（沒有選取變數），改選層次一的解釋變項「TIME」（每週閱讀時間）。

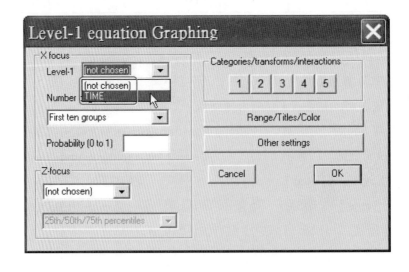

　　「Number of groups」（群組個數）學校群組的個數選取所有群組（17 所學

校），選項為「All groups [n = 17]」。選項「All groups [n = 17]」，群組等號後的 17 為階層二總體層次的群組數目，若是階層二學校群組或班級群組的數目為 30，則所有群組的選單為：「All groups[n = 30]」。

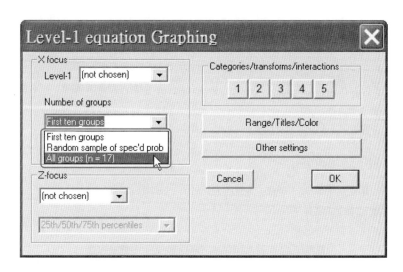

「Z-focus」內定選項為「[not chosen]」（沒有選取變數），下拉式選單會出現所有層次二的解釋變項。

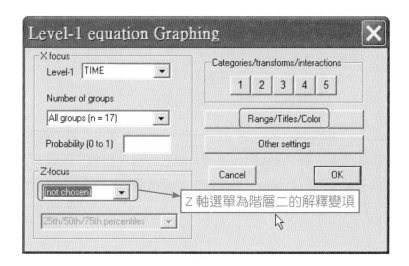

『Range/Titles/Color』（範圍 / 標題 / 顏色）按鈕可開啟「Select Range/Titles/Color/」對話視窗，視窗功能在於設定橫軸（X 軸）的說明文字、直軸（Y 軸）的

說明文字、圖形標題的說明文字、X 軸範圍的最小值與最大值、Y 軸範圍的最小值與最大值。

「Ranges」方盒有四個選項：「Minimum X」（X 軸的最小值）、「Maximum X」（X 軸的最大值）、「Minimum Y」（Y 軸的最小值）、「Maximum Y」（Y 軸的最大值），預設值為「[computed]」，表示由電腦根據測量值大小自行計算決定。

「X-axis legend」（X 軸文字）提示字的右方空格為鍵入橫軸（X 軸）的說明文字地方，如「閱讀時間」。

「Y-axis legend」（Y 軸文字）提示字的右方空格為鍵入直軸（Y 軸）的說明文字地方，如「閱讀成就」。。

「Graph title」（圖形標題）提示字的右方空格為鍵入圖形標題的說明文字地方，如「隨機係數迴歸模型圖」。

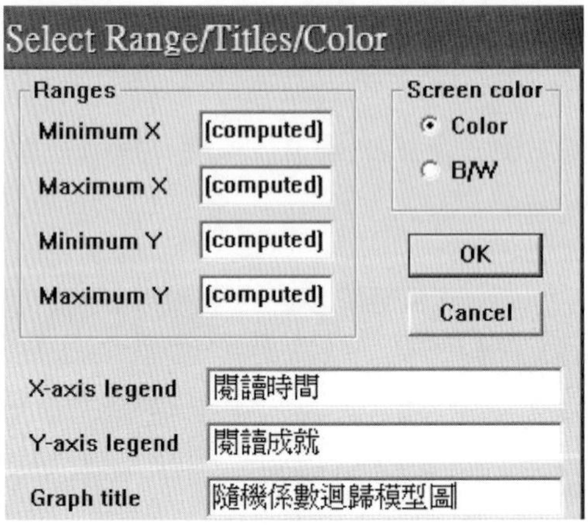

隨機係數迴歸模型圖中，以閱讀時間為層次一解釋變項、閱讀成就為結果變項，17 所學校群組呈現的迴歸線，從迴歸線的分布情形可以看出 17 所學校的截距項（起始點）與斜率間均有顯著差異。

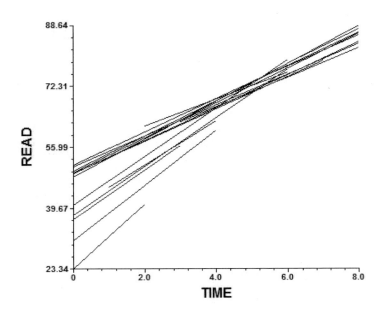

　　點選座標軸的數字，連按二下，可開啟「Axis Labels」（軸標記的設定）對話視窗，此視窗的操作與 EXCEL 試算表圖形編修類似，「Format」（格式）方盒中可設定小數點的位數，『Text Parameters』（文字參數）鈕可以開啟「Text Parameters」次對話視窗，進行數值字型（Font）、顏色（Color）、大小（Size）及外表設定（粗體、斜體、底線）。

多層次模式的實務應用

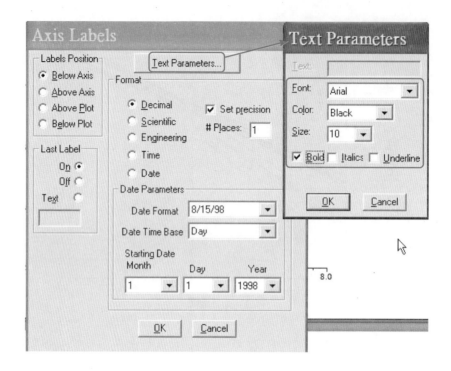

　　點選迴歸線，連按二下，可開啟「Plot Parameters」（圖表參數）對話視窗，『LINE ATTRIBUTES...』（線性屬性）鈕進一步開啟「線條參數」（Line Parameters）次對話視窗，包括線性顏色（Color）、型態（Style）、寬度（Width）等。

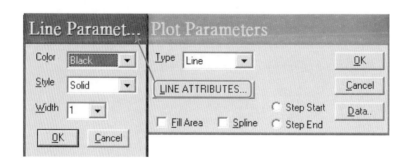

　　視窗界面 Z 軸（Z-focus）選取學校所在地區（AREA，都會地區與非都會地區）。

解釋變項「AREA」為虛擬變項,有二個水準(0 與 1),水準數值 0 群體(非都會地區的學校)以藍色表示迴歸線,水準數值 1 群體(都會地區的學校)以紅色表示迴歸線,藍色線條的起始點顯著的低於紅色線條,表示非都會地區(AREA = 0)的學校群組在閱讀成就的截距項參數小於都會地區(AREA = 1)的學校群組。

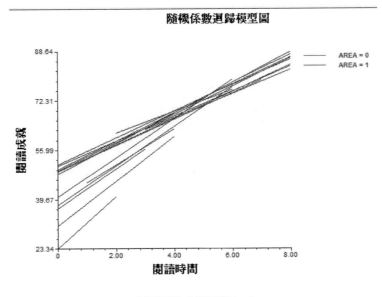

(原圖請參閱彩圖 4)

「Level-2 EB/OLS coefficient intervals」選項表示以第二層模型採用實證貝氏估計法或最小平方估計法估計其截距係數及 95% 信賴區間。

多層次模式的實務應用

　　「95% Confidence Intervals」（95% 信賴區間）對話視窗，「Y-focus」方盒中挑選層次一的「INTRCPT1」截距，「Number of groups」 學校群組的個數選取所有群組（17 所學校），選項為「All groups[n=17]」。「Type of residual」（殘差型態）內定選項為「EB coefficient」。Z 軸（Z-focus）方盒的變項沒有選取，內定選項為「[not chosen]」。

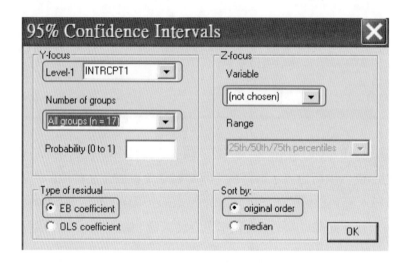

　　「Type of residual」（殘差型態）方盒內有二個選項「⊙EB coefficient」、「○OLS coefficient」，前者為採用實證貝氏估計法來估計第二層模型的殘差項，後者為採用最小平方法來估計第二層模型的殘差項，內定的選項為採用實證貝氏估計法來估計第二層模型的殘差項。「Sort by」（排序）方盒為圖形呈現的順序，內定選項為依照階層二原始學校群組的編號「⊙original order」，另一選項為依照中位數大小排序呈現圖形「○median」。

　　17 所學校群組截距項 95% 信賴區間圖如下，從圖中可以看出，學校間截距項 95% 信賴區間分布有很大的差異，某些學校的 95% 信賴區間上限值還在別的學校 95% 信賴區間下限值之下，表示 17 所學校平均閱讀成就分數間有顯著的不同。

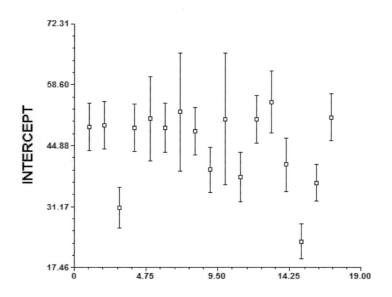

　　視窗界面中，Z 軸（Z-focus）方盒的變項選取學校圖書資源「RESO」，
「Range」（範圍）下拉式選單會出現分組標準，第 25 百分位數、第 50 百分位
數、第 75 百分位數，表示階層二學校圖書資源前 25% 的群組會以綠色線條呈現，
階層二學校圖書資源後 25% 的群組會以藍色線條呈現，階層二學校圖書資源中間
50% 的群組會以紅色線條呈現。「Range」（範圍）下拉式選單的另一個選項為
「Above/Below 50th percentile」，表示學校群組的圖形繪製會根據階層二圖書資源
的多寡（測量值的高低）分為前 50% 群組及後 50% 群組，二個群組分別以紅色、
藍色二種不同顏色表示。

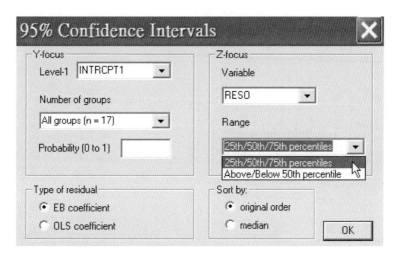

多層次模式的實務應用

　　階層二圖書資源前 25% 的學校群組，學校平均閱讀成就截距（平均數）95%
信賴區間以綠色表示。階層二圖書資源後 25% 的學校群組，學校平均閱讀成就截
距（平均數）95% 信賴區間以藍色表示。階層二圖書資源中間 50% 的學校群組，
學校平均閱讀成就截距（平均數）95% 信賴區間以紅色表示。（原圖請參閱彩圖 5)）

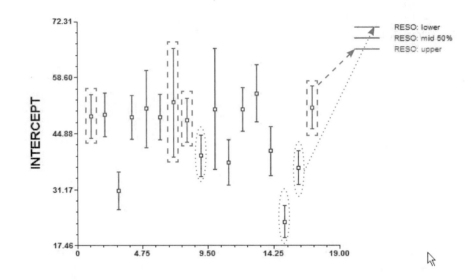

　　「Range」（範圍）下拉式選單選取「Above/Below 50th percentile」，階層二圖
書資源前 50% 群組的學校平均閱讀成就 95% 信賴區間以紅色表示，階層二圖書資
源前 50% 群組的學校平均閱讀成就 95% 信賴區間以藍色表示。（原圖請參閱彩圖 6）

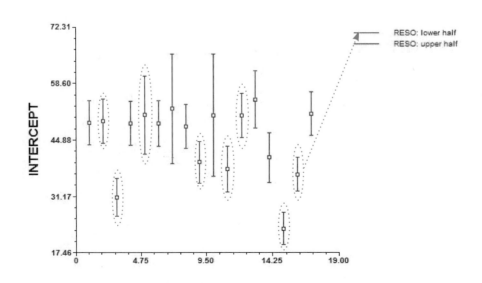

第 5 章

多層次閱讀成就分析實例

多層次模式的實務應用

　　多層次分析中只有結果變項，模式內沒有投入任何解釋變項的模型即為隨機效果單因子變異數分析模型（one-way ANOVA model with random effects）或只有截距模式（intercept-only model）。隨機效果單因子變異數分析模型簡稱為零模型、虛無模型，零模型在多層次模式程序多數會作為參照模型或基準線模型。根據零模型之隨機效果誤差項變異數成分的二個誤差變異數（階層一為 σ^2、階層二為 τ_{00}），可以估算組內相關係數 ICC。組內相關係數為組間變異數 τ_{00} 占整體變異數（$\sigma^2 + \tau_{00}$）的百分比，根據估算所得的組內相關係數 ICC 值大小，判別資料結構是否適宜使用多層次分析模式，並根據之後的各種比較模型，觀察階層一及階層二誤差項變異數削減的百分比，探究各層次引入的解釋變項對結果變項的解釋力。

　　範例資料結構中，階層一個體層次變數有學生閱讀成就（READ）、家庭結構（HOME，分為單親家庭與完整家庭）、學生性別（SSEX）、學生每週閱讀時間（TIME）、學生家庭文化資本（HCUL）；階層二總體層次變數有校平均閱讀時間（TIME_M）、校平均家庭文化資本（HCUL_M）、學校所在地區（AREA，分都會地區與非都會地區）、學校圖書資源（RESO）、校長性別（SEX）。

一、零模型（隨機效果單因子變異數分析模型）

　　零模型中結果變項為「學生閱讀成就」（READ），模型中沒有個體層次（學生層次）的解釋變項，也沒有總體層次（學校層次）的解釋變項。

Y_{ij}(閱讀成就) $= \beta_{0j} + r_{ij}$

模型界定摘要如下：

層次一模型（Level-1 Model）

$READ_{ij} = \beta_{0j} + r_{ij}$

層次二模型（Level-2 Model）

$\beta_{0j} = \gamma_{00} + \mu_{0j}$

混合模型（Mixed Model）

$READ_{ij} = \gamma_{00} + \mu_{0j} + r_{ij}$

　　在「WHLM: hlm2 MDM File」對話視窗中，點選結果變項「READ」，選取「Outcome variable」（結果變項）選項。

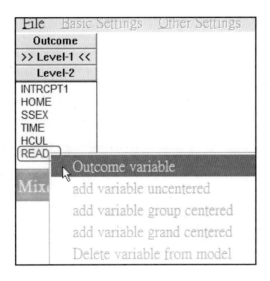

層次一及層次二模型的視窗界面如下：

層次二模型中，每所學校閱讀成就平均數等於總平均值 γ_{00} 加上隨機誤差項 μ_{0j}，因而 μ_{0j} 為每所學校閱讀成就平均數與所有學校閱讀成就總平均值間平均差異的變異，如果 μ_{0j} 的變異數未達統計顯著水準（$p > .05$），表示各校平均閱讀成就與所有學校閱讀成就總平均值間的差異顯著等於 0，此種情況下，各校平均閱讀成就分數間即沒有顯著差異存在；相對的，若是 μ_{0j} 的變異數 τ_{00} 達統計顯著水準（$p <$ .05），表示各校平均閱讀成就與所有學校閱讀成就總平均值間的差異顯著不等於

多層次模式的實務應用

0，此種情況下，各校平均閱讀成就分數間即有顯著差異存在。

　　$READ_{ij}$ 代表第 j 所學校第 i 位學生的閱讀成就分數，β_{0j} 為第 j 所學校的平均閱讀成就分數，ε_{ij} 為層次一（學生層次或個體層次）的隨機效果，個體層次之分數差異（ε_{ij}）的變異數為 σ^2，個體層次的分數差異變異數又稱為群組內（學校內）變異量，即校內的變異量，γ_{00} 為各學校平均閱讀成就分數的總平均數，τ_{00} 為學校間平均閱讀成就分數差異（μ_{0j}）的變異數，相對於組內變異量 σ^2，τ_{00} 稱為組間變異量（學校間閱讀成就平均數之差異）。

Random level-1 coefficient 階層一隨機係數	Reliability estimate 信度估計值
INTRCPT1, β_0	0.952

　　階層一隨機係數的信度估計值為 0.952，信度估計值為各學校樣本平均數估計的平均值，數值愈高，表示以各個學校的樣本平均數估計值作為真實學校平均值時的可靠程度愈大；相對的，數值愈小，以各個學校的樣本平均數估計值作為真實學校平均值時的可靠程度愈小。根據隨機效果的組間變異數 τ_{00} 估計值及其顯著性，學校與學校間之樣本平均閱讀成就分數間有顯著的差異，對任何一所學校而言，樣本平均數可以有效作為母群體平均數估計值時，表示樣本平均數有高的信度（reliability），由於學校群組（每個 j 集群）內的個體樣本數可能不一樣，因而信度估計值會隨著第二層學校群體數而變動。學校單位內樣本平均數之信度估計值的平均值之計算公式為：$\lambda = \dfrac{\tau_{00}}{\tau_{00} + \dfrac{\sigma^2}{n_j}}$，範例資料檔層次二有 17 所學校單位，每所學校單位內的樣本數有 15 位（第 17 所學校有 20 位樣本），因而單一學校單位內信度為：$\lambda = \dfrac{\tau_{00}}{\tau_{00} + \dfrac{\sigma^2}{n_j}} = \dfrac{167.483}{167.483 + \dfrac{128.591}{15}} = \dfrac{167.483}{176.056} = 0.951$；第二層學校單位的

信度為單位內信度估計值的總平均值：$\lambda = \Sigma\, \lambda_j\, /\, n_j$，跨 17 所學校之平均層次二單位內信度值為 0.952（Heck & Thomas, 2009）。$\lambda = 0.952$，表示以樣本平均值作為學校真實平均值的指標有非常高的信度。

Final estimation of fixed effects（最後固定效果估計值）

Fixed Effect 固定效果	Coefficient 係數	Standard error 標準誤	t-ratio t 值	Approx. d.f. 自由度	p-value p 值
For INTRCPT1, β_0					
INTRCPT2, γ_{00}	61.860148	3.217147	19.228	16	< 0.001

　　截距項 γ_{00} 係數值為 61.860，標準誤為 3.217，$t(16)$ 值為 19.228（$p < .001$），達到統計顯著水準，表示 17 所學校所有樣本學生閱讀成就的總平均值為 61.860。95% 的信賴區間為 $[61.860 + 1.96 \times 3.217$，$61.860 - 1.96 \times 3.217] = [68.165$，$55.555]$，整體閱讀成就平均數 95% 信賴區間介於 55.555 至 68.165 之間。

　　t 值統計量 = 係數估計值 ÷ 估計標準誤 = $\dfrac{61.860}{3.217}$ = 19.228。

Final estimation of fixed effects（最後固定效果估計值）

（with robust standard errors）（有強韌性標準誤）

Fixed Effect 固定效果	Coefficient 係數	Standard error 標準誤	t-ratio t 值	Approx. d.f. 自由度	p-value p 值
For INTRCPT1, β_0					
INTRCPT2, γ_{00}	61.860148	3.120862	19.821	16	< 0.001

　　上為改採用強韌性標準誤的結果，與未採用強韌性標準誤的表格相比較，差異在於係數的標準誤欄數值及 t 值統計量，對多數分析資料而言，二者的差異不大。未採用強韌性標準誤估算所得的 γ_{00} 值等於 61.860，標準誤為 3.217，$t(16)$ = 19.228，$p < .001$；採用強韌性標準誤估算所得的 γ_{00} 值等於 61.860，標準誤為 3.121，$t(16)$ = 19.821，$p < .001$。

Final estimation of variance components（最後變異成分估計值）

Random Effect 隨機效果	Standard Deviation 標準差	Variance Component 變異數	d.f. 自由度	χ^2 卡方值	p-value p 值
INTRCPT1, μ_0	12.94154	167.48341	16	331.47474	< 0.001
level-1, r	11.33980	128.59100			

Deviance = 2045.213934(離異係數)

多層次模式的實務應用

就樣本閱讀成就的變異而言，學校之間的變異（τ_{00}）為 167.483，卡方值 $\chi^2_{(16)}$ = 331.475（$p < .001$），達到 .05 顯著水準，拒絕虛無假設：$\tau_{00} = 0$，接受對立假設：$\tau_{00} \neq 0$，表示學校之間學生平均閱讀成就有顯著的「學校間」差異存在（τ_{00} 係數估計值顯著不等 0）；學校之內的變異（σ^2）為 128.591，根據學校之間的變異（τ_{00}）（組間變異數）與學校之內的變異（σ^2）（組內變異數）可以求出組內相關係數 ICC 數值。ICC = $\rho = \dfrac{\tau_{00}}{\tau_{00} + \sigma^2} = \dfrac{167.483}{167.483 + 128.591} = 0.566$，學生閱讀成就在學校與學校間的變異占所有變異（組間變異 + 組內變異）的 56.6%，亦即學生閱讀成就的總變異量中有 56.6% 的變異是由「學校間」差異造成的，可見「階層二學校」的確影響學生閱讀成就的高低，其餘 43.4% 的變異可能是學校內變異造成的。

學生閱讀成就在隨機效果的單因子變異數分析摘要表

固定效果	係數	t 值 (16)
β_0 截距項		
階層二學校平均閱讀成就之總平均值	61.860	19.228***
隨機效果（變異成本）	**變異數**	χ^2 值 (16)
階層二學校間之平均閱讀成就分數的差異 μ_{0j}（τ_{00}）	167.483	331.475***
階層一學校內之閱讀成就分數的差異 ε_{ij}（σ^2）	128.591	

離異係數 (−2LL) = 2045.214、*** $p < .001$

◆ 二、共變數模型

共變數模型中，投入個體層次的解釋變項為學生「家庭文化資本」（HCUL）變項。

Y_{ij}（閱讀成就）$= \beta_{0j} + \beta_{1j} \times HCUL_{ij}$（家庭文化資本）$+ \varepsilon_{ij}$

層次一模型（Level-1 Model）

$$READ_{ij} = \beta_{0j} + \beta_{1j} \times (HCUL_{ij} - \overline{HCUL}_{..}) + r_{ij}$$

層次二模型（Level-2 Model）

$$\beta_{0j} = \gamma_{00} + \mu_{0j} （隨機效果）$$

$$\beta_{1j} = \gamma_{10} （固定效果）$$

混合模型（Mixed Model）

$$READ_{ij} = \gamma_{00} + \gamma_{10} \times (HCUL_{ij} - \overline{HCUL}_{..}) + \mu_{0j} + r_{ij}$$

　　解釋變項家庭文化資本已經經由總平均數中心化處理（HCUL has been centered around the grand mean.），表示個體層次解釋變項「家庭文化資本」經總平減轉換。

　　在零模型視窗界面中，切換到「層次一」（>> Level-1 <<）變項目錄清單，點選「HCUL」變項，選取「add variable grand centered」選項（HCUL 變項以總平減解釋變項增列）。

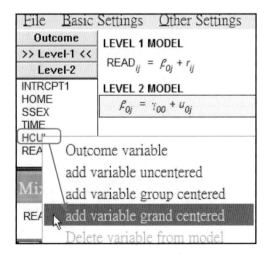

多層次模式的實務應用

層次一、層次二模型的視窗界面如下：

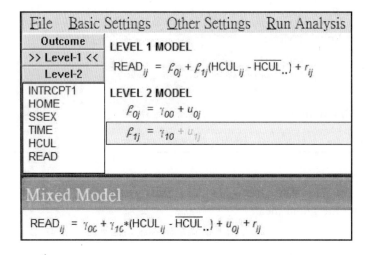

Final estimation of fixed effects（最後固定效果估計值）

Fixed Effect 固定效果	Coefficient 係數	Standard error 標準誤	t-ratio t 值	Approx. $d.f.$ 自由度	p-value p 值
For INTRCPT1, β_0					
INTRCPT2, γ_{00}	61.957011	2.082411	29.753	16	< 0.001
For HCUL slope, β_1					
INTRCPT2, γ_{10}	2.910490	0.249470	11.667	242	< 0.001

　　家庭文化資本對學生閱讀成就影響的斜率係數平均值為 2.910，達統計顯著水準（γ_{10} = 2.910，$t(242)$ = 11.667，p < .001），其數值為正，表示家庭文化資本對學生閱讀成就的影響為正向，具體而言，當學生家庭文化資本平均增加一個單位（一小時），學生的閱讀成就可提高 2.910 個單位（2.910 分）。

Final estimation of variance components（最後變異成分估計值）

Random Effect 隨機效果	Standard Deviation 標準差	Variance Component 變異數	$d.f.$ 自由度	χ^2 卡方值	p-value p 值
INTRCPT1, μ_0	8.24373	67.95912	16	202.06591	< 0.001
level-1, r	9.36966	87.79062			

Deviance = 1940.326469

第一層誤差項 ε_{ij} 的變異數估計值 σ^2 為 87.791、第二層截距誤差項 μ_{0j} 的變異數 τ_{00} 估計值為 67.959（$\chi^2(16) = 202.066$，$p < .001$）。學校群組間閱讀成就的變異數從零模型 167.483，下降至 67.959，減少的變異比值為 59.4%（$\frac{167.483 - 67.959}{167.483}$ = .594），表示個體層次中投入家庭文化資本解釋變項後，共變數模型可以解釋學校間閱讀成就的變異量為 59.4%（類似虛擬 R^2），組內變異數從 128.591 下降至 87.791，學校群組內變異解釋量為 31.7%（$\frac{128.591 - 87.791}{128.591}$ = .317）。零模型（虛無模型）的離異係數為 2045.214，共變數模型的離異係數為 1940.326，離異係數差異值為 104.888，此離異係數已達卡方分配 .001 的臨界值，表示共變數模型中投入的家庭文化資本個體層次解釋變項對學生閱讀成就的確有顯著的影響作用。

學生閱讀成就在隨機效果的單因子共變數分析結果摘要表

固定效果	係數	t 值
β_0 截距項		
階層二學校平均閱讀成就之總平均值 γ_{00}	61.957	29.753***
β_1 斜率		
家庭文化資本對閱讀成就影響之平均值 γ_{10}	2.910	11.667***
隨機效果（變異成本）	變異數	χ^2 值（16）
階層二學校間之平均閱讀成就分數的差異 μ_{0j}（τ_{00}）	67.959	202.066***
階層一學校內之閱讀成就分數的差異 ε_{ij}（σ^2）	87.791	

離異係數 $(-2LL) = 1940.326$、*** $p < .001$

 三、截距為結果模型

（一）一個總體層次解釋變項

截距為結果模型（intercept-as-outcome model）或平均數為結果模型（mean-as-outcome model）中，結果變項為「學生閱讀成就」，個體層次的解釋變項為「學生家庭文化資本」（HCUL），第二層截距結果變項的總體層次解釋變項為「學校所在地區」（AREA）。

結果變項是學生「閱讀成就」（The outcome variable is READ）。

層次一模型（Level-1 Model）

$READ_{ij} = \beta_{0j} + \beta_{1j} \times (HCUL_{ij} - \overline{HCUL_{..}}) + r_{ij}$

層次二模型（Level-2 Model）

$\beta_{0j} = \gamma_{00} + \gamma_{01} \times AREA_j + \mu_{0j}$（隨機效果）

$\beta_{1j} = \gamma_{10}$（固定效果）

混合模型（Mixed Model）

$READ_{ij} = \gamma_{00} + \gamma_{01} \times AREA_j + \gamma_{10} \times (HCUL_{ij} - \overline{HCUL_{..}}) + \mu_{0j} + r_{ij}$

變項家庭文化資本已經經由總平均數中心化處理（HCUL has been centered around the grand mean.），表示個體層次解釋變項「家庭文化資本」經總平減轉換。

在共變數模型視窗界面中，切換到階層二（>> Level-2 <<）變數選單，視窗中選取階層二 $\beta_{0j} = \gamma_{00} + \mu_{0j}$ 列，點選「AREA」（學校所在地區）變項，選取「add variable uncentered」選項（變項 AREA 以未平減型態增列為解釋變項）。

層次一、層次二模型的視窗界面如下：

```
File   Basic Settings   Other Settings   Run Analysis
┌─────────────┬──────────────────────────────────────────
│  Outcome    │ LEVEL 1 MODEL
├─────────────┤
│  Level-1    │ READ_ij = β_0j + β_1j(HCUL_ij - HCUL..) + r_ij
├─────────────┤
│>> Level-2 <<│ LEVEL 2 MODEL
├─────────────┤
│ INTRCPT2    │  β_0j = γ_00 + γ_01(AREA_j) + u_0j
│ TIME_M      │
│ HCUL_M      │  β_1j = γ_10 + u_1j
│ RESO        │
│ AREA        │
│ PATT        │
└─────────────┴──────────────────────────────────────────

Mixed Model

READ_ij = γ_0c + γ_01*AREA_j + γ_1c*(HCUL_ij - HCUL..) + u_0j + r_ij
```

Final estimation of fixed effects（最後固定效果估計值）

Fixed Effect 固定效果	Coefficient 係數	Standard error 標準誤	t-ratio t 值	Approx. $d.f.$ 自由度	p-value p 值
For INTRCPT1, β_0					
INTRCPT2, γ_{00}	56.481259	2.528747	22.336	15	< 0.001
AREA, γ_{01}	10.327112	3.500932	2.950	15	0.010
For HCUL slope, β_1					
INTRCPT2, γ_{10}	2.849939	0.251354	11.338	242	< 0.001

從固定效果係數值來看，γ_{10} = 10.327，$t(15)$ = 2.950，$p < .05$，學校所在地區與學校平均閱讀成就分數間有顯著相關，都會地區的學校學生平均閱讀成就顯著的高於非都會地區學生平均閱讀成就。「家庭文化資本」對學生閱讀成就影響的斜率係數平均值為 2.850，達統計顯著水準（γ_{10} = 2.850，$t(242)$ = 11.338，$p < .001$），其數值為正，表示家庭文化資本對學生閱讀成就的影響為正向。具體而言，當學生家庭文化資本平均增加一個單位（一小時），學生的閱讀成就可提高 2.850 個單位（2.850 分）。

截距為結果模型中，階層一模式如果有增列解釋變項，表示考量個體層次變項對結果變項的直接效果時，總體層次變項對結果變項是否有直接顯著的影響力，

多層次模式的實務應用

或是表示考量總體層次變項對結果變項的直接效果時，個體層次變項對結果變項是否有直接顯著的影響力。

Final estimation of variance components（最後變異成分估計值）

Random Effect 隨機效果	Standard Deviation 標準差	Variance Component 變異數	d.f. 自由度	χ^2 卡方值	p-value p 值
INTRCPT1, μ_0	6.65416	44.27781	15	128.66800	< 0.001
level-1, r	9.36471	87.69786			

Deviance = 1926.708278

第一層誤差項 ε_{ij} 的變異數估計值 σ^2 為 87.698、第二層截距誤差項 μ_{0j} 的變異數 τ_{00} 估計值為 44.278（$\chi^2(15) = 128.668$，$p < .001$）。

學校群組間閱讀成就的變異數從零模型 167.483，下降至 44.278，減少的變異比值為 73.6%（$\frac{167.483 - 44.278}{167.483} = .736$），表示模型中投入家庭文化資本個體層次解釋變項及總體層次學校所在地區變項後，模型可以解釋學校間閱讀成就的變異量為 73.6%，組內變異數從 128.591 下降至 87.698，學校群組內變異解釋量為 31.8%（$\frac{128.591 - 87.791}{128.591} = .318$）。零模型（虛無模型）的離異係數為 2045.214，截距作為結果模型的離異係數為 1926.708，離異係數差異值為 118.506，此離異係數已達卡方分配 .001 的臨界值，表示以截距為結果的迴歸模型中，投入的家庭文化資本個體層次解釋變項、學校所在地區總體層次解釋變項對學生閱讀成就的確有顯著的影響作用。與共變數模型相較之下，加入學校所在地區總體層次解釋變項後的模型，對階層一誤差項 ε_{ij} 的變異數估計值 σ^2 影響不大，二個變異數估計值分別為 87.791、87.698，因而對組內變異解釋程度差不多，但對組間變異的解釋有較大的差別，其解釋變異百分比分別為 59.4%、73.6%，表示家庭文化資本與學校所在地區二個變項的確是造成學校間平均閱讀成就差異的變因之一。

學生閱讀成就在截距為結果模型分析結果摘要表

固定效果	係數	t 值
β_0 截距項		
階層二學校平均閱讀成就之總平均值 γ_{00}	56.481	22.336***
學校所在地區對校平均閱讀成就之影響 γ_{01}	10.327	2.950*
β_1 斜率		
家庭文化資本對閱讀成就影響之平均值 γ_{10}	2.850	11.338***
隨機效果（變異成本）	變異數	χ^2 值 (16)
階層二學校間之平均閱讀成就分數的差異 μ_{0j}（τ_{00}）	44.278	128.668***
階層一學校內之閱讀成就分數的差異 ε_{ij}（σ^2）	87.698	

離異係數 (-2LL) = 1926.708、* $p < .05$、*** $p < .001$

（二）截距為結果模型（二個總體層次解釋變項）

層次一模型（Level-1 Model）

$READ_{ij} = \beta_{0j} + \beta_{1j} \times (HCUL_{ij} - \overline{HCUL_{..}}) + r_{ij}$

層次二模型（Level-2 Model）

$\beta_{0j} = \gamma_{00} + \gamma_{01} \times (RESO_j - \overline{RESO_.}) + \gamma_{02} \times AREA_j + \mu_{0j}$（隨機效果）

$\beta_{1j} = \gamma_{10}$（固定效果）

混合模型（Mixed Model）

$READ_{ij} = \gamma_{00} + \gamma_{01} \times (RESO_j - \overline{RESO_.}) + \gamma_{02} \times AREA_j + \gamma_{10} \times (HCUL_{ij} - \overline{HCUL_{..}})$
$\qquad + \mu_{0j} + r_{ij}$

　　變項家庭文化資本已經經由總平均數中心化處理（HCUL has been centered around the grand mean.），表示個體層次解釋變項「家庭文化資本」經總平減轉換。

　　變項學校圖書資源已經經由總平均數中心化處理（RESO has been centered around the grand mean.），表示總體層次解釋變項「學校圖書資源」經總平減轉換。

　　在共變數模型視窗界面中，切換到階層二（>>Level-2<<）變數選單，視窗中選取階層二 $\beta_{0j} = \gamma_{00} + \mu_{0j}$ 列，點選「RESO」（學校圖書資源）變項，選取「add variable grand centered」選項（變項 RESO 以總平減型態增列為解釋變項）。 $RESO_j$ 為總體層次學校群組解釋變項、$\overline{RESO_.}$ 為所有學校圖書資源的總平均數，總

多層次模式的實務應用

平減轉換為「$RESO_j - \overline{RESO_.}$」。

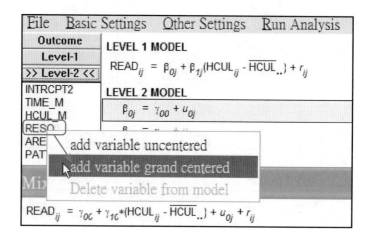

　　點選「AREA」（學校所在地區）變項，選取「add variable uncentered」選項（變項 AREA 以未平減型態增列為解釋變項）。

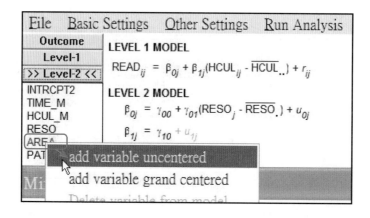

　　層次一、層次二模型的視窗界面如下（第一次點選的解釋變項對截距影響的係數為 γ_{01}、第二次增列的解釋變項會依據在變數清單中的順序位置自行調整，變項 AREA 的順序在 RESO 變項之後，解釋變項對截距影響的係數為 γ_{02}）：

| File | Basic Settings | Other Settings | Run Analysis | Help |

| Outcome |
| Level-1 |
| >> Level-2 << |
| INTRCPT2 |
| TIME_M |
| HCUL_M |
| RESO |
| AREA |
| PATT |

LEVEL 1 MODEL

$$READ_{ij} = \beta_{0j} + \beta_{1j}(HCUL_{ij} - \overline{HCUL}_{..}) + r_{ij}$$

LEVEL 2 MODEL

$$\beta_{0j} = \gamma_{00} + \gamma_{01}(RESO_j - \overline{RESO}_{.}) + \gamma_{02}(AREA_j) + u_{0j}$$

$$\beta_{1j} = \gamma_{10} + u_{1j}$$

Mixed Model

$$READ_{ij} = \gamma_{0C} + \gamma_{01}*(RESO_j - \overline{RESO}_{.}) + \gamma_{02}*AREA_j + \gamma_{1C}*(HCUL_{ij} - \overline{HCUL}_{..}) + u_{0j} + r_{ij}$$

Final estimation of fixed effects（最後固定效果估計值）

Fixed Effect 固定效果	Coefficient 係數	Standard error 標準誤	t-ratio t 值	Approx. $d.f.$ 自由度	p-value p 值
For INTRCPT1, β_0					
INTRCPT2, γ_{00}	59.152723	3.003994	19.691	14	< 0.001
AREA, γ_{01}	0.237419	0.157393	1.508	14	0.154
AREA, γ_{02}	5.268169	4.742645	1.111	14	0.285
For HCUL slope, β_1					
INTRCPT2, γ_{10}	2.840535	0.251351	11.301	242	< 0.001

　　從固定效果係數值來看，$\gamma_{01} = 0.237$，$t(14) = 1.508$，$p > .05$，$\gamma_{02} = 5.268$，$t(14) = 1.111$，$p > .05$，學校所在地區、學校圖書資源與學校平均閱讀成就分數間沒有顯著關係。考量到總體層次解釋變項學校所在地區、學校圖書資源對閱讀成就的影響後，「家庭文化資本」對學生閱讀成就影響的直接效果也達 .05 顯著水準，斜率係數平均值為 2.841，達統計顯著水準（$\gamma_{10} = 2.840$，$t(242) = 11.301$，$p < .001$），其數值為正，表示家庭文化資本對學生閱讀成就的影響為正向。具體而言，當學生家庭文化資本平均增加一個單位（一小時），學生的閱讀成就可提高 2.841 個單位（2.841 分）。

多層次模式的實務應用

Final estimation of variance components（最後變異成分估計值）

Random Effect 隨機效果	Standard Deviation 標準差	Variance Component 變異數	d.f. 自由度	χ^2 卡方值	p-value p 值
INTRCPT1, μ_0	6.36276	40.48475	14	111.90950	< 0.001
level-1, r	9.36377	87.68025			

Deviance = 1928.177371

第一層誤差項 ε_{ij} 的變異數估計值 σ^2 為 87.680、第二層截距誤差項 μ_{0j} 的變異數 τ_{00} 估計值為 40.485（$\chi^2(14) = 111.910$，$p < .001$）。組內相關係數值 ICC $= \rho = \dfrac{\tau_{00}}{\tau_{00} + \sigma^2} = \dfrac{40.484}{87.680 + 40.484} = 0.316$，與虛無模型相較之下，組內相關係數值由 0.566 下降至 0.316，表示以截距作為結果的迴歸模型中，有 31.6% 的閱讀成就變異是「學校間」造成的，原先學校間造成的變異有 56.6%，可見迴歸分析中同時控制或考量到學校所在地區、學校圖書資源與學生個體之「家庭文化資本」等三個變因，可以減少學校間平均閱讀成就的差異。

學生閱讀成就在截距為結果模型分析結果摘要表

固定效果	係數	t 值
β_0 截距項		
階層二學校平均閱讀成就之總平均值 γ_{00}	59.153	19.691***
學校圖書資源對校平均閱讀成就之影響 γ_{01}	0.237	1.508ns
學校所在地區對校平均閱讀成就之影響 γ_{02}	5.268	1.111ns
β_1 斜率		
家庭文化資本對閱讀成就影響之平均值 γ_{10}	2.841	11.301***
隨機效果（變異成本）	**變異數**	**χ^2 值（14）**
階層二學校間之平均閱讀成就分數的差異 μ_{0j}（τ_{00}）	40.485	111.910***
階層一學校內之閱讀成就分數的差異 ε_{ij}（σ^2）	87.680	

離異係數 (−2LL) = 11928.177、ns p > .05、*** p < .001

四、隨機係數迴歸模型

（一）未進行平減轉換

隨機係數迴歸模型中，納入層次一的個體解釋變項為學生每週閱讀時間（TIME 變項），結果變項為學生閱讀成就分數。

$$Y_{ij}（閱讀成就）= \beta_{0j} + \beta_{1j} \times X_{ij}（閱讀時間）+ \varepsilon_{ij}$$

層次一模型（Level-1 Model）

$$READ_{ij} = \beta_{0j} + \beta_{1j} \times (TIME_{ij}) + r_{ij}$$

層次二模型（Level-2 Model）

$$\beta_{0j} = \gamma_{00} + \mu_{0j}$$

$$\beta_{0j} = \gamma_{10} + \mu_{1j}$$

混合模型（Mixed Model）

$$READ_{ij} = \gamma_{00} + \gamma_{10} \times (TIME_{ij}) + \mu_{0j} + \mu_{1j} \times TIME_{ij} + r_{ij}$$

在零模型視窗界面中，切換到階層一（>>Level-1<<）變數清單，點選變項「TIME」（每週閱讀時間），選取「add variable uncentered」選項，表示增列未平減的解釋變項 TIME。

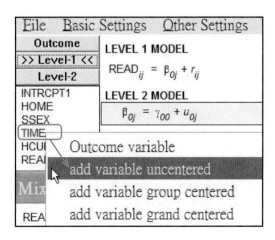

選取「$\beta_{1j} = \gamma_{10}$」固定效果列，此時誤差項 μ_{1j} 的字體為灰色字，表示誤差項

μ_{1j} 不估計,按右鍵出現「Toggle error term」提示選項,在選項上點選一下,誤差項 μ_{1j} 的字體會由灰色變為黑色字,$\beta_{1j} = \gamma_{10} + \mu_{1j}$ 列由固定效果變為隨機效果,誤差項為隨機係數。

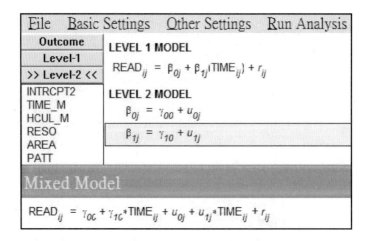

階層一模型、階層二模型視窗界面如下:

$READ_{ij}$ 代表第 j 所學校第 i 位學生的閱讀成就分數(作為結果變項),$TIME_{ij}$ 代表第 j 所學校第 i 位學生每週的閱讀時間(作為層次一的解釋變項),β_{0j} 為第 j 所學校的平均閱讀成就分數,β_{1j} 為第 j 所學校學生每週閱讀時間對閱讀成就影響的平均數,ε_{ij} 為個體層次的隨機效果,變異數為 σ^2,γ_{00} 為各校平均閱讀成就分數的總平均值,γ_{10} 為各校學生閱讀時間對閱讀成就的影響(所有學校閱讀時間與閱讀成就關係的平均迴歸斜率)。μ_{0j} 為第 j 所學校之平均閱讀成就與整體總平均閱讀成就之間的差異值(層次二與學校 j 對應在截距上的獨特效果),μ_{0j} 項的變異

數為 τ_{00}，μ_{1j} 為第 j 所學校學生閱讀時間對閱讀成就的影響，與所有學校學生閱讀時間對閱讀成就影響的平均數之間的差異值（層次二與學校 j 對應在斜率上的獨特效果），μ_{1j} 項的變異數為 τ_{11}（郭志剛等譯，2008；張芳全，2010）。

$\sigma^2 = 42.78583$

階層一（學校內學生間閱讀成就之差異）之隨機效果誤差項的變異數為 42.786。

τ

INTRCPT1, β_0	88.94288	−14.52660
TIME, β_1	−14.52660	2.52143

截距 β_0 與斜率 β_1 二個隨機效果間的共變異數矩陣，以符號表示為：

$$\begin{bmatrix} \tau_{00} & \tau_{01} \\ \tau_{01} & \tau_{11} \end{bmatrix} = \begin{bmatrix} 88.943 & -14.527 \\ -14.527 & 2.521 \end{bmatrix}$$，τ_{00} 是截距殘差項 μ_{0j} 的變異數（88.943），

τ_{11} 是斜率殘差項 μ_{1j} 的變異數（2.521），τ_{01} 是隨機效果項 μ_{0j} 與 μ_{1j} 間的共變數估計值（$\tau_{11} = -14.527$）。$\tau_{00} = 88.943$ 為學校群組間閱讀成就平均值的變異數估計值，如果變異數估計值達到 .05 統計顯著水準，表示平均值間的變異數估計值顯著不等於 0，學校平均值間有顯著的差異存在。$\tau_{11} = 2.521$ 為學校學生閱讀時間對閱讀成就斜率的變異數，如果 τ_{11} 估計值達到 .05 統計顯著水準，表示這些迴歸線的斜率顯著不相同；相反的，若是 τ_{11} 估計值未達 .05 統計顯著水準，表示各校以學生閱讀時間預測結果變項閱讀成就的斜率一樣。

τ（as correlations）（相關矩陣）

INTRCPT1, β_0	1.000	−0.970
TIME, β_1	−0.970	1.000

截距 β_0 與成長變化斜率 β_1 二個隨機效果間的相關矩陣。

Random level-1 coefficient 階層一隨機係數	Reliability estimate 信度估計值
INTRCPT1, β_0	0.824
TIME, β_1	0.654

多層次模式的實務應用

階層一隨機係數的截距信度估計值為 0.824，斜率信度估計值為 0.654。

Final estimation of fixed effects（最後固定效果估計值）

Fixed Effect 固定效果	Coefficient 係數	Standard error 標準誤	t-ratio t 值	Approx. *d.f.* 自由度	p-value p 值
For INTRCPT1, β_0					
INTRCPT2, γ_{00}	44.958937	2.479770	18.130	16	< 0.001
For HCUL slope, β_1					
INTRCPT2, γ_{10}	5.276723	0.437822	12.052	16	< 0.001

以「閱讀時間」為階層一（學生層次）的解釋變項，個體層次的預測變項未進行平減轉換，估計結果的截距為 44.959、斜率為 5.277，截距係數的標準誤為 2.480，$t(16)$ 值等於 18.130（$p < .001$），達統計顯著水準，表示截距係數顯著不等於 0，表中 t 值統計量等於係數估計值除以估計值標準誤：$\dfrac{44.959}{2.480}$ =18.130；$\dfrac{5.277}{0.438}$ =12.052；斜率係數的標準誤為 0.438，$t(16)$ 值等於 12.052（$p < .001$），達統計顯著水準，拒絕虛無假設（$\gamma_{10} = 0$），表示斜率係數 顯著不等於 0。截距係數 44.959 為所有學生閱讀成就調整後的整體平均值，斜率係數 5.277 為所有學校學生閱讀時間對其閱讀成就影響的平均值，由於其係數值為正，表示學生閱讀時間對閱讀成就的影響為正向，具體而言，如果每週學生閱讀時間增加一個單位（一小時），則學生閱讀成就會增加 5.277 分（或 5.277 個單位），對各學校而言，學生每週閱讀時間解釋變項可以有效預測其閱讀成就結果變項。

Final estimation of fixed effects（最後固定效果估計值）
（with robust standard errors）（有強韌性標準誤）

Fixed Effect 固定效果	Coefficient 係數	Standard error 標準誤	t-ratio t 值	Approx. *d.f.* 自由度	p-value p 值
For INTRCPT1, β_0					
INTRCPT2, γ_{00}	44.958937	2.401431	18.722	16	< 0.001
For HCUL slope, β_1					
INTRCPT2, γ_{10}	5.276723	0.423120	12.471	16	< 0.001

強韌性標準誤摘要表與上述表格最大的不同在於標準誤估計值的數值，對多數資料而言，二者差異不多，由於估計值標準誤不同，因而 t 值也會有稍許的差異存在。採用強韌性標準誤時，$\gamma_{00} = 44.959$、估計標準誤 $= 2.401$、$t(16) = 18.722$，$p < .001$，$\gamma_{10} = 5.277$、估計標準誤 $= 0.423$、$t(16) = 12.471$，$p < .001$。未採用強韌性標準誤時，$\gamma_{00} = 44.959$、估計標準誤 $= 2.480$、$t(16) = 18.130$，$p < .001$，$\gamma_{10} = 5.277$、估計標準誤 $= 0.438$、$t(16) = 12.052$，$p < .001$。

Final estimation of variance components（最後變異成分估計值）

Random Effect 隨機效果	Standard Deviation 標準差	Variance Component 變異數	d.f. 自由度	χ^2 卡方值	p-value p 值
INTRCPT1, μ_0	9.43095	88.94288	16	127.51960	< 0.001
TIME slope, μ_1	1.58790	2.52143	16	48.40888	< 0.001
level-1, r	6.54109	42.78583			

Statistics for current covariance components model
Deviance = 1759.313089

　　隨機效果估計值中，截距項的變異數 τ_{00} 等於 88.943，$\chi^2(16) = 127.520$（$p <$ .001），達到 .05 顯著水準，表示 17 所學校學生平均閱讀成就間有顯著的學校間差異存在，此結果與隨機效果變異數分析模型（零模型）所得的結果相同；斜率項的變異數 τ_{11} 等於 88.943，$\chi^2(16) = 48.409$（$p < .001$），達到 .05 顯著水準，表示 17 所學校之迴歸斜率間有顯著的學校間差異存在，即學生每週閱讀時間對學生閱讀成就的影響中，17 所學校間並非完全相同。

　　隨機效果變異數分析模型第一層變異數 $\sigma^2_{零模型} = 128.591$，隨機係數迴歸模型第一層變異數 $\sigma^2_{閱讀時間} = 42.786$，第一層誤差項變異數從 128.591 降至 42.786，學生每週閱讀時間可以解釋學校之內閱讀成就變異為：$\dfrac{128.591 - 42.786}{128.591} = 66.7\%$，剩餘隨機參數估計值是否達到顯著，在階層線性模式程序的指標為卡方值 χ^2，計算每個模型變異成分被解釋的變異部分是有其實用性的，因為以標的模型與起始模型（零模型）變異數估計值的比較，可以求得誤差測量值減少的變異比例，此種程序與迴歸模型之 R^2 改變量結果類似（Heck & Thomas, 2009）。

　　從離異係數而言，零模型的離異係數（−2LL）為 2045.214，隨機係數模型的離異係數（−2LL）為 1759.313，離異係數相差 285.901，隨機係數模型的模式適

配度顯著的優於零模型適配度。

隨機係數迴歸模型之結果摘要表（解釋變項未進行平減化轉換）

固定效果	係數	t 值
β_0 截距		
階層二 學生閱讀成就之整體平均值 γ_{00}	44.959	18.130***
β_1 斜率		
閱讀時間對閱讀成就影響之平均值 γ_{10}	5.277	12.052***
隨機效果	變異數	χ^2 值
階層二 學校間平均閱讀成就之差異 τ_{00}	88.943	127.520***
學校間閱讀時間對閱讀成就影響之差異 τ_{11}	2.521	48.409***
第一層學校內平均閱讀成就分數 σ^2	42.786	

離異係數 $(-2LL) = 1759.313$、*** $p < .001$

（二）解釋變項經總平減轉換

The outcome variable is READ（結果變項為閱讀成就表現變項）

層次一模型（Level-1 Model）

$$READ_{ij} = \beta_{0j} + \beta_{1j} \times (TIME_{ij} - \overline{TIME}_{..}) + r_{ij}$$

層次二模型（Level-2 Model）

$$\beta_{0j} = \gamma_{00} + \mu_{0j}$$

$$\beta_{1j} = \gamma_{10} + \mu_{1j}$$

混合模型（Mixed Model）

$$READ_{ij} = \gamma_{00} + \gamma_{10} \times (TIME_{ij} - \overline{TIME}_{..}) + \mu_{0j} + \mu_{1j} \times (TIME_{ij} - \overline{TIME}_{..}) + r_{ij}$$

　　由於之前層次一解釋變項「TIME」已選入模型中，若要再改變其屬性，必須先將變項從模型中移除，點選「TIME」變項，選取「Delete variable from model」選項，階層一解釋變項每週閱讀時間「TIME」會從模型中刪除。

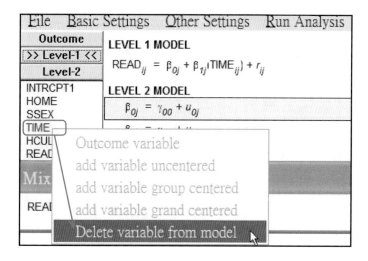

重新點選「TIME」變項，選取「add variable grand centered」選項，表示 TIME 變項改以總平減解釋變項的型態作為解釋變項。

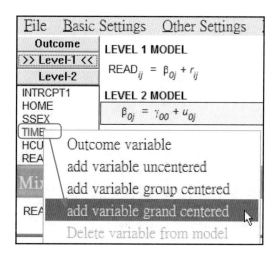

階層一模型、階層二模型視窗界面如下：$TIME_{ij}$ 為閱讀時間原始測量值、$\overline{TIME_{..}}$ 為所有學校樣本學生在閱讀時間測量值的總平均值，總平均數集中化轉換為「$TIME_{ij} - \overline{TIME_{..}}$」。

多層次模式的實務應用

階層一模型、階層二模型的視窗界面如下：

| File | Basic Settings | Other Settings | Run Analysis | Help |

| Outcome |
| Level-1 |
| >> Level-2 << |
| INTRCPT2 |
| TIME_M |
| HCUL_M |
| RESO |
| AREA |
| PATT |

LEVEL 1 MODEL

$READ_{ij} = \beta_{0j} + \beta_{1j}(TIME_{ij} - \overline{TIME}_{..}) + r_{ij}$

LEVEL 2 MODEL

$\beta_{0j} = \gamma_{00} + u_{0j}$

$\beta_{1j} = \gamma_{10} + u_{1j}$

Mixed Model

$READ_{ij} = \gamma_{0C} + \gamma_{1C}*(TIME_{ij} - \overline{TIME}_{..}) + u_{0j} + u_{1j}*(TIME_{ij} - \overline{TIME}_{..}) + r_{ij}$

「TIME has been centered around the grand mean.」提示語，表示階層一解釋變項每週閱讀時間已經經過總平減轉換的過程，投入階層一的解釋變項為 $TIME_{ij}$ – $\overline{TIME}_{..}$，而非 $TIME_{ij}$，變項 TIME 測量值為原始測量值 $TIME_{ij}$ 減掉所有樣本總平均的閱讀時間 $\overline{TIME}_{..}$，以總平均數為中心進行平移，如果 X_{ij} 表示是第 j 所學校第 i 位學生之每週閱讀時間的測量值，第 j 所學校閱讀時間的平均值為 $\overline{X}_j$，所有學校學生每週閱讀時間測量值的總平均值為 $\overline{X}_{..}$，總平減測量值為 $X_{ij} - \overline{X}_{..}$，組平減為 $X_{ij} - \overline{X}_j$。

$\sigma^2 = 42.78638$

隨機係數迴歸模型第一層變異數 $\sigma^2_{閱讀時間} = 42.786$，第一層誤差的變異 σ^2 為學校群組內的變異。

$$\tau$$

INTRCPT1, β_0	18.23242	−5.71271
TIME, β_1	−5.71271	2.51524

截距 β_0 與斜率 β_1 二個隨機效果間的共變異數矩陣（對角線為變異數），以符號表示為：$\begin{bmatrix} \tau_{00} & \tau_{01} \\ \tau_{01} & \tau_{11} \end{bmatrix}$，$\tau_{00}$ 是截距殘差項 μ_{0j} 的變異數（18.232），τ_{11} 是斜率殘差項 μ_{1j} 的變異數（2.515），τ_{01} 是隨機效果項 μ_{0j} 與 μ_{1j} 間的共變數估計值（τ_{11} = −5.712）。

Random level-1 coefficient 階層一隨機係數	Reliability estimate 信度估計值
INTRCPT1, β_0	0.708
TIME, β_1	0.654

階層一隨機係數的截距信度估計值為 0.708，斜率信度估計值為 0.654。

Final estimation of fixed effects（最後固定效果估計值）

Fixed Effect 固定效果	Coefficient 係數	Standard error 標準誤	t-ratio t 值	Approx. d.f. 自由度	p-value p 值
For INTRCPT1, β_0					
INTRCPT2, γ_{00}	63.406126	1.168767	54.250	16	< 0.001
For HCUL slope, β_1					
INTRCPT2, γ_{10}	5.275689	0.437378	12.062	16	< 0.001

　　以閱讀時間為階層一的解釋變項，個體層次的預測變項進行總平均數中心化平移（總平減），估計結果的截距為 63.406、斜率為 5.276，迴歸斜率平均數與未平減時之斜率平均數相同。截距係數的標準誤為 1.169，$t(16)$ 值等於 54.250（$p < .001$），達統計顯著水準，表示截距係數顯著不等於 0；斜率係數的標準誤為 0.438，$t(16)$ 值等於 12.062（$p < .001$），達統計顯著水準，表示斜率係數顯著不等於 0，斜率係數 5.276 為所有學校學生閱讀時間對其閱讀成就影響的平均值，如果每週學生閱讀時間增加一個單位（一小時），則學生閱讀成就可提高 5.276 分，對各學校而言，學生每週閱讀時間解釋變項可以有效預測其閱讀成就結果變項。

Final estimation of variance components（最後變異成分估計值）

Random Effect 隨機效果	Standard Deviation 標準差	Variance Component 變異數	d.f. 自由度	χ^2 卡方值	p-value p 值
INTRCPT1, μ_0	4.26994	18.23242	16	52.40819	< 0.001
TIME slope, μ_1	1.58595	2.51524	16	48.38148	< 0.001
level-1, r	6.54113	42.78638			

Deviance = 1759.313031
Number of estimated parameters = 4

　　在隨機效果估計值中，截距項的變異數 τ_{00} 等於 18.232，$\chi^2(16) = 52.408$（p

多層次模式的實務應用

< .001），達到 .05 顯著水準，表示 17 所學校學生平均閱讀成就間有顯著的學校間差異存在，斜率項的變異數 τ_{11} 等於 2.515，$\chi^2(16) = 48.381$（$p < .001$），達到 .05 顯著水準，表示 17 所學校之迴歸斜率間有顯著的學校間差異存在，即學生每週閱讀時間對學生閱讀成就的影響中，17 所學校間並非完全相同。

隨機效果變異數分析模型第一層變異數 $\sigma^2_{零模型} = 128.591$，隨機係數迴歸模型第一層變異數 $\sigma^2_{閱讀時間} = 42.786$，第一層誤差項變異數從 128.591 降至 42.786，學生每週閱讀時間可以解釋學校之內閱讀成就變異為 $\dfrac{128.591 - 42.786}{128.591} = 66.7\%$。

增列係數估計值的估計標準誤與自由度的表格如下：

隨機係數迴歸模型之結果摘要表（以總平減的表格加以整理）

固定效果	係數	標準誤	t 值	自由度
β_0 截距				
學生閱讀成就之整體平均值 γ_{00}	63.406	1.169	54.250***	16
β_1 斜率				
閱讀時間對閱讀成就影響之平均值 γ_{10}	5.276	0.437	12.062***	16
隨機效果	變異數		χ^2 值	自由度
學校間平均閱讀成就之差異 τ_{00}	18.232		52.408***	16
學校間閱讀時間對閱讀成就影響之差異 τ_{11}	2.515		48.381***	16
第一層學校內平均閱讀成就分數 σ^2	42.786			

離異係數 (−2LL) = 1759.313、*** $p < .001$

（三）解釋變項經組平減轉換

The outcome variable is READ（結果變項為閱讀成就變項）

層次一模型（Level-1 Model）

$$READ_{ij} = \beta_{0j} + \beta_{1j} \times (TIME_{ij} - \overline{TIME}_{.j}) + r_{ij}$$

層次二模型（Level-2 Model）

$$\beta_{0j} = \gamma_{00} + \mu_{0j}$$

$$\beta_{1j} = \gamma_{10} + \mu_{1j}$$

混合模型（Mixed Model）

$$READ_{ij} = \gamma_{00} + \gamma_{10} \times (TIME_{ij} - \overline{TIME}_{.j}) + \mu_{0j} + \mu_{1j} \times (TIME_{ij} - \overline{TIME}_{.j}) + r_{ij}$$

在零模型視窗界面中，切換到階層一（>>Level-1<<）變數清單，點選變項「TIME」閱讀時間，選取「add variable group centered」選項（增列變項為平均數中心化的解釋變項），表示解釋變項經組平減轉換「$TIME_{ij} - \overline{TIME}_{.j}$」，其中 $TIME_{ij}$ 為第 j 所學校第 i 位學生閱讀時間的原始分數，$\overline{TIME}_{.j}$ 為第 j 所學校群組學生閱讀時間的平均值。

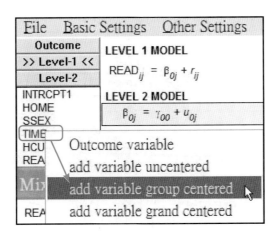

階層一模型、階層二模型的視窗界面如下。

多層次模式的實務應用

```
File   Basic Settings   Other Settings   Run Analysis   Help
┌─────────────┬──────────────────────────────────────────────┐
│  Outcome    │ LEVEL 1 MODEL                                 │
│  Level-1    │                                              │
│ >> Level-2 <<│ READij = β0j + β1j(TIMEij - TIME.j) + rij    │
├─────────────┤                                              │
│ INTRCPT2    │ LEVEL 2 MODEL                                 │
│ TIME_M      │    β0j = γ00 + u0j                            │
│ HCUL_M      │                                              │
│ RESO        │    β1j = γ10 + u1j                            │
│ AREA        │                                              │
│ PATT        │                                              │
└─────────────┴──────────────────────────────────────────────┘
```

Mixed Model

$$READ_{ij} = \gamma_{0c} + \gamma_{1c}*(TIME_{ij} - \overline{TIME}_{.j}) + u_{0j} + u_{1j}*(TIME_{ij} - \overline{TIME}_{.j}) + r_{ij}$$

　　由於閱讀時間變項（TIME）經過組平減轉換，提示語會出現「變項 TIME 已經經由組平均數中心化處理」（TIME has been centered around the group mean.），表示階層一解釋變項每週閱讀時間已經經過組平減的過程，解釋變項為 $TIME_{ij}$ − $\overline{TIME}_{.j}$，變項 TIME 測量值為原始測量值 $TIME_{ij}$ 減掉樣本所在學校群組平均的閱讀時間 $\overline{TIME}_{.j}$，以組別平均數為中心進行平移。

$\sigma^2 = 41.92866$

　　隨機係數迴歸模型第一層變異數 $\sigma^2_{閱讀時間} = 41.929$，第一層誤差的變異 σ^2 為學校群組內的變異。

τ

INTRCPT1, β_0	173.29580	−18.03183
TIME, β_1	−18.03183	2.73396

　　截距 β_0 與斜率 β_1 二個隨機效果間的共變異數矩陣（對角線為變異數），以符號表示為：$\begin{bmatrix} \tau_{00} & \tau_{01} \\ \tau_{01} & \tau_{11} \end{bmatrix}$，$\tau_{00}$ 是截距殘差項 μ_{0j} 的變異數（173.296），τ_{11} 是斜率殘差項 μ_{1j} 的變異數（2.734），τ_{01} 是隨機效果項 μ_{0j} 與 μ_{1j} 間的共變數估計值（$\tau_{11} = -18.032$）。

Random level-1 coefficient 階層一隨機係數	Reliability estimate 信度估計值
INTRCPT1, β_0	0.984
TIME, β_1	0.672

階層一隨機係數的截距信度估計值為 0.984，斜率信度估計值為 0.672，信度估計值愈大，表示以階層模式估計所得的截距或斜率，更能反映真實母群體的截距參數與斜率參數。

Final estimation of fixed effects（最後固定效果估計值）

Fixed Effect 固定效果	Coefficient 係數	Standard error 標準誤	*t*-ratio *t* 值	Approx. *d.f.* 自由度	*p*-value *p* 值
For INTRCPT1, β_0					
INTRCPT2, γ_{00}	61.857425	3.218076	19.222	16	< 0.001
For HCUL slope, β_1					
INTRCPT2, γ_{10}	4.910455	0.473256	10.376	16	< 0.001

　　以閱讀時間為階層一的解釋變項，個體層次的預測變項進行組平減中心化平移，估計結果的截距為 61.857、斜率為 4.910（斜率係數估計值與未平減及總平減估計所得的結果不同）。截距係數的標準誤為 3.218，$t(16)$ 值等於 19.222（$p < .001$），達統計顯著水準，表示截距係數顯著不等於 0；斜率係數（γ_{10}）的標準誤為 0.473，$t(16)$ 值等於 10.376（$p < .001$），達統計顯著水準，表示斜率係數顯著不等於 0，斜率係數 4.910 為所有學校學生閱讀時間對其閱讀成就影響的平均值，如果每週學生閱讀時間增加一個單位（一小時），則學生閱讀成就就增加 4.910 分，對各學校而言，學生每週閱讀時間解釋變項可以有效預測其閱讀成就結果變項。表中範例解釋變項學生閱讀時間未平減時，$\gamma_{10} = 5.277$（S.E. = 0.423）、解釋變項學生閱讀時間經總平減轉換時，$\gamma_{10} = 5.276$（S.E. = 0.437）、解釋變項學生閱讀時間經組平減轉換時，$\gamma_{10} = 4.910$（S.E. = 0.473）。

Final estimation of variance components（最後變異成分估計值）

Random Effect 隨機效果	Standard Deviation 標準差	Variance Component 變異數	*d.f.* 自由度	χ^2 卡方值	*p*-value *p* 值
INTRCPT1, μ_0	13.16419	173.29580	16	1016.60528	< 0.001
TIME slope, μ_1	1.65347	2.73396	16	42.64499	< 0.001
level-1, *r*	6.47523	41.92866			

Deviance = 1785.638856

　　在隨機效果估計值中，截距項的變異數 τ_{00} 等於 173.296，$\chi^2(16) = 1016.605$（$p < .001$），達到 .05 顯著水準，表示 17 所學校學生平均閱讀成就間有顯著的學校間差異存在，斜率項的變異數 τ_{11} 等於 2.734，$\chi^2(16) = 42.645$（$p < .001$），達到 .05 顯著水準，表示 17 所學校之迴歸斜率間有顯著的學校間差異存在，即學生每週閱讀時間對學生閱讀成就的影響中，17 所學校間並非完全相同，由於學校間斜率係數顯著不相等，表示各校學生閱讀時間與學生閱讀成就間之關係顯著不一樣。

　　隨機效果變異數分析模型第一層變異數 $\sigma^2_{零模型} = 128.591$，隨機係數迴歸模型第一層變異數 $\sigma^2_{閱讀時間} = 41.929$，第一層誤差項變異數從 128.591 降至 41.929，學生每週閱讀時間可以解釋學校之內閱讀成就變異為 $\dfrac{128.591 - 41.929}{128.591} = 67.4\%$。

隨機係數迴歸模型之結果摘要表（解釋變項經組平減化轉換）

固定效果	係數	t 值
β_0 截距		
階層二 學生閱讀成就之整體平均值 γ_{00}	61.857	19.222***
β_1 斜率		
閱讀時間對閱讀成就影響之平均值 γ_{10}	4.910	10.376***
隨機效果	**變異數**	**χ^2 值**
階層二 學校間平均閱讀成就之差異 τ_{00}	173.296	1016.605***
學校間閱讀時間對閱讀成就影響之差異 τ_{11}	2.734	42.645***
第一層學校內平均閱讀成就分數 σ^2	41.929	

離異係數 $(-2LL) = 1785.639$、*** $p < .001$

五、隨機係數模型（二個個體層次變項）

$$Y_{ij}\,(閱讀成就) = \beta_{0j} + \beta_{1j} \times X_{1ij}\,(家庭結構) + \beta_{2j} \times X_{2ij}\,(閱讀時間) + \varepsilon_{ij}$$

　　個體層次的二個解釋變項為學生「家庭結構」及「每週閱讀時間」。家庭結構變項為二分名義變項，水準數值編碼 0 為單親家庭群組、水準數值編碼 1 為完整家庭群組。

層次一模型（Level-1 Model）

$READ_{ij} = \beta_{0j} + \beta_{1j} \times (HOME_{ij}) + \beta_{2j} \times (TIME_{ij}) + r_{ij}$

層次二模型（Level-2 Model）

$\beta_{0j} = \gamma_{00} + \mu_{0j}$

$\beta_{1j} = \gamma_{10} + \mu_{1j}$

$\beta_{2j} = \gamma_{20} + \mu_{2j}$

混合模型（Mixed Model）

$READ_{ij} = \gamma_{00} + \gamma_{10} \times (HOME_{ij}) + \gamma_{20} \times (TIME_{ij}) + \mu_{0j} + \mu_{1j} \times HOME_{ij} + \mu_{2j} \times TIME_{ij}$
$\qquad + r_{ij}$

階層一模型、階層二模型的視窗界面如下：

| File | Basic Settings | Other Settings | Run Analysis | Help |

Outcome	
Level-1	**LEVEL 1 MODEL**
>> Level-2 <<	$READ_{ij} = \beta_{0j} + \beta_{1j}(HOME_{ij}) + \beta_{2j}(TIME_{ij}) + r_{ij}$
INTRCPT2	**LEVEL 2 MODEL**
TIME_M	
HCUL_M	$\beta_{0j} = \gamma_{00} + u_{0j}$
RESO	$\beta_{1j} = \gamma_{10} + u_{1j}$
AREA	
PATT	$\beta_{2j} = \gamma_{20} + u_{2j}$

Mixed Model

$READ_{ij} = \gamma_{0C} + \gamma_{1C}*HOME_{ij} + \gamma_{2C}*TIME_{ij} + u_{0j} + u_{1j}*HOME_{ij} + u_{2j}*TIME_{ij} + r_{ij}$

$READ_{ij}$ 代表第 j 所學校第 i 位學生的閱讀成就分數（作為結果變項），$HOME_{ij}$ 為第 j 所學校第 i 位學生的家庭結構（水準數值編碼 0 為單親、水準數值編碼 1 為完整），$TIME_{ij}$ 代表第 j 所學校第 i 位學生每週的閱讀時間（作為層次一的解釋變項），β_{0j} 為第 j 所學校的平均閱讀成就分數，β_{1j} 為第 j 所學生的家庭結構（單親家庭 =0、完整家庭 =1，解釋變項為虛擬變項）對閱讀成就影響的平均數，β_{2j} 為第 j 所學校學生每週閱讀時間對閱讀成就影響的平均數，ε_{ij} 為個體層次的隨機效果，其變異數為 σ^2，γ_{00} 為各校平均閱讀成就分數的總平均值（調整後的總平均值），γ_{10} 為各校學生的家庭結構變項對閱讀成就的影響，γ_{20} 為各校學生閱讀時間

多層次模式的實務應用

變項對閱讀成就的影響。μ_{0j}為第j所學校之平均閱讀成就與整體總平均閱讀成就之間的差異值,變異數為τ_{00},μ_{1j}為第j所學校學生家庭結構變項對閱讀成就的影響(個別斜率),與所有學校學生家庭結構變項對閱讀成就影響的平均數(平均斜率)之間的差異值,變異數為τ_{11},μ_{2j}為第j所學校學生閱讀時間對閱讀成就的影響,與所有學校學生閱讀時間對閱讀成就影響的平均數之間的差異值,變異數為τ_{21}。

Random level-1 coefficient 階層一隨機係數	Reliability estimate 信度估計值
INTRCPT1, β_0	0.813
HOME, β_1	0.220
TIME, β_2	0.633

截距項的信度估計值為 0.813、家庭結構對閱讀成就影響的斜率項係數信度估計值為 0.220、閱讀時間對閱讀成就影響的斜率項係數信度估計值為 0.633。

Final estimation of fixed effects（最後固定效果估計值）

Fixed Effect 固定效果	Coefficient 係數	Standard error 標準誤	t-ratio t 值	Approx. $d.f.$ 自由度	p-value p 值
For INTRCPT1, β_0					
INTRCPT2, γ_{00}	43.521541	2.233075	19.490	16	< 0.001
For HOME slope, β_1					
INTRCPT2, γ_{10}	3.830747	1.026735	3.731	16	0.002
For TIME slope, β_2					
INTRCPT2, γ_{20}	5.061594	0.420630	12.033	16	< 0.001

以閱讀時間為階層一的解釋變項,個體層次的預測變項未進行平減轉換,估計結果的截距係數為 43.522,截距係數的標準誤為 2.233,$t(16)$ 值等於 19.490($p < .001$),達統計顯著水準,表示截距係數顯著不等於 0;固定效果中二個自變項對閱讀成就的影響均達統計顯著水準,家庭結構對閱讀成就影響的係數為 3.831($\gamma_{10} = 3.831$),標準誤為 1.027($t(16) = 3.731$,$p < .01$),每週閱讀時間對閱讀成就影響的係數為 5.062($\gamma_{20} = 5.062$),標準誤為 0.421($t(16) = 12.033$,$p < .001$)。$\gamma_{10} = 3.831$ 表示完整家庭群組(水準數值 1)的閱讀成就平均數顯著的高於單親家庭群體(水準數值 0),

平均差異值約 3.831 分（單位）；$\gamma_{20} = 5.062$ 表示每週學生閱讀時間若增加一個單位（一小時），則學生閱讀成就可提高 5.062 分（未納入家庭結構變項時，每週學生閱讀時間若增加一個單位，學生閱讀成就可提高 5.277 分），就投入的二個解釋變項而言，對學生閱讀成就結果變項影響的重要性，學生每週閱讀時間自變項（TIME）高於家庭結構（HOME）自變項，學生每週閱讀時間解釋變項與學生閱讀成就間之關係重要性大於學生家庭結構解釋變項與學生閱讀成就間之關係。

Final estimation of variance components（最後變異成分估計值）

Random Effect 隨機效果	Standard Deviation 標準差	Variance Component 變異數	d.f. 自由度	χ^2 卡方值	p-value p 值
INTRCPT1, μ_0	8.39850	70.53475	15	95.51946	< 0.001
HOME slope, μ_1	2.02702	4.10881	15	12.05775	> 0.500
TIME slope, μ_2	1.51764	2.30323	15	35.38697	0.002
level-1, r	6.35940	40.44197			

Deviance = 1735.926028

在隨機效果估計值中，截距項的變異數 τ_{00} 等於 70.535，$\chi^2(15) = 95.519$（$p < .001$），達到 .05 顯著水準，表示控制學生家庭結構與每週閱讀時間二個自變項對閱讀成就影響後，17 所學校學生平均閱讀成就間還有顯著的學校間差異存在，因而導致學校間閱讀成就的差異還有其他變因存在，這些變因除了個體層次的變項外，可能也有總體層次（學校層次）的變項。家庭結構影響閱讀成就效果之斜率項的變異數 τ_{11} 等於 4.109，$\chi^2(15) = 12.058$（$p > .05$），未達 .05 顯著水準，表示 17 所學校之迴歸斜率間沒有顯著的學校間差異存在。變異數 τ_{21} 等於 2.303，$\chi^2(15) = 35.387$（$p < .01$），達到 .05 顯著水準，表示 17 所學校之迴歸斜率間有顯著的學校間差異存在，學生每週閱讀時間對學生閱讀成就的影響效果，17 所學校間並非完全相同。

隨機效果變異數分析模型第一層變異數 $\sigma^2_{零模型} = 128.591$，隨機係數迴歸模型第一層變異數 $\sigma^2_{家庭結構\&閱讀時間} = 40.442$，第一層誤差項變異數從 128.591 降至 40.442，學生家庭結構與每週閱讀時間變因可以解釋學校之內閱讀成就的變異比例為 68.5%（$= \dfrac{128.591 - 40.442}{128.591} = .685$）。

多層次模式的實務應用

隨機係數迴歸模型之結果摘要表（層次一有二個解釋變項）

固定效果	係數	t 值
β_0 截距		
階層二學生閱讀成就之調整後總體平均值 γ_{00}	43.522	19.490***
β_1 斜率		
家庭結構對閱讀成就影響之平均值 γ_{10}	3.831	3.731**
閱讀時間對閱讀成就影響之平均值 γ_{20}	5.062	12.033***
隨機效果	變異數	χ^2 值
階層二學校間平均閱讀成就之差異 τ_{00}	70.535	95.519***
學校間家庭結構對閱讀成就影響之差異 τ_{11}	4.109	12.058ns
學校間閱讀時間對閱讀成就影響之差異 τ_{21}	2.303	35.387**
第一層學校內平均閱讀成就分數 σ^2	40.442	

離異係數 $(-2LL) = 1735.926$、$ns\ p > .05$、$**\ p < .01$、$***\ p < .001$

 六、脈絡模型

　　脈絡模型與隨機係數的迴歸模型十分接近，只是在層次二模型中多了脈絡變項。個體層次的解釋變項為學生「每週閱讀時間」，將「各校平均閱讀時間」（總體層次）作為第二層截距項（結果變項）的解釋變項，第二層斜率項設定為隨機效果，沒有納入任何解釋變項。脈絡模型之結果變項為學生閱讀成就分數（READ），學生每週閱讀時間為個體層次的解釋變項，學校平均閱讀時間為總體層次的解釋變項。

（一）以「各校平均閱讀時間」為脈絡變項

層次一模型（Level-1 Model）

$READ_{ij} = \beta_{0j} + \beta_{1j} \times (TIME_{ij}) + r_{ij}$

層次二模型（Level-2 Model）

$\beta_{0j} = \gamma_{00} + \gamma_{01} \times (TIME\_M_j) + \mu_{0j}$

$\beta_{1j} = \gamma_{10} + \mu_{1j}$

混合模型（Mixed Model）

$READ_{ij} = \gamma_{00} + \gamma_{01} \times (TIME\_M_j) + \gamma_{10} \times (TIME_{ij}) + \mu_{0j} + \mu_{1j} \times TIME_{ij} + r_{ij}$

$\beta_{1j} = \gamma_{10} + \mu_{1j}$ 列沒有脈絡變項，設定為隨機效果。

在零模型視窗界面中，切換到階層一（>>Level-1<<）變數清單，點選變項「TIME」閱讀時間，選取「add variable uncentered」選項（增列的變項未經中心化轉換）。

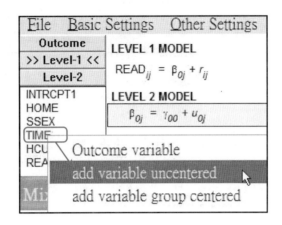

切換到階層二（>>Level-2<<）變數清單，點選變項「TIME_M」校平均閱讀時間（脈絡變項），選取「add variable uncentered」選項（增列的變項未經中心化轉換）。

選取 $\beta_{1j} = \gamma_{10}$ 列，按右鍵於「Toggle error term」提示字上按一下，β_{1j} 列的誤差項 μ_{1j} 由灰色字體變為黑色字體，表示階層二斜率項由固定效果變為隨機效果：$\beta_{1j} = \gamma_{10} + \mu_{1j}$。

多層次模式的實務應用

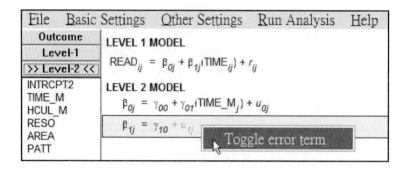

階層一模型、階層二模型的視窗界面如下：

| File | Basic Settings | Other Settings | Run Analysis | Help |

LEVEL 1 MODEL

$$READ_{ij} = \beta_{0j} + \beta_{1j}(TIME_{ij}) + r_{ij}$$

LEVEL 2 MODEL

$$\beta_{0j} = \gamma_{00} + \gamma_{01}(TIME\_M_j) + u_{0j}$$

$$\beta_{1j} = \gamma_{10} + u_{1j}$$

Mixed Model

$$READ_{ij} = \gamma_{0C} + \gamma_{01}*TIME\_M_j + \gamma_{1C}*TIME_{ij} + u_{0j} + u_{1j}*TIME_{ij} + r_{ij}$$

Random level-1 coefficient 階層一隨機係數	Reliability estimate 信度估計值
INTRCPT1,	0.773
TIME,	0.701

β_0 截距項的信度估計值為 0.773、β_1 斜率項的信度估計值為 0.701。

Final estimation of fixed effects（最後固定效果估計值）

Fixed Effect 固定效果	Coefficient 係數	Standard error 標準誤	*t*-ratio *t* 值	Approx. *d.f.* 自由度	*p*-value *p* 值
For INTRCPT1, β_0					
INTRCPT2, γ_{00}	37.518917	2.705133	13.870	15	< 0.001
TIME_M, γ_{01}	2.648589	0.691622	3.830	15	0.002
For TIME slope, β_1					
INTRCPT2, γ_{10}	4.830370	0.511998	9.434	16	< 0.001

　　脈絡變項「各校平均每週閱讀時間」模式，斜率的係數估計值為 2.649（$p < .01$），係數 $\gamma_{01} = 2.649$（$t(15)=3.830$，$p < .01$），表示當各校閱讀成就在相同的情況下，平均每週閱讀時間愈多，學校閱讀成就平均分數就愈高，學校平均閱讀時間與學生閱讀成就間有正向關係。脈絡模型中階層二模式為：$\beta_{1j} = \gamma_{10} + \mu_{1j}$，係數 γ_{10} 指的是各個學校在 β_{1j} 上的平均數，$\gamma_{10} = 4.830$，標準誤為 0.512，達統計顯著水準（$t(16) = 9.434$，$p < .001$），由於係數值為正，表示每週閱讀時間變項對閱讀成就的影響為正向，學生每週閱讀時間增加一個單位，閱讀成就分數可提高 4.830 分。

Final estimation of variance components（最後變異成分估計值）

Random Effect 隨機效果	Standard Deviation 標準差	Variance Component 變異數	*d.f.* 自由度	χ^2 卡方值	*p*-value *p* 值
INTRCPT1, μ_0	7.64239	58.40615	15	80.62207	< 0.001
TIME slope, μ_1	1.78622	3.19058	16	42.29572	< 0.001
level-1, r	6.44877	41.58666			

Deviance = 1748.135530

　　在學校閱讀成就平均分數間差異的變異數 $\tau_{00} = 58.406$，$\chi^2(15) = 80.622$（$p < .001$），達統計顯著水準，以學校平均閱讀時間為脈絡變項時，學校平均閱讀成就分數間有顯著的學校間差異存在。各校平均閱讀時間對閱讀成就影響效果的作用也有顯著的校間差異存在，$\tau_{11} = 3.191$，$\chi^2(16) = 42.296$（$p < .001$），達統計顯著水準，第一層校內誤差項變異數 $\sigma^2 = 41.587$，模式的離異係數為 1748.136。

多層次模式的實務應用

（二）以「校平均閱讀時間」及「校平均家庭文化資本」為脈絡變項

層次一模型（Level-1 Model）

$READ_{ij} = \beta_{0j} + \beta_{1j} \times (TIME_{ij}) + \beta_{1j} \times (HCUL_{ij}) + r_{ij}$

層次二模型（Level-2 Model）

$\beta_{0j} = \gamma_{00} + \gamma_{01} \times (TIME\_M_j) + \gamma_{02} \times (HCUL\_M_j) + \mu_{0j}$

$\beta_{1j} = \gamma_{10} + \mu_{1j}$

$\beta_{2j} = \gamma_{20} + \mu_{2j}$

混合模型（Mixed Model）

$READ_{ij} = \gamma_{00} + \gamma_{01} \times (TIME\_M_j) + \gamma_{02} \times (HCUL\_M_j) + \gamma_{10} \times (TIME_{ij}) + \gamma_{20} \times (HCUL_{ij})$
$\qquad + \mu_{0j} + \mu_{1j} \times TIME_{ij} + \mu_{2j} \times HCUL_{ij} + r_{ij}$

$\beta_{1j} = \gamma_{10} + \mu_{1j}$、$\beta_{2j} = \gamma_{20} + \mu_{2j}$ 列均沒有納入脈絡變項，設定為隨機效果。

階層二斜率為結果變項時，固定效果（誤差項變數灰色字體）要改為隨機效果時，也可選取斜率項列後，再按一下滑鼠左鍵切換。

階層一模型、階層二模型之視窗界面如下：

WHLM: hlm2 MDM File: READ

File　Basic Settings　Other Settings　Run Analysis　Help

| Outcome |
| Level-1 |
| >> Level-2 << |

INTRCPT2
TIME_M
HCUL_M
RESO
AREA
PATT

LEVEL 1 MODEL

$READ_{ij} = \beta_{0j} + \beta_{1j}(TIME_{ij}) + \beta_{2j}(HCUL_{ij}) + r_{ij}$

LEVEL 2 MODEL

$\beta_{0j} = \gamma_{00} + \gamma_{01}(TIME\_M_j) + \gamma_{02}(HCUL\_M_j) + u_{0j}$

$\beta_{1j} = \gamma_{10} + u_{1j}$

$\beta_{2j} = \gamma_{20} + u_{2j}$

Mixed Model

$READ_{ij} = \gamma_{0c} + \gamma_{01}*TIME\_M_j + \gamma_{02}*HCUL\_M_j + \gamma_{1c}*TIME_{ij} + \gamma_{2c}*HCUL_{ij} + u_{0j} + u_{1j}*TIME_{ij}$
$\qquad + u_{2j}*HCUL_{ij} + r_{ij}$

INTRCPT1, β_0	176.17323	−11.52982	−7.44419
TIME, β_1	−11.52982	0.87720	0.49279
HCUL, β_2	−7.44419	0.49279	0.31552

變異數共變數矩陣：$\begin{bmatrix} \tau_{00} & & \\ \tau_{10} & \tau_{11} & \\ \tau_{20} & \tau_{21} & \tau_{22} \end{bmatrix} = \begin{bmatrix} V(\mu_{0j}) & & \\ C(\mu_{1j},\mu_{0j}) & V(\mu_{1j}) & \\ C(\mu_{2j},\mu_{0j}) & C(\mu_{2j},\mu_{1j}) & V(\mu_{2j}) \end{bmatrix}$，$\tau_{00} =$

176.173、$\tau_{11} = 0.877$、$\tau_{22} = 0.316$。

Final estimation of fixed effects（最後固定效果估計值）

Fixed Effect 固定效果	Coefficient 係數	Standard error 標準誤	t-ratio t 值	Approx. $d.f.$ 自由度	p-value p 值
For INTRCPT1, β_0					
INTRCPT2, γ_{00}	3.569070	14.806289	0.241	14	0.813
TIME_M, γ_{01}	−0.892658	1.439545	−0.620	14	0.545
HCUL_M, γ_{02}	2.917359	1.366996	2.134	14	0.051
For TIME slope, β_1					
INTRCPT2, γ_{10}	4.455521	0.367018	12.140	16	< 0.001
For HCUL slope, β_2					
INTRCPT2, γ_{20}	0.451198	0.244181	1.848	16	0.083

多層次模式的實務應用

　　脈絡變項「校平均閱讀時間」與學生閱讀成就的關係未達統計顯著水準（γ_{01} = −0.893，$t(14) = -0.620$，$p > .05$），脈絡變項「校家庭文化資本」與學生閱讀成就的關係也未達統計顯著水準（$\gamma_{02} = 2.917$，$t(14) = 2.134$，$p > .05$）。控制學生閱讀時間對學生閱讀成就的關係時，學生家庭文化資本對學生閱讀成就的影響也未達統計顯著水準（$\gamma_{20} = 0.451$，$t(16) = 1.848$，$p > .05$）。

Final estimation of variance components（最後變異成分估計值）

Random Effect 隨機效果	Standard Deviation 標準差	Variance Component 變異數	$d.f.$ 自由度	χ^2 卡方值	p-value p 值
INTRCPT1, μ_0	13.27303	176.17323	14	27.19453	0.018
TIME slope, μ_1	0.93659	0.87720	16	19.03753	0.266
HCUL slope, μ_2	0.56171	0.31552	16	15.31162	> 0.500
level-1, r	6.39381	40.88086			

Deviance = 1735.929421

脈絡模型分析結果摘要表（層次二有二個脈絡變項）

固定效果	係數	t 值
β_0 截距		
階層二學生閱讀成就之整體平均值 γ_{00}	3.569	0.241 ns
脈絡變項		
各校平均閱讀時間對閱讀成就影響平均值 γ_{01}	−0.893	−0.620 ns
各校平均家庭文化資本對閱讀成就影響平均值 γ_{02}	2.917	2.134 ns
斜率		
β_1 閱讀時間對閱讀成就影響之平均值 γ_{10}	4.456	12.140***
β_2 家庭文化資本對閱讀成就影響之平均值 γ_{20}	0.451	1.848ns
隨機效果	變異數	χ^2 值
階層二學校間平均閱讀成就之差異 τ_{00}	176.173	27.195*
學校間閱讀時間對閱讀成就影響之差異 τ_{11}	0.877	19.038ns
學校間家庭文化資本對閱讀成就影響之差異 τ_{22}	0.316	15.312ns
第一層學校內平均閱讀成就分數 σ^2	40.881	

離異係數 (−2LL)= 1735.929、$ns\ p > .05$、* $p < .05$、*** $p < .001$

從脈絡模型結果摘要表中可知：固定效果中二個脈絡變項均未達到統計顯著水準，$\gamma_{01} = -0.893$（$p > .05$）、$\gamma_{02} = 2.917$（$p > .05$），當模型中同時考量個體層次變項（學生閱讀時間、學生家庭文化資本）對閱讀成就的影響，總體層次的「學校平均閱讀時間」、「學校平均家庭文化資本」對學校閱讀成就的影響就沒有直接效果。當同時考量到總體層次變項（學校平均閱讀時間、學校平均家庭文化資本）對學校閱讀成就的影響效果之下，個體層次變項中只有「每週閱讀時間」對閱讀成就的影響達到顯著：$\gamma_{10} = 4.456$（$p < .001$），家庭文化資本對閱讀成就的影響則未達統計顯著水準（$\gamma_{20} = 0.451$，$p > .05$），$\gamma_{10} = 4.456$ 表示學生每週閱讀時間增加一個單位，學生的閱讀成就就會提高 4.456 分（隨機係數迴歸模型 $\gamma_{10} = 5.276$，學生每週閱讀時間增加一個單位，其閱讀成就會提高 5.276 分）。

　　從隨機效果來看，$\tau_{00} = 176.173$（$p < .01$），表示同時控制個體層次變項（學生閱讀時間、家庭文化資本）及總體層次脈絡變項（學校平均閱讀時間、學校平均家庭文化資本）後，學校間平均閱讀成就分數的差異還是達到顯著水準，表示影響學校間平均閱讀成就分數的差異還有其他的變因存在。

◆ 七、以平均數為結果的模型

　　第二層學校圖書資源自變項未平減，第一層模型中沒有解釋變項，模型中投入一個總體層次解釋變項。

（一）階層二解釋變項未經總平均數中心化轉換

Y_{ij}(閱讀成就) $= \beta_{0j} + \varepsilon_{ij}$

$\beta_{0j} = \gamma_{00} + \gamma_{01} \times W_j$ (學校圖書資源) $+ \mu_{0j}$

層次一模型（Level-1 Model）

$READ_{ij} = \beta_{0j} + r_{ij}$

層次二模型（Level-2 Model）

$\beta_{0j} = \gamma_{00} + \gamma_{01} \times RESO_j + \mu_{0j}$

混合模型（Mixed Model）

$READ_{ij} = \gamma_{00} + \gamma_{01} \times RESO_j + \mu_{0j} + r_{ij}$

層次二模式之 γ_{00} 為截距項參數，γ_{01} 是學校平均圖書資源對 β_{0j} 的影響，殘項項 μ_{0j} 的變異數 τ_{00} 稱為條件變異數，表示的是控制學校平均圖書資源後，學校層次 β_{0j} 的變異數。

在零模型視窗界面中，切換到階層二（>>Level-2<<）變數清單，點選變項「RESO」學校圖書資源，選取「add variable uncentered」選項（增列的變項未經中心化轉換）。

階層一模型、階層二模型的視窗界面如下：

Random level-1 coefficient 階層一隨機係數	Reliability estimate 信度估計值
INTRCPT1, β_0	0.916

β_0 截距項係數的信度估計值達 0.916。

Final estimation of fixed effects（最後固定效果估計值）

Fixed Effect 固定效果	Coefficient 係數	Standard error 標準誤	*t*-ratio *t* 值	Approx. *d.f.* 自由度	*p*-value *p* 值
For INTRCPT1, β_0					
INTRCPT2, γ_{00}	31.377334	8.809912	3.562	15	0.003
RESO, γ_{01}	0.585293	0.162553	3.601	15	0.003

學校圖書資源對各校學生平均閱讀成就有顯著正向的影響作用，學校圖書資源對各校學生平均閱讀成就影響的係數為 0.585（$\gamma_{01} = 0.585$），標準誤為 0.163，達統計顯著水準（$t(15) = 3.601$，$p < .01$），由於係數值為正，表示學校圖書資源愈豐富，該校平均閱讀成就愈高；學校圖書資源愈貧乏，該校平均閱讀成就愈低，學校平均圖書資源與學校平均閱讀成就間有顯著的正向關係，虛無假設：$\gamma_{01} = 0$，檢定統計量 t 值 $= \dfrac{0.585}{0.163} = 3.601$（$p < .01$），拒絕虛無假設：$\gamma_{01} = 1$，$\gamma_{01}$ 係數值顯著不等於 0。

Final estimation of variance components（最後變異成分估計值）

Random Effect 隨機效果	Standard Deviation 標準差	Variance Component 變異數	*d.f.* 自由度	χ^2 卡方值	*p*-value *p* 值
INTRCPT1, μ_0	9.60103	92.17974	15	177.46985	< 0.001
level-1, *r*	11.33990	128.59325			

Deviance = 2017.519176

與零模型估計結果之變異成本相比較，截距模型層次二的變異數 $\tau_{00} = 92.180$，零模型層次二的變異數 $\tau_{00} = 167.483$，學校圖書資源可以解釋各個學校平均閱讀成就的差異變異有 45.0% [(167.483－92.180)÷167.483 = 0.450]，45.0% 為變異數減少比例（proportion reduction in variance）的指標值，表示學校圖書資源的多寡可以解釋各校平均閱讀成就的變異為 45.0%，可見造成各校平均閱讀成就間的差異除了學校圖書資源變因外，尚有其他的變因存在，這些變因可能是個體層次的變項，也可能是總體層次的變項。$\tau_{00} = 92.180$，$\chi^2(15) = 177.470$（$p < .001$），

多層次模式的實務應用

達到統計顯著水準，控制學校圖書資源總體層次變因的影響後，各學校間平均閱讀成就平均值間仍有顯著差異，學校之間在閱讀成就平均值上的差異還有其他無法解釋的變異存在（還有其他變項可以解釋），條件組內相關（conditional intraclass correlation）係數 ICC = $\rho = \dfrac{\tau_{00}}{\tau_{00} + \sigma^2} = \dfrac{92.180}{92.180 + 128.593} = 0.418 = 41.8\%$，

第二層的學校圖書資源總體層次變因自變項可以讓組內相關係數從 0.566 下降至 0.418，控制學校圖書資源總體層次變因的影響後，學生閱讀成就的總變異量中有 14.8% 的變異是由學校內差異造成的。

以學校圖書資源作為結果的模型中，條件組內相關係數反映具有相同圖書資源平均值的學校內部觀察值間的依賴程度，學校圖書資源分數對學校平均閱讀成就分數間有顯著正向影響（二者間有顯著正相關），但是即使設定學校圖書資源為常數項，並對之加以控制後，學校間的平均閱讀成就仍有顯著差異存在（郭志剛等譯，2008）。

以平均數為結果模型摘要表（層次二的解釋變項為學校圖書資源）

固定效果	係數	t 值（15）
β_0 截距		
階層二學生閱讀成就之整體平均值 γ_{00}	31.377	3.562**
學校圖書資源對各校平均閱讀成就之影響 γ_{01}	0.585	3.601**
隨機效果	**變異數**	χ^2 值（15）
階層二學校間平均閱讀成就之差異 μ_{0j} (τ_{00})	92.180	177.470***
第一層學校內平均閱讀成就分數 ε_{ij} (σ^2)	128.593	

離異係數 (−2LL) = 2017.519、** $p < .01$、*** $p < .001$

（二）階層二解釋變項經總平減轉換

第二層學校圖書資源自變項經總平減轉換

Y_{ij}（閱讀成就）$= \beta_{0j} + \varepsilon_{ij}$

$\beta_{0j} = \gamma_{00} + \gamma_{01} \times W_j$（各校圖書資源平均 − 圖書資源總平均值）$+ \mu_{0j}$

層次一模型（Level-1 Model）

$READ_{ij} = \beta_{0j} + r_{ij}$

層次二模型（Level-2 Model）

$\beta_{0j} = \gamma_{00} + \gamma_{01} \times (RESO_j - \overline{RESO}) + \mu_{0j}$

混合模型（Mixed Model）

$READ_{ij} = \gamma_{00} + \gamma_{01} \times (RESO_j - \overline{RESO}) + \mu_{0j} + r_{ij}$

模型界定提示語為「RESO has been centered around the grand mean.」（學校圖書資源變項經總平減轉換），表示解釋變項家庭文化資本總體層次解釋變項已經經過總平均數中心化轉換。

在零模型視窗界面中，切換到階層二（>>Level-2<<）變數清單，點選變項「RESO」學校圖書資源，選取「add variable grand centered」選項（增列的變項經總平均數中心化轉換），表示解釋變項經總平減轉換。

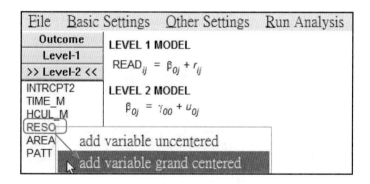

階層一模型、階層二模型的視窗界面如下：解釋變項（$RESO_j - \overline{RESO}$）的符號中，前者 $RESO_j$ 為各校圖書資源，$\overline{RESO}$ 為所有學校圖書資源的總平均值。

多層次模式的實務應用

File	Basic Settings	Other Settings	Run Analysis

Outcome
Level-1
>> Level-2 <<
INTRCPT2
TIME_M
HCUL_M
RESO
AREA
PATT

LEVEL 1 MODEL

$$READ_{ij} = \beta_{0j} + r_{ij}$$

LEVEL 2 MODEL

$$\beta_{0j} = \gamma_{00} + \gamma_{01}(RESO_j - \overline{RESO}_.) + u_{0j}$$

Mixed Model

$$READ_{ij} = \gamma_{00} + \gamma_{01}*(RESO_j - \overline{RESO}_.) + u_{0j} + r_{ij}$$

Random level-1 coefficient 階層一隨機係數	Reliability estimate 信度估計值
INTRCPT1, β_0	0.916

截距係數信度估計值為 0.916。

Final estimation of fixed effects（最後固定效果估計值）

Fixed Effect 固定效果	Coefficient 係數	Standard error 標準誤	t-ratio t 值	Approx. d.f. 自由度	p-value p 值
For INTRCPT1, β_0					
INTRCPT2, γ_{00}	61.847006	2.433039	25.420	15	< 0.001
RESO, γ_{01}	0.585293	0.162553	3.601	15	0.003

學校圖書資源對各校學生平均閱讀成就有顯著正向的影響作用，學校圖書資源對各校學生平均閱讀成就影響的係數為 0.585（$\gamma_{01} = 0.585$），標準誤為 0.163，達統計顯著水準（$t(15) = 3.601$，$p < .01$），由於係數值為正，表示學校圖書資源愈豐富，該校平均閱讀成就愈高，學校圖書資源愈貧乏，該校平均閱讀成就愈低。

Final estimation of variance components（最後變異成分估計值）

Random Effect 隨機效果	Standard Deviation 標準差	Variance Component 變異數	d.f. 自由度	χ^2 卡方值	p-value p 值
INTRCPT1, μ_0	9.60103	92.17974	15	177.46985	< 0.001
level-1, r	11.33990	128.59325			

Deviance = 2038.912786

與零模型估計結果之變異成分相比較，學校圖書資源可以解釋各個學校平均閱讀成就的差異變異有 45.0% [(167.483-92.180)÷167.483=45.0%]，表示學校圖書資源的多寡可以解釋各校平均閱讀成就的變異為 45.0%，可見造成各校平均閱讀成就間的差異除了學校圖書資源變因外，尚有其他的變因存在，這些變因可能是個體層次的變項，也可能是總體層次的變項。控制學校圖書資源總體層次變因的影響後，各學校間平均閱讀成就平均值間仍有顯著差異，$\tau_{00} = 92.180$，$\chi^2(15) = 177.470$（$p < .001$），達到統計顯著水準，組內相關係數 ICC $= \rho = \dfrac{\tau_{00}}{\tau_{00} + \sigma^2} = \dfrac{92.180}{92.180+128.593} = 0.418 = 41.8\%$，第二層的學校圖書資源總體層次變因自變項可以讓組內相關係數從 0.566 下降至 0.418，控制學校圖書資源總體層次變因的影響後，學生閱讀成就的總變異量中有 14.8% 的變異是由學校內差異造成的。

以平均數為結果變項模型（截距模型）中，總體層次學校圖書資源變項採用未平減及總平減之模型差異，主要在於固定效果的截距項估計值，前者截距平均數為 31.377，標準誤為 8.810（$t(15) = 3.562$，$p < .01$），後者截距平均數為 61.847，標準誤為 2.433（$t(15) = 25.420$，$p < .001$）。

（三）第二層解釋變項為學校平均閱讀時間（未平減）

Y_{ij}(閱讀成就) $= \beta_{0j} + \varepsilon_{ij}$

$\beta_{0j} = \gamma_{00} + \gamma_{01} \times Z_j$ (學校平均閱讀時間) $+ \mu_{0j}$

層次一模型（Level-1 Model）

$READ_{ij} = \beta_{0j} + r_{ij}$

層次二模型（Level-2 Model）

$\beta_{0j} = \gamma_{00} + \gamma_{01} \times (TIME\_M_j) + \mu_{0j}$

混合模型（Mixed Model）

$READ_{ij} = \gamma_{00} + \gamma_{01} \times TIME\_M_j + \mu_{0j} + r_{ij}$

層次二模式之 γ_{00} 為截距項參數，γ_{01} 是學校平均閱讀時間對 β_{0j} 的影響，殘差項 μ_{0j} 的變異數 τ_{00} 為「條件變異數」，表示的是控制學校平均閱讀時間後，學校層次 β_{0j} 的變異數。

多層次模式的實務應用

階層一模型、階層二模型的視窗界面如下：

File　Basic Settings　Other Settings　Run Analysis

| Outcome |
| Level-1 |
| >> Level-2 << |

INTRCPT2
TIME_M
HCUL_M
RESO
AREA
PATT

LEVEL 1 MODEL

$READ_{ij} = \beta_{0j} + r_{ij}$

LEVEL 2 MODEL

$\beta_{0j} = \gamma_{00} + \gamma_{01}(TIME\_M_j) + u_{0j}$

Mixed Model

$READ_{ij} = \gamma_{00} + \gamma_{01}*TIME\_M_j + u_{0j} + r_{ij}$

Final estimation of fixed effects（最後固定效果估計值）

Fixed Effect 固定效果	Coefficient 係數	Standard error 標準誤	t-ratio t 值	Approx. $d.f.$ 自由度	p-value p 值
For INTRCPT1, β_0					
INTRCPT2, γ_{00}	35.352337	2.937626	12.034	15	< 0.001
TIME_M, γ_{01}	7.615203	0.768160	9.914	15	< 0.001

　　學校平均閱讀時間對各校學生平均閱讀成就有顯著正向的影響作用，學校平均閱讀時間對各校學生平均閱讀成就影響的係數為 7.615（$\gamma_{01} = 7.615$），標準誤為 0.768，達統計顯著水準（$t(15) = 9.914$，$p < .001$），由於係數值為正，表示學校平均閱讀時間愈多，該校平均閱讀成就愈高，學校平均閱讀時間愈少，該校平均閱讀成就愈低，學校平均閱讀時間與學校平均閱讀成就間有顯著的正向關係，虛無假設：$\gamma_{01} = 0$，檢定統計量 t 值 $= \dfrac{7.615}{0.768} = 9.914$（$p < .001$），拒絕虛無假設：$\gamma_{01} = 0$，$\gamma_{01}$ 係數值顯著不等於 0。

Final estimation of variance components（最後變異成分估計值）

Random Effect 隨機效果	Standard Deviation 標準差	Variance Component 變異數	d.f. 自由度	χ^2 卡方值	p-value p 值
INTRCPT1, μ_0	4.04288	16.34488	15	44.00093	< 0.001
level-1, r	11.34074	128.61249			

Deviance = 2013.426599

　　與零模型估計結果之變異成分相比較，學校平均閱讀時間可以解釋各個學校平均閱讀成就間的變異有 90.2%（$\dfrac{167.483 - 16.345}{167.483} = 90.2\%$），表示學校平均閱讀時間的多寡可以解釋各校平均閱讀成就差異的變異為 90.2%，可見造成各校平均閱讀成就間的差異除了學校閱讀時間變因外，尚有其他較少比例變因存在，這些變因可能是個體層次的變項，也可能是總體層次的變項。$\tau_{00} = 16.345$，$\chi^2(15) = 44.001$（$p < .001$），達到統計顯著水準，控制學校平均閱讀時間總體層次變因的影響後，各學校間平均閱讀成就平均值間仍有顯著差異，學校之間在閱讀成就平均值上的差異還有其他無法解釋的變異存在（還有其他變項可以解釋），條件組內相關（conditional intraclass correlation）係數 ICC $= \rho = \dfrac{\tau_{00}}{\tau_{00} + \sigma^2} = \dfrac{16.345}{16.345 + 128.612}$ $= 0.088 = 8.8\%$，第二層的學校閱讀時間總體層次變因自變項可以讓組內相關係數從 0.566 下降至 0.088，截距模型與零模型相比較，階層二的學校平均閱讀時間自變項，可以讓內在組別相關係數大幅下降。當各校平均閱讀時間都相同時，閱讀成就的變總異量中，可以由學校間（群組間）解釋的變異只剩 8.8%。

以平均數為結果模型摘要表（層次二的解釋變項為學校平均閱讀時間）

固定效果	係數	t 值
β_0 截距		
階層二學生閱讀成就之整體平均值 γ_{00}	35.352	12.034***
學校閱讀時間對各校平均閱讀成就之影響 γ_{01}	7.615	9.914***
隨機效果	**變異數**	**χ^2 值**
階層二學校間平均閱讀成就之差異 μ_{0j}（τ_{00}）	16.345	44.001***
第一層學校內平均閱讀成就分數 ε_{ij}（σ^2）	128.612	

離異係數 (−2LL) = 2013.427、*** $p < .001$

（四）階層二的自變項為學校平均家庭文化資本

$$Y_{ij}(\text{閱讀成就}) = \beta_{0j} + \varepsilon_{ij}$$

$$\beta_{0j} = \gamma_{00} + \gamma_{01} \times Z_j (\text{學校平均家庭文化資本}) + \mu_{0j}$$

層次一模型（Level-1 Model）

$$READ_{ij} = \beta_{0j} + r_{ij}$$

層次二模型（Level-2 Model）

$$\beta_{0j} = \gamma_{00} + \gamma_{01} \times (HCUL\_M_j) + \mu_{0j}$$

混合模型（Mixed Model）

$$READ_{ij} = \gamma_{00} + \gamma_{01} \times HCUL\_M_j + \mu_{0j} + r_{ij}$$

層次二模式之 γ_{00} 為截距項參數，γ_{01} 是學校平均閱讀時間對 β_{0j} 的影響，殘差項 μ_{0j} 的變異數 τ_{00} 稱為條件變異數，表示的是控制學校平均閱讀時間後，學校層次 β_{0j} 的變異數。

階層一模型、階層二模型的視窗界面如下：

Final estimation of fixed effects（最後固定效果估計值）

Fixed Effect 固定效果	Coefficient 係數	Standard error 標準誤	t-ratio t 值	Approx. $d.f.$ 自由度	p-value p 值
For INTRCPT1, β_0					
INTRCPT2, γ_{00}	27.420413	3.653850	7.505	15	< 0.001
HCUL_M, γ_{01}	6.840139	0.684654	9.991	15	< 0.001

　　$\gamma_{01} = 6.840$（$p < .001$），表示學校平均家庭文化資本對各校學生平均閱讀成就有顯著正向的影響作用，學校平均家庭文化資本對各校學生平均閱讀成就影響的係數為 6.840，由於係數值為正，表示學校平均家庭文化資本愈多，該校平均閱讀成就愈高，學校平均家庭文化資本愈少，該校平均閱讀成就愈低。

Final estimation of variance components（最後變異成分估計值）

Random Effect 隨機效果	Standard Deviation 標準差	Variance Component 變異數	$d.f.$ 自由度	χ^2 卡方值	p-value p 值
INTRCPT1, μ_0	4.00126	16.01006	15	43.40848	< 0.001
level-1, r	11.34025	128.60126			

Deviance = 2013.413478

　　與零模型估計結果之變異成分相比較，學校平均家庭文化資本可以解釋各個學校平均閱讀成就間的變異有 90.4%（$\frac{167.483 - 16.010}{167.483} = 0.904$），表示學校平均家庭文化資本的多寡可以解釋各校平均閱讀成就差異的變異為 90.4%，可見造成各校平均閱讀成就間的差異除了學校家庭文化資本變因外，尚有其他較少比例變因存在，這些變因可能是個體層次的變項，也可能是總體層次的變項。τ_{00} =16.010，$\chi^2(15) = 43.408$（$p < .001$），達到統計顯著水準，控制學校平均家庭文化資本總體層次變因的影響後，各學校間平均閱讀成就平均值間仍有顯著差異，學校之間在閱讀成就平均值上的差異還有其他無法解釋的變異存在（還有其他變項可以解釋），條件組內相關（conditional intraclass correlation）係數 ICC = ρ = $\frac{\tau_{00}}{\tau_{00} + \sigma^2} = \frac{13.010}{13.010 + 128.601} = 0.092 = 9.2\%$，第二層的學校家庭文化資本總體層次變因自變項可以讓組內相關係數從 0.566 下降至 0.092，截距模型與零模型相比較，

階層二的學校平均家庭文化資本自變項，可以讓內在組別相關係數大幅下降，當各校平均家庭文化資本都相同時，閱讀成就的總變異量中，可以由學校間（群組間）解釋的變異只剩 9.2%。

以平均數為結果模型摘要表（層次二的解釋變項為學校平均家庭文化資本）

固定效果	係數	t 值
β_0 截距		
階層二學生閱讀成就之整體平均值 γ_{00}	27.420	7.505***
學校家庭文化資本對各校平均閱讀成就之影響 γ_{01}	6.840	9.991***
隨機效果	變異數	χ^2 值
階層二學校間平均閱讀成就之差異 μ_{0j}（τ_{00}）	16.010	43.408***
第一層學校內平均閱讀成就分數 ε_{ij}（σ^2）	128.601	

離異係數 $(-2LL) = 2013.413$、*** $p < .001$

（五）以平均數為結果變項的迴歸模型──三個總體層次解釋變項

階層二的自變項為學校平均閱讀時間、平均家庭文化資本、學校圖書資源三個總體層次變項。

模式界定摘要如下：

層次一模型（Level-1 Model）

$READ_{ij} = \beta_{0j} + r_{ij}$

層次二模型（Level-2 Model）

$\beta_{0j} = \gamma_{00} + \gamma_{01} \times (TIME\_M_j) + \gamma_{02} \times (HCUL\_M_j) + \gamma_{03} \times (RESO_j) + \mu_{0j}$

混合模型（Mixed Model）

$READ_{ij} = \gamma_{00} + \gamma_{01} \times TIME\_M_j + \gamma_{02} \times HCUL\_M_j + \gamma_{03} \times RESO_j + \mu_{0j} + r_{ij}$

$READ_{ij}$ 為第 j 所學校第 i 位學生的閱讀成就，β_{0j} 為第 j 所學校的平均閱讀成就分數，層次二模式之 γ_{00} 為截距項參數，為各所學校平均閱讀成就的總平均值，γ_{01} 是學校平均閱讀時間對 β_{0j} 的影響（對學校平均閱讀成就的影響），γ_{02} 是學校平均家庭文化資本對 β_{0j} 的影響（對學校平均閱讀成就的影響），γ_{03} 是學校平均

圖書資源對 β_{0j} 的影響（對學校平均閱讀成就的影響），殘差項 μ_{0j}（條件變異數 τ_{00}），表示的是第 j 所學校平均閱讀成就分數與整體閱讀成就分數間之差異量。

階層一模型、階層二模型的視窗界面如下：

File Basic Settings Other Settings Run Analysis Help

| Outcome |
| Level-1 |
| >> Level-2 << |
| INTRCPT2 |
| TIME_M |
| HCUL_M |
| RESO |
| AREA |
| PATT |

LEVEL 1 MODEL

$READ_{ij} = \beta_{0j} + r_{ij}$

LEVEL 2 MODEL

$\beta_{0j} = \gamma_{00} + \gamma_{01}(TIME\_M_j) + \gamma_{02}(HCUL\_M_j) + \gamma_{03}(RESO_j) + u_{0j}$

Mixed Model

$READ_{ij} = \gamma_{0c} + \gamma_{01}*TIME\_M_j + \gamma_{02}*HCUL\_M_j + \gamma_{03}*RESC_j + u_{0j} + r_{ij}$

Final estimation of fixed effects（最後固定效果估計值）

Fixed Effect 固定效果	Coefficient 係數	Standard error 標準誤	t-ratio t 值	Approx. $d.f.$ 自由度	p-value p 值
For INTRCPT1, β_0					
INTRCPT2, γ_{00}	27.552220	3.352279	8.219	13	< 0.001
TIME_M, γ_{01}	4.005671	1.125243	3.560	13	0.003
HCUL_M, γ_{02}	3.362230	1.084988	3.099	13	0.008
RESO, γ_{03}	0.065643	0.080442	0.816	13	0.429

固定效果的三個係數估計值分別是 $\gamma_{01} = 4.006$（$p < .01$）、$\gamma_{02} = 3.362$（$p < .01$）、$\gamma_{03} = 0.066$（$p > .05$），三個總體層次的組織變項對學生閱讀成就的影響中，學校平均閱讀時間（*TIME_M*）、學校平均家庭文化資本（*HCUL_M*）的影響均達統計顯著水準，而學校圖書資源的影響則未達 .05 顯著水準，表示 γ_{03} 係數值顯著等於 0。γ_{01} 係數值為正，表示學校平均閱讀時間愈多，學校學生平均的閱讀成就愈高，學校平均閱讀時間愈少，學校學生平均的閱讀成就愈低；γ_{02} 係數值為正，表示學校平均家庭文化資本愈多，學校平均的閱讀成就愈高，學校平均家庭文化資本愈少，學校平均的閱讀成就愈低。

Final estimation of variance components（最後變異成分估計值）

Random Effect 隨機效果	Standard Deviation 標準差	Variance Component 變異數	d.f. 自由度	χ^2 卡方值	p-value p 值
INTRCPT1, μ_0	2.28284	5.21138	13	21.08491	0.071
level-1, r	11.34153	128.63032			

Statistics for current covariance components model
Deviance = 2003.862967

　　與零模型（隨機效果的單因子變異數分析模式）估計結果之變異成本相比較，以平均數為結果的模型模式可以解釋各個學校平均閱讀成就間的變異有 96.9%（$\frac{167.483 - 5.211}{167.483} = 0.969$），表示三個總體層次自變項可以解釋各校平均閱讀成就差異的變異為 96.9%，可見學校平均閱讀時間、學校平均家庭文化資本、學校圖書資源可以解釋各校平均閱讀成就間差異的大部分變異比例。$\tau_{00} = 5.211$，$\chi^2(13) = 21.085$（$p > .05$），未達 .05 統計顯著水準，控制學校平均閱讀時間、學校平均家庭文化資本、學校圖書資源等三個總體層次變因的影響後，各學校間平均閱讀成就平均值間即沒有顯著差異存在。條件組內相關（conditional intraclass correlation）係數 ICC $= \rho = \frac{\tau_{00}}{\tau_{00} + \sigma^2} = \frac{5.211}{5.211 + 128.630} = 0.039 = 3.9\%$，第二層的三個總體層次自變項可以讓組內相關係數從 0.566 下降至 0.039，截距模型與零模型相比較，階層二的三個總體層次自變項（學校平均閱讀時間、學校平均家庭文化資本、學校圖書資源），可以讓內在組別相關係數大幅下降，當各校平均閱讀時間、平均家庭文化資本、平均圖書資源都相同時，閱讀成就的總變異量中，可以由學校間（群組間）解釋的變異只剩 3.9%。

以平均數為結果模型摘要表（層次二有三個總體層次解釋變項）

固定效果	係數	t 值
β_0 截距		
階層二學生閱讀成就之整體平均值 γ_{00}	27.552	8.219***
學校閱讀時間對各校平均閱讀成就之影響 γ_{01}	4.006	3.560**
學校家庭文化資本對各校平均閱讀成就之影響 γ_{02}	3.362	3.099**
學校圖書資源對各校平均閱讀成就之影響 γ_{03}	0.066	0.816ns
隨機效果	變異數	χ^2 值
階層二學校間平均閱讀成就之差異 μ_{0j}（τ_{00}）	5.211	21.085ns
第一層學校內平均閱讀成就分數 ε_{ij}（σ^2）	128.630	

離異係數 $(-2LL) = 2003.863$、$ns\ p > .05$、$**p < .01$、$***\ p < .001$

 八、完整模型

Y_{ij}（閱讀成就）$= \beta_{0j} + \beta_{1j} \times X_{ij}$（閱讀時間）$+ \varepsilon_{ij}$

$\beta_{0j} = \gamma_{00} + \gamma_{01} \times Z_{1j}$（學校圖書資源）$+ \mu_{0j}$

$\beta_{1j} = \gamma_{10} + \gamma_{11} \times Z_{1j}$（學校圖書資源）$+ \mu_{1j}$

模式界定摘要（Summary of the model specified）說明如下：

總體層次的解釋變項學校圖書資源經總平均數中心化處理、個體層次解釋變項閱讀時間經總平均數中心化處理。

RESO has been centered around the grand mean.（學校圖書資源變項經總平減轉換）

TIME has been centered around the grand mean.（閱讀時間個體變項經總平減轉換）

層次一模型（Level-1 Model）

$READ_{ij} = \beta_{0j} + \beta_{1j}(TIME_{ij} - \overline{TIME_{..}}) + r_{ij}$

層次二模型（Level-2 Model）

$\beta_{0j} = \gamma_{00} + \gamma_{01} \times (RESO_j - \overline{RESO_{.}}) + \mu_{0j}$

$\beta_{1j} = \gamma_{10} + \gamma_{11} \times (RESO_j - \overline{RESO_{.}}) + \mu_{1j}$

混合模型（Mixed Model）

$READ_{ij} = \gamma_{00} + \gamma_{01} \times (RESO_j - \overline{RESO_{.}}) + \gamma_{10} \times (TIME_{ij} - \overline{TIME_{..}}) + \gamma_{11} \times (RESO_j - \overline{RESO_{.}})$
$\times (TIME_{ij} - \overline{TIME_{..}}) + \mu_{0j} + \mu_{1j} \times (TIME_{ij} - \overline{TIME_{..}}) + r_{ij}$

多層次模式的實務應用

在零模型視窗界面中，切換到階層一（>>Level-1<<）變數清單，點選變項「TIME」（學生閱讀時間），選取「add variable grand centered」選項（增列的變項經總平均數中心化轉換），表示解釋變項經總平減轉換。

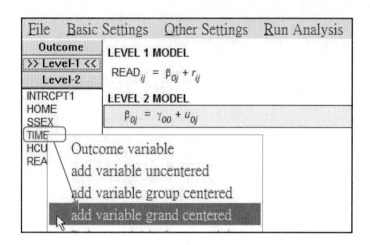

切換到階層二（>>Level-2<<）變數清單，選取「$\beta_{0j} = \gamma_{00} + \mu_{0j}$」截距項列，點選「RESO」變項（學校圖書資源），選取「add variable grand centered」選項（增列的變項經總平均數中心化轉換），表示解釋變項經總平減轉換。

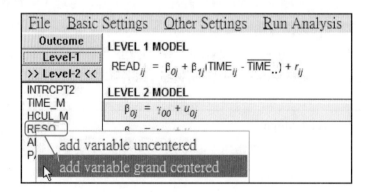

切換到階層二（>>Level-2<<）變數清單，選取「$\beta_{1j} = \gamma_{10} + \mu_{0j}$」斜率係數項列，將斜率列方式由固定效果切換為隨機效果，點選「RESO」變項（學校圖書資源），選取「add variable grand centered」選項（增列的變項經總平均數中心化轉換），表示解釋變項經總平減轉換。

File   Basic Settings   Other Settings   Run Analysis

Outcome
Level-1
>> Level-2 <<
INTRCPT2
TIME_M
HCUL_M
RESO

LEVEL 1 MODEL

$READ_{ij} = \beta_{0j} + \beta_{1j}(TIME_{ij} - \overline{TIME}..) + r_{ij}$

LEVEL 2 MODEL

$\beta_{0j} = \gamma_{00} + \gamma_{01}(RESO_j - \overline{RESO}.) + u_{0j}$

$\beta_{1j} = \gamma_{10} + u_{1j}$

add variable uncentered

add variable grand centered

Delete variable from model

階層一模型、階層二模型的視窗界面如下：

File   Basic Settings   Other Settings   Run Analysis   Help

Outcome
Level-1
>> Level-2 <<
INTRCPT2
TIME_M
HCUL_M
RESO
AREA
PATT

LEVEL 1 MODEL

$READ_{ij} = \beta_{0j} + \beta_{1j}(TIME_{ij} - \overline{TIME}..) + r_{ij}$

LEVEL 2 MODEL

$\beta_{0j} = \gamma_{00} + \gamma_{01}(RESO_j - \overline{RESO}.) + u_{0j}$

$\beta_{1j} = \gamma_{10} + \gamma_{11}(RESO_j - \overline{RESO}.) + u_{1j}$

Mixed Model

$READ_{ij} = \gamma_{0C} + \gamma_{01}*(RESO_j - \overline{RESO}.) + \gamma_{1C}*(TIME_{ij} - \overline{TIME}..) +$
$\gamma_{11}*(RESO_j - \overline{RESO}.)*(TIME_{ij} - \overline{TIME}..) + u_{0j} + u_{1j}*(TIME_{ij} - \overline{TIME}..) + r_{ij}$

Final estimation of fixed effects（最後固定效果估計值）

Fixed Effect 固定效果	Coefficient 係數	Standard error 標準誤	t-ratio t 值	Approx. $d.f.$ 自由度	p-value p 值
For INTRCPT1, β_0					
INTRCPT2, γ_{00}	63.295669	0.951347	66.533	15	< 0.001
RESO, γ_{01}	0.205656	0.064707	3.178	15	0.006
For TIME slope, β_1					
INTRCPT2, γ_{10}	5.187125	0.410435	12.638	15	< 0.001
RESO, γ_{11}	−0.044416	0.027506	−1.615	15	0.127

$\gamma_{00} = 63.296$，表示控制學校圖書資源變項後，解釋變項閱讀時間預測閱讀成就結果變項截距參數，全部學生調整後總平均閱讀成就分數為 63.296。總體層次學校圖書資源對第一層各校平均閱讀成就的影響達到顯著（$\gamma_{01} = 0.206$，$p < .01$），各校圖書資源愈豐富，平均學生之閱讀成就較高，各校圖書資源愈缺乏，平均學生之閱讀成就較低。控制學校圖書資源變項的影響，學生閱讀時間對閱讀成就影響的效果達到顯著（$\gamma_{10} = 5.187$，$p < .001$），學生每週閱讀時間增加一小時，閱讀成就分數可提高 5.187 分。$\gamma_{11} = -0.044$（$p > .05$），未達統計顯著水準，表示學校圖書資源變項對「閱讀時間正向影響閱讀成就預測效果」未有顯著的影響力，γ_{11}係數是總體層次與個體層次的跨層次交互作用項，若是 γ_{11} 達到統計顯著水準，表示「學校圖書資源」總體變項對「學生閱讀時間對閱讀成就的影響」有顯著的影響力，或「學校圖書資源」總體變項對「學生閱讀時間與閱讀成就間的關係」有顯著的影響作用，此時如果學生閱讀時間對閱讀成就影響的直接效果也達統計顯著水準，表示「學校圖書資源」總體變項對「學生閱讀時間與閱讀成就間的影響力」具有調節作用。

Final estimation of variance components（最後變異成分估計值）

Random Effect 隨機效果	Standard Deviation 標準差	Variance Component 變異數	d.f. 自由度	χ^2 卡方值	p-value p 值
INTRCPT1, μ_0	3.19592	10.21389	15	42.00906	< 0.001
TIME slope, μ_1	1.41164	1.99274	15	43.31349	< 0.001
level-1, r	6.54367	42.81965			

Deviance = 1759.642725

截距變異數 $\tau_{00} = 10.214$，$\chi^2(15) = 42.009$（$p < .001$），達到統計顯著水準，控制學校圖書資源總體層次變因的影響後，各校學生閱讀成就平均分數間有顯著的不同，斜率變異數 $\tau_{11} = 1.992$，$\chi^2(15) = 43.313$（$p < .001$），達到統計顯著水準，控制學校圖書資源總體層次變因的影響後，各校以閱讀時間預測閱讀成就結果變項的斜率也有顯著差異存在。

與平均數為結果的模型相比較，學校間平均閱讀成就的變異數由 92.178 下降至 10.214，代表階層一模型加以「每週閱讀時間」解釋變項後，可以解釋學生閱讀成就的變異量有 $\dfrac{92.178 - 10.241}{92.178} = .889 = 88.9\%$，因而完整模型比以截距模型更

為適切,從離異係數的變化來看,截距模型的離異係數(−2LL)值為 2038.913,完整模型的離異係數(−2LL)值為 1759.643,離異係數相差甚大,完整模型的適配度顯著的優於截距模型。

截距模型第一層誤差項的變異數 $\sigma^2 = 128.593$,完整模型第一層誤差項的變異數 $\sigma^2 = 42.820$,減少的變異百分比為 $\frac{128.593 - 42.820}{128.593} = 66.7\%$,控制學校圖書資源的影響後,學生每週閱讀時間自變項可以解釋學校之內閱讀成就 66.7% 的變異量。

九、跨層次交互作用檢定模型

(一)跨層次交互作用檢定一

個體層次為學生閱讀時間(TIME)、家庭文化資本(HCUL)解釋變項,總體層次的解釋變項為學校所在地區(AREA)。研究問題在於探討「學校所在地區」對於「學生閱讀時間與其閱讀成就的關係」是否有顯著影響作用?「學校所在地區」對於「學生家庭文化資本與其閱讀成就的關係」是否有顯著影響作用?

層次一模型(Level-1 Model)

$READ_{ij} = \beta_{0j} + \beta_{1j} (TIME_{ij}) + \beta_{1j} (HCUL_{ij}) + r_{ij}$

層次二模型(Level-2 Model)

$\beta_{0j} = \gamma_{00} + \gamma_{01} \times (TIME\_M_j) + \gamma_{02} \times (HCUL\_M_j) + \gamma_{03} \times (AREA_j) + \mu_{0j}$

$\beta_{1j} = \gamma_{10} + \gamma_{11} \times (AREA_j) + \mu_{1j}$

$\beta_{2j} = \gamma_{20} + \gamma_{21} \times (AREA_j) + \mu_{2j}$

混合模型(Mixed Model)

$READ_{ij} = \gamma_{00} + \gamma_{01} \times (TIME\_M_j) + \gamma_{02} \times (HCUL\_M_j) + \gamma_{03} \times (AREA_j) + \gamma_{10} \times TIME_{ij}$
$\qquad + \gamma_{11} \times AREA_j \times TIME_{ij} + \gamma_{20} \times HCUL_{ij} + \gamma_{21} \times AREA_j \times HCUL_{ij} + \mu_{0j}$
$\qquad + \mu_{1j} \times TIME_{ij} + \mu_{2j} \times HCUL_{ij} + r_{ij}$

混合模型:$\gamma_{11} \times (AREA_j) \times (TIME_{ij})$、$\gamma_{21} \times AREA_j \times HCUL_{ij}$ 為總體層次變項與個體層次變項的跨層次交互作用效果,γ_{11}、γ_{21} 為跨層次交互作用效果係數,如果係數值達統計顯著水準,表示跨層次交互作用效果顯著。

階層一模型、階層二模型的視窗界面如下：

File　Basic Settings　Other Settings　Run Analysis　Help

| Outcome |
| Level-1 |
| >> Level-2 << |
| INTRCPT2 |
| TIME_M |
| HCUL_M |
| RESO |
| AREA |
| PATT |

LEVEL 1 MODEL

$READ_{ij} = \beta_{0j} + \beta_{1j}(TIME_{ij}) + \beta_{2j}(HCUL_{ij}) + r_{ij}$

LEVEL 2 MODEL

$\beta_{0j} = \gamma_{00} + \gamma_{01}(TIME\_M_j) + \gamma_{02}(HCUL\_M_j) + \gamma_{03}(AREA_j) + u_{0j}$

$\beta_{1j} = \gamma_{10} + \gamma_{11}(AREA_j) + u_{1j}$

$\beta_{2j} = \gamma_{20} + \gamma_{21}(AREA_j) + u_{2j}$

Mixed

Mixed Model

$READ_{ij} = \gamma_{0c} + \gamma_{01}*TIME\_M_j + \gamma_{02}*HCUL\_M_j + \gamma_{03}*AREA_j + \gamma_{1c}*TIME_{ij} + \gamma_{11}*AREA_j*TIME_{ij} + \gamma_{2c}*HCUL_{ij} + \gamma_{21}*AREA_j*HCUL_{ij} + u_{0j} + u_{1j}*TIME_{ij} + u_{2j}*HCUL_{ij} + r_{ij}$

Final estimation of fixed effects（最後固定效果估計值）

Fixed Effect 固定效果	Coefficient 係數	Standard error 標準誤	*t*-ratio *t* 值	Approx. *d.f.* 自由度	*p*-value *p* 值
For INTRCPT1, β_0					
INTRCPT2, γ_{00}	30.743071	3.262389	9.423	13	< 0.001
TIME_M, γ_{01}	1.127538	0.941660	1.197	13	0.253
HCUL_M, γ_{02}	0.926284	0.877358	1.056	13	0.310
AREA, γ_{03}	7.222218	4.095304	1.764	13	0.101
For TIME slope, β_1					
INTRCPT2, γ_{10}	5.086164	0.568307	8.950	15	< 0.001
AREA, γ_{11}	−1.788139	0.701284	−2.550	15	0.022
For HCUL slope, β_2					
INTRCPT2, γ_{20}	1.218387	0.385058	3.164	15	0.006
AREA, γ_{21}	−0.118518	0.487729	−0.243	15	0.811

　　個體層次變項學生閱讀時間、家庭文化資本與學校層次所在地區變項對學生閱讀成就影響之跨層次交互作用項係數為 γ_{11}、γ_{21}，γ_{11} 為學校所在地區對「學生每週閱讀時間對閱讀成就影響之平均值」的影響力，「學生每週閱讀時間對閱讀成就影響之平均值」為 5.086（$\gamma_{10} = 5.086$，$t(15) = 8.950$，$p < .001$），達統計顯著水準，

此平均斜率係數又受到「學校所在地區」的影響,「學校所在地區」總體層次變項與「學生每週閱讀時間」個體層次變項的跨層次交互作用達到 .05 顯著水準(γ_{11} = -1.788,$t(15)$ = -2.550,$p < .05$)。γ_{21} 為學校所在地區對「學生家庭文化資本對閱讀成就影響之平均值」的影響力,「學生家庭文化資本對閱讀成就影響之平均值」為 1.218(γ_{20} = 1.218,$t(15)$ = 3.164,$p < .01$),達統計顯著水準,但此平均斜率係數並沒有再受到「學校所在地區」的影響,「學校所在地區」總體層次變項與「學生家庭文化資本」個體層次變項對閱讀成就影響的跨層次交互作用效果未達 .05 顯著水準(γ_{21} = -0.119,$t(15)$ = -0.243,$p > .05$)。

Final estimation of variance components(最後變異成分估計值)

Random Effect 隨機效果	Standard Deviation 標準差	Variance Component 變異數	d.f. 自由度	χ^2 卡方值	p-value p 值
INTRCPT1, μ_0	6.63278	43.99372	13	57.32374	< 0.001
TIME slope, μ_1	0.91800	0.84272	15	28.36601	0.019
HCUL slope, μ_2	0.60675	0.36815	15	26.29901	0.035
level-1, r	5.98770	35.85260			

Deviance = 1694.939614

階層一的誤差項變異數 σ^2 = 35.853,階層二模型三個誤差項變異數分別為:τ_{00} = 43.994($p < .001$)、τ_{11} = 0.843($p < .05$)、τ_{22} = 0.368($p < .05$)。

多層次模式的實務應用

跨層級變項交互效果摘要表（總體變項為學校所在地區）

固定效果	係數	t 值
β_0 截距		
階層二學生閱讀成就之整體平均值 γ_{00}	30.743	9.423***
脈絡變項		
各校平均閱讀時間對閱讀成就影響平均值 γ_{01}	1.128	1.197ns
各校平均家庭文化資本對閱讀成就影響平均值 γ_{02}	0.926	1.056ns
學校地區對閱讀成就影響平均值 γ_{03}	7.222	1.764ns
斜率 β_1		
閱讀時間對閱讀成就影響之平均值 γ_{10}	5.086	8.950***
學校地區－閱讀時間對閱讀成就影響之平均值 γ_{11}	−1.788	−2.550*
斜率 β_2		
家庭文化資本對閱讀成就影響之平均值 γ_{20}	1.218	3.164**
學校地區－家庭文化資本對閱讀成就影響之平均值 γ_{21}	−0.119	−0.243ns
隨機效果	變異數	χ^2 值
階層二學校間平均閱讀成就之差異 τ_{00}	43.994	57.324***
學校間閱讀時間對閱讀成就影響之差異 τ_{11}	0.843	28.366*
學校間家庭文化資本對閱讀成就影響之差異 τ_{22}	0.368	26.299*
第一層學校內平均閱讀成就分數 σ^2	35.853	

離異係數 (−2LL) = 1735.929、ns $p > .05$、* $p < .05$、** $p < .01$、*** $p < .001$

　　從以上跨層級交互作用效果摘要表中可以發現：γ_{10} = 5.086（$p < .001$），t 值統計量為 8.950，達到 .05 顯著水準，表示閱讀時間對閱讀成就有顯著的影響效果，係數值為正，表示閱讀時間愈多，學生的閱讀成就愈高，學生每週平均閱讀時間增加一個單位，閱讀成就可提高 5.086 分；總體層次解釋變項學校地區（都會地區與非都會地區）對「閱讀時間對閱讀成就影響」之影響效果（γ_{11}）也達顯著，γ_{11} = −1.788（$p < .05$），t 值為 −2.550，達統計顯著水準，由於 γ_{10} 係數估計值達到 .05 顯著水準，γ_{11} 係數估計值也達到 .05 顯著水準，表示總體層次變項「學校所在地區」具有調節「閱讀時間對閱讀成就影響」的作用，非都會地區學校之「閱讀時間對閱讀成就影響」的效果明顯小於都會地區學校之「閱讀時間對閱讀成就影響」的效果。

　　家庭文化資本對閱讀成就的影響達 .05 顯著水準（γ_{20} = 1.218，$p < .01$），學生家庭文化資本增加一個單位，學生的閱讀成就分數就提高 1.218 分，家庭文化資

本愈豐富，學生的閱讀成就愈高，總體層次變項「學校地區」對「家庭文化資本
對閱讀成就影響」未達 .05 顯著水準（$\gamma_{21} = -0.119$，$p > .05$），表示解釋變項「學
校所在地區」與「家庭文化資本對閱讀成就影響」二個交互作用並不顯著，「學
校所在地區」總體層次變項對「家庭文化資本對閱讀成就影響」不具有調節作用
的效果。

　　脈絡效果模型增列總體層次學校地區變項外，學校間平均閱讀成就之差異（τ_{00}
= 43.994，$p < .001$）也達統計顯著水準，表示控制平均學校閱讀時間、平均家庭
文化資本、學校地區變項後，學校間平均閱讀成就還有顯著不同。

　　學校間閱讀時間對閱讀成就影響之差異變異數達統計顯著水準（$\tau_{11} = 0.843$，
$p < .05$），閱讀時間對閱讀成就影響之影響作用有顯著的學校間差異存在；學校間
家庭文化資本對閱讀成就影響之差異變異數達統計顯著水準（$\tau_{22} = 0.368$，$p < .05$），
家庭文化資本對閱讀成就影響之影響作用有顯著的學校間差異存在。

（二）跨層次交互作用檢定二

　　個體層次為學生閱讀時間（TIME）、家庭文化資本（HCUL）解釋變項，總
體層次的解釋變項為學校圖書資源（RESO）。研究問題在於探討「學校圖書資源」
對於「學生閱讀時間與其閱讀成就的關係」是否有顯著影響作用，或「學校圖書
資源」對「學生閱讀時間對閱讀成就的影響」是否有顯著影響力？「學校圖書資
源」對於「學生家庭文化資本與其閱讀成就的關係」是否有顯著影響作用，或「學
校圖書資源」對「學生家庭文化資本對閱讀成就的影響」是否有顯著影響力？

多層次模式的實務應用

層次一模型（Level-1 Model）

$READ_{ij} = \beta_{0j} + \beta_{1j} \times (TIME_{ij}) + \beta_{1j} \times (HCUL_{ij}) + r_{ij}$

層次二模型（Level-2 Model）

$\beta_{0j} = \gamma_{00} + \gamma_{01} \times (TIME\_M_j) + \gamma_{02} \times (HCUL\_M_j) + \gamma_{03} \times (RESO_j) + \mu_{0j}$

$\beta_{1j} = \gamma_{10} + \gamma_{11} \times (RESO_j) + \mu_{1j}$

$\beta_{2j} = \gamma_{20} + \gamma_{21} \times (RESO_j) + \mu_{2j}$

混合模型（Mixed Model）

$READ_{ij} = \gamma_{00} + \gamma_{01} \times (TIME\_M_j) + \gamma_{02} \times (HCUL\_M_j) + \gamma_{03} \times (RESO_j) + \gamma_{10} \times (TIME_{ij})$
$\quad + \gamma_{11} \times RESO_j \times TIME_{ij} + \gamma_{20} \times HCUL_{ij} + \gamma_{21} \times RESO_j \times HCUL_{ij} + \mu_{0j}$
$\quad + \mu_{1j} \times TIME_{ij} + \mu_{2j} \times HCUL_{ij} + r_{ij}$

混合模型中 $\gamma_{11} \times RESO_j \times TIME_{ij}$、$\gamma_{21} \times RESO_j \times HCUL_{ij}$ 為總體層次變項 $RESO_j$ 與個體層次變項 $TIME_{ij}$ 的跨層次交互作用效果，γ_{11}、γ_{21} 為跨層次交互作用效果係數，如果係數值達統計顯著水準，表示跨層次交互作用效果顯著。

階層一模型、階層二模型的視窗界面如下：

Final estimation of fixed effects（最後固定效果估計值）

Fixed Effect 固定效果	Coefficient 係數	Standard error 標準誤	t-ratio t 值	Approx. d.f. 自由度	p-value p 值
For INTRCPT1, β_0					
INTRCPT2, γ_{00}	29.237161	7.240256	4.038	13	0.001
TIME_M, γ_{01}	0.733752	0.940811	0.780	13	0.449
HCUL_M, γ_{02}	0.673318	0.864177	0.779	13	0.450
RESO, γ_{03}	0.147246	0.147636	0.997	13	0.337
For TIME slope, β_1					
INTRCPT2, γ_{10}	4.985390	1.603505	3.109	15	0.007
RESO, γ_{11}	−0.017741	0.027582	−0.643	15	0.530
For HCUL slope, β_2					
INTRCPT2, γ_{20}	1.260923	0.952326	1.324	15	0.205
RESO, γ_{21}	−0.001157	0.016564	−0.070	15	0.945

　　個體層次變項學生閱讀時間、家庭文化資本與學校層次圖書資源變項對學生閱讀成就影響之跨層次交互作用項係數為 γ_{11}、γ_{21}，γ_{11} 為學校圖書資源對「學生每週閱讀時間對閱讀成就影響之平均值」的影響力，「學生每週閱讀時間對閱讀成就影響之平均值」為 4.985（$\gamma_{10} = 4.985$，$t(15) = 3.109$，$p < .01$），達統計顯著水準，此平均斜率係數並未受到「學校圖書資源」變項的影響，「學校圖書資源」總體層次變項與「學生每週閱讀時間」個體層次變項的跨層次交互作用未達 .05 顯著水準（$\gamma_{11} = -0.018$，$t(15) = -0.643$，$p > .05$）。γ_{21} 為學校圖書資源對「學生家庭文化資本對閱讀成就影響之平均值」的影響力，「學生家庭文化資本對閱讀成就影響之平均值」為 1.261（$\gamma_{20} = 1.261$，$t(15) = 1.324$，$p > .05$），未達統計顯著水準，此平均斜率係數也未受到「學校圖書資源」的影響，「學校圖書資源」總體層次變項與「學生家庭文化資本」個體層次變項對閱讀成就影響的跨層次交互作用未達 .05 顯著水準（$\gamma_{21} = -0.001$，$t(15) = -0.070$，$p > .05$）。

多層次模式的實務應用

Final estimation of variance components（最後變異成分估計值）

Random Effect 隨機效果	Standard Deviation 標準差	Variance Component 變異數	d.f. 自由度	χ^2 卡方值	p-value p 值
INTRCPT1, μ_0	7.50153	56.27295	13	68.10986	< 0.001
TIME slope, μ_1	1.13312	1.28396	15	31.72818	0.007
HCUL slope, μ_2	0.60027	0.36033	15	25.82131	0.040
level-1, r	5.99939	35.99267			

Statistics for current covariance components model
Deviance = 1720.105932

　　階層一的誤差項變異數 $\sigma^2 = 35.993$，階層二模型三個誤差項變異數分別為：τ_{00} = 56.273（$p < .001$）、τ_{11} = 1.284（$p < .01$）、τ_{22} = 0.360（$p < .05$）。

跨層級變項交互效果摘要表（總體變項為學校圖書資源）

固定效果	係數	t 值
β_0 截距		
階層二學生閱讀成就之整體平均值 γ_{00}	29.237	4.038**
脈絡變項		
各校平均閱讀時間對閱讀成就影響平均值 γ_{01}	0.734	0.780ns
各校平均家庭文化資本對閱讀成就影響平均值 γ_{02}	0.673	0.779ns
各校平均圖書資源資本對閱讀成就影響平均值 γ_{03}	0.147	0.997ns
斜率 β_1		
閱讀時間對閱讀成就影響之平均值 γ_{10}	4.985	3.109**
圖書資源－閱讀時間對閱讀成就影響之平均值 γ_{11}	−0.018	−0.643ns
斜率 β_2		
家庭文化資本對閱讀成就影響之平均值 γ_{20}	1.261	1.324ns
圖書資源－家庭文化資本對閱讀成就影響之平均值 γ_{21}	−0.001	−0.070ns
隨機效果	**變異數**	**χ^2 值**
階層二學校間平均閱讀成就之差異 τ_{00}	56.273	68.110***
學校間閱讀時間對閱讀成就影響之差異 τ_{11}	1.284	31.728**
學校間家庭文化資本對閱讀成就影響之差異 τ_{22}	0.360	25.821*
第一層學校內平均閱讀成就分數 σ^2	35.993	

離異係數 $(-2LL)$ = 1720.106、ns $p > .05$、* $p < .05$、** $p < .01$、*** $p < .001$

從上表固定效果中，γ_{10} = 4.985（p < .01），t 值統計量為 3.109，達到 .05 顯著水準，表示閱讀時間對閱讀成就有顯著的影響效果，係數值為正，顯示閱讀時間愈多，學生的閱讀成就愈高，每週平均閱讀時間增加一個單位，閱讀成就可提高 4.985 分；總體層次解釋變項學校平均圖書資源對「閱讀時間對閱讀成就影響」之影響效果（γ_{11}）則未達統計顯著水準，γ_{11} = −0.018（p > .05），t 值為 −0.643，雖然 γ_{10} 係數估計值達到 .05 顯著水準，但 γ_{11} 係數估計值並未達到 .05 顯著水準，表示總體層次變項「學校圖書資源」對「閱讀時間對閱讀成就影響」的作用未具有調節效果。

　　家庭文化資本對閱讀成就的影響未達 .05 顯著水準（γ_{20} = 1.261，p > .05），此外總體層次變項圖書資源對「家庭文化資本對閱讀成就影響」也未達 .05 顯著水準（γ_{21} = −0.001，p > .05），表示「圖書資源」與「家庭文化資本對閱讀成就影響」二個交互作用並不顯著，「圖書資源」總體層次變項對「家庭文化資本對閱讀成就影響」不具有調節作用效果。

（三）跨層次交互作用檢定三

　　個體層次為學生閱讀時間（TIME）、家庭文化資本（HCUL）解釋變項，總體層次的解釋變項為學校圖書資源（RESO）。研究問題在於探討「學校圖書資源」對於「學生閱讀時間與其閱讀成就的關係」是否有顯著影響作用，或「學校圖書資源」對「學生閱讀時間對閱讀成就的影響」是否有顯著影響力？

　　結果變項為學生閱讀成就。

層次一模型（Level-1 Model）

$READ_{ij}$ (閱讀成就)

$= \beta_{0j} + \beta_{1j} (TIME_{ij})($ 閱讀時間 $) + \beta_{1j} (HCUL_{ij})($ 家庭文化資本 $) + r_{ij}$

$READ_{ij} = \beta_{0j} + \beta_{1j} \times (TIME_{ij}) + \beta_{1j} \times (HCUL_{ij}) + r_{ij}$

層次二模型（Level-2 Model）

$\beta_{0j} = \gamma_{00} + \gamma_{01} \times (TIME\_M_j) + \gamma_{02} \times (HCUL\_M_j) + \gamma_{03} \times (RESO_j) + \mu_{0j}$

$\beta_{1j} = \gamma_{10} + \gamma_{11} \times (RESO_j) + \mu_{1j}$

$\beta_{2j} = \gamma_{20} + \mu_{2j}$

混合模型（Mixed Model）

$READ_{ij} = \gamma_{00} + \gamma_{01} \times (TIME\_M_j) + \gamma_{02} \times (HCUL\_M_j) + \gamma_{03} \times (RESO_j) + \gamma_{10} \times TIME_{ij}$

$\quad + \gamma_{11} \times RESO_j \times TIME_{ij} + \gamma_{20} \times HCUL_{ij} + \mu_{0j} + \mu_{1j} \times TIME_{ij} + \mu_{2j} \times HCUL_{ij}$

$\quad + r_{ij}$

　　混合模型中沒有「$\gamma_{21} \times RESO_j \times HCUL_{ij}$」項，表示模型中不進行「學校圖書資源」總體層次變項與「家庭文化資本」個體變項之跨層次交互作用的統計檢定，不探討「學校圖書資源」對「家庭文化資本對閱讀成就影響力」的影響結果（假定學校圖書資源與家庭文化資本是二個分開獨立不受互相影響的變因）。

　　階層一模型、階層二模型的視窗界面如下：

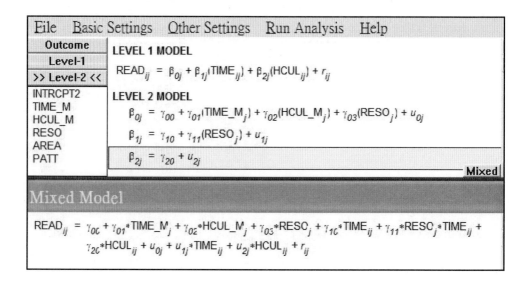

Final estimation of fixed effects（最後固定效果估計值）

Fixed Effect 固定效果	Coefficient 係數	Standard error 標準誤	t-ratio t 值	Approx. d.f. 自由度	p-value p 值
For INTRCPT1, β_0					
INTRCPT2, γ_{00}	29.298017	5.559684	5.270	13	< 0.001
TIME_M, γ_{01}	0.750082	0.962904	0.779	13	0.450
HCUL_M, γ_{02}	0.753607	0.880804	0.856	13	0.408
RESO, γ_{03}	0.137621	0.111910	1.230	13	0.241
For TIME slope, β_1					
INTRCPT2, γ_{10}	5.005681	1.555707	3.218	15	0.006
RESO, γ_{11}	−0.018035	0.026928	−0.670	15	0.513
For HCUL slope, β_2					
INTRCPT2, γ_{20}	1.187989	0.234973	5.056	16	< 0.001

γ_{11} 為學校圖書資源對「學生每週閱讀時間對閱讀成就影響之平均值」的影響力，「學生每週閱讀時間對閱讀成就影響之平均值」為 5.006，達統計顯著水準（γ_{10} = 5.006，$t(15) = 3.218$，$p < .01$），學生每週閱讀時間增加一個單位，閱讀成就分數可提高 5.006 單位，此平均斜率係數並未受到「學校圖書資源」變項的影響，「學校圖書資源」總體層次變項與「學生每週閱讀時間」個體層次變項的跨層次交互作用未達 .05 顯著水準（γ_{11} = −0.018，$t(15) = −0.670$，$p > .05$）。「學生家庭文化資本對閱讀成就影響之平均值」為 1.188，達統計顯著水準（γ_{20} = 1.188，$t(16) = 5.056$，$p < .001$），學生家庭文化資本對學生閱讀成就的影響為正向，當家庭文化資本增加一個單位，閱讀成就分數可提高 1.188 個單位。

Final estimation of variance components（最後變異成分估計值）

Random Effect 隨機效果	Standard Deviation 標準差	Variance Component 變異數	d.f. 自由度	χ^2 卡方值	p-value p 值
INTRCPT1, μ_0	7.26757	52.81764	13	66.85827	< 0.001
TIME slope, μ_1	1.11969	1.25370	15	31.77209	0.007
HCUL slope, μ_2	0.54040	0.29203	16	25.60486	0.060
level-1, r	5.99700	35.96402			

Deviance = 1711.887847

多層次模式的實務應用

階層一的誤差項變異數 $\sigma^2 = 35.964$，階層二模型三個誤差項變異數分別為：$\tau_{00} = 52.818$（$p < .001$）、$\tau_{11} = 1.254$（$p < .01$）、$\tau_{22} = 0.292$（$p > .05$）。τ_{11} 係數達到統計顯著水準，表示控制其餘解釋變項對學生閱讀成就的影響後，「學校間」閱讀時間對閱讀成就影響的平均斜率係數間還有顯著不同，τ_{22} 係數未達統計顯著水準，表示控制其餘解釋變項對學生閱讀成就的影響後，「學校間」家庭文化資本對閱讀成就影響的平均斜率係數間沒有顯著差異存在。

跨層級變項交互效果摘要表（總體變項為學校所在地區）

固定效果	係數	t 值
β_0 截距		
階層二學生閱讀成就之整體平均值 γ_{00}	29.298	5.270***
脈絡變項		
各校平均閱讀時間對閱讀成就影響平均值 γ_{01}	0.750	0.779*ns*
各校平均家庭文化資本對閱讀成就影響平均值 γ_{02}	0.754	0.856*ns*
各校平均圖書資源資本對閱讀成就影響平均值 γ_{03}	0.138	1.230*ns*
斜率 β_1		
閱讀時間對閱讀成就影響之平均值 γ_{10}	5.006	3.218**
圖書資源－閱讀時間對閱讀成就影響之平均值 γ_{11}	−0.018	−0.670*ns*
斜率 β_2		
家庭文化資本對閱讀成就影響之平均值 γ_{20}	1.188	5.056***
隨機效果	**變異數**	**χ^2 值**
階層二 學校間平均閱讀成就之差異 τ_{00}	52.818	66.858***
學校間閱讀時間對閱讀成就影響之差異 τ_{11}	1.254	31.772**
學校間家庭文化資本對閱讀成就影響之差異 τ_{22}	0.292	25.605*ns*
第一層學校內平均閱讀成就分數 σ^2	35.964	

離異係數 $(-2LL) = 1711.889$、 *ns p* > .05、 ** *p* < .01、 *** *p* < .001

（四）跨層次交互作用檢定四

個體層次為「學生閱讀時間」（TIME）、「家庭文化資本」（HCUL）」解釋變項，脈絡變項為「學校平均閱讀時間」（TIME_M）、「學校平均家庭文化資本」（HCUL_M），總體層次的解釋變項為「學校圖書資源」（RESO）、「學

校所在地區」（AREA）。研究問題在於探討：

1. 「學校圖書資源」對於「學生閱讀時間與學生閱讀成就的關係」是否有顯著影響作用？
2. 「學校圖書資源」對於「學生家庭文化資本與學生閱讀成就的關係」是否有顯著影響作用？
3. 「學校所在地區」對於「學生閱讀時間與學生閱讀成就的關係」是否有顯著影響作用？
4. 「學校所在地區」對於「學生家庭文化資本與學生閱讀成就的關係」是否有顯著影響作用？

　　階層一模式、階層二模式的視窗界面如下：

Outcome	**LEVEL 1 MODEL**
Level-1	$\text{READ}_{ij} = \beta_{0j} + \beta_{1j}(\text{TIME}_{ij}) + \beta_{2j}(\text{HCUL}_{ij}) + r_{ij}$
>> Level-2 <<	

LEVEL 2 MODEL

$$\beta_{0j} = \gamma_{00} + \gamma_{01}(\text{TIME\_M}_j) + \gamma_{02}(\text{HCUL\_M}_j) + \gamma_{03}(\text{RESO}_j) + \gamma_{04}(\text{AREA}_j) + u_{0j}$$

$$\beta_{1j} = \gamma_{10} + \gamma_{11}(\text{RESO}_j) + \gamma_{12}(\text{AREA}_j) + u_{1j}$$

$$\beta_{2j} = \gamma_{20} + \gamma_{21}(\text{RESO}_j) + \gamma_{22}(\text{AREA}_j) + u_{2j}$$

INTRCPT2 TIME_M HCUL_M RESO AREA

Mixed

Mixed Model

$$\text{READ}_{ij} = \gamma_{0c} + \gamma_{01}*\text{TIME\_M}_j + \gamma_{02}*\text{HCUL\_M}_j + \gamma_{03}*\text{RESO}_j + \gamma_{04}*\text{AREA}_j + \gamma_{1c}*\text{TIME}_{ij} +$$
$$\gamma_{11}*\text{RESO}_j*\text{TIME}_{ij} + \gamma_{12}*\text{AREA}_j*\text{TIME}_{ij} + \gamma_{2c}*\text{HCUL}_{ij} + \gamma_{21}*\text{RESO}_j*\text{HCUL}_{ij} +$$
$$\gamma_{22}*\text{AREA}_j*\text{HCUL}_{ij} + u_{0j} + u_{1j}*\text{TIME}_{ij} + u_{2j}*\text{HCUL}_{ij} + r_{ij}$$

多層次模式的實務應用

層次一模型（Level-1 Model）

$$READ_{ij} = \beta_{0j} + \beta_{1j} \times (TIME_{ij}) + \beta_{2j} \times (HCUL_{ij}) + r_{ij}$$

層次二模型（Level-2 Model）

$$\beta_{0j} = \gamma_{00} + \gamma_{01} \times (TIME\_M_j) + \gamma_{02} \times (HCUL\_M_j) + \gamma_{03} \times (RESO_j) + \gamma_{04} \times (AREA_j) + \mu_{0j}$$

$$\beta_{1j} = \gamma_{10} + \gamma_{11} \times (RESO_j) + \gamma_{12} \times (AREA_j) + \mu_{1j}$$

$$\beta_{2j} = \gamma_{20} + \gamma_{21} \times (RESO_j) + \gamma_{22} \times (AREA_j) + \mu_{2j}$$

混合模型（Mixed Model）

$$
\begin{aligned}
READ_{ij} = {} & \gamma_{00} + \gamma_{01} \times (TIME\_M_j) + \gamma_{02} \times (HCUL\_M_j) + \gamma_{03} \times RESO_j + \gamma_{04} \times AREA_j \\
& + \gamma_{10} \times TIME_{ij} + \gamma_{11} \times RESO_j \times TIME_{ij} + \gamma_{12} \times AREA_j \times TIME_{ij} + \gamma_{20} \times \\
& HCUL_{ij} + \gamma_{21} \times RESO_j \times HCUL_{ij} + \gamma_{22} \times AREA_j \times HCUL_{ij} + \mu_{0j} + \mu_{1j} \times \\
& TIME_{ij} + \mu_{2j} \times HCUL_{ij} + r_{ij}
\end{aligned}
$$

Final estimation of fixed effects（最後固定效果估計值）

Fixed Effect 固定效果	Coefficient 係數	Standard error 標準誤	t-ratio t 值	Approx. $d.f.$ 自由度	p-value p 值
For INTRCPT1, β_0					
INTRCPT2, γ_{00}	36.205797	7.772769	4.658	12	< 0.001
TIME_M, γ_{01}	0.943286	0.824509	1.144	12	0.275
HCUL_M, γ_{02}	0.963481	0.869363	1.108	12	0.289
RESO, γ_{03}	−0.119175	0.188263	−0.633	12	0.539
AREA, γ_{04}	9.702366	5.564940	1.743	12	0.107
For TIME slope, β_1					
INTRCPT2, γ_{10}	2.588108	1.559049	1.660	14	0.119
RESO, γ_{11}	0.053720	0.032773	1.639	14	0.123
AREA, γ_{12}	−2.678538	0.926356	−2.891	14	0.012
For HCUL slope, β_2					
INTRCPT2, γ_{20}	1.246786	1.099877	1.134	14	0.276
RESO, γ_{21}	−0.000071	0.024065	−0.003	14	0.998
AREA, γ_{22}	−0.117761	0.706132	−0.167	14	0.870

Final estimation of variance components（最後變異成分估計值）

Random Effect 隨機效果	Standard Deviation 標準差	Variance Component 變異數	d.f. 自由度	χ^2 卡方值	p-value p 值
INTRCPT1, μ_0	6.76852	45.81289	12	59.69595	< 0.001
TIME slope, μ_1	0.78399	0.61464	14	25.17062	0.033
HCUL slope, μ_2	0.62793	0.39430	14	26.36020	0.023
level-1, r	5.99340	35.92084			

Deviance = 1703.354430

　　階層一的誤差項變異數 $\sigma^2 = 35.921$，階層二模型三個誤差項變異數分別為：τ_{00} = 45.813（$p < .001$）、$\tau_{11} = 0.615$（$p < .05$）、$\tau_{22} = 0.394$（$p < .05$）。τ_{11} 係數達到統計顯著水準，表示控制其餘解釋變項對學生閱讀成就的影響後，「學校間」閱讀時間對閱讀成就影響的平均斜率係數間還有顯著不同，τ_{22} 係數達到統計顯著水準，表示控制其餘解釋變項對學生閱讀成就的影響後，「學校間」家庭文化資本對閱讀成就影響的平均斜率係數間還有顯著差異存在。

多層次模式的實務應用

上述輸出結果整理成如下摘要表：

跨層級變項交互效果摘要表（總體變項為學校圖書資源、學校所在地區）

固定效果	係數	t 值	自由度
β_0 截距			
階層二學生閱讀成就之整體平均值 γ_{00}	36.206	4.658***	12
脈絡變項			
各校平均閱讀時間對閱讀成就影響之平均值 γ_{01}	0.943	1.144ns	12
各校平均家庭文化資本對閱讀成就影響之平均值 γ_{02}	0.963	1.108ns	12
總體變項			
各校平均圖書資源資本對閱讀成就影響之平均值 γ_{03}	−0.119	−0.633ns	12
學校所在地區對閱讀成就影響之平均值 γ_{04}	9.702	1.743ns	12
斜率 β_1			
閱讀時間對閱讀成就影響之平均值 γ_{10}	2.588	1.660ns	14
學校圖書資源— 　閱讀時間對閱讀成就影響之平均值 γ_{11}	0.054	1.639ns	14
學校所在地區— 　閱讀時間對閱讀成就影響之平均值 γ_{12}	−2.679	−2.891*	14
斜率 β_2			
家庭文化資本對閱讀成就影響之平均值 γ_{20}	1.247	1.134ns	14
學校圖書資源— 　家庭文化資本對閱讀成就影響之平均值 γ_{21}	−0.000	−0.003ns	14
學校所在地區— 　家庭文化資本對閱讀成就影響之平均值 γ_{22}	−0.118	−0.167ns	14
隨機效果	**變異數**	χ^2 **值**	**自由度**
階層二 學校間平均閱讀成就之差異 τ_{00}	45.813	59.696***	12
學校間閱讀時間對閱讀成就影響之差異 τ_{01}	0.615	25.171*	14
學校間家庭文化資本對閱讀成就影響之差異 τ_{02}	0.394	26.360*	14
第一層學校內平均閱讀成就分數 σ^2	35.921		

離異係數 $(-2LL)= 1703.354$、$ns\ p > .05$、*** $p < .001$

　　從表中可以得知：跨層級交互作用項 $\gamma_{11} = 0.054$（$p > .05$），未達統計顯著水準，表示「學校圖書資源」對於「學生閱讀時間與學生閱讀成就的關係」沒有顯著影響作用。$\gamma_{12} = -2.679$（$p < .05$），達統計顯著水準，表示「學校所在地區」對於「學生閱讀時間與學生閱讀成就的關係」有顯著影響力，但 $\gamma_{10} = 2.588$（$p > .05$），未

達統計顯著水準，學生閱讀時間對閱讀成就影響的直接效果未達顯著，因而「學校所在地區」對於「學生閱讀時間對學生閱讀成就的影響結果」沒有顯著的調節作用效果。

$\gamma_{21} = -0.000$（$p > .05$），未達統計顯著水準，表示「學校圖書資源」對於「學生家庭文化資本與學生閱讀成就的關係」沒有顯著影響作用。$\gamma_{22} = -0.118$（$p > .05$），未達統計顯著水準，表示「學校所在地區」對於「學生家庭文化資本與學生閱讀成就的關係」沒有顯著影響力。總體層次學校圖書資源、學校所在地區二個解釋變項與個體層次家庭文化資本解釋變項對學生閱讀成就影響的跨層級交互作用均不顯著。

第 **6** 章

學校及學生變因
與閱讀成就關係
之多層次分析

多層次模式的實務應用

本章範例以之前學校層次、個體層次的資料結構，進行各項研究假設的驗證。

 一、零模型（隨機效果變異數分析模型）

研究問題：閱讀成就結果變項的學校間（組間）變異是否達到統計顯著水準？

研究假設：學校間平均閱讀成就表現有顯著的不同？

Y_{ij} (閱讀成就) $= \beta_{0j} + \varepsilon_{ij}$

層次一模型（Level-1 Model）

$READ_{ij} = \beta_{0j} + r_{ij}$

層次二模型（Level-2 Model）

$\beta_{0j} = \gamma_{00} + \mu_{0j}$

混合模型（Mixed Model）

$READ_{ij} = \gamma_{00} + \mu_{0j} + r_{ij}$

層次二模型中每所學校閱讀成就平均數等於總平均值 γ_{00} 加上隨機誤差項 μ_{0j}，因而 μ_{0j} 為每所學校閱讀成就平均數與所有學校閱讀成就總平均值間平均差異的變異。在多層次分析模型中，結果變項的變異數可以拆解為組內變異數及組間變異數，組間變異數為學校間閱讀成就差異的情況，若是組間變異成分達到統計顯著水準，且解釋變異大於 5.0%，採用 HLM 分析才有實質的意涵。依變項可以由組間（學校間）解釋的變異程度係數值必須由零模型之隨機效果來估算，從階層一的組內變異數 σ^2 及階層二的組間變異數 τ_{00} 求得的組內相關係數值（ρ）來判別。

學生閱讀成就在隨機效果的單因子變異數分析摘要表

固定效果	係數	t 值
β_0 截距項		
階層二學校平均閱讀成就之總平均值 τ_{00}	61.860	19.228***
隨機效果（變異成分）	**變異數**	**χ^2 值**
階層二學校間之平均閱讀成就分數差異 μ_{0j}（τ_{00}）	167.483	331.475***
階層一學校內之閱讀成就分數差異 ε_{ij}（σ^2）	128.591	

離異係數 (−2LL) = 2045.214、*** p < .001

二、隨機效果的單因子共變數分析模型

個體層次的三個解釋變項為學生家庭結構（HOME）、每週閱讀時間（TIME）、家庭文化資本（HCUL）。家庭結構變項為二分名義變項，水準數值編碼 0 為單親家庭群組、水準數值編碼 1 為完整家庭群組。

$$Y_{ij}（閱讀成就）= \beta_{0j} + \beta_{1j} \times X_{1ij}（家庭結構）+ \beta_{2j} \times X_{2ij}（閱讀時間）$$
$$+ \beta_{3j} \times X_{3ij}（家庭文化資本）+ \varepsilon_{ij}$$

研究問題：個體層次之「家庭結構」、「每週閱讀時間」、「家庭文化資本」三個解釋變項是否會影響學生閱讀成就的表現？

研究假設：個體層次之「家庭結構」、「每週閱讀時間」、「家庭文化資本」三個解釋變項對學生閱讀成就有顯著影響。

層次一模型（Level-1 Model）

$READ_{ij} = \beta_{0j} + \beta_{1j} \times (HOME_{ij}) + \beta_{2j} \times (TIME_{ij}) + \beta_{3j} \times (HCUL_{ij}) + r_{ij}$

層次二模型（Level-2 Model）

$\beta_{0j} = \gamma_{00} + \mu_{0j}$（隨機效果）

$\beta_{1j} = \gamma_{10}$（固定效果）

$\beta_{2j} = \gamma_{20}$（固定效果）

$\beta_{3j} = \gamma_{30}$（固定效果）

混合模型

$READ_{ij} = \gamma_{00} + \gamma_{10} \times (HOME_{ij}) + \gamma_{20} \times (TIME_{ij}) + \gamma_{30} \times (HCUL_{ij}) + \mu_{0j} + r_{ij}$

$READ_{ij}$ 代表第 j 所學校第 i 位學生的閱讀成就分數（作為結果變項），$HOME_{ij}$ 為第 j 所學校第 i 位學生的家庭結構（水準數值編碼 0 為單親、水準數值編碼 1 為完整），$TIME_{ij}$ 代表第 j 所學校第 i 位學生每週的閱讀時間（作為層次一的解釋變項），$HCUL_{ij}$ 代表第 j 所學校第 i 位學生家庭文化資本的分數，個體層次的解釋變項 $TIME_{ij}$、$HCUL_{ij}$ 的測量值愈高，表示個體學生每週閱讀時間愈多，家庭文化資本愈豐富。

多層次模式的實務應用

β_{0j} 為第 j 所學校的平均閱讀成就分數，β_{1j} 為第 j 所學校學生的家庭結構（單親家庭 = 0、完整家庭 = 1，解釋變項為虛擬變項）對閱讀成就影響的平均數，β_{2j} 為第 j 所學校學生每週閱讀時間對閱讀成就影響的平均數，β_{3j} 為第 j 所學校學生家庭文化資本對閱讀成就影響的平均數，ε_{ij} 為個體層次的隨機效果，變異數為 σ^2。γ_{00} 為各校平均閱讀成就分數的總平均值（調整後的總平均數），γ_{10} 為各校學生的家庭結構變項對閱讀成就的影響，γ_{20} 為各校學生閱讀時間變項對閱讀成就的影響，γ_{30} 為各校學生家庭文化資本變項對閱讀成就的影響。μ_{0j} 為第 j 所學校之平均閱讀成就與整體總平均閱讀成就之間的差異值，變異數為 τ_{00}，γ_{00} 係數為隨機效果，γ_{10}、γ_{20}、γ_{30} 係數均為固定效果，沒有誤差項。

階層一模型、階層二模型之視窗界面如下：

Final estimation of fixed effects（最後固定效果估計值）

Fixed Effect 固定效果	Coefficient 係數	Standard error 標準誤	t-ratio t 值	Approx. d.f. 自由度	p-value p 值
For INTRCPT1, β_0					
INTRCPT2, γ_{00}	40.693180	1.591643	25.567	16	< 0.001
For HOME slope, β_1					
INTRCPT2, γ_{10}	2.978163	0.908977	3.276	240	0.001
For TIME slope, β_2					
INTRCPT2, γ_{20}	4.001006	0.229208	17.456	240	< 0.001
For HCUL slope, β_3					
INTRCPT2, γ_{30}	1.136780	0.194950	5.831	240	< 0.001

Final estimation of variance components（最後變異成分估計值）

Random Effect 隨機效果	Standard Deviation 標準差	Variance Component 變異數	d.f. 自由度	χ^2 卡方值	p-value p 值
INTRCPT1, μ_0	5.15583	26.58262	16	181.00383	< 0.001
level-1, r	6.22459	38.74558			

Deviance = 1725.006427

學生閱讀成就在隨機效果單因子共變數分析模式摘要表

固定效果	係數	t 值
β_0 截距		
階層二學生閱讀成就之調整後整體平均值 γ_{00}	40.693	25.567***
β_1 斜率		
家庭結構對閱讀成就影響之平均值 γ_{10}	2.978	3.276**
β_2 斜率		
閱讀時間對閱讀成就影響之平均值 γ_{20}	4.001	17.456***
β_3 斜率		
家庭文化資本對閱讀成就影響之平均值 γ_{30}	1.137	5.831***
隨機效果	變異數	χ^2 值 (16)
階層二學校間平均閱讀成就之差異 μ_{0j}（τ_{00}）	25.583	181.004***
第一層學校內平均閱讀成就分數 ε_{ij}（σ^2）	38.746	

離異係數 $(-2LL) = 1725.006$、** $p < .01$、*** $p < .001$

◆ 三、隨機迴歸係數模型

個體層次的三個解釋變項：家庭結構、每週閱讀時間、家庭文化資本是否會顯著影響學生的閱讀成就表現，模型如下：

$$Y_{ij}（閱讀成就）= \beta_{0j} + \beta_{1j} \times X_{1ij}（家庭結構）+ \beta_{2j} \times X_{2ij}（閱讀時間）$$
$$+ \beta_{3j} \times X_{3ij}（家庭文化資本）+ \varepsilon_{ij}$$

研究問題：個體層次之「家庭結構」、「每週閱讀時間」、「家庭文化資本」三個解釋變項是否會影響學生閱讀成就的表現？

研究假設：個體層次之「家庭結構」、「每週閱讀時間」、「家庭文化資本」三個解釋變項對學生閱讀成就有顯著影響。

層次一模型（Level-1 Model）

$$READ_{ij} = \beta_{0j} + \beta_{1j} \times (HOME_{ij}) + \beta_{2j} \times (TIME_{ij}) + \beta_{3j} \times (HCUL_{ij}) + r_{ij}$$

層次二模型（Level-2 Model）

$$\beta_{0j} = \gamma_{00} + \mu_{0j}$$
$$\beta_{1j} = \gamma_{10} + \mu_{1j}$$
$$\beta_{2j} = \gamma_{20} + \mu_{2j}$$
$$\beta_{3j} = \gamma_{30} + \mu_{3j}$$

混合模型

$$READ_{ij} = \gamma_{00} + \gamma_{10} \times (HOME_{ij}) + \gamma_{20} \times (TIME_{ij}) + \gamma_{30} \times (HCUL_{ij}) + \mu_{0j} + \mu_{1j} \times HOME_{ij}$$
$$+ \mu_{2j} \times TIME_{ij} + \mu_{3j} \times HCUL_{ij} + r_{ij}$$

階層一模型、階層二模型之視窗界面如下：

```
WHLM: hlm2 MDM File: READ                                          _

File   Basic Settings   Other Settings   Run Analysis   Help
┌──────────┐ LEVEL 1 MODEL
│ Outcome  │
├──────────┤ READ_ij = β_0j + β_1j(HOME_ij) + β_2j(TIME_ij) + β_3j(HCUL_ij) + r_ij
│ Level-1  │
├──────────┤ LEVEL 2 MODEL
│>> Level-2 <<│    β_0j = γ_00 + u_0j
├──────────┤
│ INTRCPT2 │       β_1j = γ_10 + u_1j
│ TIME_M   │
│ HCUL_M   │       β_2j = γ_20 + u_2j
│ RESO     │
│ AREA     │       β_3j = γ_30 + u_3j
│ PATT     │
│ PSEX     │
└──────────┘

Mixed Model

READ_ij = γ_0c + γ_1c*HOME_ij + γ_2c*TIME_ij + γ_3c*HCUL_ij + u_0j + u_1j*HOME_ij + u_2j*TIME_ij
          + u_3j*HCUL_ij + r_ij
```

Final estimation of fixed effects（最後固定效果估計值）

Fixed Effect 固定效果	Coefficient 係數	Standard error 標準誤	t-ratio t 值	Approx. $d.f.$ 自由度	p-value p 值
For INTRCPT1, β_0					
INTRCPT2, γ_{00}	41.036620	2.239320	18.325	16	< 0.001
For HOME slope, β_1					
INTRCPT2, γ_{10}	2.562223	0.987608	2.594	16	0.020
For TIME slope, β_2					
INTRCPT2, γ_{20}	4.223452	0.355233	11.889	16	< 0.001
For HCUL slope, β_3					
INTRCPT2, γ_{30}	1.202213	0.260911	4.608	16	< 0.001

多層次模式的實務應用

Final estimation of variance components（最後變異成分估計值）

Random Effect 隨機效果	Standard Deviation 標準差	Variance Component 變異數	d.f. 自由度	χ^2 卡方值	p-value p 值
INTRCPT1, μ_0	8.29016	68.72671	15	76.74518	< 0.001
HOME slope, μ_1	1.91344	3.66124	15	12.05776	> 0.500
TIME slope, μ_2	1.09104	1.19036	15	32.62047	0.006
HCUL slope, μ_3	0.74323	0.55239	15	27.27336	0.026
level-1, r	5.88722	34.65936			

Deviance = 1706.226259

學生閱讀成就在隨機係數的迴歸模型分析結果摘要表

固定效果	係數	t 值
β_0 截距		
階層二學生閱讀成就之調整後整體平均值 γ_{00}	41.037	18.325***
β_1 斜率		
家庭結構對閱讀成就影響之平均值 γ_{10}	2.562	2.594*
β_2 斜率		
閱讀時間對閱讀成就影響之平均值 γ_{20}	4.223	11.889***
β_3 斜率		
家庭文化資本對閱讀成就影響之平均值 γ_{30}	1.202	4.608***
隨機效果	變異數	χ^2 值 (15)
階層二學校間平均閱讀成就之差異 μ_{0j}（τ_{00}）	68.727	76.745***
學校間家庭結構對閱讀成就影響之差異 τ_{11}	3.661	12.058ns
學校間閱讀時間對閱讀成就影響之差異 τ_{22}	1.190	32.620**
學校間家庭文化資本對閱讀成就影響之差異 τ_{33}	0.552	27.273*
第一層學校內平均閱讀成就分數 ε_{ij}（σ^2）	34.659	

離異係數 (−2LL) = 1706.226、ns p > .05、* p < .05、** p < .01、*** p < .001

　　以閱讀時間為階層一的解釋變項，個體層次的預測變項未進行平減轉換，估計結果的截距係數為 41.037，截距係數的標準誤為 2.239，t 值等於 18.325（p < .001），達統計顯著水準，表示截距係數顯著不等於 0；固定效果中三個自變項對閱讀成就的影響都達統計顯著水準，家庭結構對閱讀成就影響的係數為 2.562（γ_{10} = 2.562），標準誤為 0.988（$t(16)$ = 2.594，p < .05），每週閱讀時間對閱讀成就影

響的係數為 4.223（$\gamma_{20} = 4.223$），標準誤為 0.355（$t(16) = 11.889$，$p < .001$），家庭文化資本對閱讀成就影響的係數為 1.202（$\gamma_{30} = 1.202$），標準誤為 0.261（$t(16) = 11.889$，$p < .001$）。

　　$\gamma_{10} = 2.562$，係數值為正，表示完整家庭群組（水準數值 1）的閱讀成就平均數顯著的高於單親家庭群體（水準數值 0），平均差異值約 2.562 分；$\gamma_{20} = 4.223$，係數值為正，顯示閱讀時間對閱讀成就的影響為正向，當學生每週閱讀時間增加一個單位（一小時），學生閱讀成就可提高 4.223 分，$\gamma_{30} = 1.202$，係數值為正，顯示家庭文化資本對閱讀成就的影響為正向，當學生家庭文化資本增加一個單位，學生閱讀成就可提高 1.202 分，三個個體層次解釋變項對學生閱讀成就影響的重要性中，依序為閱讀時間、家庭結構、家庭文化資本。

　　隨機效果估計值中，截距項的變異數 τ_{00} 等於 68.727，$\chi^2(15) = 76.745$（$p < .001$），達到 .05 顯著水準，表示控制學生家庭結構、每週閱讀時間、家庭文化資本三個個體層次自變項對閱讀成就的影響後，17 所學校學生平均閱讀成就間還有顯著的學校間差異存在。家庭結構影響閱讀成就效果之斜率項的變異數 τ_{11} 等於 3.661，$\chi^2(15) = 12.058$（$p > .05$），未達 .05 顯著水準，表示 17 所學校之迴歸斜率間沒有顯著的學校間差異存在，變異數 τ_{22} 等於 1.190，$\chi^2(15) = 32.620$（$p < .01$），達到 .05 顯著水準，表示 17 所學校之迴歸斜率間有顯著的「學校間」差異存在，學生每週閱讀時間對學生閱讀成就的影響效果，17 所學校間並非完全相同。變異數 τ_{33} 等於 0.552，$\chi^2(15) = 27.273$（$p < .05$），達到統計顯著水準，表示 17 所學校之迴歸斜率間有顯著的「學校間」差異存在，學生家庭文化資本對學生閱讀成就的影響效果，17 所學校間並非完全相同

　　隨機效果變異數分析模型第一層變異數 $\sigma^2_{零模型} = 128.591$，隨機係數迴歸模型第一層變異數 $\sigma^2_{比較模型} = 34.659$，第一層誤差項變異數從 128.591 降至 34.659，學生家庭結構、每週閱讀時間、家庭文化資本變因可以解釋學校之內閱讀成就的變異比例為 73.0%（$\frac{128.591 - 34.659}{128.591} = .730$）。

◆ 四、脈絡模型一

　　個體層次的三個解釋變項：家庭結構、每週閱讀時間、家庭文化資本是否會顯著影響學生的閱讀成就表現，階層二的模型中，「校平均閱讀時間」（TIME_

M）、「校平均家庭文化資本」（HCUL_M）作為階層二截距結果變項的解釋變項（脈絡變項），TIME_M 變項為以學校組織為單位，以學校內學生樣本每週閱讀時間（TIME）測量值的平均值作為 TIME_M 變項的分數、HCUL_M 為以學校組織為單位，以學校內學生樣本家庭文化資本（HCUL）測量值的平均值作為 HCUL_M 變項的分數。

脈絡模型如下：

$$Y_{ij}（閱讀成就）= \beta_{0j} + \beta_{1j} \times X_{1ij}（家庭結構）+ \beta_{2j} \times X_{2ij}（閱讀時間）$$
$$+ \beta_{3j} \times X_{3ij}（家庭文化資本）+ \varepsilon_{ij}$$

研究問題：個體層次之「家庭結構」、「每週閱讀時間」、「家庭文化資本」三個解釋變項是否會影響學生閱讀成就的表現？

研究假設：個體層次之「家庭結構」、「每週閱讀時間」、「家庭文化資本」三個解釋變項對學生閱讀成就有顯著影響。

層次一模型（Level-1 Model）

$READ_{ij} = \beta_{0j} + \beta_{1j} \times (HOME_{ij}) + \beta_{2j} \times (TIME_{ij}) + \beta_{3j} \times (HCUL_{ij}) + r_{ij}$

層次二模型（Level-2 Model）

$\beta_{0j} = \gamma_{00} + \gamma_{01} \times (TIME\_M_j) + \gamma_{02} \times (HCUL\_M_j) + \mu_{0j}$

$\beta_{1j} = \gamma_{10} + \mu_{1j}$

$\beta_{2j} = \gamma_{20} + \mu_{2j}$

$\beta_{3j} = \gamma_{30} + \mu_{3j}$

混合模型

$READ_{ij} = \gamma_{00} + \gamma_{01} \times (TIME\_M_j) + \gamma_{02} \times (HCUL\_M_j) + \gamma_{10} \times (HOME_{ij}) + \gamma_{20} \times (TIME_{ij})$
$+ \gamma_{30} \times (HCUL_{ij}) + \mu_{0j} + \mu_{1j} \times HOME_{ij} + \mu_{2j} \times TIME_{ij} + \mu_{3j} \times HCUL_{ij} + r_{ij}$

個體層次的三個解釋變項為學生家庭結構、每週閱讀時間、家庭文化資本。家庭結構變項為二分名義變項，水準數值編碼 0 為單親家庭群組、水準數值編碼 1 為完整家庭群組。$READ_{ij}$ 代表第 j 所學校第 i 位學生的閱讀成就分數（作為結果變項），$HOME_{ij}$ 為第 j 所學校第 i 位學生的家庭結構（水準數值編碼 0 為單親、

水準數值編碼 1 為完整），$TIME_{ij}$ 代表第 j 所學校第 i 位學生每週的閱讀時間（作為層次一的解釋變項），$HCUL_{ij}$ 代表第 j 所學校第 i 位學生家庭文化資本的分數，個體層次的解釋變項 $TIME_{ij}$、$HCUL_{ij}$ 的測量值愈高，表示個體學生每週閱讀時間愈多、家庭文化資本愈豐富。

β_{0j} 為第 j 所學校的平均閱讀成就分數，β_{1j} 為第 j 所學校學生的家庭結構（單親家庭 = 0、完整家庭 = 1，解釋變項為虛擬變項）對閱讀成就影響的平均數，β_{2j} 為第 j 所學校學生每週閱讀時間對閱讀成就影響的平均數，β_{3j} 為第 j 所學校學生家庭文化資本對閱讀成就影響的平均數，ε_{ij} 為個體層次的隨機效果，變異數為 σ^2。γ_{00} 為各校平均閱讀成就分數的總平均值（調整後的總平均數），γ_{10} 為各校學生的家庭結構變項對閱讀成就的影響，γ_{20} 為各校學生閱讀時間變項對閱讀成就的影響，γ_{30} 為各校學生家庭文化資本變項對閱讀成就的影響。μ_{0j} 為第 j 所學校之平均閱讀成就與整體總平均閱讀成就之間的差異值，變異數為 τ_{00}；μ_{1j} 為第 j 所學校學生之家庭結構對閱讀成就的影響，與所有學校學生家庭結構對閱讀成就影響的平均數之間的差異值，變異數為 τ_{11}；μ_{1j} 為第 j 所學校學生之閱讀時間對閱讀成就的影響（校斜率係數），與所有學校學生閱讀時間對閱讀成就影響的平均數（總平均斜率係數）之間的差異值，變異數為 τ_{22}；μ_{3j} 為第 j 所學校學生之家庭文化資本對閱讀成就的影響（校斜率係數），與所有學校學生家庭文化資本對閱讀成就影響的平均數之間的差異值（總平均斜率係數），變異數為 τ_{33}。

階層一模型、階層二模型之視窗界面如下：

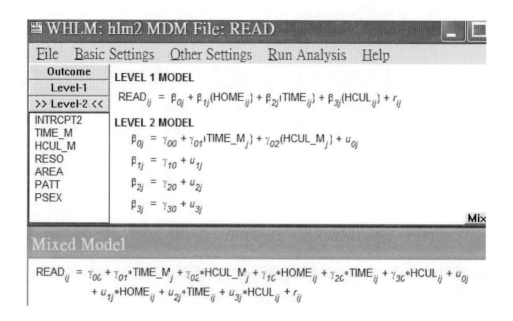

Final estimation of fixed effects（最後固定效果估計值）

Fixed Effect 固定效果	Coefficient 係數值	Standard error 標準誤	t-ratio t 值	Approx. $d.f.$ 自由度	p-value p 值
For INTRCPT1, β_0					
INTRCPT2, γ_{00}	32.634933	2.697755	12.097	14	< 0.001
TIME_M, γ_{01}	0.434865	1.039560	0.418	14	0.682
HCUL_M, γ_{02}	1.632376	0.852823	1.914	14	0.076
For HOME slope, β_1					
INTRCPT2, γ_{10}	2.386122	0.939063	2.541	16	0.022
For TIME slope, β_2					
INTRCPT2, γ_{20}	3.941506	0.351841	11.203	16	< 0.001
For HCUL slope, β_3					
INTRCPT2, γ_{30}	1.073025	0.245288	4.375	16	< 0.001

Final estimation of variance components（最後變異成分估計值）

Random Effect 隨機效果	Standard Deviation 標準差	Variance Component 變異數	d.f. 自由度	χ^2 卡方值	p-value p 值
INTRCPT1, μ_0	6.06847	36.82627	13	46.17522	< 0.001
HOME slope, μ_1	1.42037	2.01746	15	12.14140	> 0.500
TIME slope, μ_2	0.97346	0.94762	15	29.86973	0.012
HCUL slope, μ_3	0.60117	0.36141	15	26.49191	0.033
level-1, r	5.87898	34.56246			

Deviance = 1696.309347

學生閱讀成就在脈絡模型分析結果摘要表

固定效果	係數	t 值	自由度
β_0 截距			
階層二學生閱讀成就之調整後整體平均值 γ_{00}	32.635	12.097***	14
脈絡變項			
各校平均閱讀時間對閱讀成就影響的平均值 γ_{01}	0.435	0.418ns	14
各校平均家庭文化資本對閱讀成就影響的平均值 γ_{02}	1.632	1.914ns	14
β_1 斜率			
家庭結構對閱讀成就影響之平均值 γ_{10}	2.386	2.541*	16
β_2 斜率			
閱讀時間對閱讀成就影響之平均值 γ_{20}	3.942	11.203***	16
β_3 斜率			
家庭文化資本對閱讀成就影響之平均值 γ_{30}	1.073	4.375***	16
隨機效果	變異數	χ^2 值	自由度
階層二 學校間平均閱讀成就之差異 μ_{0j}（τ_{00}）	36.826	46.175***	13
學校間家庭結構對閱讀成就影響之差異 τ_{11}	2.017	12.141ns	15
學校間閱讀時間對閱讀成就影響之差異 τ_{22}	0.948	29.870*	15
學校間家庭文化資本對閱讀成就影響之差異 τ_{33}	0.361	26.492*	15
第一層學校內平均閱讀成就分數 ε_{ij}（σ^2）	34.562		

離異係數 (−2LL) = 1696.309、ns p > .05、* p < .05、*** p < .001

　　從脈絡模型結果摘要表中可知：固定效果中二個脈絡變項均未達到統計顯著
水準，γ_{01} = 0.435（p > .05）、γ_{02} = 1.632（p > .05），表示當模型中同時考量個體
層次變項（學生家庭結構、學生閱讀時間、學生家庭文化資本）對閱讀成就的影

響時，總體層次的「學校平均閱讀時間」、「學校平均家庭文化資本」對學校平均閱讀成就沒有顯著直接的影響力。當同時考量到總體層次變項（學校平均閱讀時間、學校平均家庭文化資本）對學校閱讀成就的影響效果之下，個體層次變項中學生家庭結構、學生閱讀時間、學生家庭文化資本對閱讀成就的影響均達統計顯著水準。

同時考量到總體層次二個脈絡變項對各校閱讀成就分數的影響下，個體層次三個解釋變項對閱讀成就影響的直接效果均達統計顯著水準。其中 $\gamma_{10} = 2.386$（$t(16) = 2.541$，$p < .05$），係數值為正，表示完整家庭學生的閱讀成就表現顯著的高於單親家庭學生；$\gamma_{20} = 3.942$（$t(16) = 11.203$，$p < .001$），係數值為正，表示閱讀時間對學生閱讀成就表現的影響為正向，學生每週閱讀時間增加一個單位（小時），學生的閱讀成就可提高 3.942 個單位（分）；$\gamma_{30} = 1.073$（$t(16) = 4.375$，$p < .001$），係數值為正，表示家庭文化資本對學生閱讀成就表現的影響為正向，學生家庭文化資本增加一個單位，學生的閱讀成就可提高 1.073 個單位（分）。

從隨機效果來看，$\tau_{00} = 36.826$（$\chi^2(13) = 46.175$，$p < .001$），$\tau_{22} = 0.948$（$\chi^2(15) = 29.870$，$p < .05$），$\tau_{33} = 0.361$（$\chi^2(15) = 26.492$，$p < .05$）三個變異數均達統計顯著水準，表示同時控制個體層次解釋變項（學生家庭結構、學生閱讀時間、學生家庭文化資本）及總體層次變項（學校平均閱讀時間、學校平均家庭文化資本）後，學校間平均閱讀成就分數的差異還是達到顯著水準，顯示影響學校間平均閱讀成就分數的差異還有其他的變因存在，學生閱讀時間對閱讀成就表現的影響有顯著的「學校間」差異存在，學生家庭文化資本對閱讀成就表現的影響有顯著的「學校間」差異存在。$\tau_{11} = 2.017$（$\chi^2(15) = 12.141$，$p > .05$），未達統計顯著水準，表示學生家庭結構對閱讀成就表現的影響沒有顯著的「學校間」差異存在。

階層一誤差項的變異數 ε_{ij}（σ^2）與零模型 ε_{ij}（σ^2）相較之下從 128.591 下降至 34.562，模型中投入的解釋變項可以解釋閱讀成就學校內的變異為 73.1%（$= \dfrac{128.591 - 34.562}{34.562} = .731$），學校間閱讀成就的變異約剩 26.9%。

◆ 五、脈絡模型二

個體層次的四個解釋變項：家庭結構（HOME）、學生性別（SSEX）、每週閱讀時間（TIME）、家庭文化資本（HCUL）是否會顯著影響學生的閱讀成就表

現，階層二的模型中，「校平均閱讀時間」（TIME_M）、「校平均家庭文化資本」（HCUL_M）作為階層二截距結果變項的解釋變項（脈絡變項），模型如下：

$$Y_{ij}\,(\,\text{閱讀成就}\,) = \beta_{0j} + \beta_{1j} \times X_{1ij}\,(\,\text{家庭結構}\,) + \beta_{2j} \times X_{2ij}\,(\,\text{學生性別}\,)$$
$$+ \beta_{3j} \times X_{3ij}\,(\,\text{閱讀時間}\,) + \beta_{4j} \times X_{4ij}\,(\,\text{家庭文化資本}\,) + \varepsilon_{ij}$$

　　研究問題：個體層次之「家庭結構」、「學生性別」、「每週閱讀時間」、「家庭文化資本」四個解釋變項是否會影響學生閱讀成就的表現？

　　研究假設：個體層次之「家庭結構」、「學生性別」、「每週閱讀時間」、「家庭文化資本」四個解釋變項對學生閱讀成就有顯著影響。

層次一模型（Level-1 Model）

$$READ_{ij} = \beta_{0j} + \beta_{1j} \times (HOME_{ij}) + \beta_{2j} \times (SSEX_{ij}) + \beta_{3j} \times (TIME_{ij}) + \beta_{4j} \times (HCUL_{ij}) + r_{ij}$$

層次二模型（Level-2 Model）

$$\beta_{0j} = \gamma_{00} + \gamma_{01} \times (TIME\_M_j) + \gamma_{02} \times (HCUL\_M_j) + \mu_{0j}$$
$$\beta_{1j} = \gamma_{10} + \mu_{1j}$$
$$\beta_{2j} = \gamma_{20} + \mu_{2j}$$
$$\beta_{3j} = \gamma_{30} + \mu_{3j}$$
$$\beta_{4j} = \gamma_{40} + \mu_{4j}$$

　　個體層次的解釋變項「TIME」（每週閱讀時間）、「HCUL」（學生家庭文化資本）經由組平均數中心化處理（TIME HCUL have been centered around the group mean.）；總體層次的脈絡變項「TIME_M」（校平均閱讀時間）、「HCUL_M」（校平均家庭文化資本）經由總平均數中心化處理（TIME_M HCUL_M have been centered around the grand mean.），這四個解釋變項經由組平減（個體層次變項）或總平減（總體層次變項）轉換後投入迴歸模型中。

　　模式估計結果訊息：

TIME HCUL have been centered around the group mean.

TIME_M HCUL_M have been centered around the grand mean.

多層次模式的實務應用

階層一模型、階層二模型之視窗界面如下：

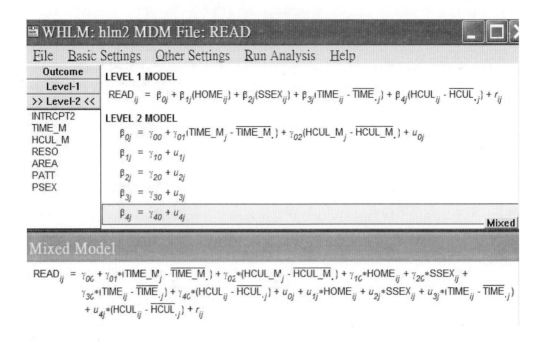

Final estimation of fixed effects（最後固定效果估計值）

Fixed Effect 固定效果	Coefficient 係數	Standard error 標準誤	*t*-ratio *t* 值	Approx. *d.f.* 自由度	*p*-value *p* 值
For INTRCPT1, β_0					
INTRCPT2, γ_{00}	60.217328	1.053973	57.134	14	< 0.001
TIME_M, γ_{01}	3.361158	1.094260	3.072	14	0.008
HCUL_M, γ_{02}	3.975610	0.950198	4.184	14	< 0.001
For HOME slope, β_1					
INTRCPT2, γ_{10}	2.363204	0.958412	2.466	16	0.025
For SSEX slope, β_2					
INTRCPT2, γ_{20}	0.794945	1.352244	0.588	16	0.565
For TIME slope, β_3					
INTRCPT2, γ_{30}	4.143897	0.459176	9.025	16	< 0.001
For HCUL slope, β_4					
INTRCPT2, γ_{40}	0.998845	0.244295	4.089	16	< 0.001

Final estimation of variance components（最後變異成分估計值）

Random Effect 隨機效果	Standard Deviation 標準差	Variance Component 變異數	d.f. 自由度	χ^2 卡方值	p-value p 值
INTRCPT1, μ_0	2.68241	7.19530	13	29.55146	0.006
HOME slope, μ_1	1.65750	2.74730	15	14.59901	> 0.500
SSEX slope, μ_2	3.55848	12.66275	15	29.45016	0.014
TIME slope, μ_3	1.30440	1.70146	15	34.67914	0.003
HCUL slope, μ_4	0.59765	0.35719	15	20.16045	0.166
level-1, r	5.75882	33.16403			

Deviance = 1690.885515

學生閱讀成就在脈絡模型分析結果摘要表

固定效果	係數	t 值	自由度
β_0 截距			
階層二學生閱讀成就之調整後整體平均值 γ_{00}	60.217	57.134***	14
脈絡變項			
各校平均閱讀時間對閱讀成就影響的平均值 γ_{01}	3.361	3.072**	14
各校平均家庭文化資本對閱讀成就影響的平均值 γ_{02}	3.976	4.184***	14
β_1 斜率			
家庭結構對閱讀成就影響之平均值 γ_{10}	2.363	2.466*	16
β_2 斜率			
學生性別對閱讀成就影響之平均值 γ_{20}	0.795	0.588ns	16
β_3 斜率			
閱讀時間對閱讀成就影響之平均值 γ_{30}	4.144	9.025***	16
β_4 斜率			
家庭文化資本對閱讀成就影響之平均值 γ_{40}	0.999	4.089***	16
隨機效果	變異數	χ^2 值	自由度
階層二 學校間平均閱讀成就之差異 μ_{0j}（τ_{00}）	7.195	29.551**	13
學校間家庭結構對閱讀成就影響之差異 τ_{11}	2.747	14.599ns	15
學校間學生性別對閱讀成就影響之差異 τ_{22}	12.663	29.450*	15
學校間閱讀時間對閱讀成就影響之差異 τ_{33}	1.701	34.679**	15
學校間家庭文化資本對閱讀成就影響之差異 τ_{44}	0.357	20.160ns	15
第一層學校內平均閱讀成就分數 ε_{ij}（σ^2）	33.164		

離異係數 $(-2LL)$ = 1690.886、ns p > .05、* p < .05、** p < .01、*** p < .001

　　從脈絡模型結果摘要表中可知：固定效果中二個脈絡變項均達到統計顯著水準，γ_{01} = 3.361（$t(14)$ = 3.072，p < .01）、γ_{02} = 3.976（$t(14)$ = 4.184，p < .001），當模型中同時考量個體層次變項（學生家庭結構、學生性別、學生閱讀時間、學生家庭文化資本）對閱讀成就的影響時，總體層次的「學校平均閱讀時間」、「學校平均家庭文化資本」對學校閱讀成就有直接顯著的影響效果。γ_{01} 係數值為正（γ_{01} = 3.361），表示「學校平均閱讀時間」對學校閱讀成就的影響為正向，學校平均閱讀時間愈多，學校平均閱讀成就表現愈高，具體而言，假定學校平均閱讀時間增加一個單位，學校平均閱讀成就可提高 3.361 個單位；γ_{02} 係數值為正（γ_{02} = 3.976），表示「學校平均家庭文化資本」對學校閱讀成就的影響為正向，學校平均家庭文化資本愈多，學校平均閱讀成就表現愈高，具體而言，假定學校平均閱讀時間增加一個單位，學校平均閱讀成就可提高 3.976 個單位。

　　當同時考量到總體層次變項（學校平均閱讀時間、學校平均家庭文化資本）對學校閱讀成就的影響效果時，個體層次變項中只有學生性別對學生閱讀成就的影響未達統計顯著水準，γ_{20} = 0.795（$t(16)$ = 0.588，p > .05），家庭結構、每週閱讀時間、家庭文化資本對閱讀成就的影響均達統計顯著水準，其中 γ_{10} = 2.363（$t(16)$ = 2.466，p < .05），係數值為正，表示完整家庭學生的閱讀成就表現顯著的高於單親家庭學生；γ_{30} = 4.144（$t(16)$ = 9.025，p < .001），係數值為正，表示閱讀時間對學生閱讀成就表現的影響為正向，學生每週閱讀時間增加一個單位，學生的閱讀成就可提高 4.144 個單位（分）；γ_{40} = 0.999（$t(16)$ = 4.089，p < .001），係數值為正，表示家庭文化資本對學生閱讀成就表現的影響為正向，學生家庭文化資本增加一個單位，學生的閱讀成就可提高 0.999 個單位（分）。

　　從隨機效果來看，τ_{00} = 7.195（$\chi^2(13)$ = 29.551，p < .01），τ_{22} = 12.663（$\chi^2(15)$ = 29.450，p < .05），τ_{33} = 1.701（$\chi^2(15)$ = 34.679，p < .01）三個變異數均達統計顯著水準，表示同時控制個體層次解釋變項（學生家庭結構、學生性別、學生閱讀時間、學生家庭文化資本）及總體層次變項（學校平均閱讀時間、學校平均家庭文化資本）後，學校間平均閱讀成就分數的差異還是達到顯著水準，顯示影響學校間平均閱讀成就分數的差異還有其他的變因存在；學生性別影響學生閱讀成就表現有顯著的「學校間」差異存在，學生閱讀時間對閱讀成就表現的影響也有顯著的「學校間」差異存在。τ_{11} = 2.747（$\chi^2(15)$ = 14.599，p > .05），未達統計顯著水準，表示學生家庭結構對閱讀成就表現的影響沒有顯著的「學校間」差異存在；

$\tau_{44} = 0.357$（$\chi^2(15) = 20.160$，$p > .05$），未達統計顯著水準，表示學生家庭文化資本對閱讀成就表現的影響沒有顯著的「學校間」差異存在。

階層一誤差項的變異數與零模型相較之下 ε_{ij}（σ^2）從 128.591 下降至 33.164，模型中投入的解釋變項可以解釋閱讀成就學校內的變異為 74.2%（$= \dfrac{128.591 - 33.164}{128.591} = .742$），學校間閱讀成就的變異約剩 25.8%。

◆ 六、學校層次變項與閱讀成就之關係
（以平均數為結果變數模型）

範例中的學校層次變數有四個：學校平均閱讀時間（TIME_M）、學校平均家庭文化資本（HCUL_M）、學校圖書資源（RESO）、學校所在地區（AREA，水準數值編碼 0 為非都會地區學校、1 為都會地區學校）。

$$\beta_{0j} = \gamma_{00} + \gamma_{01} \times Z_{1j}\,(\text{校平均閱讀時間}) + \gamma_{02} \times Z_{2j}\,(\text{校平均家庭文化資本})$$
$$+ \gamma_{03} \times W_{3j}\,(\text{校圖書資源}) + \gamma_{04} \times W_{4j}\,(\text{學校所在地區}) + \mu_{0j}$$

以平均數為結果變項模型中，階層一模型沒有任一個體層次的解釋變項，階層二模型投入四個總體層次的解釋變項，以探究四個總體層次的解釋變項對學生閱讀成就表現是否有顯著影響？

研究問題：學校層次的四個解釋變項（學校平均閱讀時間、學校平均家庭文化資本、學校圖書資源、學校所在地區）是否會影響各校學生的閱讀成就？

研究假設：學校層次的四個解釋變項（學校平均閱讀時間、學校平均家庭文化資本、學校圖書資源、學校所在地區）會顯著影響各校學生平均的閱讀成就。

多層次模式的實務應用

Y_{ij}（閱讀成就）$= \beta_{0j} + \varepsilon_{ij}$

層次一模型（Level-1 Model）

$READ_{ij} = \beta_{0j} + r_{ij}$

層次二模型（Level-2 Model）

$\beta_{0j} = \gamma_{00} + \gamma_{01} \times (TIME\_M_j) + \gamma_{02} \times (HCUL\_M_j) + \gamma_{03} \times (RESO_j) + \gamma_{04} \times (AREA_j) + \mu_{0j}$

混合模型

$READ_{ij} = \gamma_{00} + \gamma_{01} \times (TIME\_M_j) + \gamma_{02} \times (HCUL\_M_j) + \gamma_{03} \times (RESO_j) + \gamma_{04} \times (AREA_j)$
$\qquad + \mu_{0j} + r_{ij}$

解釋變項 TIME_M、HCUL_M 經由總平均數集中化轉換（TIME_M HCUL_
M have been centered around the grand mean.），表示「校平均閱讀時間」（TIME_
M）、「校平均家庭文化資本」（HCUL_M）經過總平減轉換處理：「$TIME\_M_j -$
$\overline{TIME\_M}$.」、「$HCUL\_M_j - \overline{HCUL\_M}$.」，方程式中符號「$TIME\_M_j$」在視窗界面
中的符號為「$TIME\_M_j - \overline{TIME\_M}$.」，「$HCUL\_M_j$」在視窗界面中的符號為「$HCUL\_$
$M_j - \overline{HCUL\_M}$.」。

階層一模型、階層二模型之視窗界面如下：

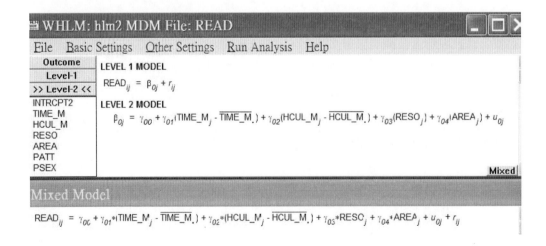

Final estimation of fixed effects（最後固定效果估計值）

Fixed Effect 固定效果	Coefficient 係數值	Standard error 標準誤	t-ratio t 值	Approx. d.f. 自由度	p-value p 值
For INTRCPT1, β_0					
INTRCPT2, γ_{00}	58.081339	4.345516	13.366	12	< 0.001
TIME_M, γ_{01}	4.051680	1.135551	3.568	12	0.004
HCUL_M, γ_{02}	3.718380	1.163570	3.196	12	0.008
RESO, γ_{03}	0.099967	0.089667	1.115	12	0.287
AREA, γ_{04}	−2.743608	3.060689	−0.896	12	0.388

Final estimation of variance components（最後變異成分估計值）

Random Effect 隨機效果	Standard Deviation 標準差	Variance Component 變異數	d.f. 自由度	χ^2 卡方值	p-value p 值
INTRCPT1, μ_0	2.33113	5.43419	12	19.78600	0.071
level-1, r	11.34125	128.62396			

Deviance = 1997.148056

以平均數為結果的迴歸模型分析結果摘要表

固定效果	係數	t 值	自由度
β_0 截距			
階層二學生閱讀成就之調整後整體平均值 γ_{00}	58.081	13.366***	12
各校平均閱讀時間對各校閱讀成就影響的平均值 γ_{01}	4.052	3.568**	12
各校平均家庭文化資本對各校閱讀成就影響的平均值 γ_{02}	3.718	3.196**	12
各校平均圖書資源對各校閱讀成就影響之平均值 γ_{03}	0.100	1.115ns	12
學校所在地區對各校閱讀成就影響之平均值 γ_{04}	−2.744	−0.896ns	12
隨機效果	變異數	χ^2 值 (12)	
階層二學校間平均閱讀成就之差異 μ_{0j}（τ_{00}）	5.434	19.768ns	
第一層學校內平均閱讀成就分數之差異 ε_{ij}（σ^2）	128.624		

離異係數 $(-2LL) = 1997.148$、$ns\ p > .05$、$**\ p < .01$、$***\ p < .001$

　　從以平均數為結果的迴歸模型分析結果摘要表中可以得知：學校平均閱讀時間、學校平均家庭文化資本二個總體層次的變項，對學校平均閱讀成就有顯著

多層次模式的實務應用

的影響作用，$\gamma_{01} = 4.052$，$t(12) = 3.568$，$p < .01$；$\gamma_{02} = 3.718$，$t(12) = 3.196$，$p < .01$，表示學校平均閱讀時間愈多，學校平均閱讀成就分數愈高，學校平均家庭文化資本愈豐富，學校平均閱讀成就愈佳，「學校平均閱讀時間」、「學校平均家庭文化資本」二個脈絡變項對學校平均閱讀成就的影響均為正向，就二個變項對學校平均閱讀成就影響的重要性而言，「學校平均閱讀時間」稍高於「學校平均家庭文化資本」。當同時納入學校平均閱讀時間、學校平均家庭文化資本二個總體層次脈絡變項後，「學校圖書資源」、「學校所在地區」二個學校變因對學校平均閱讀成就的影響均未達統計顯著水準，$\gamma_{03} = 0.100$，$t(12) = 1.115$，$p > .05$；$\gamma_{04} = -2.744$，$t(12) = -0.896$，$p > .05$。

　　與隨機效果的單因子變異數分析模式之零模型進行比較，以平均數為結果的迴歸模型（包含四個總體層次變項）可以解釋閱讀成就的變異量百分比為 96.7% （$\frac{167.483 - 5.434}{167.483} = .967$），將學校平均閱讀時間、學校平均家庭文化資本、學校圖書資源、學校所在地區四個學校變因投入以後，整體迴歸模型可以解釋學生閱讀成就總變異量中的 96.7%。從組內相關係數值來看，$\rho = \frac{5.434}{5.434 + 128.624} = .041$，零模型的組內相關係數為 ICC = $\rho = \frac{\tau_{00}}{\tau_{00} + \sigma^2} = \frac{167.483}{167.483 + 128.591} = 0.566$，組內相關係數從 0.566 下降至 .041，表示加入四個總體層次的變項後，閱讀成就分數間的變異只剩 4.1% 是由「學校間」差異造成的，可見學校平均閱讀時間、學校平均家庭文化資本、學校圖書資源、學校所在地區四個學校變因可以有效解釋「學校間閱讀成就的差異」。

◆ 七、學校層次及個體層次與閱讀成就之關係

　　學生層次（個體層次）的解釋變項為「學生性別」（SSEX）、「學生閱讀時間」（TIME）、「家庭文化資本」（HCUL）；總體層次的解釋變項為「學校平均閱讀時間」（TIME_M）、「學校平均家庭文化資本」（HCUL_M）、「學校所在地區」（AREA）、「校長對閱讀活動態度」（PATT），模型中探究的是不同層次的解釋變項同時投入模型中是否對閱讀成就結果變項有直接顯著的影響，模型中並沒有探究不同層次變數間的跨層次交互作用效果。

　　研究問題：同時考量學生層次變因（學生性別、學生閱讀時間、家庭文化資本）

與學校層次變因（校平均閱讀時間、校平均家庭文化資本、學校所在地區、校長對閱讀活動的態度）時，各變項對閱讀成就表現是否有顯著的影響效果？

研究假設：同時投入學生層次變因（學生性別、學生閱讀時間、家庭文化資本）與學校層次變因（校平均閱讀時間、校平均家庭文化資本、學校所在地區、校長對閱讀活動態度）後，各變項對閱讀成就表現的影響有顯著的直接效果。

範例模型如下：

層次一模型（Level-1 Model）

$$READ_{ij} = \beta_{0j} + \beta_{1j} \times (SSEX_{ij}) + \beta_{2j} \times (TIME_{ij}) + \beta_{3j} \times (HCUL_{ij}) + r_{ij}$$

層次二模型（Level-2 Model）

$$\beta_{0j} = \gamma_{00} + \gamma_{01} \times (TIME\_M_j) + \gamma_{02} \times (HCUL\_M_j) + \gamma_{03} \times (AREA_j) + \gamma_{04} \times (PATT_j) + \mu_{0j}$$

$$\beta_{1j} = \gamma_{10} + \mu_{1j}$$

$$\beta_{2j} = \gamma_{20} + \mu_{2j}$$

$$\beta_{3j} = \gamma_{30} + \mu_{3j}$$

混合模型

$$READ_{ij} = \gamma_{00} + \gamma_{01} \times TIME\_M_j + \gamma_{02} \times HCUL\_M_j + \gamma_{03} \times AREA_j + \gamma_{04} \times PATT_j$$
$$+ \gamma_{10} \times (SSEX_{ij}) + \gamma_{20} \times (TIME_{ij}) + \gamma_{30} \times (HCUL_{ij}) + \mu_{0j} + \mu_{1j} \times SSEX_{ij}$$
$$+ \mu_{2j} \times TIME_{ij} + \mu_{3j} \times HCUL_{ij} + r_{ij}$$

個體層次的解釋變項「TIME」（每週閱讀時間）、「HCUL」（學生家庭文化資本）經由總平均數中心化處理（TIME HCUL have been centered around the grand mean.）；總體層次的脈絡變項「TIME_M」（校平均閱讀時間）、「HCUL_M」（校平均家庭文化資本）經由總平均數中心化處理（TIME_M HCUL_M have been centered around the grand mean.），這四個解釋變項經由總平減轉換後投入迴歸模型中。

階層一模式、階層二模式之視窗界面如下：

多層次模式的實務應用

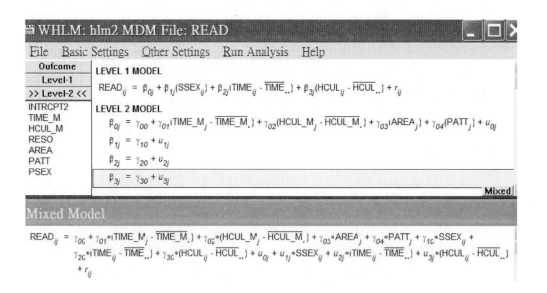

Final estimation of fixed effects（最後固定效果估計值）

Fixed Effect 固定效果	Coefficient 係數	Standard error 標準誤	t-ratio t 值	Approx. $d.f.$ 自由度	p-value p 值
For INTRCPT1, β_0					
INTRCPT2, γ_{00}	61.872595	2.360261	26.214	12	< 0.001
TIME_M, γ_{01}	−1.214453	1.382688	−0.878	12	0.397
HCUL_M, γ_{02}	3.194094	0.986111	3.239	12	0.007
AREA, γ_{03}	−2.800302	1.857480	−1.508	12	0.158
PATT, γ_{04}	0.268294	0.344323	0.779	12	0.451
For SSEX slope, β_1					
INTRCPT2, γ_{10}	0.712605	1.497873	0.476	16	0.641
For TIME slope, β_2					
INTRCPT2, γ_{20}	4.208152	0.502290	8.378	16	< 0.001
For HCUL slope, β_3					
INTRCPT2, γ_{30}	1.128224	0.223422	5.050	16	< 0.001

　　當同時考量到二個不同層次解釋變項對閱讀成就的影響時，只有學校平均家庭文化資本解釋變項對閱讀成就影響的效果達到統計顯著水準，γ_{02} = 3.194，$t(12)$ = 3.239，p < .01，由於 γ_{02} 係數值為正，表示學校平均家庭文化資本愈豐富，學校平均的閱讀成就愈佳；反之，表示學校平均家庭文化資本愈缺乏，學校平均的閱

讀成就愈差。考量到個體層次變因的影響後,其餘三個總體層次解釋變項(學校平均閱讀時間、學校所在地區、校長對閱讀活動態度)對於學生閱讀成就均無直接的影響,$\gamma_{01} = -1.214$,$t(12) = -0.878$,$p > .05$;$\gamma_{03} = -2.800$,$t(12) = -1.508$,$p > .05$;$\gamma_{04} = 0.268$,$t(12) = 0.779$,$p > .05$。

考量到總體層次解釋變項對閱讀成就影響的直接效果之下,個體層次之學生閱讀時間、家庭文化資本對學生閱讀成就的影響均達到統計顯著水準,$\gamma_{20} = 4.208$,$t(16) = 8.378$,$p < .001$;$\gamma_{30} = 1.128$,$t(16) = 5.050$,$p < .001$,

而學生性別對閱讀成就的影響則未達統計顯著水準($\gamma_{10} = 0.713$,$t(16) = 0.476$,$p > .05$)。由於 γ_{20} 係數值為正,表示學生閱讀時間對閱讀成就的影響為正向,當學生每週閱讀時間增加一個單位,學生閱讀成就分數可提高 4.208 個單位;γ_{30} 係數值為正,表示學生家庭文化資本對閱讀成就的影響為正向,當學生家庭文化資本增加一個單位,學生閱讀成就分數可提高 1.128 個單位

從固定效果估計值可知:當同時考量不同層次解釋變項對結果變項的直接影響效果之下,個體層次的「學生閱讀時間」、「學生家庭文化資本」具有顯著的解釋力,總體層次的「學校平均家庭文化資本」與結果變項也有顯著的直接關係存在,至於總體層次的「學校平均閱讀時間」、「學校所在地區」、「校長對閱讀活動態度」三個解釋變項與閱讀成就結果變項沒有顯著的直接關係存在。

Final estimation of variance components(最後變異成分估計值)

Random Effect 隨機效果	Standard Deviation 標準差	Variance Component 變異數	d.f. 自由度	χ^2 卡方值	p-value p 值
INTRCPT1, μ_0	1.53392	2.35291	12	22.48684	0.032
SSEX slope, μ_1	4.28811	18.38790	16	28.93782	0.024
TIME slope, μ_2	1.50474	2.26424	16	31.29211	0.012
HCUL slope, μ_3	0.47839	0.22886	16	18.54075	0.293
level-1, r	5.83935	34.09797			

Deviance = 1692.553113

當同時考量到個體層次三個解釋變項、總體層次四個解釋變項對閱讀成就的影響後,學校平均閱讀成就分數間還有顯著的差異存在($\tau_{00} = 2.353$,$\chi^2(12) = 22.487$,$p < .05$),學生性別對閱讀成就影響的斜率係數間有顯著的「學校間」差

多層次模式的實務應用

異存在（$\tau_{11} = 18.388$，$\chi^2(16) = 28.938$，$p < .05$）；學生閱讀時間對閱讀成就影響的斜率係數間有顯著的「學校間」差異存在（$\tau_{22} = 2.264$，$\chi^2(16) = 31.292$，$p < .05$），學生家庭文化資本對閱讀成就影響的斜率係數間沒有顯著的「學校間」差異存在（$\tau_{33} = 0.229$，$\chi^2(16) = 18.541$，$p > .05$）。與零模型相較之下，階層一誤差項的變異數 ε_{ij}（σ^2）從 128.591 下降至 34.098，投入的總體層次及個體層次七個自變項可以解釋學校內閱讀成就變異的解釋量達 73.5%（$= \dfrac{128.591 - 34.098}{128.591} = 0.735$）。第二層迴歸模式投入四個總體層次解釋變項後，第二層誤差項的變異數 μ_{0j}（τ_{00}）從 167.483 下降至 2.353，四個總體層次解釋變項可以解釋學校間（組間）閱讀成就的變異為 98.6%（$= \dfrac{167.483 - 2.353}{167.483} = 0.986$）。

學校層次及學生層次變因對閱讀成就影響的分析結果摘要表

固定效果	係數	t 值	自由度
β_0 截距			
階層二學生閱讀成就之調整後整體平均值 γ_{00}	61.873	26.214***	12
脈絡變項			
各校平均閱讀時間對閱讀成就影響的平均值 γ_{01}	−1.214	−0.878ns	12
各校平均家庭文化資本對閱讀成就影響的平均值 γ_{02}	3.194	3.239**	12
學校變項			
各校所在地區對閱讀成就影響的平均值 γ_{03}	−2.800	−1.508ns	12
各校校長之閱讀活動態度對閱讀成就影響的平均值 γ_{04}	0.268	0.779ns	12
β_1 斜率			
學生性別對閱讀成就影響之平均值 γ_{10}	0.713	0.476ns	16
β_2 斜率			
學生閱讀時間對閱讀成就影響之平均值 γ_{20}	4.208	8.378***	16
β_3 斜率			
學生家庭文化資本對閱讀成就影響之平均值 γ_{30}	1.128	5.050***	16
隨機效果	變異數	χ^2 值	自由度
階層二學校間平均閱讀成就之差異 μ_{0j}（τ_{00}）	2.353	22.487*	12
學校間學生性別對閱讀成就影響之差異 τ_{11}	18.388	28.938*	16
學校間閱讀時間對閱讀成就影響之差異 τ_{22}	2.264	31.292*	16
學校間家庭文化資本對閱讀成就影響之差異 τ_{33}	0.229	18.541ns	16
第一層學校內平均閱讀成就分數 ε_{ij}（σ^2）	34.098		

離異係數 (−2LL) = 1692.553、$ns\ p > .05$、$*\ p < .05$、$**\ p < .01$、$***\ p < .001$

八、跨層次交互作用與閱讀成就之關係

（一）加入校長對閱讀活動態度之完整模型

學生層次（個體層次）的解釋變項為「學生性別」（SSEX）、「學生每週閱讀時間」（TIME）、「家庭文化資本」（HCUL）；總體層次的解釋變項為「學校平均閱讀時間」（TIME_M）、「學校平均家庭文化資本」（HCUL_M）、「學校圖書資源」（RESO）。階層二的結果變項為階層一的迴歸係數，階層二迴歸模型中加入「校長對閱讀活動態度」（PATT）解釋變項，進行以截距項與斜率為結果的完整迴歸分析，以探究「校長對閱讀活動態度」（PATT）解釋變項是否與其他解釋變項有交互作用結果。

研究問題：學校屬性（總體層次）特徵與學生個體層次變因（學生性別、學生每週閱讀時間、家庭文化資本）對學生閱讀成就的影響，是否有顯著跨層次的交互作用效果？

研究假設：學校屬性「校長對閱讀活動態度」總體層次變因與學生個體層次變因（學生性別、學生每週閱讀時間、家庭文化資本）對學生閱讀成就的影響有顯著的跨層次交互作用效果。

範例模型如下：

多層次模式的實務應用

層次一模型（Level-1 Model）

$READ_{ij} = \beta_{0j} + \beta_{1j} \times (SSEX_{ij}) + \beta_{2j} \times (TIME_{ij}) + \beta_{3j} \times (HCUL_{ij}) + r_{ij}$

層次二模型（Level-2 Model）

$\beta_{0j} = \gamma_{00} + \gamma_{01} \times (TIME\_M_j) + \gamma_{02} \times (HCUL\_M_j) + \gamma_{03} \times (RESO_j) + \gamma_{04} \times (PATT_j) + \mu_{0j}$

$\beta_{1j} = \gamma_{10} + \gamma_{11} \times (PATT_j) + \mu_{1j}$

$\beta_{2j} = \gamma_{20} + \gamma_{21} \times (PATT_j) + \mu_{2j}$

$\beta_{3j} = \gamma_{30} + \gamma_{31} \times (PATT_j) + \mu_{3j}$

混合模型

$READ_{ij} = \gamma_{00} + \gamma_{01} \times TIME\_M_j + \gamma_{02} \times HCUL\_M_j + \gamma_{03} \times RESO_j + \gamma_{04} \times PATT_j$
$\quad + \gamma_{10} \times SSEX_{ij} + \gamma_{11} \times PATT_j \times SSEX_{ij} + \gamma_{20} \times TIME_{ij} + \gamma_{21} \times PATT_j \times TIME_{ij}$
$\quad + \gamma_{30} \times HCUL_{ij} + \gamma_{31} \times PATT_j \times HCUL_{ij} + \mu_{0j} + \mu_{1j} \times SSEX_{ij} + \mu_{2j} \times TIME_{ij}$
$\quad + \mu_{3j} \times HCUL_{ij} + r_{ij}$

　　個體層次的解釋變項「TIME」（每週閱讀時間）、「HCUL」（學生家庭文化資本）經由總平均數中心化處理（TIME HCUL have been centered around the grand mean.）；總體層次的脈絡變項「TIME_M」（校平均閱讀時間）、「HCUL_M」（校平均家庭文化資本）經由總平均數中心化處理（TIME_M HCUL_M have been centered around the grand mean.），這四個解釋變項經由總平減轉換後投入迴歸模型中。

　　階層一模型、階層二模型的視窗界面如下：

Final estimation of fixed effects（最後固定效果估計值）

Fixed Effect 固定效果	Coefficient 係數	Standard error 標準誤	t-ratio t 值	Approx. d.f. 自由度	p-value p 值
For INTRCPT1, β_0					
INTRCPT2, γ_{00}	63.812037	3.574367	17.853	12	< 0.001
TIME_M, γ_{01}	0.128761	1.412727	0.091	12	0.929
HCUL_M, γ_{02}	1.819032	0.969137	1.877	12	0.085
RESO, γ_{03}	−0.004502	0.060727	−0.074	12	0.942
PATT, γ_{04}	−0.098106	0.385378	−0.255	12	0.803
For SSEX slope, β_1					
INTRCPT2, γ_{10}	0.170566	3.616378	0.047	15	0.963
PATT, γ_{11}	0.096904	0.501126	0.193	15	0.849
For TIME slope, β_2					
INTRCPT2, γ_{20}	6.231120	1.329022	4.689	15	< 0.001
PATT, γ_{21}	−0.279595	0.176941	−1.580	15	0.135
For HCUL slope, β_3					
INTRCPT2, γ_{30}	1.446967	0.642109	2.253	15	0.040
PATT, γ_{31}	−0.050706	0.083341	−0.608	15	0.552

　　控制總體層次的解釋變項之下，個體層次學生性別對閱讀成就的直接影響效果未達統計顯著水準（$\gamma_{10} = 0.171$，$t(15) = 0.047$，$p > .05$），「校長對閱讀活動態度」對「學生性別對閱讀成就直接影響」的影響力未達統計顯著水準（$\gamma_{11} = 0.097$，$t(15) = 0.193$，$p > .05$），表示總體層次「校長對閱讀活動態度」與個體層次「學生性別」對閱讀成就影響的跨層次交互作用項不顯著，結果顯示「校長對閱讀活動態度」對「學生性別和閱讀成就的關係」未具有調節效果。

　　控制總體層次的解釋變項之下，個體層次學生每週閱讀時間對閱讀成就的直接影響效果達統計顯著水準（$\gamma_{20} = 6.231$，$t(15) = 4.689$，$p < .001$），「校長對閱讀活動態度」對「學生每週閱讀時間對閱讀成就直接影響」的影響力未達統計顯著水準（$\gamma_{21} = -0.280$，$t(15) = -1.580$，$p > .05$），表示總體層次「校長對閱讀活動態度」與個體層次「學生每週閱讀時間」對閱讀成就影響的跨層次交互作用項不顯著，結果顯示「校長對閱讀活動態度」對「學生每週閱讀時間和閱讀成就的關係」未具有調節效果。

多層次模式的實務應用

控制總體層次的解釋變項之下，個體層次學生家庭文化資本對閱讀成就的直接影響效果達統計顯著水準（$\gamma_{30} = 1.447$，$t(15) = 2.253$，$p < .05$），「校長對閱讀活動態度」對「學生家庭文化資本對閱讀成就直接影響」的影響力未達統計顯著水準（$\gamma_{31} = -0.051$，$t(15) = -0.608$，$p > .05$），表示總體層次「校長對閱讀活動態度」與個體層次「學生家庭文化資本」對閱讀成就影響的跨層次交互作用項不顯著，結果顯示「校長對閱讀活動態度」對「學生家庭文化資本和閱讀成就的關係」未具有調節效果。

Final estimation of variance components（最後變異成分估計值）

Random Effect 隨機效果	Standard Deviation 標準差	Variance Component 變異數	d.f. 自由度	χ^2 卡方值	p-value p 值
INTRCPT1, μ_0	2.19898	4.83553	12	24.24776	0.019
SSEX slope, μ_1	4.44825	19.78696	15	28.93820	0.016
TIME slope, μ_2	1.43922	2.07135	15	26.86486	0.030
HCUL slope, μ_3	0.55477	0.30777	15	19.80463	0.179
level-1, r	5.80973	33.75293			

Deviance = 1697.941064

與相同變數的脈絡模型（如下表模型）相較之下，學校間調整後平均學習成就的變異數 μ_{0j}（τ_{00}）由 3.113 略增加至 4.836，表示階層二加入總體層次「校長對閱讀活動態度」解釋變項後無法解釋學校間（組間）平均閱讀成就；階層一學校內閱讀成就的變異數 ε_{ij}（σ^2）由 34.032 下降至 33.753，表示階層一模型增列總體層次「校長對閱讀活動態度」解釋變項後，能解釋學校內學生閱讀成就變異量的百分比只有 0.8%（$= \dfrac{34.032 - 33.753}{34.032} = 0.008$）。此外，從離異係數值而言，脈絡模型的離異係數值為 1698.291，加入「校長對閱讀活動態度」之完整模型的離異係數值為 1697.941，二者差異不大，表示加入總體層次解釋變項對於模型適配度的改善沒有助益，與脈絡模型相比較結果，投入總體層次「校長對閱讀活動態度」解釋變項後對學生閱讀成就影響的變化差異甚小。

跨層級變項交互效果摘要表（總體層次為校長對閱讀活動態度）

固定效果	係數	t 值	自由度
β_0 截距			
階層二學生閱讀成就之整體平均值 γ_{00}	63.812	17.853***	12
脈絡變項			
各校平均閱讀時間對閱讀成就影響平均值 γ_{01}	0.129	0.091ns	12
各校平均家庭文化資本對閱讀成就影響平均值 γ_{02}	1.819	1.877ns	12
學校變項			
各校平均圖書資源資本對閱讀成就影響平均值 γ_{03}	−.005	−0.074ns	12
各校校長之閱讀活動態度對閱讀成就影響平均值 γ_{04}	−.098	−0.255ns	12
斜率 β_1			
學生性別對閱讀成就影響之平均值 γ_{10}	0.171	0.047ns	15
校長閱讀活動態度— 　學生性別對閱讀成就影響之平均值 γ_{11}	0.097	0.193ns	15
斜率 β_2			
閱讀時間對閱讀成就影響之平均值 γ_{20}	6.231	4.689***	15
校長閱讀活動態度— 　閱讀時間對閱讀成就影響之平均值 γ_{21}	−0.280	−1.580ns	15
斜率 β_3			
家庭文化資本對閱讀成就影響之平均值 γ_{30}	1.447	2.253*	15
校長閱讀活動態度— 　家庭文化資本對閱讀成就影響之平均值 γ_{31}	−0.051	−0.608ns	15
隨機效果	變異數	χ^2 值	自由度
階層二學校間平均閱讀成就之差異 τ_{00}	4.836	24.248*	12
學校間學生性別對閱讀成就影響之差異 τ_{11}	19.787	28.938*	15
學校間閱讀時間對閱讀成就影響之差異 τ_{22}	2.071	26.865*	15
學校間家庭文化資本對閱讀成就影響之差異 τ_{33}	0.308	19.805ns	15
第一層學校內平均閱讀成就分數 σ^2	33.753		15

離異係數 (−2LL) = 1697.941、ns p > .05、* p < .05、*** p < .001

多層次模式的實務應用

【脈絡模型】

層次一模型（Level-1 Model）

$READ_{ij} = \beta_{0j} + \beta_{1j} \times (SSEX_{ij}) + \beta_{2j} \times (TIME_{ij}) + \beta_{3j} \times (HCUL_{ij}) + r_{ij}$

層次二模型（Level-2 Model）

$\beta_{0j} = \gamma_{00} + \gamma_{01} \times (TIME\_M_j) + \gamma_{02} \times (HCUL\_M_j) + \gamma_{03} \times (RESO_j) + \mu_{0j}$

$\beta_{1j} = \gamma_{10} + \mu_{1j}$

$\beta_{2j} = \gamma_{20} + \mu_{2j}$

$\beta_{3j} = \gamma_{30} + \mu_{3j}$

混合模型

$READ_{ij} = \gamma_{00} + \gamma_{01} \times TIME\_M_j + \gamma_{02} \times HCUL\_M_j + \gamma_{03} \times RESO_j + \gamma_{10} \times SSEX_{ij}$
$\qquad + \gamma_{20} \times TIME_{ij} + \gamma_{30} \times HCUL_{ij} + \mu_{0j} + \mu_{1j} \times SSEX_{ij} + \mu_{2j} \times TIME_{ij}$
$\qquad + \mu_{3j} \times HCUL_{ij} + r_{ij}$

解釋變項 TIME、HCUL、TIME_M、HCUL_M 均經過總平均數中心化轉換。「TIME HCUL have been centered around the grand mean.」、「TIME_M HCUL_M have been centered around the grand mean.」提示語表示四個解釋變項經總平減處理。

Final estimation of fixed effects（最後固定效果估計值）

Fixed Effect 固定效果	Coefficient 係數值	Standard error 標準誤	t-ratio t 值	Approx. $d.f.$ 自由度	p-value p 值
For INTRCPT1, β_0					
INTRCPT2, γ_{00}	62.428272	3.206011	19.472	13	< 0.001
TIME_M, γ_{01}	−0.409123	1.170118	−0.350	13	0.732
HCUL_M, γ_{02}	2.217569	0.901932	2.459	13	0.029
RESO, γ_{03}	0.000177	0.056577	0.003	13	0.998
For SSEX slope, β_1					
INTRCPT2, γ_{10}	0.801032	1.430746	0.560	16	0.583
For TIME slope, β_2					
INTRCPT2, γ_{20}	4.223379	0.491019	8.601	16	< 0.001
For HCUL slope, β_3					
INTRCPT2, γ_{30}	1.143133	0.229870	4.973	16	< 0.001

Final estimation of variance components（最後變異成分估計值）

Random Effect 隨機效果	Standard Deviation 標準差	Variance Component 變異數	d.f. 自由度	χ^2 卡方值	p-value p 值
INTRCPT1, μ_0	1.76437	3.11299	13	24.02663	0.031
SSEX slope, μ_1	3.88579	15.09940	16	29.15400	0.023
TIME slope, μ_2	1.43950	2.07215	16	31.37525	0.012
HCUL slope, μ_3	0.52585	0.27652	16	18.59060	0.290
level-1, r	5.83372	34.03231			

Statistics for current covariance components model
Deviance = 1698.291223

（二）加入學校所在地區之完整模型

　　學生層次（個體層次）的解釋變項為學生性別（SSEX）、學生閱讀時間（TIME）、家庭文化資本（HCUL）；總體層次的解釋變項為學校平均閱讀時間（TIME_M）、學校平均家庭文化資本（HCUL_M）、學校圖書資源（RESO）。階層二的結果變項為階層一的迴歸係數，階層二迴歸模型中加入「學校所在地區」（AREA）解釋變項，進行以截距項與斜率為結果的完整迴歸分析，以探究「學校所在地區」（AREA）解釋變項是否與其他解釋變項有交互作用結果。

　　研究問題：學校屬性（總體層次）特徵與學生個體層次變因（學生性別、學生每週閱讀時間、家庭文化資本）對學生閱讀成就的影響是否有顯著跨層次的交互作用效果？

　　研究假設：總體層次屬性「學校所在地區」變因與學生個體層次變因（學生性別、學生每週閱讀時間、家庭文化資本）對學生閱讀成就的影響有顯著的跨層次交互作用效果。

多層次模式的實務應用

範例模型如下：

層次一模型（Level-1 Model）

$READ_{ij} = \beta_{0j} + \beta_{1j} \times (SSEX_{ij}) + \beta_{2j} \times (TIME_{ij}) + \beta_{3j} \times (HCUL_{ij}) + r_{ij}$

層次二模型（Level-2 Model）

$\beta_{0j} = \gamma_{00} + \gamma_{01} \times (TIME\_M_j) + \gamma_{02} \times (HCUL\_M_j) + \gamma_{03} \times (RESO_j) + \gamma_{04} \times (AREA_j) + \mu_{0j}$

$\beta_{1j} = \gamma_{10} + \gamma_{11} \times (AREA_j) + \mu_{1j}$

$\beta_{2j} = \gamma_{20} + \gamma_{21} \times (AREA_j) + \mu_{2j}$

$\beta_{3j} = \gamma_{30} + \gamma_{31} \times (AREA_j) + \mu_{3j}$

個體層次的解釋變項「TIME」（每週閱讀時間）、「HCUL」（學生家庭文化資本）經由總平均數中心化處理（TIME HCUL have been centered around the grand mean.）；總體層次的脈絡變項「TIME_M」（校平均閱讀時間）、「HCUL_M」（校平均家庭文化資本）經由總平均數中心化處理（TIME_M HCUL_M have been centered around the grand mean.），這四個解釋變項經由總平減轉換後投入迴歸模型中。

階層一模型、階層二模型的視窗界面如下：

解釋變項 TIME、HCUL、TIME_M、HCUL_M 均經過總平均數中心化轉換。「TIME HCUL have been centered around the grand mean.」、「TIME_M HCUL_M have been centered around the grand mean.」提示語表示四個解釋變項經總平減處理。

混合模型為:

$$READ_{ij} = \gamma_{00} + \gamma_{01} \times TIME\_M_j + \gamma_{02} \times HCUL\_M_j + \gamma_{03} \times RESO_j + \gamma_{04} \times AREA_j$$
$$+ \gamma_{10} \times SSEX_{ij} + \gamma_{11} \times AREA_j \times SSEX_{ij} + \gamma_{20} \times TIME_{ij} + \gamma_{21} \times AREA_j \times TIME_{ij}$$
$$+ \gamma_{30} \times HCUL_{ij} + \gamma_{31} \times AREA_j \times HCUL_{ij} + \mu_{0j} + \mu_{1j} \times SSEX_{ij} + \mu_{2j} \times TIME_{ij}$$
$$+ \mu_{3j} \times HCUL_{ij} + r_{ij}$$

Final estimation of fixed effects（最後固定效果估計值）

Fixed Effect 固定效果	Coefficient 係數	Standard error 標準誤	t-ratio t 值	Approx. $d.f.$ 自由度	p-value p 值
For INTRCPT1, β_0					
INTRCPT2, γ_{00}	61.755829	3.263917	18.921	12	< 0.001
TIME_M, γ_{01}	−0.331333	1.102019	−0.301	12	0.769
HCUL_M, γ_{02}	2.229866	0.933767	2.388	12	0.034
RESO, γ_{03}	0.037912	0.064590	0.587	12	0.568
AREA, γ_{04}	−2.238899	2.421416	−0.925	12	0.373
For SSEX slope, β_1					
INTRCPT2, γ_{10}	−0.159345	2.166397	−0.074	15	0.942
AREA, γ_{11}	1.867448	2.998292	0.623	15	0.543
For TIME slope, β_2					
INTRCPT2, γ_{20}	5.164163	0.752639	6.861	15	< 0.001
AREA, γ_{21}	−1.505826	0.989411	−1.522	15	0.149
For HCUL slope, β_3					
INTRCPT2, γ_{30}	1.088164	0.358584	3.035	15	0.008
AREA, γ_{31}	−0.008578	0.456088	−0.019	15	0.985

　　控制總體層次的解釋變項之下，個體層次學生性別對閱讀成就的直接影響效果未達統計顯著水準（$\gamma_{10} = -0.159$，$t(15) = -0.074$，$p > .05$），「學校所在地區」對「學生性別對閱讀成就直接影響」的影響力未達統計顯著水準（$\gamma_{11} = 1.867$，$t(15) = 0.623$，$p > .05$），表示總體層次「學校所在地區」與個體層次「學生性別」對閱讀成就影響的跨層次交互作用項不顯著，結果顯示「學校所在地區」對「學

生性別和閱讀成就的關係」未具有調節效果。

　　控制總體層次的解釋變項之下，個體層次學生每週閱讀時間對閱讀成就的直接影響效果達統計顯著水準（$\gamma_{20} = 5.164$，$t(15) = 6.861$，$p < .001$），「學校所在地區」對「學生每週閱讀時間對閱讀成就直接影響」的影響力未達統計顯著水準（$\gamma_{21} = -1.506$，$t(15) = -1.522$，$p > .05$），表示總體層次「學校所在地區」與個體層次「學生每週閱讀時間」對閱讀成就影響的跨層次交互作用項不顯著，結果顯示「學校所在地區」對「學生每週閱讀時間和閱讀成就的關係」未具有調節效果。

　　控制總體層次的解釋變項之下，個體層次學生家庭文化資本對閱讀成就的直接影響效果達統計顯著水準（$\gamma_{30} = 1.088$，$t(15) = 3.035$，$p < .01$），「學校所在地區」對「學生家庭文化資本對閱讀成就直接影響」的影響力未達統計顯著水準（$\gamma_{31} = -0.009$，$t(15) = -0.019$，$p > .05$），表示總體層次「學校所在地區」與個體層次「學生家庭文化資本」對閱讀成就影響的跨層次交互作用項不顯著，結果顯示「學校所在地區」對「學生家庭文化資本和閱讀成就的關係」未具有調節效果。

Final estimation of variance components（最後變異成分估計值）

Random Effect 隨機效果	Standard Deviation 標準差	Variance Component 變異數	d.f. 自由度	χ^2 卡方值	p-value p值
INTRCPT1, μ_0	2.23640	5.00147	12	24.66873	0.016
SSEX slope, μ_1	4.47815	20.05386	15	28.76054	0.017
TIME slope, μ_2	1.55772	2.42650	15	29.50494	0.014
HCUL slope, μ_3	0.53034	0.28126	15	18.90330	0.218
level-1, r	5.79640	33.59828			

Deviance = 1680.321349

　　與投入相同變數的脈絡模型相較之下，學校間調整後平均學習成就的變異數 μ_{0j}（τ_{00}）由 3.113 略增加至 5.001，表示階層二加入總體層次「學校所在地區」解釋變項後無法解釋學校間（組間）平均閱讀成就；階層一學校內閱讀成就的變異數 ε_{ij}（σ^2）由 34.032 下降至 33.598，表示階層一模型增列總體層次「學校所在地區」解釋變項後，能解釋學校內學生閱讀成就變異量的百分比只有 1.3%（$= \frac{34.032 - 33.753}{34.032} = 0.013$）。從離異係數值而言，脈絡模型的離異係數值為 1698.291，加入「學校所在地區」之完整模型的離異係數值為 1680.321，二者差異

值為 17.970，表示加入總體層次解釋變項對於模型適配度的改善有所助益，但對整個模型適配度的影響不大。

跨層級變項交互效果摘要表（總體層次變項為學校所在地區）

固定效果	係數	t 值	自由度
β_0 截距			
階層二學生閱讀成就之整體平均值 γ_{00}	61.756	18.921***	12
脈絡變項			
各校平均閱讀時間對閱讀成就影響平均值 γ_{01}	−0.331	−0.301ns	12
各校平均家庭文化資本對閱讀成就影響平均值 γ_{02}	2.230	2.388*	12
學校變項			
各校平均圖書資源資本對閱讀成就影響平均值 γ_{03}	0.038	0.587ns	12
各校校長之閱讀活動態度對閱讀成就影響平均值 γ_{04}	−2.239	−0.925ns	12
斜率 β_1			
學生性別對閱讀成就影響之平均值 γ_{10}	−0.159	−0.074ns	15
學校所在地區— 學生性別對閱讀成就影響之平均值 γ_{11}	1.867	0.623ns	15
斜率 β_2			
閱讀時間對閱讀成就影響之平均值 γ_{20}	5.164	6.861***	15
學校所在地區— 閱讀時間對閱讀成就影響之平均值 γ_{21}	−1.506	−1.522ns	15
斜率 β_3			
家庭文化資本對閱讀成就影響之平均值 γ_{30}	1.088	3.035**	15
學校所在地區— 家庭文化資本對閱讀成就影響之平均值 γ_{31}	−0.009	−0.019ns	15
隨機效果	**變異數**	**χ^2 值**	**自由度**
階層二學校間平均閱讀成就之差異 τ_{00}	5.001	24.669*	12
學校間學生性別對閱讀成就影響之差異 τ_{11}	20.054	28.761*	15
學校間閱讀時間對閱讀成就影響之差異 τ_{22}	2.427	29.505*	15
學校間家庭文化資本對閱讀成就影響之差異 τ_{33}	0.281	18.903ns	15
第一層學校內平均閱讀成就分數 σ^2	33.598		15

離異係數 (−2LL) = 1697.941、ns $p > .05$、* $p < .05$、** $p < .01$、*** $p < .001$

多層次模式的實務應用

（三）加入學校之校長性別

　　學生層次（個體層次）的解釋變項為學生家庭結構（HOME）、學生閱讀時間（TIME）、家庭文化資本（HCUL）；總體層次的解釋變項為學校平均閱讀時間（TIME_M）、學校平均家庭文化資本（HCUL_M）二個脈絡變項。階層二的結果變項為階層一的迴歸係數，階層二迴歸模型中加入「學校之校長性別」（PSEX）解釋變項，進行以截距項與斜率為結果的完整迴歸分析，以探究「學校之校長性別」（PSEX）解釋變項是否與其他解釋變項有交互作用結果。

　　研究問題：學校屬性（總體層次）特徵與學生個體層次變因（學生家庭結構、學生每週閱讀時間、家庭文化資本）對學生閱讀成就的影響是否有顯著跨層次的交互作用效果？

　　研究假設：總體層次屬性「學校之校長性別」變因與學生個體層次變因（學生家庭結構、學生每週閱讀時間、家庭文化資本）對學生閱讀成就的影響有顯著的跨層次交互作用效果。

　　範例模型如下：

層次一模型（Level-1 Model）

$READ_{ij} = \beta_{0j} + \beta_{1j} \times (HOME_{ij}) + \beta_{2j} \times (TIME_{ij}) + \beta_{3j} \times (HCUL_{ij}) + r_{ij}$

層次二模型（Level-2 Model）

$\beta_{0j} = \gamma_{00} + \gamma_{01} \times (TIME\_M_j) + \gamma_{02} \times (HCUL\_M_j) + \gamma_{03} \times (PSEX_j) + \mu_{0j}$

$\beta_{1j} = \gamma_{10} + \gamma_{11} \times (PSEX_j) + \mu_{1j}$

$\beta_{2j} = \gamma_{20} + \gamma_{21} \times (PSEX_j) + \mu_{2j}$

$\beta_{3j} = \gamma_{30} + \gamma_{31} \times (PSEX_j) + \mu_{3j}$

　　個體層次的解釋變項「TIME」（每週閱讀時間）、「HCUL」（學生家庭文化資本）經由組平均數中心化處理（TIME HCUL have been centered around the group mean.）；總體層次的脈絡變項「TIME_M」（校平均閱讀時間）、「HCUL_M」（校平均家庭文化資本）未經總平均數中心化處理。

混合模型為：

$$
\begin{aligned}
READ_{ij} = {} & \gamma_{00} + \gamma_{01} \times TIME\_M_j + \gamma_{02} \times HCUL\_M_j + \gamma_{03} \times PSEX_j + \gamma_{10} \times HOME_{ij} \\
& + \gamma_{11} \times PSEX_j \times HOME_{ij} + \gamma_{20} \times TIME_{ij} + \gamma_{21} \times PSEX_j \times TIME_{ij} \\
& + \gamma_{30} \times HCUL_{ij} + \gamma_{31} \times PSEX_j \times HCUL_{ij} + \mu_{0j} + \mu_{1j} \times HOME_{ij} + \mu_{2j} \times TIME_{ij} \\
& + \mu_{3j} \times HCUL_{ij} + r_{ij}
\end{aligned}
$$

上述模型 $TIME_{ij}$ 的測量值轉換為 $TIME_{ij} - \overline{TIME}_{.j}$（組平減轉換）、$HCUL_{ij}$ 的測量值轉換為 $HCUL_{ij} - \overline{HCUL}_{.j}$（組平減轉換）。

階層一模式、階層二模式之視窗界面如下：

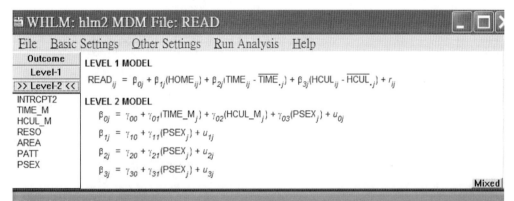

多層次模式的實務應用

Final estimation of fixed effects（最後固定效果估計值）

Fixed Effect 固定效果	Coefficient 係數	Standard error 標準誤	t-ratio t 值	Approx. $d.f.$ 自由度	p-value p 值
For INTRCPT1, β_0					
INTRCPT2, γ_{00}	30.283322	3.965173	7.637	13	< 0.001
TIME_M, γ_{01}	3.637564	1.209329	3.008	13	0.010
HCUL_M, γ_{02}	3.651109	1.067905	3.419	13	0.005
PSEX, γ_{03}	−1.342978	2.291751	−0.586	13	0.568
For HOME slope, β_1					
INTRCPT2, γ_{10}	2.053506	1.295873	1.585	15	0.134
PSEX, γ_{11}	0.670169	1.838921	0.364	15	0.721
For TIME slope, β_2					
INTRCPT2, γ_{20}	3.965464	0.444896	8.913	15	< 0.001
PSEX, γ_{21}	−0.225403	0.697255	−0.323	15	0.751
For HCUL slope, β_3					
INTRCPT2, γ_{30}	0.621298	0.260188	2.388	15	0.031
PSEX, γ_{31}	1.096087	0.417457	2.626	15	0.019

Final estimation of variance components（最後變異成分估計值）

Random Effect 隨機效果	Standard Deviation 標準差	Variance Component 變異數	$d.f.$ 自由度	χ^2 卡方值	p-value p 值
INTRCPT1, μ_0	3.04687	9.28341	12	37.30752	< 0.001
HOME slope, μ_1	1.12445	1.26439	14	11.91165	> 0.500
TIME slope, μ_2	0.92004	0.84647	14	28.29380	0.013
HCUL slope, μ_3	0.25287	0.06394	14	19.00881	0.164
level-1, r	5.92025	35.04941			

Deviance = 1686.898803

跨層級變項交互效果摘要表（總體層次變項為學校之校長性別）

固定效果	係數	t 值	自由度
β_0 截距			
階層二 學生閱讀成就之整體平均值 γ_{00}	30.283	7.637***	13
脈絡變項			
各校平均閱讀時間對閱讀成就影響平均值 γ_{01}	3.638	3.008*	13
各校平均家庭文化資本對閱讀成就影響平均值 γ_{02}	3.651	3.419**	13
學校變項			
各校校長性別對閱讀成就影響平均值 γ_{03}	−1.343	−0.586ns	13
斜率 β_1			
學生家庭結構對閱讀成就影響之平均值 γ_{10}	2.054	1.585ns	15
學校之校長性別— 　學生性別對閱讀成就影響之平均值 γ_{11}	0.670	0.364ns	15
斜率 β_2			
閱讀時間對閱讀成就影響之平均值 γ_{20}	3.965	8.913***	15
學校之校長性別— 　閱讀時間對閱讀成就影響之平均值 γ_{21}	−0.225	−0.323ns	15
斜率 β_3			
家庭文化資本對閱讀成就影響之平均值 γ_{30}	0.621	2.388*	15
學校之校長性別— 　家庭文化資本對閱讀成就影響之平均值 γ_{31}	1.096	2.626*	15
隨機效果	變異數	χ^2 值	自由度
階層二 學校間平均閱讀成就之差異 τ_{00}	9.283	37.308***	12
學校間學生家庭結構對閱讀成就影響之差異 τ_{11}	1.264	11.912ns	14
學校間閱讀時間對閱讀成就影響之差異 τ_{22}	0.846	28.294*	14
學校間家庭文化資本對閱讀成就影響之差異 τ_{33}	0.064	19.009ns	14
第一層學校內平均閱讀成就分數 σ^2	35.049		

離異係數 (−2LL) = 1686.899、ns $p > .05$、* $p < .05$、** $p < .01$、*** $p < .001$

　　從跨層級變項的交互作用摘要表可以得知：在固定效果值，控制總體層次的解釋變項之下，個體層次學生家庭結構變項對閱讀成就的直接影響效果未達統計顯著水準（$\gamma_{10} = 2.054$，$t(15) = 1.585$，$p > .05$），「學校之校長性別」對「學生家庭結構對閱讀成就直接影響」的影響力未達統計顯著水準（$\gamma_{11} = 0.670$，$t(15) = 0.364$，$p > .05$），表示總體層次「學校之校長性別」與個體層次「學生家庭結構」

對閱讀成就影響的跨層級交互作用項不顯著，結果顯示「學校之校長性別」對「學生家庭結構與閱讀成就的關係」未具有調節效果。

控制總體層次的解釋變項之下，個體層次學生每週閱讀時間對閱讀成就的直接影響效果達統計顯著水準（$\gamma_{20} = 3.965$，$t(15) = 8.913$，$p < .001$），「學校之校長性別」對「學生每週閱讀時間對閱讀成就直接影響」的影響力未達統計顯著水準（$\gamma_{21} = -0.225$，$t(15) = -0.323$，$p > .05$），表示總體層次「學校之校長性別」與個體層次「學生每週閱讀時間」對閱讀成就影響的跨層級交互作用項不顯著，結果顯示「學校之校長性別」對「學生每週閱讀時間與閱讀成就的關係」未具有調節效果。

控制總體層次的解釋變項之下，個體層次學生家庭文化資本對閱讀成就的直接影響效果達統計顯著水準（$\gamma_{30} = 0.621$，$t(15) = 2.388$，$p < .05$），當學生之家庭文化資本測量值增加一個單位，學生閱讀成就可提高 0.621 分；「學校之校長性別」對「學生家庭文化資本對閱讀成就直接影響」的影響力達統計顯著水準（$\gamma_{31} = 1.096$，$t(15) = 2.626$，$p < .05$），表示總體層次「學校之校長性別」與個體層次「學生家庭文化資本」對閱讀成就影響的跨層級交互作用項顯著，「學校之校長性別」對「學生家庭文化資本與閱讀成就的關係」具有正向調節效果。

從隨機效果的係數而言，與投入相同變數的脈絡模型（脈絡模型一）相較之下，學校間調整後平均學習成就的變異數 μ_{0j}（τ_{00}）由 36.826 下降至 9.283，表示階層二加入總體層次「學校之校長性別」解釋變項後可以解釋學校間（組間）平均閱讀成就變異量的百分比為 74.8%（$= \dfrac{36.826 - 9.283}{36.826} = 0.748$）。

階層一學校內閱讀成就的變異數 ε_{ij}（σ^2）由 34.562 稍微增加至 35.049。從離異係數值而言，脈絡模型一的離異係數值為 1696.309，加入「學校之校長性別」之完整模型的離異係數值為 1686.899，二者差異值為 9.410，表示加入總體層次解釋變項對於模型適配度的改善有所助益，但對整個模型適配度的影響不大。

九、中介效果檢定一

以校長對閱讀活動的態度（校長閱讀態度）總體層次、學生每週閱讀時間個體層次解釋變項對學生閱讀成就的影響為例，跨層次中介效果的檢定圖如下（圖示符號修改自溫福星、邱皓政，2011）：

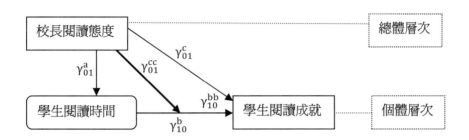

　　迴歸係數 γ_{01}^c 為總體層次解釋變項（自變項）對依變項的直接效果，此係數值在多層次分析模式中也可稱為「脈絡效果」（以截距為結果之模型）。迴歸係數 γ_{01}^c 如果未達統計顯著水準（$p > .05$），則總體層次解釋變項「校長閱讀態度」對依變項「閱讀成就」中介效果就可能不存在；總體層次解釋變項「校長閱讀態度」對中介變項「學生閱讀時間」影響的直接效果若是未達顯著（係數 = γ_{01}^a，$p > .05$），則模型可以不用進行個體層次「學生閱讀時間」對「閱讀成就」的影響效果及跨層級中介效果的檢定，跨層級中介效果檢定即同時考量自變項總體層次「校長閱讀態度」、中介變項「學生閱讀時間」對「閱讀成就」的影響效果是否顯著，如果考量中介變項「學生閱讀時間」對「閱讀成就」的影響下，總體層次「校長閱讀態度」對「閱讀成就」的影響仍達統計顯著水準（係數 = γ_{01}^{cc}，$p < .05$），但係數絕對值小於 γ_{01}^c 的估計值之絕對值，則稱為部分跨層級中介效果，若是總體層次「校長閱讀態度」對「閱讀成就」的影響未達統計顯著水準（係數 = γ_{01}^{cc}，$p > .05$），而個體層次中介變項「學生閱讀時間」對「閱讀成就」的影響仍達統計顯著水準（係數 = γ_{10}^{bb}，$p < .05$），則中介效果稱為完全跨層級中介效果（溫福星、邱皓政，2011）。

　　沒有跨層級中介效果模型圖如下：

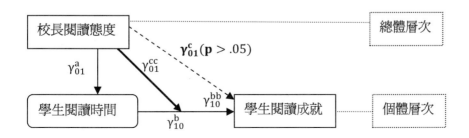

多層次模式的實務應用

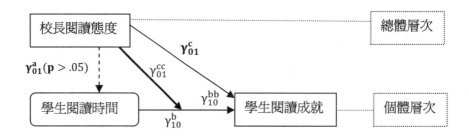

完全跨層級中介效果圖示如下（*ns p* > .05、* *p* < .05）：

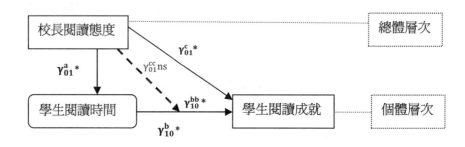

部分跨層級中介效果圖示如下（* *p* < .05）：

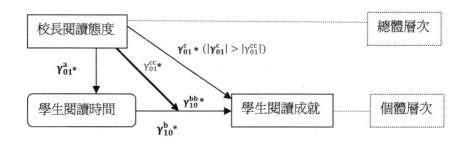

多層次模式檢定的程序如下：

　　分別以依變項及中介變項作為結果變項進行零模型的檢定，分別求出其組內相關係數值，判別結果變項的總變異量中有多少百分比是「學校間」變異造成的，若是 ICC 的數值均小於 5%，可直接改用單層次中介變項的路徑係數檢定。以閱讀時間中介變項為結果變項的虛無模型如下：

層次一模型

閱讀時間 $_{ij} = \beta_{0j} + \mathrm{r}_{ij}$

層次二模型

$\beta_{0j} = \gamma_{00} + \mu_{0j}$

層次一模型

$TIME_{ij} = \beta_{0j} + \mathrm{r}_{ij}$

層次二模型

$\beta_{0j} = \gamma_{00} + \mu_{0j}$

HLM 視窗界面如下：

WHLM: hlm2 MDM File: READ

File Basic Settings Other Settings Run Analysis

| Outcome |
| >> Level-1 << |
| Level-2 |
| INTRCPT1 |
| HOME |
| SSEX |
| TIME |
| HCUL |
| READ |

LEVEL 1 MODEL

$TIME_{ij} = \beta_{0j} + r_{ij}$

LEVEL 2 MODEL

$\beta_{0j} = \gamma_{00} + u_{0j}$

Final estimation of variance components（最後變異成分估計值）

Random Effect 隨機效果	Standard Deviation 標準差	Variance Component 變異數	d.f. 自由度	χ^2 卡方值	p-value p 值
INTRCPT1, μ_0	1.54353	2.38249	16	168.20552	< 0.001
level-1, r	1.94344	3.77696			

Deviance = 1120.732168

組內相關係數（ICC）值 $= \rho = \dfrac{\tau_{00}}{\tau_{00} + \sigma^2} = \dfrac{2.382}{2.382 + 3.777} = 0.414$，表示閱讀時間的總變異數中可以被「學校組織間」解釋的變異百分比為 41.4%，閱讀時間結果

變項可以被組間變異解釋的百分比為 41.4%（可以被學校群組內解釋變異為 58.6%），遠大於 5%，因而以閱讀時間作為多層次模式中介效果檢定的中介變項是適切的。

（一）以截距作為結果模型檢驗

研究問題：總體層次校長對閱讀活動的態度（自變項）對學生閱讀成就（依變項）是否有顯著的直接效果？（校長對閱讀活動的態度簡化為「校長閱讀態度」） 研究問題，在考驗總體層次解釋變項對個體層次依變項的影響是否達到統計顯著水準。

1. 結果變項為閱讀成就（READ），解釋變項為總體層次的「校長閱讀態度」。

層次一模型

閱讀成就 $_{ij} = \beta_{0j} + r_{ij}$

層次二模型

$\beta_{0j} = \gamma_{00} + \gamma_{01} \times 校長閱讀態度_j + \mu_{0j}$

層次一模型

$READ_{ij} = \beta_{0j} + r_{ij}$

層次二模型

$\beta_{0j} = \gamma_{00} + \gamma_{01} \times PATT_j + \mu_{0j}$

HLM 視窗界面如下：

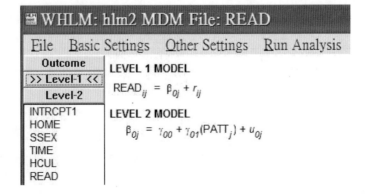

Final estimation of fixed effects（最後固定效果估計值）

Fixed Effect 固定效果	Coefficient 係數值	Standard error 標準誤	*t*-ratio *t* 值	Approx. *d.f.* 自由度	*p*-value *p* 值
For INTRCPT1, β_0					
INTRCPT2, γ_{00}	40.393705	5.853230	6.901	15	< 0.001
PATT, γ_{01}	3.199797	0.801284	3.993	15	0.001

$\gamma_{01} = 3.200$（$t(15) = 3.993$，$p < .001$）達統計顯著水準，表示校長閱讀活動的態度對學生閱讀成就表現有顯著直接正向的影響。當學校校長閱讀活動的態度測量值增加一個單位，學校平均閱讀成就可提高 3.200 個單位（分）。

Final estimation of variance components（最後變異成分估計值）

Random Effect 隨機效果	Standard Deviation 標準差	Variance Component 變異數	*d.f.* 自由度	χ^2 卡方值	*p*-value *p* 值
INTRCPT1, μ_0	9.08023	82.45049	15	159.59517	< 0.001
level-1, r	11.34011	128.59799			

Deviance = 2034.104224

階層二誤差項 μ_{0j} 的變異數 $\tau_{00} = 82.450$（$p < .001$），表示控制總體層次校長閱讀態度對閱讀成就的影響後，學校間平均閱讀成就分數間還有顯著的差異存在，階層一學校內學生閱讀成就差異之誤差項 ε_{ij} 的變異數 $\sigma^2 = 128.598$，模式適配度的離異係數值為 2034.104。

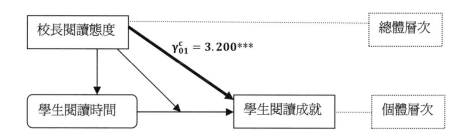

2. 結果變項為學生每週閱讀時間（TIME），解釋變項為總體層次的「校長閱讀態度」。
   研究問題：總體層次校長對閱讀活動的態度（自變項）對學生閱讀時間（中

多層次模式的實務應用

介變項）是否有顯著的直接效果？研究問題在驗證總體層次解釋變項對個體層次中介變項的影響是否達到統計顯著水準。

層次一模型

閱讀時間 $_{ij} = \beta_{0j} + \mathrm{r}_{ij}$

層次二模型

$\beta_{0j} = \gamma_{00} + \gamma_{01} \times$ 校長閱讀態度$_j + \mu_{0j}$

層次一模型

$TIME_{ij} = \beta_{0j} + \mathrm{r}_{ij}$

層次二模型

$\beta_{0j} = \gamma_{00} + \gamma_{01} \times PATT_j + \mu_{0j}$

HLM 視窗界面如下：

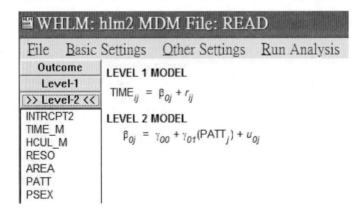

Final estimation of fixed effects（最後固定效果估計值）

Fixed Effect 固定效果	Coefficient 係數	Standard error 標準誤	*t*-ratio *t* 值	Approx. *d.f.* 自由度	*p*-value *p* 值
For INTRCPT1, β_0					
INTRCPT2, γ_{00}	0.802945	0.699657	1.148	15	0.269
PATT, γ_{01}	0.399295	0.095715	4.172	15	< 0.001

$\gamma_{01} = 0.399$（$t(15) = 4.172$，$p < .001$）達統計顯著水準，表示校長閱讀活動的態度對學生閱讀時間的多寡有顯著直接正向的影響。當學校校長閱讀活動的態度測量值增加一個單位，學校平均閱讀時間可增加 0.399 個單位（小時）。

Final estimation of variance components（最後變異成分估計值）

Random Effect 隨機效果	Standard Deviation 標準差	Variance Component 變異數	d.f. 自由度	χ^2 卡方值	p-value p 值
INTRCPT1, μ_0	1.02449	1.04958	15	78.06061	< 0.001
level-1, r	1.94348	3.77712			

Deviance = 1113.127727

階層二誤差項 μ_{0j} 的變異數 $\tau_{00} = 1.050$（$p < .001$），表示控制總體層次校長閱讀態度對閱讀時間的影響後，學校間平均閱讀時間分數間還有顯著的差異存在，階層一學校內學生閱讀時間差異之誤差項 ε_{ij} 的變異數 $\sigma^2 = 3.777$，模式適配度的離異係數值為 1113.128。

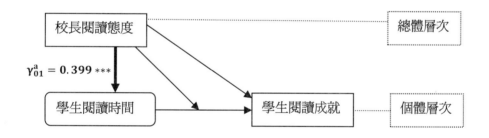

（二）隨機係數迴歸模型

研究問題：不考量總體層次校長閱讀態度（自變項）之解釋變項時，個體層次學生閱讀時間解釋變項（中介變項）對學生閱讀成就（依變項）影響的直接效果是否達到顯著？（解釋變項閱讀時間採用組平減轉換 $TIME_{ij} - \overline{TIME}_j$）

層次一模型

閱讀成就 $_{ij} = \beta_{0j} + \beta_{1j} \times$ 閱讀時間 $_{ij} + r_{ij}$

層次二模型

$\beta_{0j} = \gamma_{00} + \mu_{0j}$

$\beta_{1j} = \gamma_{10} + \mu_{1j}$

層次一模型

$READ_{ij} = \beta_{0j} + \beta_{1j} \times (TIME_{ij} - \overline{TIME}_{.j}) + r_{ij}$

層次二模型

$\beta_{0j} = \gamma_{00} + \mu_{0j}$

$\beta_{1j} = \gamma_{10} + \mu_{1j}$

HLM 視窗界面如下：

WHLM: hlm2 MDM File: READ

File   Basic Settings   Other Settings   Run Analysis   Help

| Outcome |
| Level-1 |
| >> Level-2 << |
| INTRCPT2 |
| TIME_M |
| HCUL_M |
| RESO |
| AREA |
| PATT |
| PSEX |

LEVEL 1 MODEL

$READ_{ij} = \beta_{0j} + \beta_{1j}(TIME_{ij} - \overline{TIME}_{.j}) + r_{ij}$

LEVEL 2 MODEL

$\beta_{0j} = \gamma_{00} + u_{0j}$

$\beta_{1j} = \gamma_{10} + u_{1j}$

Final estimation of fixed effects（最後固定效果估計值）

Fixed Effect 固定效果	Coefficient 係數	Standard error 標準誤	t-ratio t 值	Approx. $d.f.$ 自由度	p-value p 值
For INTRCPT1, β_0					
INTRCPT2, γ_{00}	61.857425	3.218076	19.222	16	< 0.001
For TIME slope, β_1					
INTRCPT2, γ_{10}	4.910455	0.473256	10.376	16	< 0.001

$\gamma_{10} = 4.910$（$t(16) = 10.376$，$p < .001$）達統計顯著水準，表示學生閱讀時間對學生閱讀成就表現有顯著直接正向的影響，當學生閱讀時間增加一個單位，學生閱讀成就平均增加 4.910 分（單位）。

Final estimation of variance components（最後變異成分估計值）

Random Effect 隨機效果	Standard Deviation 標準差	Variance Component 變異數	$d.f.$ 自由度	χ^2 卡方值	p-value p 值
INTRCPT1, μ_0	13.16419	173.29580	16	1016.60528	< 0.001
TIME slope, μ_1	1.65347	2.73396	16	42.64499	< 0.001
level-1, r	6.47523	41.92866			

Deviance = 1785.638856

階層二誤差項 μ_{0j} 的變異數 $\tau_{00} = 173.296$（$p < .001$），階層二誤差項 μ_{1j} 的變異數 $\tau_{11} = 2.734$（$p < .001$），階層二變異數 τ_{11} 達到統計顯著水準，表示以學生閱讀時間預測學生閱讀成就的斜率係數有顯著的「學校間差異」存在，各校平均斜率係數顯著不相等，階層一誤差項 ε_{ij} 的變異數 $\sigma^2 = 41.929$，模式適配度的離異係數值為 1785.639。

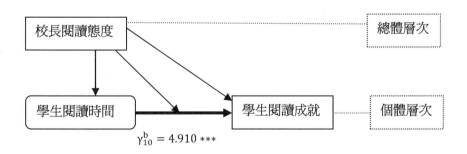

(三) 斜率／截距為結果模型

研究問題：同時考量總體層次校長閱讀態度（自變項）及個體層次學生閱讀時間解釋變項（中介變項）時，校長閱讀態度／學生閱讀時間變項對學生閱讀成就（依變項）影響的直接效果是否仍達到顯著？

多層次模式的實務應用

層次一模型

閱讀成就 $_{ij}$ = β_{0j} + β_{1j} × 閱讀時間 $_{ij}$ + r_{ij}

層次二模型

β_{0j} = γ_{00} + γ_{01} × 校長閱讀態度$_j$ + μ_{0j}

β_{1j} = γ_{10} + μ_{1j}

層次一模型

$READ_{ij}$ = β_{0j} + β_{1j} × $(TIME_{ij} - \overline{TIME}_{.j})$ + r_{ij}

層次二模型

β_{0j} = γ_{00} + γ_{01} × $PATT_j$ + μ_{0j}

β_{1j} = γ_{10} + μ_{1j}

HLM 視窗界面如下：

WHLM: hlm2 MDM File: READ

File　Basic Settings　Other Settings　Run Analysis

Outcome
Level-1
>> Level-2 <<
INTRCPT2
TIME_M
HCUL_M
RESO
AREA
PATT
PSEX

LEVEL 1 MODEL

$READ_{ij}$ = β_{0j} + $\beta_{1j}(TIME_{ij} - \overline{TIME}_{.j})$ + r_{ij}

LEVEL 2 MODEL

β_{0j} = γ_{00} + $\gamma_{01}(PATT_j)$ + u_{0j}

β_{1j} = γ_{10} + u_{1j}

Final estimation of fixed effects（最後固定效果估計值）

Fixed Effect 固定效果	Coefficient 係數	Standard error 標準誤	t-ratio t 值	Approx. d.f. 自由度	p-value p 值
For INTRCPT1, β_0					
INTRCPT2, γ_{00}	43.506749	5.771188	7.539	15	< 0.001
PATT, γ_{01}	2.735910	0.786787	3.477	15	0.003
For TIME slope, β_1					
INTRCPT2, γ_{10}	4.706823	0.412012	11.424	16	< 0.001

$\gamma_{10} = 4.707$（$t(16) = 11.424$，$p < .001$）達統計顯著水準，表示考量到總體層次校長對閱讀活動的態度時，個體層次學生閱讀時間解釋變項對學生閱讀成就表現仍有顯著直接正向的影響，當學生閱讀時間增加一個單位，學生閱讀成就平均增加 4.707 分；$\gamma_{01} = 2.736$（$t(15) = 3.477$，$p < .01$），達統計顯著水準，表示同時考量個體層次學生閱讀時間解釋變項對依變項的影響下，總體層次校長閱讀態度對學生閱讀成就表現仍有顯著直接正向的影響，校長閱讀態度測量值愈高，學校平均之學生閱讀成就表現就愈佳。

Final estimation of variance components（最後變異成分估計值）

Random Effect 隨機效果	Standard Deviation 標準差	Variance Component 變異數	d.f. 自由度	χ^2 卡方值	p-value p 值
INTRCPT1, μ_0	9.48573	89.97909	15	497.10481	< 0.001
TIME slope, μ_1	1.30096	1.69251	16	41.18990	< 0.001
level-1, r	6.49411	42.17343			

Deviance = 1776.690976

階層二誤差項 μ_{0j} 的變異數 $\tau_{00} = 89.979$（$p < .001$），階層二誤差項 μ_{1j} 的變異數 $\tau_{11} = 1.693$（$p < .001$），表示同時考量總體層次對閱讀成就的影響下，以學生閱讀時間預測學生閱讀成就的斜率係數仍有顯著的「學校間差異」存在，各校平均斜率係數顯著不相等，階層一誤差項 ε_{ij} 的變異數 $\sigma^2 = 42.173$，模式適配度的離異係數值為 1776.691。

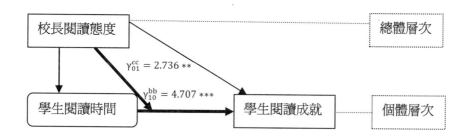

以個體層次學生閱讀時間為中介變項之多層次模式估計結果圖示如下：

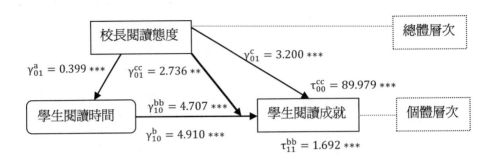

從多層次模式估計結果可以發現：不考量個體層次中介變項對學生閱讀成就的影響效果時，總體層次解釋變項校長閱讀態度對學生閱讀成就影響的直接效果值達到顯著，$\gamma_{01}^c = 3.200$（$p < .001$）。當考量個體層次中介變項對學生閱讀成就的影響效果時，總體層次解釋變項校長閱讀態度對學生閱讀成就影響的直接效果值仍達統計顯著水準，$\gamma_{01}^{cc} = 2.736$（$p < .01$），γ_{01} 係數值從 3.200 下降至 2.736。不考量總體層次校長閱讀態度自變項對學生閱讀成就的影響效果時，個體層次解釋變項學生閱讀時間對學生閱讀成就影響的直接效果值達到顯著，$\gamma_{10}^b = 4.910$（$p < .001$），當考量總體層次校長閱讀態度自變項對學生閱讀成就的影響效果時，個體層次解釋變項學生閱讀時間對學生閱讀成就影響的直接效果仍達統計顯著水準，$\gamma_{10}^{bb} = 4.707$（$p < .001$），γ_{10} 係數值從 4.910 下降至 4.707。

總體層次校長閱讀態度對學生閱讀時間影響的直接效果值達統計顯著水準，$\gamma_{01}^a = 0.399$（$p < .001$），由於校長閱讀態度（階層二自變項）→閱讀時間（階層一中介自變項）→閱讀成就（階層一依變項）的間接效果路徑係數均達顯著，且校長閱讀態度（階層二自變項）→閱讀成就（階層一依變項）的直接效果路徑係數也達顯著，表示多層次模式的中介效果是一種「部分跨層級中介效果」，而非「完全跨層級中介效果」。

十、中介效果檢定二

以學校所在地區總體層次為自變項、學生家庭文化資本個體層次解釋變項為中介變項，結果變項（依變項）為學生閱讀成就，跨層級中介效果的檢定圖如下：

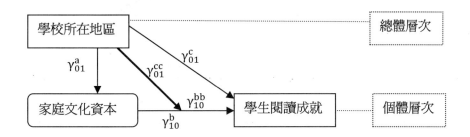

多層次模式檢定的程序如下：

以家庭文化資本中介變項為結果變項的虛無模型如下：

層次一模型

家庭文化資本 $_{ij} = \beta_{0j} + r_{ij}$

層次二模型

$\beta_{0j} = \gamma_{00} + \mu_{0j}$

層次一模型

$HCUL_{ij} = \beta_{0j} + r_{ij}$

層次二模型

$\beta_{0j} = \gamma_{00} + \mu_{0j}$

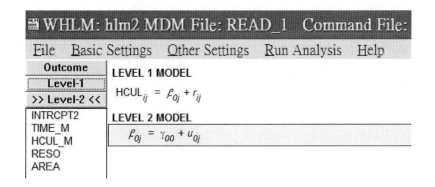

多層次模式的實務應用

Final estimation of variance components（最後變異成分估計值）

Random Effect 隨機效果	Standard Deviation 標準差	Variance Component 變異數	d.f. 自由度	χ^2 卡方值	p-value p 值
INTRCPT1, μ_0	1.70130	2.89443	16	143.72581	< 0.001
level-1, r	2.35574	5.54949			

Deviance = 1217.662572

　　階層二學校間平均家庭文化資本差異之誤差項 μ_{0j} 的變異數 τ_{00} = 2.894（p < .001）、階層一學校內家庭文化資本差異之誤差項 ε_{ij} 的變異數 σ^2 = 5.549，組內相關係數（ICC）值 $\rho = \dfrac{\tau_{00}}{\tau_{00} + \sigma^2} = \dfrac{2.894}{2.894 + 5.549} = 0.343$，表示家庭文化資本的總變異數中可以被「學校組織間」解釋的變異百分比為 34.3%，家庭文化資本結果變項可以被組間變異解釋的百分比為 34.3%，遠大於 5%（可以被學校群組內解釋變異為 65.7%），因而以家庭文化資本作為多層次模式中介效果檢定的中介變項是適宜的。

（一）以截距作為結果模型檢驗

　　研究問題：總體層次學校所在地區（自變項）對學生閱讀成就（依變項）是否有顯著的直接效果？

1. 結果變項為閱讀成就（READ）、解釋變項為學校所在地區。

層次一模型

閱讀成就 $_{ij} = \beta_{0j} + r_{ij}$

層次二模型

$\beta_{0j} = \gamma_{00} + \gamma_{01} \times$ 學校所在地區 $_j + \mu_{0j}$

層次一模型

$READ_{ij} = \beta_{0j} + r_{ij}$

層次二模型

$\beta_{0j} = \gamma_{00} + \gamma_{01} \times AREA_j + \mu_{0j}$

WHLM: hlm2 MDM File: READ_1

File　Basic Settings　Other Settings　Run Analysis

| Outcome |
| Level-1 |
| >> Level-2 << |
| INTRCPT2 |
| TIME_M |
| HCUL_M |
| RESO |
| AREA |

LEVEL 1 MODEL

$READ_{ij} = \beta_{0j} + r_{ij}$

LEVEL 2 MODEL

$\beta_{0j} = \gamma_{00} + \gamma_{01}(AREA_j) + u_{0j}$

Final estimation of fixed effects（最後固定效果估計值）

Fixed Effect 固定效果	Coefficient 係數	Standard error 標準誤	t-ratio t 值	Approx. d.f. 自由度	p-value p 值
For INTRCPT1, β_0					
INTRCPT2, γ_{00}	52.400000	3.493812	14.998	15	< 0.001
AREA, γ_{01}	17.857886	4.798974	3.721	15	0.002

$\gamma_{01} = 17.858$（$t(15) = 3.721$，$p < .01$）達統計顯著水準，表示學校所在地區對學生閱讀成就表現有顯著直接正向的影響，都會地區學校（水準數值編碼為 1）學生閱讀成就顯著的高於非都會地區學校（水準數值編碼為 0）學生閱讀成就 17.858 個單位。

Final estimation of variance components（最後變異成分估計值）

Random Effect 隨機效果	Standard Deviation 標準差	Variance Component 變異數	d.f. 自由度	χ^2 卡方值	p-value p 值
INTRCPT1, μ_0	9.43752	89.06682	15	171.05395	< 0.001
level-1, r	11.34011	128.59809			

Deviance = 2031.648789

階層二誤差項 μ_{0j} 的變異數 $\tau_{00} = 89.067$（$p < .001$），達統計顯著水準，表示控制學校所在地區對學生閱讀成就的影響後，學校間平均閱讀成就分數的差異還是有顯著的不同，階層一誤差項 ε_{ij} 的變異數 $\sigma^2 = 128.598$，模式適配度的離異係數值為 2031.649。

多層次模式的實務應用

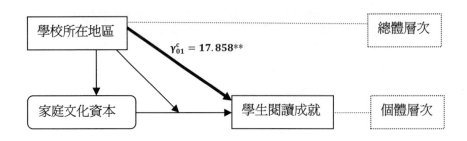

2. 結果變項為學生家庭文化資本（*HCUL*）、解釋變項為學校所地區。

研究問題：總體層次學校所在地區（自變項）對學生家庭文化資本（中介變項）是否有顯著的直接效果？

層次一模型

家庭文化資本$_{ij} = \beta_{0j} + r_{ij}$

層次二模型

$\beta_{0j} = \gamma_{00} + \gamma_{01} \times$ 學校所在地區$_j + \mu_{0j}$

層次一模型

$HCUL_{ij} = \beta_{0j} + r_{ij}$

層次二模型

$\beta_{0j} = \gamma_{00} + \gamma_{01} \times AREA_j + \mu_{0j}$

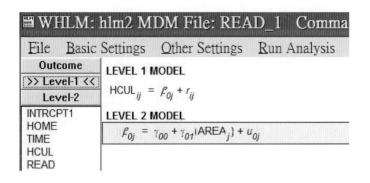

Final estimation of fixed effects（最後固定效果估計值）

Fixed Effect 固定效果	Coefficient 係數	Standard error 標準誤	t-ratio t 值	Approx. *d.f.* 自由度	p-value p 值
For INTRCPT1, β_0					
INTRCPT2, γ_{00}	3.633333	0.433489	8.382	15	< 0.001
AREA, γ_{01}	2.644545	0.594759	4.446	15	< 0.001

　　γ_{01} = 2.645（$t(15)$ = 4.446，p < .001）達統計顯著水準，表示學校所在地區對學生家庭文化資本有顯著直接正向的影響，都會地區學校（水準數值編碼為 1）學生家庭文化資本顯著的高於非都會地區學校（水準數值編碼為 0）學生家庭文化資本 2.645 個單位。

Final estimation of variance components（最後變異成分估計值）

Random Effect 隨機效果	Standard Deviation 標準差	Variance Component 變異數	*d.f.* 自由度	χ^2 卡方值	p-value p 值
INTRCPT1, μ_0	1.06455	1.13327	15	61.31959	< 0.001
level-1, r	2.35596	5.55055			

Deviance = 1205.309293

　　階層二誤差項 μ_{0j} 的變異數 τ_{00} = 1.133（p < .001），達統計顯著水準，表示控制學校所在地區對學生家庭文化資本的影響後，學校間平均家庭文化資本的差異還是有顯著的不同，階層一學校內家庭文化資本差異之誤差項 ε_{ij} 的變異數 σ^2 = 5.551，模式適配度的離異係數值為 1205.309。

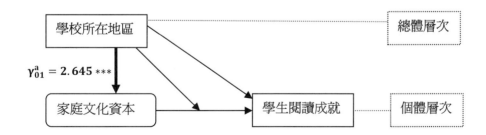

多層次模式的實務應用

（二）隨機係數迴歸模型

研究問題：不考量總體層次學校所在地區（自變項）之解釋變項時，個體層次學生家庭文化資本解釋變項（中介變項）對學生閱讀成就（依變項）影響的直接效果是否達到顯著？（解釋變項家庭文化資本採用組平減轉換 $HCUL_{ij} - \overline{HCUL}_{.j}$）

層次一模型

閱讀成就$_{ij} = \beta_{0j} + \beta_{1j} \times$ 家庭文化資本$_{ij} + r_{ij}$

層次二模型

$\beta_{0j} = \gamma_{00} + \mu_{0j}$

$\beta_{1j} = \gamma_{10} + \mu_{1j}$

層次一模型

$READ_{ij} = \beta_{0j} + \beta_{1j} \times (HCUL_{ij} - \overline{HCUL}_{.j}) + r_{ij}$

層次二模型

$\beta_{0j} = \gamma_{00} + \mu_{0j}$

$\beta_{1j} = \gamma_{10} + \mu_{1j}$

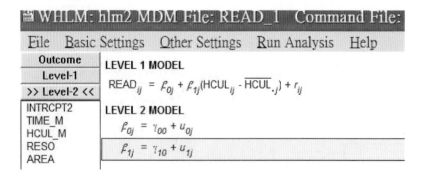

HCUL has been centered around the group mean.（HCUL 解釋變項經組平均數中心化轉換）

Final estimation of fixed effects（最後固定效果估計值）

Fixed Effect 固定效果	Coefficient 係數	Standard error 標準誤	t-ratio t 值	Approx. $d.f.$ 自由度	p-value p 值
For INTRCPT1, β_0					
INTRCPT2, γ_{00}	61.861691	3.218061	19.223	16	< 0.001
For HCUL slope, β_1					
INTRCPT2, γ_{10}	2.853517	0.379434	7.520	16	< 0.001

$\gamma_{10} = 2.854$（$t(16) = 7.520$，$p < .001$）達統計顯著水準，表示學生家庭文化資本對學生閱讀成就表現有顯著直接正向的影響，當學生家庭文化資本增加一個單位，學生閱讀成就平均增加 2.854 分。

Final estimation of variance components（最後變異成分估計值）

Random Effect 隨機效果	Standard Deviation 標準差	Variance Component 變異數	$d.f.$ 自由度	χ^2 卡方值	p-value p 值
INTRCPT1, μ_0	13.06193	170.61409	16	514.95707	< 0.001
HCUL slope, μ_1	1.15481	1.33359	16	30.85065	0.014
level-1, r	9.09797	82.77300			

Deviance = 1945.185413

階層二誤差項 μ_{0j} 的變異數 $\tau_{00} = 170.614$（$p < .001$），階層二誤差項 μ_{1j} 的變異數 $\tau_{11} = 1.334$（$p < .001$），階層一誤差項 ε_{ij} 的變異數 $\sigma^2 = 82.773$，模式適配度的離異係數值為 1945.185。

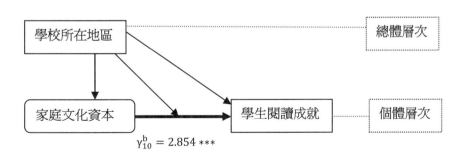

（三）斜率／截距為結果模型

研究問題：同時考量總體層次學校所在地區（自變項）及個體層次學生家庭文化資本解釋變項（中介變項）時，學校所在地區／學生家庭文化資本對學生閱讀成就（依變項）影響的直接效果是否達到顯著？

層次一模型

閱讀成就$_{ij} = \beta_{0j} + \beta_{1j} \times$ 家庭文化資本$_{ij} + r_{ij}$

層次二模型

$\beta_{0j} = \gamma_{00} + \gamma_{01} \times$ 學校所在地區$_j + \mu_{0j}$

$\beta_{1j} = \gamma_{10} + \mu_{1j}$

層次一模型

$READ_{ij} = \beta_{0j} + \beta_{1j} \times (HCUL_{ij} - \overline{HCUL}_{.j}) + r_{ij}$

層次二模型

$\beta_{0j} = \gamma_{00} + \gamma_{01} \times AREA_j + \mu_{0j}$

$\beta_{1j} = \gamma_{10} + \mu_{1j}$

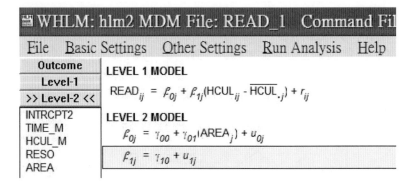

HCUL has been centered around the group mean.（HCUL 經由組平均數中心化轉換）。

Final estimation of fixed effects（最後固定效果估計值）

Fixed Effect 固定效果	Coefficient 係數	Standard error 標準誤	*t*-ratio *t* 值	Approx. *d.f.* 自由度	*p*-value *p* 值
For INTRCPT1, β_0					
INTRCPT2, γ_{00}	53.988971	3.360694	16.065	15	< 0.001
AREA, γ_{01}	14.860726	4.413137	3.367	15	0.004
For HCUL slope, β_1					
INTRCPT2, γ_{10}	2.754763	0.367312	7.500	16	< 0.001

　　$\gamma_{10} = 2.755$（$t(16) = 7.500$，$p < .001$）達統計顯著水準，表示同時考量到總體層次學校所在地區對學生閱讀成就影響時，個體層次學生家庭文化資本解釋變項對學生閱讀成就表現仍有顯著直接正向的影響，當學生家庭文化資本增加一個單位，學生閱讀成就平均增加 2.755 分；$\gamma_{01} = 14.861$（$t(15) = 3.367$，$p < .01$）達統計顯著水準，表示考量個體層次學生家庭文化資本解釋變項對學生閱讀成就影響下，總體層次學校所在地區對學生閱讀成就表現仍有顯著直接正向的影響，都會地區學校（水準數值編碼為 1）學生平均閱讀成就顯著的優於非都會地區學校（水準數值編碼為 0）學生平均閱讀成就。

Final estimation of variance components（最後變異成分估計值）

Random Effect 隨機效果	Standard Deviation 標準差	Variance Component 變異數	*d.f.* 自由度	χ^2 卡方值	*p*-value *p* 值
INTRCPT1, μ_0	9.67554	93.61615	15	273.58233	< 0.001
HCUL slope, μ_1	1.06852	1.14174	16	30.69697	0.015
level-1, r	9.08492	82.53579			

Deviance = 1930.746940

　　階層二誤差項 μ_{0j} 的變異數 $\tau_{00} = 93.616$（$p < .001$），階層二誤差項 μ_{1j} 的變異數 $\tau_{11} = 1.142$（$p < .05$），階層一誤差項 ε_{ij} 的變異數 $\sigma^2 = 82.536$，模式適配度的離異係數值為 1930.747。

多層次模式的實務應用

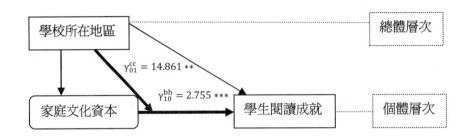

以個體層次學生家庭文化資本為中介變項之多層次模式估計結果圖示如下：

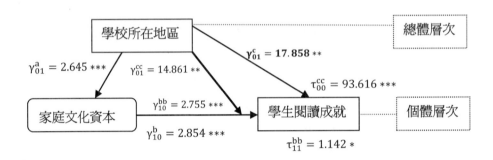

　　從多層次模式估計結果可以發現：不考量個體層次中介變項對學生閱讀成就的影響效果時，總體層次解釋變項學校所在地區對學生閱讀成就影響的直接效果值達到顯著，$\gamma_{01}^{c} = 17.858$（$p < .01$）。當考量個體層次中介變項對學生閱讀成就的影響效果時，總體層次解釋變項學校所在地區對學生閱讀成就影響的直接效果值仍達統計顯著水準，$\gamma_{01}^{cc} = 14.861$（$p < .01$），$\gamma_{01}$ 係數值從 17.858 下降至 14.860。不考量總體層次學校所在地區自變項對學生閱讀成就的影響效果時，個體層次解釋變項學生家庭文化資本對學生閱讀成就影響的直接效果值達到顯著，$\gamma_{10}^{b} = 2.854$（$p < .001$）。當考量總體層次學校所在地區自變項對學生閱讀成就的影響效果時，個體層次解釋變項學生家庭文化資本對學生閱讀成就影響的直接效果仍達統計顯著水準，$\gamma_{10}^{bb} = 2.755$（$p < .001$），γ_{10} 係數值從 2.854 下降至 2.755。

　　總體層次學校所在地區對學生家庭文化資本影響的直接效果值達統計顯著水準，$\gamma_{01}^{a} = 2.645$（$p < .001$），由於學校所在地區（階層二自變項）→家庭文化資本（階層一中介自變項）→閱讀成就（階層一依變項）的間接效果路徑係數均達顯著，且學校所在地區（階層二自變項）→閱讀成就（階層一依變項）的直接效果

路徑係數也達顯著，表示多層次模式的中介效果是一種「部分跨層級中介效果」，而非「完全跨層級中介效果」。

第 **7** 章

HLM 於問卷調查
的應用

在一項科技大學英語教師教學風格、師生互動、學習投入與學習自我效能關係研究的探究中，研究母群體為臺灣南部地區（嘉義縣市、臺南市、高雄市及屏東縣市）六縣市的科技大學日間部四技一年級學生，測量工具有四種量表：「教師教學風格量表」（得分愈高愈偏向學生中心導向、得分愈低愈偏向教師主導）、「師生互動量表」、「學習投入量表」、「學習自我效能量表」。量表的建構效度上，師生互動量表抽取二個共同因素：「師生教學互動」、「同儕學習互動」，學習投入量表萃取三個共同因素：「行為投入」、「情感投入」、「認知投入」；學習自我效能量表萃取四個共同因素：「能力提升」、「達成目標」、「自主學習」、「表達信心」，四個量表所有題項的加總變項名稱稱為「整體教學風格」、「整體師生互動」、「整體學習投入」、「整體學習自我效能」（楊致慧，2013）。

上述四種測量工具均採用李克特量表型態，由學生自我評定填答，抽樣採用隨機叢集抽樣，共抽取 29 個班級、1051 位學生，每位學生個體都有一個獨立的教師教學風格測量值、師生互動測量值、學習投入測量值、學習自我效能測量值（這些測量值是學生樣本自己知覺評定的分數），學生個體四個測量值是個體層次的變項分數，個體層次的解釋變項還有學生性別（水準數值編碼 0 為女生、 水準數值編碼 1 為男生）、學生的英文學業成就 T 分數（以班級為單位，將原始英文成績轉換為 T 分數），因為是以「班級」為單位施測，學生巢套於班級之中，班級屬性或教師特徵為總體層次變項，其中包括由班級學生在班級教學風格測量值、師生互動測量值、學習投入測量值、學習自我效能測量值聚合的脈絡變項，變項名稱分別稱為「班級教學風格」（整個班級中每位學生在教學風格量表得分的班級平均值）、「班級師生互動」（整個班級中每位學生在師生互動量表得分的班級平均值）、「班級學習投入」（整個班級中每位學生在學習投入量表得分的班級平均值）、「班級學習自我效能」（簡稱班級學習效能）（整個班級中每位學生在學習自我效能量表得分的班級平均值），對應於總體層次的脈絡變項，個體層次的四個變項稱為「教學風格」、「師生互動」、「學習投入」、「學習自我效能」，總體層次的解釋變項增列教師性別（水準數值編碼 0 為女教師、 水準數值編碼 1 為男教師）、教師職務（水準數值編碼 0 為兼任教師、 水準數值編碼 1 為專任教師）、教師服務學校類型（水準數值編碼 0 為私立學校、 水準數值編碼 1 為公立學校或國立學校）。

以向度變項而言，如果研究者不以量表所有指標變項的加總分數為解釋變項，

而以量表萃取的共同因素（向度／構面）為依變項，則個體層次的解釋變項為量表中的向度。

二個階層資料的變項如下：

階層一的變項名稱		階層二的變項名稱	
班級編號	二個階層 ID 共同關鍵變數	班級編號	二個階層 ID 關鍵共同變數
學生性別	女學生、男學生	教師性別	女教師、男教師
—	—	教師職務	兼任教師、專任教師
		教師服務學校屬性	私立教師、國立／公立教師
學生英文成就	以班級為單位換算為 T 分數	班級英文成就	由於各班的平均英文成績 T 分數均為 50，班級間平均的變異為 0，因而不適合作為階層二解釋變項
學生知覺之教學風格	學生樣本在教學風格量表上的總得分	班級教學風格	脈絡變項，班級所有學生聚合而成的平均值
學生知覺之師生教學互動	學生樣本在「師生教學互動」構面的得分	班級師生教學互動	脈絡變項，班級所有學生聚合而成的平均值
學生知覺之同儕學習互動	學生樣本在「同儕學習互動」構面的得分	班級同儕學習互動	脈絡變項，班級所有學生聚合而成的平均值
學生行為投入	學生樣本在「行為投入」構面的得分	班級行為投入	脈絡變項，班級所有學生聚合而成的平均值
學生情感投入	學生樣本在「情感投入」構面的得分	班級情感投入	脈絡變項，班級所有學生聚合而成的平均值
學生認知投入	學生樣本在「認知投入」構面的得分	班級認知投入	脈絡變項，班級所有學生聚合而成的平均值
學生學習自我效能	學生樣本在「學習自我效能」量表的總得分（結果變項）		

以單一階層進行複迴歸分析，自變項（預測變項）為學生性別、學生英文學業成就、教師性別、教師職務、教師學校屬性、整體教學風格、整體師生互動、整體學習投入，依變項（結果變項／效標變項）為整體學習自我效能。複迴歸分析結果如下：

多層次模式的實務應用

模式摘要

模式	R	R 平方	調過後的 R 平方	估計的標準誤
1	.711[a]	.506	.502	9.99672

a. 預測變數（常數）：整體學習投入、教師職務、學生性別、教師性別、英文成績、教師學校、整體教學風格、整體師生互動

　　八個預測變項與學習自我效能效標變項的多元相關係數為 .711，多元相關係數平方為 .506（$R^2 = .506$），迴歸係數顯著性檢定的 F 值為 133.289（p<.001）。學生性別、學生英文成就（英文成績）、教師性別、教師職務、教師學校屬性（教師學校）、整體教學風格、整體師生互動、整體學習投入等八個預測變項，共可解釋「整體學習自我效能」50.6% 的變異量（調整後的 $R^2 = .502$）。

係數[a]

模式	未標準化係數		標準化係數	t	顯著性
	B 之估計值	標準誤差	Beta 分配		
1　（常數）	7.539	2.396		3.146	.002
學生性別	.492	.647	.017	.761	.447
英文成績	.128	.032	.089	3.957	.000
教師學校	−1.915	.722	−.065	−2.653	.008
教師性別	.859	.723	.027	1.189	.235
教師職務	−1.649	.718	−.055	−2.298	.022
整體教學風格	.035	.029	.034	1.221	.222
整體師生互動	.488	.054	.280	9.090	.000
整體學習投入	.582	.041	.456	14.287	.000

a. 依變數：整體學習自我效能

　　八個預測變項中，個別解釋量達到統計顯著水準的有學生「英文成績」（$\beta = .089$，$p < .001$）、「教師服務學校屬性」（私立或公立）（$\beta = -.065$，$p < .01$）、「教師職務」（兼任教師或專任教師）（$\beta = -.055$，$p < .05$）、「整體師生互動」（$\beta = .280$，$p < .001$）、「整體學習投入」（$\beta = .456$，$p < .001$），至於學生性別、教師性別、學生知覺之教師教學風格等三個預測變項對學習自我效能的解釋力，則未達統計顯著水準（$p > .05$）。

以「班級群組」為固定因子，以整體學習自我效能（結果變項）為依變項，進行一般線性模式之單變量檢定，如果如下：

受試者間效應項的檢定　　依變數：整體學習自我效能

來源	型 III 平方和	$d.f.$	平均平方和	F	顯著性	淨相關 Eta 平方
班級	28337.828	28	1012.065	5.672	.000	.134
誤差	182355.510	1022	178.430			
校正後的總數	210693.338	1050				

a. R 平方 = .134（調過後的 R 平方 = .111）

整體考驗的 F 值統計量為 5.672（$F_{(28,1022)} = 5.672$，$p < .001$），達統計顯著水準，表示 29 個班級群組之班級平均學習自我效能分數間有顯著不同，淨相關 $\eta^2 = .134$、關連強度係數值 $\omega^2 = .111$，表示班級之間組間的變異數占學生自我效能總變異的 11.1%，即「班級」群組變項可以解釋學生自我效能總變異量的 11.1%，「班級」因子變項與「學生學習自我效能」間屬中度關連關係。

下面為執行單因子變異數分析程序所繪製的平均數圖，從圖中可以看出線條的高低起伏，表示每一個班級平均之學習自我效能的分數有顯著不同。

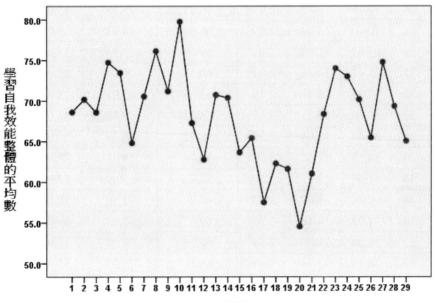

多層次模式的實務應用

　　29 個班級在整體學習投入的描述性統計量摘要表如下，表中班級平均值分數介於 54.55（最低分）至 79.76（最高分）之間，班級全距平均差異的分數為 25.21。

描述性統計量：整體學習自我效能

	個數	平均數	標準差	標準誤	平均數的 95% 信賴區間		最小值	最大值
					下界	上界		
1	32	68.63	16.83	2.97	62.56	74.69	40.00	105.00
2	62	70.19	13.04	1.66	66.88	73.50	35.00	97.00
3	41	68.61	12.82	2.00	64.56	72.66	24.00	92.00
4	19	74.74	11.31	2.59	69.29	80.19	42.00	89.00
5	40	73.45	10.56	1.67	70.07	76.83	51.00	95.00
6	52	64.83	13.45	1.87	61.08	68.57	33.00	99.00
7	23	70.57	14.29	2.98	64.39	76.75	46.00	105.00
8	21	76.14	15.81	3.45	68.95	83.34	44.00	102.00
9	25	71.20	14.06	2.81	65.40	77.00	42.00	101.00
10	25	79.76	12.79	2.56	74.48	85.04	44.00	99.00
11	46	67.30	7.54	1.11	65.07	69.54	47.00	86.00
12	46	62.78	9.55	1.41	59.95	65.62	46.00	86.00
13	36	70.75	12.82	2.14	66.41	75.09	36.00	99.00
14	48	70.40	13.84	2.00	66.38	74.41	35.00	101.00
15	36	63.67	11.45	1.91	59.79	67.54	38.00	91.00
16	35	65.43	14.26	2.41	60.53	70.33	23.00	99.00
17	32	57.53	12.41	2.19	53.06	62.01	38.00	80.00
18	23	62.30	15.21	3.17	55.72	68.88	31.00	91.00
19	36	61.64	13.94	2.32	56.92	66.36	25.00	96.00
20	29	54.55	12.51	2.32	49.79	59.31	29.00	82.00
21	36	61.06	11.91	1.99	57.02	65.09	37.00	85.00
22	46	68.39	11.78	1.74	64.89	71.89	50.00	98.00
23	38	74.03	14.16	2.30	69.37	78.68	46.00	103.00
24	35	73.00	15.25	2.58	67.76	78.24	33.00	103.00
25	37	70.19	12.08	1.99	66.16	74.22	51.00	100.00
26	46	65.48	17.53	2.58	60.27	70.68	24.00	105.00
27	37	74.78	15.06	2.48	69.76	79.81	27.00	103.00

28	39	69.36	16.08	2.57	64.15	74.57	27.00	105.00
29	30	65.07	13.13	2.40	60.16	69.97	44.00	98.00
總和	1051	67.93	14.17	0.44	67.08	68.79	23.00	105.00

層次三個解釋變項（學生知覺之教師教學風格、學生知覺之師生互動情況、學生學習投入）在班級群組間差異的單因子變異數分析結果摘要表如下：

		平方和	自由度	平均平方和	F	顯著性	淨 η^2	ω^2
整體教學風格	組間	34462.935	28	1230.819	7.406	.000	.169	.146
	組內	169855.905	1022	166.200				
	總和	204318.839	1050					
整體師生互動	組間	10818.428	28	386.372	6.728	.000	.156	.132
	組內	58695.109	1022	57.432				
	總和	69513.538	1050					
整體學習投入	組間	22927.227	28	818.830	7.851	.000	.177	.154
	組內	106586.465	1022	104.292				
	總和	129513.692	1050					

整體教學風格在「班級」因子考驗的 F 值統計量為 7.406（$F_{(28,1022)} = 7.406$，$p < .001$）、整體師生互動在「班級」因子考驗的 F 值統計量為 6.728（$F_{(28,1022)} = 6.728$，$p < .001$）、整體學習投入在「班級」因子考驗的 F 值統計量為 7.851（$F_{(28,1022)} = 7.851$，$p < .001$），均達統計顯著水準，表示班級群組（學生巢套的組織）在整體教學風格、整體師生互動、整體學習投入的平均值間均有顯著差異，從關連強度 ω^2 值來看，其係數值分別為 .146、.132、.154，表示「班級」變項可以解釋整體教學風格、整體師生互動、整體學習投入總變異的百分比分別為 14.6%、13.2%、15.4%，雖然關連強度 ω^2 會高估組間變異或組間效果，但也可作為檢核「班級」因子與整體教學風格、整體師生互動、整體學習投入三個個體層次解釋變項的關係。

就總體層次的迴歸分析而言，投入的總體層次預測變項有教師服務學校屬性、教師性別、教師職務、班級教學風格、班級師生互動、班級學習投入，效標變項為班級學習自我效能。

模式	R	R 平方	調過後的 R 平方	估計的標準誤	F	顯著性
1	.822[a]	.676	.588	3.67803	7.652	.000

a. 預測變數（常數）：班級學習投入、教師職務、教師性別、班級教學風格、教師服務學校屬性、班級師生互動

　　六個總體層次預測變項與班級學習自我效能效標變項的多元相關係數為 .822，多元相關係數平方為 .676（$R^2 = .676$），迴歸係數顯著性檢定的 F 值為 7.652（$p < .001$）。教師服務學校屬性、教師性別、教師職務、班級教學風格、班級師生互動、班級學習投入等六個預測變項，共可解釋「班級學習自我效能」67.6% 的變異量（調整後的 $R^2 = .588$）。

係數 [a]

模式		未標準化係數		標準化係數	t	顯著性
		B 之估計值	標準誤差	Beta 分配		
1	（常數）	7.822	12.789		.612	.547
	教師服務學校屬性	−3.871	2.390	−.319	−1.620	.119
	教師性別	1.449	1.602	.119	.904	.376
	教師職務	−2.697	1.732	−.227	−1.557	.134
	班級教學風格	−.005	.157	−.005	−.029	.977
	班級師生互動	.342	.401	.212	.853	.403
	班級學習投入	.842	.324	.739	2.602	.016

a. 依變數：班級學習自我效能

　　六個總體層次預測變項對班級學習自我效能有顯著解釋力的變項只有「班級學習投入」（$\beta = .739$，$p < .05$），其餘教師服務學校屬性、教師性別、教師職務、班級教學風格、班級師生互動等五個總體層次預測變項對班級學習自我效能的解釋量，均未達統計顯著水準。

二、多層次分析的資料檔

　　階層一資料檔檔名為「自我效能階層一 .sav」，內有七個變數：CLASSID（班級為關鍵 ID 變數）、SSEX（學生性別，水準數值編碼 0 為女學生、水準數值編碼 1 為男生）、SACH（學生英文成就 T 分數）、SLEA（學生知覺之教師教學風格，

單一階層分析中的變項名稱為整體教學風格）、SINT（學生知覺之師生互動情況，單一階層分析中的變項名稱為整體師生互動）、SINV（學生學習投入，單一階層分析中的變項名稱為整體學習投入）、SEFE（學生學習自我效能，為個體層次的結果變項，單一階層分析中的變項名稱為整體學習自我效能）。

	名稱	類型	寬度	小數	標記	值
1	CLASSID	數字的	11	0		無
2	SSEX	數字的	11	0	學生性別	{0, 女學生}...
3	SACH	數字的	8	2	學生英文成就	無
4	SLEA	數字的	8	0	知覺教師教學風格	無
5	SINT	數字的	8	2	知覺師生互動情況	無
6	SINV	數字的	8	2	學生學習投入	無
7	SEFF	數字的	8	2	學習自我效能	無

階層一學生層次（個體層次）部分資料檔如下（前四十位學生樣本）：

CLASSID	SSEX	SACH	SLEA	SINT	SINV	SEFF
1	1	48.02	73.00	40.00	57.00	82.00
1	1	62.50	82.00	30.00	73.00	65.00
1	1	36.88	101.00	39.00	80.00	88.00
1	1	34.65	84.00	50.00	71.00	81.00
1	1	40.22	43.00	25.00	38.00	42.00
1	0	62.50	68.00	27.00	59.00	63.00
1	1	50.24	84.00	45.00	80.00	105.00
1	1	39.10	66.00	24.00	47.00	58.00
1	1	51.91	57.00	17.00	36.00	42.00
1	1	39.10	84.00	21.00	63.00	63.00
1	1	64.73	61.00	33.00	48.00	63.00
1	1	48.02	84.00	33.00	58.00	75.00
1	1	52.47	87.00	43.00	64.00	79.00
1	1	41.33	62.00	41.00	51.00	76.00
1	0	49.13	58.00	30.00	47.00	62.00
1	1	37.99	73.00	19.00	51.00	76.00

多層次模式的實務應用

1	1	48.02	84.00	31.00	43.00	54.00
1	1	56.93	66.00	22.00	45.00	49.00
1	1	60.27	78.00	41.00	64.00	67.00
1	1	50.24	73.00	26.00	40.00	43.00
1	1	52.47	74.00	28.00	44.00	56.00
1	1	52.47	65.00	33.00	48.00	63.00
1	1	52.47	105.00	48.00	80.00	81.00
1	1	75.87	59.00	22.00	47.00	40.00
1	0	39.10	89.00	50.00	76.00	100.00
1	1	53.59	67.00	36.00	48.00	63.00
1	1	42.45	54.00	35.00	49.00	65.00
1	1	51.36	68.00	42.00	61.00	80.00
1	1	56.93	102.00	52.00	75.00	98.00
1	0	68.07	74.00	47.00	65.00	87.00
1	1	39.66	60.00	35.00	55.00	64.00
1	1	41.33	67.00	37.00	52.00	66.00
2	0	46.20	63.00	25.00	60.00	63.00
2	1	54.39	77.00	36.00	61.00	74.00
2	0	63.48	100.00	44.00	80.00	87.00
2	0	57.12	68.00	45.00	73.00	85.00
2	0	58.94	67.00	38.00	57.00	77.00
2	0	59.85	60.00	31.00	56.00	53.00
2	0	45.29	66.00	29.00	53.00	55.00

　　階層二資料檔檔名為「自我效能階層二.sav」，內有七個變數：CLASSID（班級為關鍵 ID 變數）、TSEX（教師性別，水準數值編碼 0 為女教師、水準數值編碼 1 為男教師）、TJOB（教師職務，水準數值編碼 0 為兼任教師、水準數值編碼 1 為專任教師）、TSCH（教師學校屬性，水準數值編碼 0 為私立學校教師、水準數值編碼 1 為公立學校教師）、CLAE（班級教學風格）、CINT（班級師生互動）、CINV（班級學習投入）。CLAE（班級教學風格）、CINT（班級師生互動）、CINV（班級學習投入）的測量值是由個體層次以班級為單位聚合而成，是一種脈絡變項，階層二解釋變項中未納入「班級英文成績」，因為學生英文成績是以班級為單位轉換為 T 分數，脈絡變項「班級英文成就表現」的平均值均為 50 分，無

法反映班級間英文成就分數間的差異。

	名稱	類型	寬度	小數	標記	值
1	CLASSID	數字的	11	0	班級編號	無
2	TSEX	數字的	8	2	教師性別	{.0,女教師}...
3	TJOB	數字的	8	2	教師職務	{.0,兼任}...
4	TSCH	數字的	8	2	教師服務學校	{.0,私立}...
5	CLAE	數字的	8	2	班級教學風格	無
6	CINT	數字的	8	2	班級師生互動	無
7	CINV	數字的	8	2	班級學習投入	無

階層二班級組織完整資料檔如下：

CLASSID	TSEX	TJOB	TSCH	CLAE	CINT	CINV
1	0	1	0	73.50	34.44	56.72
2	0	1	0	68.81	34.47	61.85
3	0	0	0	77.41	38.00	61.66
4	1	0	1	74.11	38.68	59.95
5	0	0	1	70.08	38.80	64.30
6	0	0	1	73.50	36.35	59.10
7	1	0	1	80.04	41.35	65.52
8	1	0	1	84.00	40.05	66.38
9	0	0	1	78.56	44.24	71.08
10	0	1	1	79.92	45.08	70.24
11	0	0	0	67.46	33.83	53.04
12	0	0	0	68.63	35.22	51.09
13	0	0	0	68.61	34.53	60.00
14	0	1	1	80.04	39.06	65.67
15	1	1	1	75.31	34.53	60.78
16	1	1	1	78.20	34.80	61.97
17	0	1	0	58.56	34.59	55.38
18	0	1	0	74.30	35.52	54.96
19	0	1	0	70.08	34.11	55.08
20	0	1	0	65.41	30.21	51.24

21	0	1	0	66.11	32.78	55.22
22	1	1	0	68.48	36.33	61.24
23	1	1	0	70.82	40.45	63.34
24	0	1	0	58.14	39.17	60.97
25	0	1	0	75.73	42.97	63.92
26	0	1	0	78.17	36.09	58.57
27	0	1	0	72.05	36.35	61.62
28	1	1	0	73.10	34.92	58.74
29	1	1	0	69.97	33.27	58.07

HLM 資料檔整合的「MDM 模組」視窗之界面如下，階層一資料檔存放位置及檔案名稱為：「D:\HLM\ 自我效能階層一 .sav」、階層二資料檔存放位置及檔案名稱為：「D:\HLM\ 自我效能階層二 .sav」。

階層一設定之變數選擇中，變數「CLASSID」勾選為「 ID」變數（二個階層共同的關鍵變數），SSEX、SACH、SLEA、SINT、SINV、SEFF 等變項，勾選為「在 MDM 模組」（☑ in MDM）中的變數。

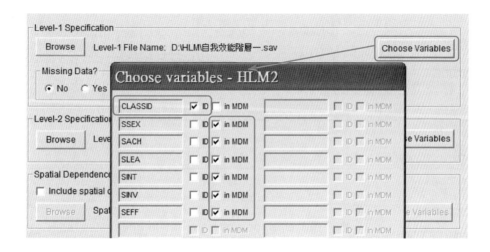

階層二設定之變數選擇中，變數「CLASSID」勾選為「☑ ID」變數（二個階層共同的關鍵變數），TSEX、TJOB、TSCH、CLAE、CINT、CINV 等變項勾選為「在 MDM 模組」（☑ in MDM）中的變數。

三、多層次模式在學習自我效能之探究

多層次模型分析均以零模型（隨機效果的單因子變異數分析模型）為起始，此模型可作為基準線模式或參照模型，並可根據模型導出的組內相關係數值的大小，判別資料結構是否適合進一步採用階層線性模式分析。

學習自我效能 $_{ij} = \beta_{0j} + r_{ij}$

（一）零模型界定摘要如下

層次一模型

$SEFF_{ij} = \beta_{0j} + r_{ij}$

層次二模型

$\beta_{0j} = \gamma_{00} + \mu_{0j}$

混合模型（Mixed Model）

$SEFF_{ij} = \gamma_{00} + \mu_{0j} + r_{ij}$

$SEFF_{ij}$ 為第 j 個班級第 i 位學生之學習自我效能分數，β_{0j} 為第 j 個班級平均學習自我效能分數、γ_{00} 為所有班級平均學習自我效能的總平均值、r_{ij} 為階層一（學生層次或個體層次）誤差項，誤差項可以隨機估計是一種隨機效果，其變異數為 σ^2（表示的是組內的變異情況，即班級內學生個體學習自我效能的變異情形），μ_{0j} 為階層二班級間平均學習自我效能分數與班級平均學習自我效能總平均值間的差異量，差異變異量以符號表示為 τ_{00}，μ_{0j} 誤差項的變異數 τ_{00} 即組間變異量，研究中為班級與班級間的變異情形。

HLM 視窗界面如下：

WHLM: hlm2 MDM File: 學習效能

File   Basic Settings   Other Settings   Run Analysis

| Outcome |
| >> Level-1 << |
| Level-2 |
| INTRCPT1 |
| SSEX |
| SACH |
| SLEA |
| SINT |
| SINV |
| SEFF |

LEVEL 1 MODEL

$SEFF_{ij} = \beta_{0j} + r_{ij}$

LEVEL 2 MODEL

$\beta_{0j} = \gamma_{00} + u_{0j}$

零模型模式估計結果之固定效果及隨機效果摘要表如下：

Final estimation of fixed effects（最後固定效果估計值）

Fixed Effect 固定效果	Coefficient 係數	Standard error 標準誤	t-ratio t 值	Approx. $d.f.$ 自由度	p-value p 值
For INTRCPT1, β_0					
INTRCPT2, γ_{00}	68.076371	1.038217	65.570	28	< 0.001

Final estimation of variance components（最後變異成分估計值）

Random Effect 隨機效果	Standard Deviation 標準差	Variance Component 變異數	$d.f.$ 自由度	χ^2 卡方值	p-value p 值
INTRCPT1, μ_0	5.10021	26.01211	28	158.83542	< 0.001
level-1, r	13.36208	178.54526			

Deviance = 8481.497595

學習自我效能在隨機效果的單因子變異數分析（零模型）摘要表

固定效果	係數	t 值（28）
β_0 截距項		
階層二班級平均學習自我效能之總平均值 γ_{00}	68.076	65.570***
隨機效果（變異成分）	**變異數**	χ^2 **值（28）**
階層二班級間之平均學習自我效能分數的差異 μ_{0j}（τ_{00}）	26.012	158.835***
階層一班級內之學習自我效能分數的差異 ε_{ij}（σ^2）	178.545	

離異係數 (−2LL) = 8481.498、*** $p < .001$

　　29 個班級所有班級學生知覺之「學習自我效能」的總平均數為 68.076。就學生樣本學習自我效能的變異而言，班級之間的變異（τ_{00}）為 26.012，卡方值 $\chi^2(28)$ = 158.835（$p < .001$），達到 .05 顯著水準，拒絕虛無假設：$\tau_{00} = 0$，接受對立假設：$\tau_{00} \neq 0$，表示班級之間學生平均學習自我效能有顯著的「班級間」差異存在（τ_{00} 係數估計值顯著不等於 0）；班級之內的變異（σ^2）為 178.545，根據班級之間的變異（τ_{00}）（組間變異數）與班級之內的變異（σ^2）（組內變異數）可以求出組內相關係數 ICC 數值。ICC $= \rho = \dfrac{\tau_{00}}{\tau_{00} + \sigma^2} = \dfrac{26.012}{26.012 + 178.545} = 0.127$，學生學習自我效能在班級與班級間的變異占所有變異（組間變異 + 組內變異）的 12.7%，亦即學生學習自我效能的總變異量中有 12.7% 的變異是由「班級間」差異造成的，班級間的差異達統計顯著水準（$\chi^2(28)$ = 158.835，$p < .001$），由於「班級間」可以解釋學生學習自我效能 12.7% 的變異量，階層一「班級之內」可以解釋變異為 87.3%，表示影響學生學習自我效能的變項中，「班級內」的變因還是占主要因素，但組間變異高達 12.7%，已達中度相關程度，表示資料結構採用階層線性模式分析是適切的。

（二）隨機係數的迴歸模型

　　隨機係數迴歸模型（random coefficients regression model/model with random intercept and random slopes）主要在階層一加入預測變項 / 解釋變項，研究模式中投入的解釋變項有學生性別、學生英文學業成就、學生知覺之教師教學風格、學生知覺之師生互動、學生學習投入等。

　　個體層次之教學風格、師生互動、學習投入三個解釋變項經總平減轉換。

隨機係數迴歸模型主要在探究個體層次解釋變項是否對學生學習自我效能有直接顯著的影響效果？

階層一模式、階層二模式界定如下：

$$學習自我效能_{ij} = \beta_{0j} + \beta_{1j}\,學生性別_{ij} + \beta_{2j}\,學業成就_{ij} + \beta_{3j}\,教學風格_{ij}$$
$$+ \beta_{4j}\,師生互動_{ij} + \beta_{5j}\,學習投入_{ij} + r_{ij}$$

$$\beta_{0j} = \gamma_{00} + \mu_{0j}$$
$$\beta_{1j} = \gamma_{10} + \mu_{1j}$$
$$\beta_{2j} = \gamma_{20} + \mu_{2j}$$
$$\beta_{3j} = \gamma_{30} + \mu_{3j}$$
$$\beta_{4j} = \gamma_{40} + \mu_{4j}$$
$$\beta_{5j} = \gamma_{50} + \mu_{5j}$$

若是階層二各斜率項設為固定效果，斜率誤差項不加以估計，則隨機係數的迴歸模型就變為具隨機效果的單因子共變數分析模型（one-way ANCOVA with random effects），具隨機效果的單因子共變數分析模型，主要也是在探究個體層次解釋變項是否對學生學習自我效能有直接顯著的影響效果？

階層二模型為：

$$\beta_{0j} = \gamma_{00} + \mu_{0j}$$
$$\beta_{1j} = \gamma_{10}（固定效果）$$
$$\beta_{2j} = \gamma_{20}（固定效果）$$
$$\beta_{3j} = \gamma_{30}（固定效果）$$
$$\beta_{4j} = \gamma_{40}（固定效果）$$
$$\beta_{5j} = \gamma_{50}（固定效果）$$

多層次模式的實務應用

層次一模型

$$SEFF_{ij} = \beta_{0j} + \beta_{1j} \times (SSEX_{ij}) + \beta_{2j} \times (SACH_{ij}) + \beta_{3j} \times (SLEA_{ij} - \overline{SLEA_{..}})$$
$$+ \beta_{4j} \times (SINT_{ij} - \overline{SINT_{..}}) + \beta_{5j} \times (SINV_{ij} - \overline{SINV_{..}}) + r_{ij}$$

層次二模型

$$\beta_{0j} = \gamma_{00} + \mu_{0j}$$
$$\beta_{1j} = \gamma_{10} + \mu_{1j}$$
$$\beta_{2j} = \gamma_{20} + \mu_{2j}$$
$$\beta_{3j} = \gamma_{30} + \mu_{3j}$$
$$\beta_{4j} = \gamma_{40} + \mu_{4j}$$
$$\beta_{5j} = \gamma_{50} + \mu_{5j}$$

混合模型

$$SEFF_{ij} = \gamma_{00} + \gamma_{10} \times SACH_{ij} + \gamma_{20} \times SLEA_{ij} + \gamma_{30} \times SINT_{ij} + \gamma_{40} \times SINV_{ij} + \mu_{0j}$$
$$+ \mu_{1j} \times SACH_{ij} + \mu_{2j} \times SLEA_{ij} + \mu_{3j} \times SINT_{ij} + \mu_{4j} \times SINV_{ij} + r_{ij}$$

「SLEA」、「SINT」、「SINV」三個解釋變項經總平均數中心化轉換，提示語為「SLEA SINT SINV have been centered around the grand mean.」

$SEFF_{ij}$ 為第 j 個班級第 i 位學生之學習自我效能分數，$SSEX_{ij}$ 為第 j 個班級第 i 位學生的性別（變項為虛擬變項，水準數值編碼 0 為女生、水準數值編碼 1 為男生），$SACH_{ij}$ 為第 j 個班級第 i 位學生之英文學業成績分數（T 分數），$SLEA_{ij}$ 為第 j 個班級第 i 位學生知覺之教師教學風格分數，$SINT_{ij}$ 為第 j 個班級第 i 位學生知覺之師生互動分數，$SINV_{ij}$ 為第 j 個班級第 i 位學生學習投入分數。

β_{0j} 為第 j 個班級平均學習自我效能分數、β_{1j} 為第 j 個班級學生的性別對學習自我效能影響的平均值、β_{2j} 為第 j 個班級學生英文學業成就對學習自我效能影響的平均值、β_{3j} 為第 j 個班級學生知覺之教師教學風格對學習自我效能影響的平均值、β_{4j} 為第 j 個班級學生知覺之師生互動對學習自我效能影響的平均值、β_{5j} 為第 j 個班級學生學習投入對學習自我效能影響的平均值。γ_{00} 為所有班級平均學習自我效能調整後的總平均值、γ_{10} 為各班學生性別（水準數值 0 為女生、水準數值 1 為男生）對學習自我效能的影響平均值、γ_{20} 為各班學生英文成就分數對學習自我效能的影響平均值、γ_{30} 為各班學生知覺之教學風格對學習自我效能的影響平均值、

γ_{40} 為各班學生知覺之師生互動對學習自我效能的影響平均值、γ_{50} 為各班學生學習投入對學習自我效能的影響平均值。

r_{ij} 為階層一（學生層次或個體層次）誤差項，其變異數為 σ^2（表示的是組內的變異情況），μ_{0j} 為第 j 個班級平均學習自我效能分數與所有班級學習自我效能總平均數之間的差異，差異變異量為 τ_{00}，μ_{1j} 為第 j 個班級學生性別對學習自我效能的影響力（班級平均斜率）與所有班級學生性別對學習自我效能的總影響力（總平均斜率值）間的差異，差異變異量為 τ_{11}；μ_{2j} 為第 j 個班級學生英文成就對學習自我效能的影響力與所有班級學生英文成就對學習自我效能的總影響力間的差異，差異變異量為 τ_{22}；μ_{3j} 為第 j 個班級學生知覺之教學風格對學習自我效能的影響力與所有班級學生知覺之教學風格對學習自我效能的總影響力間的差異，差異變異量為 τ_{33}；μ_{4j} 為第 j 個班級學生知覺之師生互動對學習自我效能的影響力與所有班級學生知覺之師生互動對學習自我效能的總影響力間的差異，差異變異量為 τ_{44}；μ_{5j} 為第 j 個班級學生學習投入對學習自我效能的影響力與所有班級學生學習投入對學習自我效能的總影響力間的差異，差異變異量為 τ_{55}。

HLM 視窗界面如下：

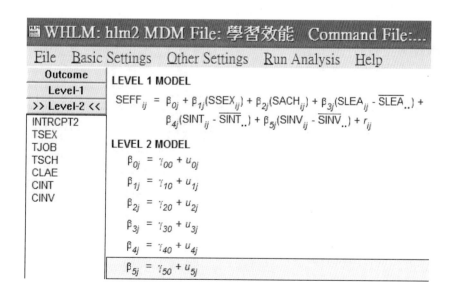

Final estimation of fixed effects（最後固定效果估計值）

Fixed Effect 固定效果	Coefficient 係數	Standard error 標準誤	t-ratio t 值	Approx. $d.f.$ 自由度	p-value p 值
For INTRCPT1, β_0					
INTRCPT2, γ_{00}	60.586613	2.478217	24.448	28	< 0.001
For SSEX slope, β_1					
INTRCPT2, γ_{10}	0.887488	0.765784	1.159	28	0.256
For SACH slope, β_2					
INTRCPT2, γ_{20}	0.138132	0.042483	3.251	28	0.003
For SLEA slope, β_3					
INTRCPT2, γ_{30}	0.069968	0.035455	1.973	28	0.058
For SINT slope, β_4					
INTRCPT2, γ_{40}	0.459469	0.070728	6.496	28	< 0.001
For SINV slope, β_5					
INTRCPT2, γ_{50}	0.545431	0.052666	10.356	28	< 0.001

Final estimation of variance components（最後變異成分估計值）

Random Effect 隨機效果	Standard Deviation 標準差	Variance Component 變異數	$d.f.$ 自由度	χ^2 卡方值	p-value p 值
INTRCPT1, μ_0	9.96619	99.32493	28	52.90597	0.003
SSEX slope, μ_1	1.95273	3.81314	28	40.02481	0.066
SACH slope, μ_2	0.15663	0.02453	28	45.23581	0.021
SLEA slope, μ_3	0.10395	0.01081	28	36.07196	0.141
SINT slope, μ_4	0.23811	0.05669	28	44.74499	0.023
SINV slope, μ_5	0.17746	0.03149	28	46.89255	0.014
level-1, r	9.22616	85.12200			

Deviance = 7756.444739

學生學習自我效能在隨機係數迴歸模型分析結果摘要表

固定效果	係數	t 值 (28)
β_0 截距項		
階層二學校平均學習自我效能調整後之總平均值 γ_{00}	60.587	24.448***
斜率 β_1		
學生性別對學習自我效能影響之平均值 γ_{10}	0.887	1.159ns
斜率 β_2		
學生英文學業成就對學習自我效能影響之平均值 γ_{20}	0.138	3.251**
斜率 β_3		
學生知覺教學風格對學習自我效能影響之平均值 γ_{30}	0.070	1.973ns
斜率 β_4		
學生知覺師生互動對學習自我效能影響之平均值 γ_{40}	0.459	6.496***
斜率 β_5		
學習投入對學習自我效能影響之平均值 γ_{50}	0.545	10.356***
隨機效果（變異成分）	**變異數**	χ^2 **值 (28)**
階層二班級間之平均學習自我效能分數的差異 μ_{0j}（τ_{00}）	99.325	52.906**
階層二班級間學生性別對學習自我效能影響的差異 μ_{1j}（τ_{11}）	3.813	40.025ns
階層二班級間英文學業成就對學習自我效能影響的差異 μ_{2j}（τ_{22}）	0.025	45.236*
階層二班級間教學風格對學習自我效能影響的差異 μ_{3j}（τ_{33}）	0.011	36.072ns
階層二班級間師生互動對學習自我效能影響的差異 μ_{4j}（τ_{44}）	0.057	44.745*
階層二班級間學習投入對學習自我效能影響的差異 μ_{5j}（τ_{55}）	0.031	46.893*
階層一班級內之學習自我效能分數的差異 ε_{ij}（σ^2）	85.122	

離異係數 $(-2LL) = 7756.445$、$ns\ p > .05$、$* p < .05$、$** p < .01$、$*** p < .001$

　　從隨機係數迴歸模型分析結果摘要表可以得知：就固定效果值而言，對學生學習自我效能有顯著影響的個體層次解釋變項有學生「英文學業成就」、「師生互動」（學生知覺之師生互動）、「學習投入」三個，「學生性別」與「教學風格」（學生知覺之教學風格）二個個體層次解釋變項對學生學習自我效能的影響均未達統計顯著水準（$\gamma_{10} = 0.887$，$p > .05$；$\gamma_{30} = 0.070$，$p > .05$）。$\gamma_{20} = 0.138$（$t(28) = 3.251$，$p < .01$）、$\gamma_{40} = 0.459$（$t(28) = 6.496$，$p < .001$）、$\gamma_{50} = 0.545$（$t(28) = 10.356$，$p < .001$），表示三個達統計顯著水準的解釋變項對學習自我效能有正向的影響及預測力。就學生學業成就而言，測量值若是增加一個單位（T

多層次模式的實務應用

分數 1 分），學習自我效能就提高 0.138 個單位；就師生互動而言，測量值若是增加一個單位，學習自我效能就提高 0.459 個單位；就學習投入而言，測量值若是增加一個單位，學習自我效能就提高 0.545 個單位。就預測變項影響學習自我效能結果變項的重要性來看，以學生學習投入變項最大，其次是師生互動變項，最後是英文學業成就變項。

從隨機效果估計值中知悉：截距項的變異數 τ_{00} 等於 99.325，$\chi^2(28) = 52.906$（$p < .01$），達到 .05 顯著水準，表示控制個體層次五個解釋變項對學習自我效能的影響後，29 個班級學生平均學習自我效能間還有顯著的「班級間」差異存在，因而導致「班級間」學習自我效能的差異還有其他變因存在，這些變因除了個體層次的變項外，可能也有總體層次（班級屬性或教師特徵）的變因。學生英文學業成就對學習自我效能影響之斜率項的變異數達到統計顯著水準，$\tau_{22} = 0.025$（$\chi^2(28) = 45.236$，$p < .05$），表示 29 個班級學生英文學業成就對學習自我效能影響之平均斜率間有顯著的「班級間」差異存在；師生互動對學習自我效能影響之斜率項的變異數達到統計顯著水準，$\tau_{44} = 0.057$（$\chi^2(28) = 44.745$，$p < .05$），表示 29 個班級師生互動對學習自我效能影響之平均斜率間有顯著的「班級間」差異存在；學習投入對學習自我效能影響之斜率項的變異數達到統計顯著水準，$\tau_{55} = 0.031$（$\chi^2(28) = 46.893$，$p < .05$），表示 29 個班級學習投入對學習自我效能影響之平均斜率間有顯著的「班級間」差異存在。

隨機效果變異數分析模型第一層變異數 $\sigma^2_{零模型} = 178.545$，隨機係數迴歸模型第一層變異數 $\sigma^2_{隨機係數迴歸模型} = 85.122$，第一層誤差項變異數從 178.545 降至 85.122，表示階層一納入五個個體層次的預測變項後，可以解釋班級之內學生學習自我效能的變異數百分比為 52.3%（$= \dfrac{178.545 - 85.122}{178.545} = .523$）。從離異係數值來看，與零模型相較之下，離異係數值從 8481.498 下降至 7756.445，差異值為 725.053，表示隨機係數迴歸模型的適配度比零模型好很多。

HLM 軟體繪製之 29 個班級之學習投入解釋變項預測學習自我效能之迴歸線，由圖中可以明顯看出截距項及斜率項間有顯著的「班級間」差異存在。

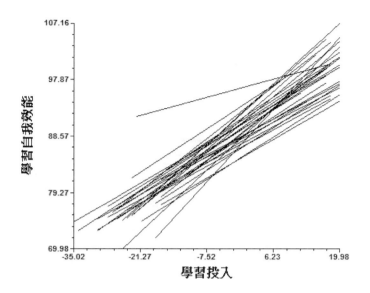

　　HLM 軟體繪製之 29 個班級之英文成就表現解釋變項預測學習自我效能之迴歸線，由圖中可以明顯看出截距項及斜率項間有顯著的「班級間」差異存在。

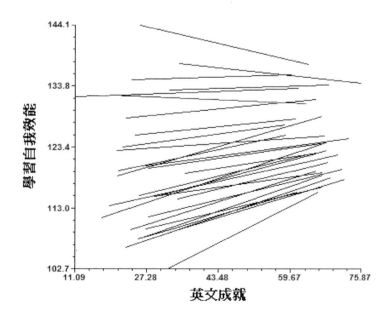

多層次模式的實務應用

　　HLM 軟體繪製之 29 個班級之學生知覺之師生互動解釋變項預測學習自我效能之迴歸線，由圖中可以明顯看出截距項及斜率項間有顯著的「班級間」差異存在。

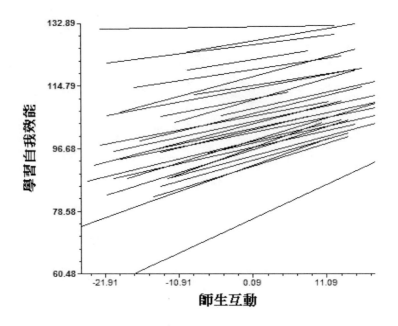

　　隨機係數迴歸模型中個體層次的解釋變項若只納入四個計量變項：SACH、SLEA、SINT、SINV，學生性別（SSEX）變項未納入階層一模式中，階層一模式簡化為：

$$學習自我效能_{ij} = \beta_{0j} + \beta_{1j} 學業成就_{ij} + \beta_{2j} 教學風格_{ij} + \beta_{3j} 師生互動_{ij} + \beta_{4j} 學習投入_{ij} + r_{ij}$$

階層一模型、階層二模型如下：

層次一模型

$$SEFF_{ij} = \beta_{0j} + \beta_{1j} \times (SACH_{ij}) + \beta_{2j} \times (SLEA_{ij} - \overline{SLEA}_{..}) + \beta_{3j} \times (SINT_{ij} - \overline{SINT}_{..})$$
$$+ \beta_{4j} \times (SINV_{ij} - \overline{SINV}_{..}) + r_{ij}$$

層次二模型

$$\beta_{0j} = \gamma_{00} + \mu_{0j}$$
$$\beta_{1j} = \gamma_{10} + \mu_{1j}$$
$$\beta_{2j} = \gamma_{20} + \mu_{2j}$$
$$\beta_{3j} = \gamma_{30} + \mu_{3j}$$
$$\beta_{4j} = \gamma_{40} + \mu_{4j}$$

「WHLM: hlm2 MDM File」對話視窗模式設定如下：

WHLM: hlm2 MDM File: 學習效能　Command File: whl...

File　Basic Settings　Other Settings　Run Analysis　Help

Outcome
Level-1
>> Level-2 <<
INTRCPT2
TSEX
TJOB
TSCH
CLAE
CINT
CINV

LEVEL 1 MODEL

$SEFF_{ij} = \beta_{0j} + \beta_{1j}(SACH_{ij}) + \beta_{2j}(SLEA_{ij} - \overline{SLEA}_{..}) + \beta_{3j}(SINT_{ij} - \overline{SINT}_{..}) + \beta_{4j}(SINV_{ij} - \overline{SINV}_{..}) + r_{ij}$

LEVEL 2 MODEL

$\beta_{0j} = \gamma_{00} + u_{0j}$
$\beta_{1j} = \gamma_{10} + u_{1j}$
$\beta_{2j} = \gamma_{20} + u_{2j}$
$\beta_{3j} = \gamma_{30} + u_{3j}$
$\beta_{4j} = \gamma_{40} + u_{4j}$

Mixed Model

$SEFF_{ij} = \gamma_{0c} + \gamma_{1c}*SACH_{ij} + \gamma_{2c}*(SLEA_{ij} - \overline{SLEA}_{..}) + \gamma_{3c}*(SINT_{ij} - \overline{SINT}_{..}) + \gamma_{4c}*(SINV_{ij} - \overline{SINV}_{..}) + u_{0j}$
$+ u_{1j}*SACH_{ij} + u_{2j}*(SLEA_{ij} - \overline{SLEA}_{..}) + u_{3j}*(SINT_{ij} - \overline{SINT}_{..}) + u_{4j}*(SINV_{ij} - \overline{SINV}_{..}) + r_{ij}$

多層次模式的實務應用

Final estimation of fixed effects（最後固定效果估計值）

Fixed Effect 固定效果	Coefficient 係數	Standard error 標準誤	t-ratio t 值	Approx. $d.f.$ 自由度	p-value p 值
For INTRCPT1, β_0					
INTRCPT2, γ_{00}	61.246164	2.362273	25.927	28	< 0.001
For SACH slope, β_1					
INTRCPT2, γ_{10}	0.133012	0.042180	3.153	28	0.004
For SLEA slope, β_2					
INTRCPT2, γ_{20}	0.071063	0.034607	2.053	28	0.049
For SINT slope, β_3					
INTRCPT2, γ_{30}	0.457633	0.071239	6.424	28	< 0.001
For SINV slope, β_4					
INTRCPT2, γ_{40}	0.544969	0.051152	10.654	28	< 0.001

　　從固定效果估計值摘要表而言，$\gamma_{10} = 0.133$，$t(28) = 3.153$，$p < .01$；$\gamma_{20} = 0.071$，$t(28) = 2.053$，$p < .05$；$\gamma_{30} = 0.458$，$t(28) = 6.424$，$p < .001$；$\gamma_{40} = 0.545$，$t(28) = 10.654$，$p < .001$，學生英文成就、學生知覺之教學風格、學生知覺之師生互動、學生學習投入四個個體層次解釋變項對學習自我效能的影響均達統計顯著水準，四個固定效果係數值均為正值，表示英文成就、學生知覺之教學風格、學生知覺之師生互動、學生學習投入四個個體層次解釋變項，對學習自我效能結果變項均有正向直接影響，與之前隨機係數迴歸模型最大的不同之處，是「學生知覺之教學風格」對學習自我效能的直接效果由不顯著變為顯著（$\gamma_{20} = 0.071$，$p < .05$），此種情況可能是解釋變項間共線性問題造成的結果。

Final estimation of variance components（最後變異成分估計值）

Random Effect 隨機效果	Standard Deviation 標準差	Variance Component 變異數	$d.f.$ 自由度	χ^2 卡方值	p-value p 值
INTRCPT1, μ_0	9.50759	90.39431	28	54.09398	0.002
SACH slope, μ_1	0.15580	0.02427	28	43.00505	0.035
SLEA slope, μ_2	0.09884	0.00977	28	37.65648	0.105
SINT slope, μ_3	0.24191	0.05852	28	47.78370	0.011
SINV slope, μ_4	0.16558	0.02742	28	41.80514	0.045
level-1, r	9.27539	86.03291			

Deviance = 7762.753023

個體層次納入學生性別解釋變項之隨機係數迴歸模型的離異係數為 7756.445，階層一誤差項的變異數 $\sigma^2 = 85.122$，個體層次未納入學生性別解釋變項之隨機係數迴歸模型的離異係數為 7762.753，階層一誤差項的變異數 $\sigma^2 = 86.033$，二種模型的離異係數差異量不大，表示二個隨機係數迴歸模型的適配度差不多，而階層一誤差項之變數異 σ^2 統計量數值也差距不大。

（三）截距（平均數）模型

　　以截距（平均數）為結果之迴歸模型（intercept-as-outcomes regression/means-as-outcomes model）主要在階層二加入總體層次班級屬性或教師特徵之預測變項／解釋變項，研究模式中投入的總體層次解釋變項有「教師性別」（虛擬變項，水準數值 0 為女教師、水準數值 1 為男教師）、「教師職務」（虛擬變項，水準數值 0 為兼任教師、水準數值 1 為專任教師）、「教師服務學校屬性」（虛擬變項，水準數值 0 為私立學校教師、水準數值 1 為國立／公立學校教師）、「班級教學風格」、「班級師生互動」、「班級學習投入」等。其中班級教學風格、班級師生互動、班級學習投入三個變項為脈絡變項，其測量值為個體層次變項以班級群組（階層二組織）聚合而成。

　　「班級教學風格」、「班級師生互動」、「班級學習投入」三個脈絡變項經由總平減轉換。

　　模型界定如下：

　　學習自我效能$_{ij} = \beta_{0j} + r_{ij}$

$$\beta_{0j} = \gamma_{00} + \gamma_{01} \text{ 教師性別}_j + \gamma_{02} \text{ 教師職務}_j + \gamma_{03} \text{ 教師學校屬性}_j$$
$$+ \gamma_{04} \text{ 班級教學風格}_j + \gamma_{05} \text{ 班級師生互動}_j + \gamma_{06} \text{ 班級學習投入}_j + \mu_{0j}$$

層次一模型

$SEFF_{ij} = \beta_{0j} + r_{ij}$

層次二模型

$\beta_{0j} = \gamma_{00} + \gamma_{01} \times (TSEX_j) + \gamma_{02} \times (TJOB_j) + \gamma_{03} \times (TSCH_j) + \gamma_{04} \times (CLAE_j - \overline{CLAE})$
$\quad + \gamma_{05} \times (CINT_j - \overline{CINT}) + \gamma_{06} \times (CINV_j - \overline{CINV}) + \mu_{0j}$

$SEFF_{ij}$ 為第 j 個班級第 i 位學生之學習自我效能分數，$TSEX_j$ 為第 j 個班級教師性別（變項為虛擬變項，水準數值編碼 0 為女教師、水準數值編碼 1 為男教師），$TJOB_j$ 為第 j 個班級教師職務（變項為虛擬變項，水準數值編碼 0 為兼任教師、水準數值編碼 1 為專任教師），$TSCH_j$ 為第 j 個班級教師服務學校屬性（變項為虛擬變項，水準數值編碼 0 為私立學校教師、水準數值編碼 1 為國立／公立學校教師），$CLAE_j$ 第 j 個班級平均教師教學風格分數，$CINT_j$ 第 j 個班級平均師生互動分數，$CINV_j$ 第 j 個班級平均學習投入分數。

β_{0j} 為第 j 個班級平均學習自我效能分數、γ_{00} 為所有班級平均學習自我效能調整後的總平均值、γ_{01} 為班級教師性別對各班平均學習自我效能的影響力、γ_{02} 為班級教師職務對各班平均學習自我效能的影響力、γ_{03} 為班級教師學校屬性對各班平均學習自我效能的影響力、γ_{04} 為班級教學風格對各班平均學習自我效能的影響力、γ_{05} 為班級師生互動對各班平均學習自我效能的影響力、γ_{06} 為班級學習投入對各班平均學習自我效能的影響力。r_{ij} 為階層一（學生層次或個體層次）誤差項，其變異數為 σ^2（表示的是組內的變異情況），μ_{0j} 為第 j 個班級平均學習自我效能分數與所有班級學習自我效能總平均數之間的差異，差異變異量為 τ_{00}。

HLM 視窗界面如下：

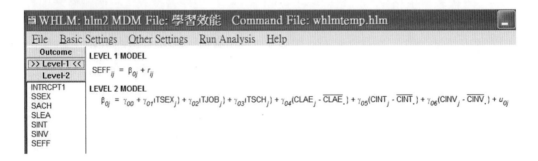

Final estimation of fixed effects（最後固定效果估計值）

Fixed Effect 固定效果	Coefficient 係數	Standard error 標準誤	t-ratio t 值	Approx. $d.f.$ 自由度	p-value p 值
For INTRCPT1, β_0					
INTRCPT2, γ_{00}	71.195325	1.730533	41.141	22	< 0.001
TSEX, γ_{01}	1.184448	1.506663	0.786	22	0.440
TJOB, γ_{02}	−2.861638	1.623390	−1.763	22	0.092
TSCH, γ_{03}	−4.207714	2.205626	−1.908	22	0.070
CLAE, γ_{04}	−0.007883	0.146378	−0.054	22	0.958
CINT, γ_{05}	0.269749	0.371603	0.726	22	0.476
CINV, γ_{06}	0.913165	0.299262	3.051	22	0.006

Final estimation of variance components（最後變異成分估計值）

Random Effect 隨機效果	Standard Deviation 標準差	Variance Component 變異數	$d.f.$ 自由度	χ^2 卡方值	p-value p 值
INTRCPT1, μ_0	2.57045	6.60723	22	50.44455	< 0.001
level-1, r	13.36719	178.68185			

Statistics for current covariance components model
Deviance = 8445.176369

多層次模式的實務應用

學生學習自我效能在截距為結果模型分析結果摘要表

固定效果	係數	t 值 (22)
β_0 截距項		
階層二學校平均學習自我效能調整後之總平均值 γ_{00}	71.195	41.141***
總體層次教師變項		
教師性別對各班平均學習自我效能的影響力 γ_{01}	1.184	0.786ns
教師職務對各班平均學習自我效能的影響力 γ_{02}	−2.862	−1.763ns
教師學校屬性對各班平均學習自我效能的影響力 γ_{03}	−4.208	−1.908ns
總體層次脈絡變項		
班級教學風格對各班平均學習自我效能的影響力 γ_{04}	−0.008	−0.054ns
班級師生互動對各班平均學習自我效能的影響力 γ_{05}	0.270	0.726ns
班級學習投入對各班平均學習自我效能的影響力 γ_{06}	0.913	3.051**
隨機效果（變異成分）	**變異數**	χ^2 值 (22)
階層二班級間之平均學習自我效能分數的差異 μ_{0j} (τ_{00})	6.607	50.445***
階層一班級內之學習自我效能分數的差異 ε_{ij} (σ^2)	178.682	

離異係數 (−2LL) = 8445.176、*ns p* > .05、** *p* < .01、*** *p* < .001

　　六個總體層次解釋變項對各班平均學習自我效能的直接影響效果中，只有「班級學習投入」脈絡變項達統計顯著水準，$\gamma_{06} = 0.913$，$t(22) = 3.051$，$p < .01$，由於 γ_{06} 係數值為正，表示班級學生平均學習投入程度愈多，學生學習自我效能就愈高。$\gamma_{01} = 1.184$（$p > .05$）、$\gamma_{02} = -2.862$（$p > .05$）、$\gamma_{03} = -4.208$（$p > .05$）、$\gamma_{04} = -0.008$（$p > .05$）、$\gamma_{05} = 0.270$（$p > .05$）等五個固定效果值均未達統計顯著水準，表示教師性別、教師職務、教師學校屬性、班級教學風格、班級師生互動等總體層次的變項，並沒有顯著直接的影響到學生的學習自我效能。考量到「班級學習投入」脈絡變項對學生學習自我效能的影響後，階層二班級間平均學習自我效能的差異還達到顯著水準（$\chi^2(22) = 50.445$，$p < .01$），表示影響班級學生學習自我效能的變數中，還有其他個體層次或總體層次的解釋變項並未納入。

　　與零模型相較之下，離異係數值從 8481.498 下降至 8445.176，離異係數值減少 36.322，表示截距為結果之迴歸模型的適配情況較零模型為佳。組內相關係數為 $ICC = \rho = \dfrac{\tau_{00}}{\tau_{00} + \sigma^2} = \dfrac{6.607}{6.607 + 178.682} = 0.036$，與零模型組內相關係數相比較來看，零模型的組內相關係數 $\rho_{零模型} = 0.127$，以截距為結果之迴歸模型的組內相關係數

為 0.036，表示納入階層二的總體層次解釋變項可以讓組內相關係數由 12.7% 降為 3.6%（學生學習自我效能的總變異中可以被「班級間」解釋的變異剩 3.6%，班級間的平均差異降低很多）。

（四）師生層次變數與學習自我效能之關係

多層次模式中同時納人個體層次的解釋變項及總體層次的解釋變項，以探究個體層次解釋變項納入模型之中，總體層次解釋變項對學習自我效能影響的直接效果是否顯著；總體層次解釋變項納入模型之中，個體層次解釋變項對學習自我效能影響的直接效果是否顯著，模型中僅分析不同層次的預測變項是否同時會對學生學習自我效能有顯著影響，並沒有探究不同層次預測變項對學習自我效能結果變項的跨層級交互作用效果。

脈絡模型之階層一模型、階層二模型界定如下：

$$學習自我效能_{ij} = \beta_{0j} + \beta_{1j} 學生性別_{ij} + \beta_{2j} 學業成就_{ij} + \beta_{3j} 教學風格_{ij}$$
$$+ \beta_{4j} 師生互動_{ij} + \beta_{5j} 學習投入_{ij} + r_{ij}$$

$$\beta_{0j} = \gamma_{00} + \gamma_{01} 教師性別_j + \gamma_{02} 教師職務_j + \gamma_{03} 教師學校屬性_j$$
$$+ \gamma_{04} 班級教學風格_j + \gamma_{05} 班級師生互動_j + \gamma_{06} 班級學習投入_j + \mu_{0j}$$

$$\beta_{1j} = \gamma_{10} + \mu_{1j} （隨機效果）$$
$$\beta_{2j} = \gamma_{20} + \mu_{2j} （隨機效果）$$
$$\beta_{3j} = \gamma_{30} + \mu_{3j} （隨機效果）$$
$$\beta_{4j} = \gamma_{40} + \mu_{4j} （隨機效果）$$
$$\beta_{5j} = \gamma_{50} + \mu_{5j} （隨機效果）$$

多層次模式的實務應用

階層一模型

$$SEFF_{ij} = \beta_{0j} + \beta_{1j} \times (SSEX_{ij}) + \beta_{2j} \times (SACH_{ij}) + \beta_{3j} \times (SLEA_{ij} - \overline{SLEA}_{..})$$
$$+ \beta_{4j} \times (SINT_{ij} - \overline{SINT}_{..}) + \beta_{5j} \times (SINV_{ij} - \overline{SINV}_{..}) + r_{ij}$$

階層二模型

$$\beta_{0j} = \gamma_{00} + \gamma_{01} \times (TSEX_j) + \gamma_{02} \times (TJOB_j) + \gamma_{03} \times (TSCH_j) + \gamma_{04} \times (CLAE_j - \overline{CLAE}_.)$$
$$+ \gamma_{05} \times (CINT_j - \overline{CINT}_.) + \gamma_{06} \times (CINV_j - \overline{CINV}_.) + \mu_{0j}$$

$$\beta_{1j} = \gamma_{10} + \mu_{1j}$$

$$\beta_{2j} = \gamma_{20} + \mu_{2j}$$

$$\beta_{3j} = \gamma_{30} + \mu_{3j}$$

$$\beta_{4j} = \gamma_{40} + \mu_{4j}$$

$$\beta_{5j} = \gamma_{50} + \mu_{5j}$$

個體層次解釋變項「SLEA」、「SINT」、「SINV」，總體層次解釋變項「CLAE」、「CINT」、「CINV」經總平均數中心化轉換。輸出報表的提示語為：

「SLEA SINT SINV have been centered around the grand mean.」

「CLAE CINT CINV have been centered around the grand mean.」

HLM 視窗界面如下：

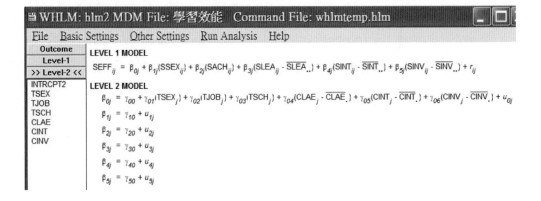

混合模式為：

$$SEFF_{ij} = \gamma_{00} + \gamma_{01} \times TSEX_j + \gamma_{02} \times TJOB_j + \gamma_{03} \times TSCH_j + \gamma_{04} \times CLAE_j + \gamma_{05} \times CINT_j$$
$$+ \gamma_{06} \times CINV_j + \gamma_{10} \times SSEX_{ij} + \gamma_{20} \times SACH_{ij} + \gamma_{30} \times SLEA_{ij} + \gamma_{40} \times SINT_{ij}$$
$$+ \gamma_{50} \times SINV_{ij} + \mu_{0j} + \mu_{1j} \times SSEX_{ij} + \mu_{2j} \times SACH_{ij} + \mu_{3j} \times SLEA_{ij}$$
$$+ \mu_{4j} \times SINT_{ij} + \mu_{5j} \times SINV_{ij} + r_{ij}$$

Final estimation of fixed effects（最後固定效果估計值）

Fixed Effect 固定效果	Coefficient 係數	Standard error 標準誤	t-ratio t 值	Approx. d.f. 自由度	p-value p 值
For INTRCPT1, β_0					
INTRCPT2, γ_{00}	64.377538	2.902000	22.184	22	< 0.001
TSEX, γ_{01}	0.078309	1.388672	0.056	22	0.956
TJOB, γ_{02}	−2.999709	1.493045	−2.009	22	0.057
TSCH, γ_{03}	−5.129139	2.015187	−2.545	22	0.018
CLAE, γ_{04}	0.098610	0.138026	0.714	22	0.482
CINT, γ_{05}	−0.314140	0.349387	−0.899	22	0.378
CINV, γ_{06}	0.407414	0.267286	1.524	22	0.142
For SSEX slope, β_1					
INTRCPT2, γ_{10}	0.937364	0.775480	1.209	28	0.237
For SACH slope, β_2					
INTRCPT2, γ_{20}	0.138379	0.042084	3.288	28	0.003
For SLEA slope, β_3					
INTRCPT2, γ_{30}	0.070562	0.036127	1.953	28	0.061
For SINT slope, β_4					
INTRCPT2, γ_{40}	0.459642	0.070765	6.495	28	< 0.001
For SINV slope, β_5					
INTRCPT2, γ_{50}	0.545303	0.053422	10.207	28	< 0.001

Final estimation of variance components（最後變異成分估計值）

Random Effect 隨機效果	Standard Deviation 標準差	Variance Component 變異數	d.f. 自由度	χ^2 卡方值	p-value p 值
INTRCPT1, μ_0	9.96076	99.21676	22	52.23297	< 0.001
SSEX slope, μ_1	1.93863	3.75828	28	39.99192	0.066
SACH slope, μ_2	0.15297	0.02340	28	45.14027	0.021
SLEA slope, μ_3	0.10497	0.01102	28	35.99393	0.143
SINT slope, μ_4	0.23446	0.05497	28	44.64767	0.024
SINV slope, μ_5	0.18042	0.03255	28	46.78963	0.014
level-1, r	9.23607	85.30495			

Deviance = 7747.304306

學生學習自我效能在脈絡模型分析結果摘要表

固定效果	係數	t 值 (22)
β_0 截距項		
階層二班級平均學習自我效能調整後之總平均值 γ_{00}	64.378	22.184***
總體層次教師變項		
教師性別對各班平均學習自我效能的影響力 γ_{01}	0.078	0.056ns
教師職務對各班平均學習自我效能的影響力 γ_{02}	−3.000	−2.009ns
教師學校屬性對各班平均學習自我效能的影響力 γ_{03}	−5.129	−2.545*
總體層次脈絡變項		
班級教學風格對各班平均學習自我效能的影響力 γ_{04}	0.099	0.714ns
班級師生互動對各班平均學習自我效能的影響力 γ_{05}	−0.314	−0.899ns
班級學習投入對各班平均學習自我效能的影響力 γ_{06}	0.407	1.524ns
斜率 β_1		
學生性別對學習自我效能影響之平均值 γ_{10}	0.937	1.209ns
斜率 β_2		
學生英文學業成就對學習自我效能影響之平均值 γ_{20}	0.138	3.288**
斜率 β_3		
學生知覺教學風格對學習自我效能影響之平均值 γ_{30}	0.071	1.953ns
斜率 β_4		
學生知覺師生互動對學習自我效能影響之平均值 γ_{40}	0.460	6.495***
斜率 β_5		

學生學習投入對學習自我效能影響之平均值 γ_{50}	0.545	10.207***
隨機效果（變異成分）	變異數	χ^2 值
階層二班級間之平均學習自我效能分數的差異 μ_{0j}（τ_{00}）	99.217	52.233***
階層二班級間學生性別對學習自我效能影響的差異 μ_{1j}（τ_{11}）	3.758	39.992ns
階層二班級間英文成就對學習自我效能影響的差異 μ_{2j}（τ_{22}）	0.023	45.140*
階層二班級間教學風格對學習自我效能影響的差異 μ_{3j}（τ_{33}）	0.011	35.994ns
階層二班級間師生互動對學習自我效能影響的差異 μ_{4j}（τ_{44}）	0.055	44.648*
階層二班級間學習投入對學習自我效能影響的差異 μ_{5j}（τ_{55}）	0.033	46.790*
階層一班級內之學習自我效能分數的差異 ε_{ij}（σ^2）	85.305	

離異係數 (−2LL) = 7747.304、ns $p > .05$、* $p < .05$、** $p < .01$、*** $p < .001$

　　同時考量到個體層次解釋變項對學習自我效能的影響時，總體層次解釋變項對學習自我效能有顯著影響作用的變項為「教師服務學校屬性」（$\gamma_{03} = -5.129$，$t(28) = -2.545$，$p < .05$），由於 γ_{03} 係數值為負，表示私立學校教師（水準數值編碼為 0）班級的平均學習自我效能顯著高於公立學校教師（水準數值編碼為 1）班級的平均學習自我效能，至於「教師性別」（$\gamma_{01} = 0.078$，$p > .05$）、「教師職務」（$\gamma_{02} = -3.000$，$p > .05$）、「班級教學風格」（$\gamma_{04} = 0.099$，$p > .05$）、「班級師生互動」（$\gamma_{05} = -0.314$，$p > .05$）、「班級學習投入」（$\gamma_{06} = 0.407$，$p > .05$）等解釋變項（或脈絡變項）均沒有顯著的影響作用，此結果與之前以平均數為結果迴歸模型所得的結果稍微不同。截距為結果迴歸模型中，六個總體層次解釋變項：教師性別、教師職務、教師服務學校屬性（公立、私立）、班級教學風格、班級師生互動、班級學習投入，對班級平均學習自我效能有直接顯著影響效果者為「班級學習投入」（$\gamma_{06} = 0.913$，$t(22) = 3.051$，$p < .01$），教師服務學校屬性（公立、私立）解釋變項的影響作用未達統計顯著水準。

　　同時考量到總體層次解釋變項對學習自我效能的影響時，個體層次解釋變項對學習自我效能有顯著影響作用的變項為「英文學業成就」（$\gamma_{20} = 0.138$，$t(28) = 3.288$，$p < .01$）、「學生知覺的師生互動」（$\gamma_{40} = 0.460$，$t(28) = 6.495$，$p < .001$）、「學生學習投入」（$\gamma_{50} = 0.545$，$t(28) = 10.207$，$p < .001$），$\gamma_{20} = 0.138$，表示學生英文學業成就 T 分數增加 1 分，學生學習自我效能可提高 0.138 個單位；$\gamma_{40} = 0.460$，表示學生知覺的師生互動測量值增加 1 個單位，學生學習自我效能可提高 0.460 個單位；$\gamma_{50} = 0.545$，表示學生學習投入測量值增加 1 個單位，學生學

習自我效能可提高 0.545 個單位，學生英文成就、知覺之師生互動、學習投入三個個體層次解釋變項對學生學習自我效能的影響均為正向。

同時考量總體層次解釋變項對學習自我效能的影響狀況時，對結果變項學生學習自我效能影響最大的個體層次解釋變項為「學生學習投入」、次為「學生知覺的師生互動」。至於「學生性別」（$\gamma_{10} = 0.937$，$p > .05$）、學生「知覺的教師教學風格」（$\gamma_{30} = 0.071$，$p > .05$）二個解釋變項的影響則未顯著，此結果與隨機係數迴歸模型大致相同。

從隨機效果估計值中，截距項的變異數 τ_{00} 等於 99.217，$\chi^2(22) = 52.233$（$p < .001$），達到 .05 顯著水準，表示控制個體層次及總體層次的解釋變項對學習自我效能的影響後，29 個班級學生平均學習自我效能間還有顯著的「班級間」差異存在，因而導致「班級間」學習自我效能的差異還有其他變因存在，這些變因除了個體層次的變項外，可能也有總體層次（班級屬性或教師特徵）的變項。學生英文學業成就對學習自我效能影響之斜率項的變異數達到統計顯著水準，$\tau_{22} = 0.023$（$\chi^2(28) = 45.140$，$p < .05$），表示 29 個班級學生英文學業成就對學習自我效能影響之平均斜率間有顯著的「班級間」差異存在；師生互動對學習自我效能影響之斜率項的變異數達到統計顯著水準，$\tau_{44} = 0.055$（$\chi^2(28) = 44.648$，$p < .05$），表示 29 個班級師生互動對學習自我效能影響之平均斜率間有顯著的「班級間」差異存在；學生學習投入對學習自我效能影響之斜率項的變異數達到統計顯著水準，$\tau_{55} = 0.033$（$\chi^2(28) = 46.790$，$p < .05$），表示 29 個班級學習投入對學習自我效能影響之平均斜率間有顯著的「班級間」差異存在。

隨機效果變異數分析模型第一層變異數 $\sigma^2_{零模型} = 178.545$，脈絡模型第一層變異數 $\sigma^2_{脈絡模型} = 85.305$，第一層誤差項變異數從 178.545 降至 85.305，表示考量總體層次解釋變項對學習自我效能的影響下，階層一納入五個個體層次的預測變項後，可以解釋班級之內學生學習自我效能的變異數百分比為 52.2%（$= \dfrac{178.545 - 85.305}{178.545}$ $= .522$）。從離異係數值來看，與零模型相較之下，離異係數值從 8481.498 下降至 7747.304，差異值為 734.194，表示隨機係數迴歸模型的適配度比零模型好很多。而脈絡模型與隨機係數迴歸模型相較之下，離異係數值從 7756.445 降至 7747.304，差異值為 9.141，脈絡模型的適配度較隨機係數迴歸模型的適配度稍佳一些。

　　脈絡模型中，階層一未將學生性別變項納入，階層二完全置入個體層次聚合的脈絡變項（由於英文成績以班級為單位轉換為 T 分數，班級英文成績都是 50 分，班級英文成績測量值都一樣，所以未作為脈絡變項）。

階層一模型

$$SEFF_{ij} = \beta_{0j} + \beta_{1j} \times (SACH_{ij} - \overline{SACH}_{.j}) + \beta_{2j} \times (SLEA_{ij} - \overline{SLEA}_{.j}) + \beta_{3j} \times (SINT_{ij} - \overline{SINT}_{.j})$$
$$+ \beta_{4j} \times (SINV_{ij} - \overline{SINV}_{.j}) + r_{ij}$$

階層二模型

$$\beta_{0j} = \gamma_{00} + \gamma_{01} \times (CLAE_j) + \gamma_{02} \times (CINT_j) + \gamma_{03} \times (CINV_j) + \mu_{0j}$$
$$\beta_{1j} = \gamma_{10} + \mu_{1j}$$
$$\beta_{2j} = \gamma_{20} + \mu_{2j}$$
$$\beta_{3j} = \gamma_{30} + \mu_{3j}$$
$$\beta_{4j} = \gamma_{40} + \mu_{4j}$$

　　個體層次四個變項：「SACH」、「SLEA」、「SINT」、「SINV」均經過組平均數中心化轉換，表示「SACH」、「SLEA」、「SINT」、「SINV」四個個體層次解釋變項經組平減處理，提示語為「SACH SLEA SINT SINV have been centered around the group mean.」

　　混合模型為：

$$SEFF_{ij} = \gamma_{00} + \gamma_{01} \times CLAE_j + \gamma_{02} \times CINT_j + \gamma_{03} \times CINV_j + \gamma_{10} \times SACH_{ij}$$
$$+ \gamma_{20} \times SLEA_{ij} + \gamma_{30} \times SINT_{ij} + \gamma_{40} \times SINV_{ij} + \mu_{0j} + \mu_{1j} \times SACH_{ij}$$
$$+ \mu_{2j} \times SLEA_{ij} + \mu_{3j} \times SINT_{ij} + \mu_{4j} \times SINV_{ij} + r_{ij}$$

HLM 視窗界面設定範例如下：

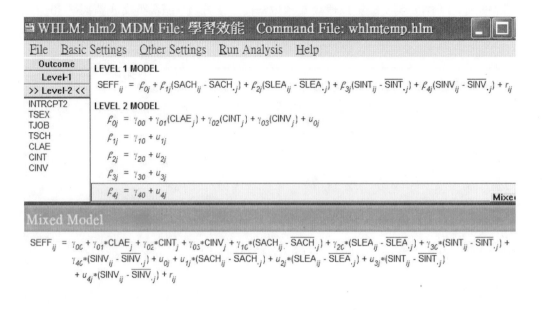

固定效果估計值如下：

Final estimation of fixed effects（最後固定效果估計值）

Fixed Effect 固定效果	Coefficient 係數	Standard error 標準誤	t-ratio t 值	Approx. $d.f.$ 自由度	p-value p 值
For INTRCPT1, β_0					
INTRCPT2, γ_{00}	18.015438	8.660060	2.080	25	0.048
CLAE, γ_{01}	−0.008176	0.127838	−0.064	25	0.950
CINT, γ_{02}	0.430505	0.333200	1.292	25	0.208
CINV, γ_{03}	0.578310	0.252667	2.289	25	0.031
For SACH slope, β_1					
INTRCPT2, γ_{10}	0.132429	0.041489	3.192	28	0.003
For SLEA slope, β_2					
INTRCPT2, γ_{20}	0.074203	0.035652	2.081	28	0.047
For SINT slope, β_3					
INTRCPT2, γ_{30}	0.454424	0.072740	6.247	28	< 0.001
For SINV slope, β_4					
INTRCPT2, γ_{40}	0.545585	0.051377	10.619	28	< 0.001

同時考量到四個個體層次解釋變項學習自我效能的影響時，總體層次三個脈絡變項只有「班級學習投入」對各班平均學習自我效能有顯著的影響力，$\gamma_{03} = 0.578$（$p < .05$），由於 γ_{03} 係數值為正，表示「班級學習投入」對各班平均學習自我效能有顯著正向的影響，班級學習投入增加一個單位，各班平均學習自我效能可提高 0.578 個單位，至於「班級教學風格」（$\gamma_{01} = -0.008$，$p > .05$）、「班級師生互動」（$\gamma_{02} = 0.431$，$p > .05$）二個脈絡變項對各班平均學習自我效能則均未達統計顯著水準。

　　同時考量總體層次三個脈絡變項對學習自我效能的影響時，四個個體層次解釋變項對學生學習自我效能的直接影響效果均達統計顯著水準，$\gamma_{10} = 0.132$，$p < .01$、$\gamma_{20} = 0.074$，$p < .05$、$\gamma_{30} = 0.454$，$p < .001$、$\gamma_{40} = 0.546$，$p < .001$，學生英文成績、學生知覺之教學風格、學生知覺之師生互動、學生學習投入四個個體層次解釋變項對學生學習自我效能均有顯著正向的影響，其影響的重要性依序為：學生學習投入、學生知覺之師生互動、學生英文成就表現、學生知覺之教學風格。以學生學習投入而言，當學生學習投入增加一個單位，學習自我效能就增加 0.546 個單位；以學生英文成就表現而言，當學生英文成績增加一個單位，學習自我效能就增加 0.132 個單位。

　　隨機效果估計值如下：

Final estimation of variance components（最後變異成分估計值）

Random Effect 隨機效果	Standard Deviation 標準差	Variance Component 變異數	d.f. 自由度	χ^2 卡方值	p-value p 值
INTRCPT1, μ_0	3.29301	10.84389	25	132.89107	< 0.001
SACH slope, μ_1	0.14977	0.02243	28	43.00724	0.035
SLEA slope, μ_2	0.10216	0.01044	28	37.70114	0.104
SINT slope, μ_3	0.24977	0.06239	28	47.79331	0.011
SINV slope, μ_4	0.16292	0.02654	28	41.80922	0.045
level-1, r	9.27615	86.04689			

Deviance = 7765.155970

　　從隨機效果值來看，與前一個脈絡模型相較之下，階層一誤差項的變異數 σ^2 從 85.036 稍微上升至 86.047，離異係數從 7747.304 稍微升至 7765.156，前一個脈

多層次模式的實務應用

絡模型的適配度較目前脈絡模型的適配度好一些，但前一個脈絡模型解釋變項間多元共線性問題可能較目前脈絡模型明顯，所以個別解釋變項對結果變項有顯著影響效果的變項反而較少。

學生學習自我效能在脈絡模型分析結果摘要表

固定效果	係數	t 值（25）
β_0 截距項		
階層二班級平均學習自我效能調整後之總平均值 γ_{00}	18.015	2.080*
總體層次脈絡變項		
班級教學風格對各班平均學習自我效能的影響力 γ_{01}	−0.008	−0.064ns
班級師生互動對各班平均學習自我效能的影響力 γ_{02}	0.431	1.292ns
班級學習投入對各班平均學習自我效能的影響力 γ_{03}	0.578	2.289*
斜率 β_1		
學生英文學業成就對學習自我效能影響之平均值 γ_{10}	0.132	3.192**
斜率 β_2		
學生知覺教學風格對學習自我效能影響之平均值 γ_{20}	0.074	2.081*
斜率 β_3		
學生知覺師生互動對學習自我效能影響之平均值 γ_{30}	0.454	6.427***
斜率 β_4		
學生學習投入對學習自我效能影響之平均值 γ_{40}	0.546	10.619***
隨機效果（變異成分）	變異數	χ^2 值
階層二班級間之平均學習自我效能分數的差異 μ_{0j}（τ_{00}）	10.844	132.891***
階層二班級間英文成就對學習自我效能影響的差異 μ_{1j}（τ_{11}）	0.022	43.007*
階層二班級間教學風格對學習自我效能影響的差異 μ_{2j}（τ_{22}）	0.010	37.701ns
階層二班級間師生互動對學習自我效能影響的差異 μ_{3j}（τ_{33}）	0.062	47.793*
階層二班級間學習投入對學習自我效能影響的差異 μ_{4j}（τ_{44}）	0.027	41.809*
階層一班級內之學習自我效能分數的差異 ε_{ij}（σ^2）	86.047	

離異係數 (−2LL) = 7765.156、ns $p > .05$、* $p < .05$、** $p < .01$、*** $p < .001$

（五）師生層次變數跨層級交互作用對學習自我效能的影響

完整模型在於探究總體層次解釋變項對於個體層次解釋變項與學生學習自我效能間之關係是否具有調節作用，即學生學習自我效能是否受到學生個體變項與教師或班級變項之跨層級交互作用項影響，多層次模式界定為完整模型。

階層一模型、階層二模型界定如下：

階層一模型

$$SEFF_{ij} = \beta_{0j} + \beta_{1j} \times (SSEX_{ij}) + \beta_{2j} \times (SACH_{ij}) + \beta_{3j} \times (SLEA_{ij} - \overline{SLEA}_{..})$$
$$+ \beta_{4j} \times (SINT_{ij} - \overline{SINT}_{..}) + \beta_{5j} \times (SINV_{ij} - \overline{SINV}_{..}) + r_{ij}$$

階層二模型

$$\beta_{0j} = \gamma_{00} + \gamma_{01} \times (TSEX_j) + \gamma_{02} \times (TJOB_j) + \gamma_{03} \times (TSCH_j) + \gamma_{04} \times (CLAE_j - \overline{CLAE}_.)$$
$$+ \gamma_{05} \times (CINT_j - \overline{CINT}_.) + \gamma_{06} \times (CINV_j - \overline{CINV}_.) + \mu_{0j}$$
$$\beta_{1j} = \gamma_{10} + \gamma_{11} \times (TSEX_j) + \gamma_{12} \times (TJOB_j) + \gamma_{13} \times (TSCH_j) + \mu_{1j}$$
$$\beta_{2j} = \gamma_{20} + \gamma_{21} \times (TSEX_j) + \gamma_{22} \times (TJOB_j) + \gamma_{23} \times (TSCH_j) + \mu_{2j}$$
$$\beta_{3j} = \gamma_{30} + \gamma_{31} \times (TSEX_j) + \gamma_{32} \times (TJOB_j) + \gamma_{33} \times (TSCH_j) + \mu_{3j}$$
$$\beta_{4j} = \gamma_{40} + \gamma_{41} \times (TSEX_j) + \gamma_{42} \times (TJOB_j) + \gamma_{43} \times (TSCH_j) + \mu_{4j}$$
$$\beta_{5j} = \gamma_{50} + \gamma_{51} \times (TSEX_j) + \gamma_{52} \times (TJOB_j) + \gamma_{53} \times (TSCH_j) + \mu_{5j}$$

「SLEA」、「SINT」、「SINV」三個個體解釋變項經過總平均數中心化轉換，脈絡變項「CLAE」、「CINT」、「CINV」也經過總平均數中心化轉換。輸出表格提示文字為：「SLEA SINT SINV have been centered around the grand mean.」、「CLAE CINT CINV have been centered around the grand mean.」

Final estimation of fixed effects（最後固定效果估計值）

Fixed Effect 固定效果	Coefficient 係數	Standard error 標準誤	t-ratio t 值	Approx. $d.f.$ 自由度	p-value p 值
For INTRCPT1, β_0					
INTRCPT2, γ_{00}	64.456666	6.070824	10.617	22	< 0.001
TSEX, γ_{01}	2.368172	6.014267	0.394	22	0.698
TJOB, γ_{02}	−2.469218	6.217424	−0.397	22	0.695
TSCH, γ_{03}	−8.642745	6.701260	−1.290	22	0.211
CLAE, γ_{04}	0.124310	0.142303	0.874	22	0.392
CINT, γ_{05}	−0.240368	0.360232	−0.667	22	0.512
CINV, γ_{06}	0.312497	0.278444	1.122	22	0.274
For SSEX slope, β_1					
INTRCPT2, γ_{10}	−1.064182	1.618928	−0.657	25	0.517
TSEX, γ_{11}	−0.876506	1.780456	−0.492	25	0.627
TJOB, γ_{12}	2.165303	1.729756	1.252	25	0.222
TSCH, γ_{13}	2.502352	1.813346	1.380	25	0.180
For SACH slope, β_2					
INTRCPT2, γ_{20}	0.146419	0.100363	1.459	25	0.157
TSEX, γ_{21}	−0.026417	0.101703	−0.260	25	0.797
TJOB, γ_{22}	−0.028168	0.104576	−0.269	25	0.790
TSCH, γ_{23}	0.054907	0.110211	0.498	25	0.623
For SLEA slope, β_3					
INTRCPT2, γ_{30}	0.171540	0.096576	1.776	25	0.088
TSEX, γ_{31}	−0.028248	0.088517	−0.319	25	0.752
TJOB, γ_{32}	−0.094746	0.098832	−0.959	25	0.347
TSCH, γ_{33}	−0.058169	0.098218	−0.592	25	0.559
For SINT slope, β_4					
INTRCPT2, γ_{40}	0.293725	0.174113	1.687	25	0.104
TSEX, γ_{41}	−0.162667	0.158743	−1.025	25	0.315
TJOB, γ_{42}	0.312506	0.176477	1.771	25	0.089
TSCH, γ_{43}	−0.033342	0.179417	−0.186	25	0.854
For SINV slope, β_5					
INTRCPT2, γ_{50}	0.497774	0.128649	3.869	25	< 0.001
TSEX, γ_{51}	0.140444	0.119412	1.176	25	0.251
TJOB, γ_{52}	−0.059972	0.131569	−0.456	25	0.652

| TSCH, γ_{53} | 0.131388 | 0.133673 | 0.983 | 25 | 0.335 |

Final estimation of variance components（最後變異成分估計值）

Random Effect 隨機效果	Standard Deviation 標準差	Variance Component 變異數	$d.f.$ 自由度	χ^2 卡方值	p-value p 值
INTRCPT1, μ_0	10.92710	119.40141	22	51.39935	< 0.001
SSEX slope, μ_1	1.91092	3.65162	25	36.44035	0.065
SACH slope, μ_2	0.16774	0.02814	25	45.13811	0.008
SLEA slope, μ_3	0.12278	0.01508	25	35.92389	0.073
SINT slope, μ_4	0.22035	0.04855	25	35.13768	0.086
SINV slope, μ_5	0.17822	0.03176	25	37.52203	0.051
level-1，r	9.23173	85.22486			

Statistics for current covariance components model
Deviance = 7762.674049

完整模型在學習自我效能分析結果摘要表

固定效果	係數	t 值 (22)
β_0 截距項		
階層二班級平均學習自我效能調整後之總平均值 γ_{00}	64.457	10.617***
總體層次教師變項		
教師性別對各班平均學習自我效能的影響力 γ_{01}	2.368	0.394ns
教師職務對各班平均學習自我效能的影響力 γ_{02}	−2.469	−0.397ns
教師學校屬性對各班平均學習自我效能的影響力 γ_{03}	−8.643	−1.29ns
總體層次脈絡變項		
班級教學風格對各班平均學習自我效能的影響力 γ_{04}	0.124	0.874ns
班級師生互動對各班平均學習自我效能的影響力 γ_{05}	−0.240	−0.667ns
班級學習投入對各班平均學習自我效能的影響力 γ_{06}	0.312	1.122ns
斜率 β_1	係數	t 值 (25)
學生性別對學習自我效能影響之平均值 γ_{10}	−1.064	−0.657ns
教師性別—學生性別對學習自我效能影響之平均值 γ_{11}	−0.877	−0.492ns
教師職務—學生性別對學習自我效能影響之平均值 γ_{12}	2.165	1.252ns

教師學校屬性—學生性別對學習自我效能影響之平均值 γ_{13}	2.502	1.380ns
斜率 β_2		
學生英文成就對學習自我效能影響之平均值 γ_{20}	0.146	1.459ns
教師性別—學生英文成就對學習自我效能影響之平均值 γ_{21}	−0.026	−0.260ns
教師職務—學生英文成就對學習自我效能影響之平均值 γ_{22}	−0.028	−0.269ns
教師學校屬性—學生英文成就對學習自我效能影響之平均值 γ_{23}	0.055	0.498ns
斜率 β_3		
學生知覺之教學風格對學習自我效能影響之平均值 γ_{30}	0.172	1.776ns
教師性別—學生知覺之教學風格對學習自我效能影響之平均值 γ_{31}	−0.028	−0.319ns
教師職務—學生知覺之教學風格對學習自我效能影響之平均值 γ_{32}	−0.095	−0.959ns
教師學校屬性—學生知覺之教學風格對學習自我效能影響之平均值 γ_{33}	−0.058	−0.592ns
斜率 β_4		
學生知覺之師生互動對學習自我效能影響之平均值 γ_{40}	0.294	1.687ns
教師性別—學生知覺之師生互動對學習自我效能影響之平均值 γ_{41}	−0.163	−1.025ns
教師職務—學生知覺之師生互動對學習自我效能影響之平均值 γ_{42}	0.313	1.771ns
教師學校屬性—學生知覺之師生互動對學習自我效能影響之平均值 γ_{43}	−0.033	−0.186ns
斜率 β_5		
學生學習投入對學習自我效能影響之平均值 γ_{50}	0.498	3.869***
教師性別—學生學習投入對學習自我效能影響之平均值 γ_{51}	0.140	1.176
教師職務—學生學習投入對學習自我效能影響之平均值 γ_{52}	−0.060	−0.456
教師學校屬性—學生學習投入對學習自我效能影響之平均值 γ_{53}	0.131	0.983
隨機效果（變異成分）	變異數	χ^2 值
階層二班級間之平均學習自我效能分數的差異 μ_{0j}（τ_{00}）	119.401	51.399
階層二班級間學生性別對學習自我效能影響的差異 μ_{1j}（τ_{11}）	3.652	36.440
階層二班級間英文成就對學習自我效能影響的差異 μ_{2j}（τ_{22}）	0.028	45.138

階層二班級間教學風格對學習自我效能影響的差異 μ_{3j}（τ_{33}）	0.015	35.924
階層二班級間師生互動對學習自我效能影響的差異 μ_{4j}（τ_{44}）	0.049	35.138
階層二班級間學習投入對學習自我效能影響的差異 μ_{5j}（τ_{55}）	0.032	37.522
階層一班級內之學習自我效能分數的差異 ε_{ij}（σ^2）	85.225	

離異係數 (−2LL) = 7762.674、*ns p* > .05、* *p* < .05、** *p* < .01、*** *p* < .001

　　從完整模型在學習自我效能分析結果摘要表中得知：所有跨層級的交互作用項係數值均未達統計顯著水準：γ_{11}、γ_{12}、γ_{13}；γ_{21}、γ_{22}、γ_{23}；γ_{31}、γ_{32}、γ_{33}；γ_{41}、γ_{42}、γ_{43}；γ_{51}、γ_{52}、γ_{53} 十五個固定效果跨層級交互作用項的顯著性 *p* 均大於 0.05。就個體層次解釋變項對學生學習自我效能的直接影響效果而言，只有學生學習投入對學習自我效能影響之平均值達到顯著（γ_{50} = 0.497，*p* < .001），但 γ_{51}（*p* > .05）、γ_{52}（*p* > .05）、γ_{53}（*p* > .05）等跨層次交互作用項均未達統計顯著水準，表示「教師性別」總體層次變項對「學生學習投入和學習自我效能的關係」不具有調節作用；「教師職務」總體層次變項對「學生學習投入和學習自我效能的關係」不具有調節作用；「教師學校屬性」總體層次變項對「學生學習投入和學習自我效能的關係」不具有調節作用。

　　與脈絡模型相較之下，離異係數從 7747.304 稍微升至 7762.674，可見完整模型的適配度並未較脈絡模型好，以脈絡模型解釋學生自我效能較以完整模型來詮釋學生自我效能稍為好一些　。

（六）跨層級解釋變項的交互作用

　　在探究跨層級解釋變項對結果變項（學習自我效能）的交用作用效果時，總體層次（班級屬性或教師特徵變項）可以逐一引入至階層二模型中，此種模型較容易解讀，此外，也可以避免總體層次解釋變項間引起的共線性問題，範例中的總體層次解釋變項只有納入「教師職務」一個。階層一模型、階層二模型界定如下：

多層次模式的實務應用

階層一模型

$SEFF_{ij} = \beta_{0j} + \beta_{1j} \times (SACH_{ij} - \overline{SACH}_{.j}) + \beta_{2j} \times (SLEA_{ij} - \overline{SLEA}_{.j}) + \beta_{3j} \times (SINT_{ij} - \overline{SINT}_{.j})$
$\qquad + \beta_{4j} \times (SINV_{ij} - \overline{SINV}_{.j}) + r_{ij}$

階層二模型

$\beta_{0j} = \gamma_{00} + \gamma_{01} \times (TJOB_j) + \gamma_{02} \times (CLAE_j) + \gamma_{03} \times (CINT_j) + \gamma_{04} \times (CINV_j) + \mu_{0j}$

$\beta_{1j} = \gamma_{10} + \gamma_{11} \times (TJOB_j) + \mu_{1j}$

$\beta_{2j} = \gamma_{20} + \gamma_{21} \times (TJOB_j) + \mu_{2j}$

$\beta_{3j} = \gamma_{30} + \gamma_{31} \times (TJOB_j) + \mu_{3j}$

$\beta_{4j} = \gamma_{40} + \gamma_{41} \times (TJOB_j) + \mu_{4j}$

個體層次四個變項：「SACH」、「SLEA」、「SINT」、「SINV」均經過組平均數中心化轉換，表示「SACH」、「SLEA」、「SINT」、「SINV」四個個體層次解釋變項經組平減處理，提示語為「SACH SLEA SINT SINV have been centered around the group mean.」

參數中 γ_{01} 為教師職務對各班平均學習自我效能的影響力、γ_{02} 為班級教學風格對各班平均學習自我效能的影響力、γ_{03} 為班級師生互動對各班平均學習自我效能的影響力、γ_{04} 為班級學習投入對各班平均學習自我效能的影響力；γ_{11} 為「教師職務」對「學生英文成就對學生自我效能影響」的影響力，γ_{21} 為「教師職務」對「學生知覺之教學風格對學生自我效能影響」的影響力，γ_{31} 為「教師職務」對「學生知覺之師生互動對學生自我效能影響」的影響力，γ_{41} 為「教師職務」對「學生學習投入對學生自我效能影響」的影響力，γ_{11}、γ_{21}、γ_{31}、γ_{41} 四個固定效果係數值為多層次分析模式中的跨層級交互作用效果參數。

HLM 視窗界面如下：

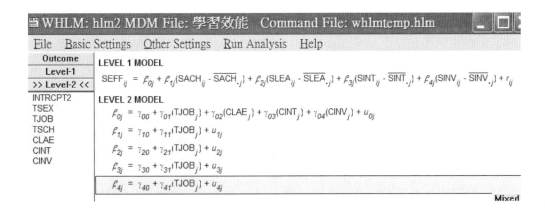

固定效果估計值如下表（表中標準誤採用強韌性標準誤）：

Final estimation of fixed effects（最後固定效果估計值）

with robust standard errors（有強韌性標準誤）

Fixed Effect 固定效果	Coefficient 係數	Standard error 標準誤	t-ratio t 值	Approx. $d.f.$ 自由度	p-value p 值
For INTRCPT1, β_0					
INTRCPT2, γ_{00}	19.989529	9.440699	2.117	24	0.045
TJOB, γ_{01}	−1.345807	1.271860	−1.058	24	0.301
CLAE, γ_{02}	−0.025100	0.108060	−0.232	24	0.818
CINT, γ_{03}	0.380369	0.248992	1.528	24	0.140
CINV, γ_{04}	0.611233	0.212961	2.870	24	0.008
For SACH slope, β_1					
INTRCPT2, γ_{10}	0.162381	0.048785	3.329	27	0.003
TJOB, γ_{11}	−0.044380	0.072133	−0.615	27	0.544
For SLEA slope, β_2					
INTRCPT2, γ_{20}	0.132396	0.084667	1.564	27	0.130
TJOB, γ_{21}	−0.076900	0.090412	−0.851	27	0.403
For SINT slope, β_3					
INTRCPT2, γ_{30}	0.232952	0.110144	2.115	27	0.044
TJOB, γ_{31}	0.307650	0.136320	2.257	27	0.032
For SINV slope, β_4					
INTRCPT2, γ_{40}	0.644515	0.043615	14.777	27	< 0.001
TJOB, γ_{41}	−0.140017	0.078366	−1.787	27	0.085

多層次模式的實務應用

從固定效果估計值可以得知：$\gamma_{30} = 0.233$，達統計顯著水準（$t(27) = 2.115$，$p < .05$），表示學生知覺之師生互動對學生學習自我效能有顯著正向的影響效果，當學生「知覺之師生互動」測量值增加一個單位，學生學習自我效能可提高 0.233 個單位，跨層級交互作用項 $\gamma_{31} = 0.308$，達統計顯著水準（$t(27) = 2.257$，$p < .05$），表示「教師職務」（兼任教師／專任教師）對「學生知覺之師生互動對學生學習自我效能的影響」有顯著的影響力，即「教師職務」總體層次解釋變項對「學生知覺之師生互動與學習自我效能之關係具有顯著調節效果」。具體而言，教師職務為兼任教師或為專任教師者之班級，學生知覺之師生互動對學生學習自我效能影響的斜率係數間有顯著不同。脈絡變項「班級學習投入」對各班平均學習自我效能的影響達到統計顯著水準（$\gamma_{04} = 0.611$，$p < .01$），表示班級學習投入測量值增加一個單位，各班平均學習自我效能可提高 0.611 個單位。

HLM 視窗界面中，執行功能表列「File」（檔案）／「Graph Equations」／「Model graphs」（模式圖）程序，可以開啟「Equation Graphing-Specification」對話視窗，「X focus」方盒中選取階層一（Level-1）的解釋變項「SINT」，「Z focus[1]」方盒中選取階層二（Level-2）的解釋變項「TJOB」，按『OK』鈕。

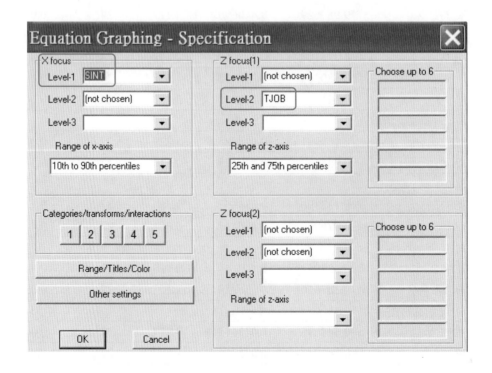

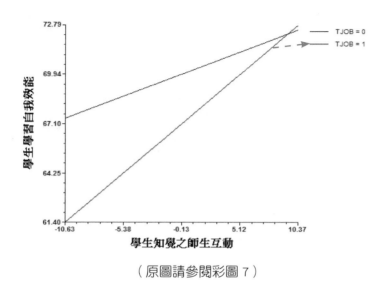

（原圖請參閱彩圖 7）

從 HLM 繪製的跨層級交互作用圖示，可以明顯看出教師職務編碼為 1 的班級群體（原圖為紅色）之迴歸線的斜率顯著的大於教師職務編碼為 0 的班級群體（原圖為藍色）之迴歸線的斜率，圖示顯示教師職務對「學生知覺之師生互動對學生學習自我效能的直接影響」有顯著的影響力。

個體解釋變項學生英文成就對學習自我效能有直接正向的影響效果（γ_{10} = 0.162，p < .01），但跨層級交互作用項未達統計顯著水準（γ_{11} = −0.044，p > .05），表示「教師職務」總體層次解釋變項對「學生英文成就對學習自我效能的影響力」未具有調節作用效果；相似的，個體解釋變項學生學習投入對學習自我效能有直接正向的影響效果（γ_{40} = 0.645，p < .001），但跨層級交互作用項未達統計顯著水準（γ_{41} = −0.140，p > .05），表示「教師職務」總體層次解釋變項對「學生學習投入對學習自我效能的影響力」未具有調節作用效果。

多層次模式的實務應用

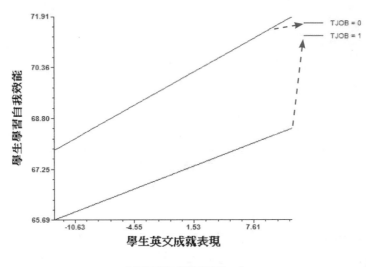

（原圖請參閱彩圖 8）

　　學生英文成就對學習自我效能的影響之二條迴歸線大致平行，表示其平均斜率的差異值顯著為 0，教師職務為兼任教師班級，或教師職務為專任教師班級，學生英文成就對學習自我效能影響的迴歸線斜率是大致一樣的，因而教師職務對「學生英文成就與學習自我效能的關係」沒有調節作用。

Final estimation of variance components（最後變異成分估計值）

Random Effect 隨機效果	Standard Deviation 標準差	Variance Component 變異數	d.f. 自由度	χ^2 卡方值	p-value p 值
INTRCPT1, μ_0	3.31012	10.95690	24	128.78229	< 0.001
SACH slope, μ_1	0.15311	0.02344	27	43.45862	0.023
SLEA slope, μ_2	0.10096	0.01019	27	37.80953	0.081
SINT slope, μ_3	0.22452	0.05041	27	39.95544	0.051
SINV slope, μ_4	0.15958	0.02547	27	39.55782	0.056
level-1，r	9.27799	86.08111			

Deviance = 7771.187082

在隨機效果方面，考量納入模型的解釋變項後，階層二截距項的變異數 μ_{0j}（τ_{00}）= 10.957，達統計顯著水準（$\chi^2(24)$ = 128.782，$p < .001$），表示各班級平均學習自我效能間還有顯著的「班級間」差異存在，與之前置入相同變項的脈絡模型相比較之下，階層二截距項的變異數由 10.844 略增為 10.957，階層一班級內學習自我效能誤差項的變異數 ε_{ij}（σ^2）由 86.047 略增為 86.081，離異係數由 7765.156 增為 7771.187，表示脈絡模型加入「教師職務」總體層次解釋變項後，對於學生學習自我效能的解釋，模型的適配度無法較原脈絡模型為佳。

跨層級交互作用在學習自我效能分析結果摘要表（總體層次變項為教師職務）

固定效果	係數	t 值 (22)
β_0 截距項		
階層二班級平均學習自我效能調整後之總平均值 γ_{00}	19.990	2.117*
總體層次教師變項		
教師職務對各班平均學習自我效能的影響力 γ_{02}	−1.346	−1.058 ns
總體層次脈絡變項		
班級教學風格對各班平均學習自我效能的影響力 γ_{04}	−0.025	−0.232 ns
班級師生互動對各班平均學習自我效能的影響力 γ_{05}	0.380	1.528 ns
班級學習投入對各班平均學習自我效能的影響力 γ_{06}	0.611	2.870**
斜率 β_1	係數	t 值 (27)
學生英文成就對學習自我效能影響之平均值 γ_{10}	0.163	3.329**
教師職務— 　學生英文成就對學習自我效能影響之平均值 γ_{11}	−0.044	−0.615 ns
斜率 β_2		
學生知覺教學風格對學習自我效能影響之平均值 γ_{20}	0.132	1.564 ns
教師職務— 　學生知覺教學風格對學習自我效能影響之平均值 γ_{21}	−0.077	−0.851 ns
斜率 β_3		
學生知覺師生互動對學習自我效能影響之平均值 γ_{30}	0.233	2.115*
教師職務— 　學生知覺師生互動對學習自我效能影響之平均值 γ_{31}	0.308	2.257*
斜率 β_4		
學生學習投入對學習自我效能影響之平均值 γ_{40}	0.645	14.777***
教師職務— 　學生學習投入對學習自我效能影響之平均值 γ_{41}	−0.140	−1.787 ns

多層次模式的實務應用

隨機效果（變異成分）	變異數	χ^2 值 (24)
階層二班級間之平均學習自我效能分數的差異 μ_{0j}（τ_{00}）	10.957	128.782***
	變異數	χ^2 值 (27)
階層二班級間英文成就對學習自我效能影響的差異 μ_{1j}（τ_{11}）	0.023	43.459*
階層二班級間教學風格對學習自我效能影響的差異 μ_{2j}（τ_{22}）	0.010	37.810*ns*
階層二班級間師生互動對學習自我效能影響的差異 μ_{3j}（τ_{33}）	0.050	39.955*ns*
階層二班級間學習投入對學習自我效能影響的差異 μ_{4j}（τ_{44}）	0.025	39.558*ns*
階層一班級內之學習自我效能分數的差異 ε_{ij}（σ^2）	86.081	

離異係數 (−2LL) = 7771.187、*ns p* > .05、* *p* < .05、** *p* < .01、*** *p* < .001

範例中的總體層次解釋變項只有納入「教師服務學校屬性」（私立學校 / 公立學校）一個。階層一模型、階層二模型界定如下：

階層一模型

$$SEFF_{ij} = \beta_{0j} + \beta_{1j} \times (SACH_{ij} - \overline{SACH}_{.j}) + \beta_{2j} \times (SLEA_{ij} - \overline{SLEA}_{.j}) + \beta_{3j} \times (SINT_{ij} - \overline{SINT}_{.j})$$
$$+ \beta_{4j} \times (SINV_{ij} - \overline{SINV}_{.j}) + r_{ij}$$

階層二模型

$$\beta_{0j} = \gamma_{00} + \gamma_{01} \times (TSCH_j) + \gamma_{02} \times (CLAE_j) + \gamma_{03} \times (CINT_j) + \gamma_{04} \times (CINV_j) + \mu_{0j}$$
$$\beta_{1j} = \gamma_{10} + \gamma_{11} \times (TSCH_j) + \mu_{1j}$$
$$\beta_{2j} = \gamma_{20} + \gamma_{21} \times (TSCH_j) + \mu_{2j}$$
$$\beta_{3j} = \gamma_{30} + \gamma_{31} \times (TSCH_j) + \mu_{3j}$$
$$\beta_{4j} = \gamma_{40} + \gamma_{41} \times (TSCH_j) + \mu_{4j}$$

個體層次四個變項：「SACH」、「SLEA」、「SINT」、「SINV」均經過組平均數中心化轉換，表示「SACH」、「SLEA」、「SINT」、「SINV」四個個體層次解釋變項經組平減處理，提示語為「SACH SLEA SINT SINV have been centered around the group mean.」。

HLM 視窗界面如下：

WHLM: hlm2 MDM File: 學習效能　Command File: whlmtemp.hlm

File　Basic Settings　Other Settings　Run Analysis　Help

| Outcome |
| Level-1 |
| >> Level-2 << |
| INTRCPT2 |
| TSEX |
| TJOB |
| TSCH |
| CLAE |
| CINT |
| CINV |

LEVEL 1 MODEL

$$SEFF_{ij} = \beta_{0j} + \beta_{1j}(SACH_{ij} - \overline{SACH}_{.j}) + \beta_{2j}(SLEA_{ij} - \overline{SLEA}_{.j}) + \beta_{3j}(SINT_{ij} - \overline{SINT}_{.j}) + \beta_{4j}(SINV_{ij} - \overline{SINV}_{.j}) + r_{ij}$$

LEVEL 2 MODEL

$$\beta_{0j} = \gamma_{00} + \gamma_{01}(TSCH_j) + \gamma_{02}(CLAE_j) + \gamma_{03}(CINT_j) + \gamma_{04}(CINV_j) + u_{0j}$$

$$\beta_{1j} = \gamma_{10} + \gamma_{11}(TSCH_j) + u_{1j}$$

$$\beta_{2j} = \gamma_{20} + \gamma_{21}(TSCH_j) + u_{2j}$$

$$\beta_{3j} = \gamma_{30} + \gamma_{31}(TSCH_j) + u_{3j}$$

$$\beta_{4j} = \gamma_{40} + \gamma_{41}(TSCH_j) + u_{4j}$$

Final estimation of fixed effects（最後固定效果估計值）

with robust standard errors（有強韌性標準誤）

Fixed Effect 固定效果	Coefficient 係數	Standard error 標準誤	t-ratio t 值	Approx. $d.f.$ 自由度	p-value p 值
For INTRCPT1, β_0					
INTRCPT2, γ_{00}	2.802961	11.746327	0.239	24	0.813
TSCH, γ_{01}	−2.810268	1.848208	−1.521	24	0.141
CLAE, γ_{02}	0.152387	0.110118	1.384	24	0.179
CINT, γ_{03}	0.398138	0.290973	1.368	24	0.184
CINV, γ_{04}	0.674880	0.249947	2.700	24	0.013
For SACH slope, β_1					
INTRCPT2, γ_{10}	0.113516	0.057324	1.980	27	0.058
TSCH, γ_{11}	0.056313	0.072227	0.780	27	0.442
For SLEA slope, β_2					
INTRCPT2, γ_{20}	0.077098	0.045300	1.702	27	0.100
TSCH, γ_{21}	0.008244	0.060357	0.137	27	0.892
For SINT slope, β_3					
INTRCPT2, γ_{30}	0.534046	0.098163	5.440	27	< 0.001
TSCH, γ_{31}	−0.236441	0.133798	−1.767	27	0.089
For SINV slope, β_4					
INTRCPT2, γ_{40}	0.484173	0.066986	7.228	27	< 0.001
TSCH, γ_{41}	0.172320	0.095075	1.812	27	0.081

多層次模式的實務應用

從固定效果摘要中得知，四個跨層級交互作用項係數值均未達統計顯著水準：$\gamma_{11} = 0.056$（$p > .05$）、$\gamma_{21} = 0.008$（$p > .05$）、$\gamma_{31} = -0.236$（$p > .05$）、$\gamma_{41} = 0.172$（$p > .05$），表示教師服務學校屬性總體層次解釋變項與其他四個個體層次解釋變項對學習自我效能的影響，均沒有跨層級的交互作用效果。就個體層次解釋變項對學習自我效能的直接影響效果來看，學生知覺之師生互動、學生學習投入對學習自我效能的影響力均達統計顯著水準，$\gamma_{30} = 0.534$（$p < .001$）、$\gamma_{40} = 0.484$（$p < .001$），學生知覺之師生互動、學生學習投入對學習自我效能均有正向的影響效果，由於跨層級交互作用項不顯著，表示「教師服務學校屬性」對「學生知覺之師生互動對學習自我效能的影響力」未具有調節作用，「教師服務學校屬性」對「學生學習投入對學習自我效能的影響力」未具有調節作用。就總體層次解釋變項對學習自我效能的直接影響效果來看，班級學習投入對各班平均學習自我效能的影響力達到統計顯著水準，$\gamma_{04} = 0.675$（$p < .05$），當班級學習投入平均測量值增加一個單位，各班學習自我效能平均可提高 0.675 個單位。

Final estimation of variance components（最後變異成分估計值）

Random Effect 隨機效果	Standard Deviation 標準差	Variance Component 變異數	d.f. 自由度	χ^2 卡方值	p-value p 值
INTRCPT1, μ_0	3.28172	10.76971	24	129.51797	< 0.001
SACH slope, μ_1	0.15615	0.02438	27	42.81743	0.027
SLEA slope, μ_2	0.11205	0.01256	27	38.01312	0.078
SINT slope, μ_3	0.25275	0.06388	27	43.37361	0.024
SINV slope, μ_4	0.16720	0.02795	27	38.84484	0.065
level-1, r	9.26669	85.87150			

Deviance = 7767.356815

在隨機效果方面，考量納入模型的解釋變項後，階層二截距項的變異數 μ_{0j}（τ_{00}）= 10.770，達統計顯著水準（$\chi^2(24) = 129.518$，$p < .001$），表示各班級平均學習自我效能間還有顯著的「班級間」差異存在，與之前置入相同變項的脈絡模型相比較之下，階層二截距項的變異數由 10.844 略降為 10.770（能解釋組間變異不到 1% = (10.844−10.770) ÷ 10.844 = 0.007），階層一班級內學習自我效能誤差項的變異數 ε_{ij}（σ^2）由 86.047 略降為 85.872（能解釋組內變異不到 1%），離異係

數由 7765.156 略增為 7767.357，表示脈絡模型加入「教師服務學校屬性」總體層次解釋變項後，對於學生學習自我效能的解釋，模型的適配度與原脈絡模型差不多。

跨層級交互作用在學習自我效能分析結果摘要表（總體層次變項為教師學校屬性）

固定效果	係數	t 值 (22)
β_0 截距項		
階層二班級平均學習自我效能調整後之總平均值 γ_{00}	2.803	0.239ns
總體層次教師變項		
教師學校屬性對各班平均學習自我效能的影響力 γ_{02}	−2.810	−1.521ns
總體層次脈絡變項		
班級教學風格對各班平均學習自我效能的影響力 γ_{04}	0.152	1.384ns
班級師生互動對各班平均學習自我效能的影響力 γ_{05}	0.398	1.368ns
班級學習投入對各班平均學習自我效能的影響力 γ_{06}	0.675	2.700*
斜率 β_1	係數	t 值 (27)
學生英文成就對學習自我效能影響之平均值 γ_{10}	0.114	1.980ns
教師學校屬性— 學生英文成就對學習自我效能影響之平均值 γ_{11}	0.056	0.780ns
斜率 β_2		
學生知覺之教學風格對學習自我效能影響之平均值 γ_{20}	0.077	1.702ns
教師學校屬性— 學生知覺之教學風格對學習自我效能影響之平均值 γ_{21}	0.008	0.137ns
斜率 β_3		
學生知覺之師生互動對學習自我效能影響之平均值 γ_{30}	0.534	5.440***
教師學校屬性— 學生知覺之師生互動對學習自我效能影響之平均值 γ_{31}	−0.236	−1.767ns
斜率 β_4		
學生學習投入對學習自我效能影響之平均值 γ_{40}	0.484	7.228***
教師學校屬性— 學生學習投入對學習自我效能影響之平均值 γ_{41}	0.172	1.812ns
隨機效果（變異成分）	**變異數**	χ^2 值 (24)
階層二班級間之平均學習自我效能分數的差異 μ_{0j} (τ_{00})	10.770	129.518***
	變異數	χ^2 值 (27)
階層二班級間英文成就對學習自我效能影響的差異 μ_{1j} (τ_{11})	0.024	42.817*
階層二班級間教學風格對學習自我效能影響的差異 μ_{2j} (τ_{22})	0.013	38.013ns

階層二班級間師生互動對學習自我效能影響的差異 μ_{3j}（τ_{33}）	0.064	43.374*
階層二班級間學習投入對學習自我效能影響的差異 μ_{4j}（τ_{44}）	0.028	38.845*ns*
階層一班級內之學習自我效能分數的差異 ε_{ij}（σ^2）	85.872	

離異係數 (−2LL) = 7767.357、*ns p* > .05、* *p* < .05、** *p* < .01、*** *p* < .001

　　總體層次解釋變項只有納入「教師性別」（女教師／男教師）一個。階層一模型、階層二模型界定如下：

階層一模型

$$SEFF_{ij} = \beta_{0j} + \beta_{1j} \times (SACH_{ij} - \overline{SACH}_{.j}) + \beta_{2j} \times (SLEA_{ij} - \overline{SLEA}_{.j}) + \beta_{3j} \times (SINT_{ij} - \overline{SINT}_{.j})$$
$$+ \beta_{4j} \times (SINV_{ij} - \overline{SINV}_{.j}) + r_{ij}$$

階層二模型

$$\beta_{0j} = \gamma_{00} + \gamma_{01} \times (TSEX_j) + \gamma_{02} \times (CLAE_j) + \gamma_{03} \times (CINT_j) + \gamma_{04} \times (CINV_j) + \mu_{0j}$$

$$\beta_{1j} = \gamma_{10} + \gamma_{11} \times (TSEX_j) + \mu_{1j}$$

$$\beta_{2j} = \gamma_{20} + \gamma_{21} \times (TSEX_j) + \mu_{2j}$$

$$\beta_{3j} = \gamma_{30} + \gamma_{31} \times (TSEX_j) + \mu_{3j}$$

$$\beta_{4j} = \gamma_{40} + \gamma_{41} \times (TSEX_j) + \mu_{4j}$$

　　個體層次四個變項：「SACH」、「SLEA」、「SINT」、「SINV」均經過組平均數中心化轉換，表示「SACH」、「SLEA」、「SINT」、「SINV」四個個體層次解釋變項經組平減處理，提示語為「SACH SLEA SINT SINV have been centered around the group mean.」。

　　HLM 視窗界面如下：

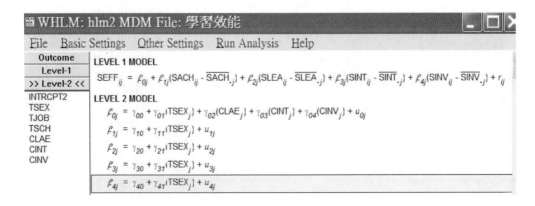

Final estimation of fixed effects（最後固定效果估計值）

with robust standard errors（有強韌性標準誤）

Fixed Effect 固定效果	Coefficient 係數	Standard error 標準誤	t-ratio t 值	Approx. $d.f.$ 自由度	p-value p 值
For INTRCPT1, β_0					
INTRCPT2, γ_{00}	18.440101	10.057496	1.833	24	0.079
TSEX, γ_{01}	0.834292	1.333587	0.626	24	0.537
CLAE, γ_{02}	−0.017932	0.108074	−0.166	24	0.870
CINT, γ_{03}	0.461662	0.297348	1.553	24	0.134
CINV, γ_{04}	0.559638	0.242665	2.306	24	0.030
For SACH slope, β_1					
INTRCPT2, γ_{10}	0.140394	0.052325	2.683	27	0.012
TSEX, γ_{11}	−0.020637	0.075331	−0.274	27	0.786
For SLEA slope, β_2					
INTRCPT2, γ_{20}	0.081500	0.042072	1.937	27	0.063
TSEX, γ_{21}	−0.029333	0.076664	−0.383	27	0.705
For SINT slope, β_3					
INTRCPT2, γ_{30}	0.506135	0.085916	5.891	27	< 0.001
TSEX, γ_{31}	−0.168721	0.149698	−1.127	27	0.270
For SINV slope, β_4					
INTRCPT2, γ_{40}	0.496413	0.060820	8.162	27	< 0.001
TSEX, γ_{41}	0.155555	0.091634	1.698	27	0.101

　　從固定效果摘要中得知，四個跨層級交互作用項係數值均未達統計顯著水準：$\gamma_{11} = -0.021$（$p > .05$）、$\gamma_{21} = -0.029$（$p > .05$）、$\gamma_{31} = -0.169$（$p > .05$）、$\gamma_{41} = 0.156$（$p > .05$），表示「教師性別」總體層次解釋變項與其他四個個體層次解釋變項對學習自我效能的影響，均沒有跨層級的交互作用效果。就個體層次解釋變項對學習自我效能的直接影響效果來看，學生英文成就表現、學生知覺之師生互動、學生學習投入對學習自我效能的影響力均達統計顯著水準，$\gamma_{10} = 0.140$（$p < .05$）、$\gamma_{30} = 0.506$（$p < .001$）、$\gamma_{40} = 0.496$（$p < .001$），學生英文成就表現、學生知覺之師生互動、學生學習投入對學習自我效能均有正向的影響效果，由於跨層級交互作用項不顯著，表示「教師性別」對「學生英文成就表現對學習自我效能的影響力」未具有調節作用；「教師性別」對「學生知覺之師生互動對學習自我效能的影響

力」未具有調節作用；「教師性別」對「學生學習投入對學習自我效能的影響力」未具有調節作用。就總體層次解釋變項對學習自我效能的直接影響效果來看，班級學習投入對各班平均學習自我效能的影響力達到統計顯著水準，$\gamma_{04} = 0.560$（$p < .05$），當班級學習投入平均測量值增加一個單位，各班學習自我效能平均可提高 0.560 個單位。

四、個體層次解釋變項為量表構面

個體層次解釋變項中，學生「知覺之師生互動」量表萃取二個共同因素：「師生教學互動」、「同儕學習互動」；「學習投入」量表萃取三個共同因素：「行為投入」、「情感投入」、「認知投入」，學生知覺之教師教學風格為「教師教學風格量表」所有題項加總的分數，變項名稱為「學生知覺之教師教學風格」，測量值分數愈高，教學風格愈傾向學生中心導向；測量值分數愈低，教學風格愈傾向教師主導取向，結果變項（依變項）為「學習自我效能」，整體學習自我效能為學生在「學習自我效能量表」所有題項的加總，變數名稱為「學生學習自我效能」。

「學生知覺之教學風格」及「師生教學互動」、「同儕學習互動」、「行為投入」、「情感投入」、「認知投入」等五個構面（向度）作為學生層次的解釋變項，六個學生層次變項以班級群組聚合的班級平均數作為「脈絡變項」。

階層一資料檔變項與階層二資料檔變項對照如下：

階層一資料檔		階層二資料檔	
CLASSID	班級編號（二個階層資料檔共同 ID 變數）	CLASSID	班級編號（二個階層資料檔共同 ID 變數）
SENG	學生個別英文成就（英文成就）	脈絡變項	以班級為單位，求出班級內所有樣本學生在變項的平均值
STYP	學生知覺之教學風格（教學風格）	CTYP	班級教學風格
STSI	學生知覺之師生教學互動（教學互動）	CTSI	班級教學互動
SSSI	學生知覺之同儕學習互動（學習互動）	CSSI	班級學習互動
SBEH	學生知覺之學習行為投入（行為投入）	CBAH	班級行為投入

SAFF	學生知覺之學習情感投入（情感投入）	CAFF	班級情感投入
SCOG	學生知覺之學習認知投入（認知投入）	CCOG	班級認知投入
SEFF	學生學習自我效能（學習自我效能）	總體層次變項	變項為教師屬性變項
SSEX	學生性別	TSEX	教師性別
		TJOB	教師職務
		TSCH	教師學校屬性

　　MDM 模組中，階層一資料檔變項選取的 ID 變數為「CLASSID」，其餘均勾選（☑ in MDM）選項。被納入階層一的個體層次（學生樣本）變項有 SSEX、SENG、STYP、STSI、SSSI、SBEH、SAFF、SCOG、SEFF（學習自我效能為結果變項）。

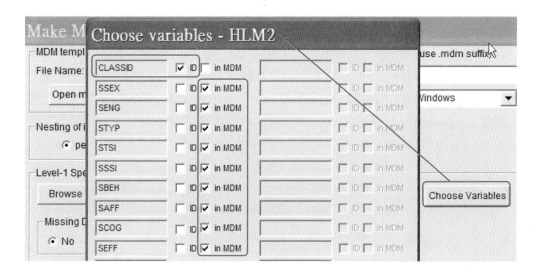

　　MDM 模組中，階層二資料檔變項選取的 ID 變數為「CLASSID」，其餘均勾選「☑in MDM」選項。被納入階層二的總體層次（包含脈絡變項、班級屬性變項、教師特徵變項）變項有 TSCH、TSEX、TJOB（班級組織變項）、CTYP、CTSI、CSSI、CBAH、CAFF、CCOG（脈絡變項）。

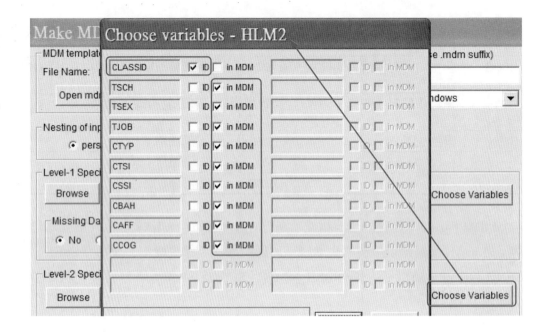

　　MDM 模組視窗中按『Check Stats』鈕，可以顯示個體層次及總體層次變項的描述性統計量摘要表，階層一資料檔的樣本數有 1051 位（表示全部有效學生樣本有 1051 位）、階層二資料檔的班級群組個數為 29（表示有 29 個班級）。

HLM2MDM.STS - 記事本

檔案(F)　編輯(E)　格式(O)　檢視(V)　說明(H)

```
         LEVEL-1 DESCRIPTIVE STATISTICS

VARIABLE NAME      N        MEAN        SD        MINIMUM      MAXIMUM
    SSEX          1051      0.42       0.49        0.00         1.00
    SENG          1051      50.00      9.87        11.09        75.87
    STYP          1051      72.01      13.95       25.00        105.00
    STSI          1051      12.23      3.16        4.00         20.00
    SSSI          1051      24.40      5.85        7.00         35.00
    SBEH          1051      23.05      4.51        6.00         30.00
    SAFF          1051      15.07      3.33        4.00         20.00
    SCOG          1051      21.90      4.93        6.00         30.00
    SEFF          1051      67.93      14.17       23.00        105.00
```

階層一資料檔中的變項

```
         LEVEL-2 DESCRIPTIVE STATISTICS

VARIABLE NAME      N        MEAN        SD        MINIMUM      MAXIMUM
    TSCH          29        0.37       0.47        0.00         1.00
    TSEX          29        0.31       0.47        0.00         1.00
    TJOB          29        0.66       0.48        0.00         1.00
    CTYP          29        72.38      6.13        58.14        84.00
    CTSI          29        12.31      1.06        9.55         14.64
    CSSI          29        24.59      2.69        20.66        30.44
    CBAH          29        23.19      1.92        19.04        26.88
    CAFF          29        15.13      1.58        11.97        18.60
    CCOG          29        21.95      1.99        17.83        25.64
```

階層二資料檔中的總體層次解釋變項

（一）隨機係數之迴歸模型的分析結果

隨機係數之迴歸模型主要進行的假設檢定為「考驗個體層次的七個解釋變項是否會顯著影響學生學習自我效能」。

階層一模式（階層一模式中的解釋變項經組平減轉換）

$$學習自我效能_{ij} = \beta_{0j} + \beta_{1j} 英文成就_{ij} + \beta_{2j} 教學風格_{ij} + \beta_{3j} 教學互動_{ij}$$
$$+ \beta_{4j} 同儕互動_{ij} + \beta_{5j} 行為投入_{ij} + \beta_{6j} 情感投入_{ij}$$
$$+ \beta_{7j} 認知投入_{ij} + r_{ij}$$

階層二模式

$$\beta_{0j} = \gamma_{00} + \mu_{0j}$$
$$\beta_{1j} = \gamma_{10} + \mu_{1j}$$
$$\beta_{2j} = \gamma_{20} + \mu_{2j}$$
$$\beta_{3j} = \gamma_{30} + \mu_{3j}$$
$$\beta_{4j} = \gamma_{40} + \mu_{4j}$$
$$\beta_{5j} = \gamma_{50} + \mu_{5j}$$
$$\beta_{6j} = \gamma_{60} + \mu_{6j}$$
$$\beta_{7j} = \gamma_{70} + \mu_{7j}$$

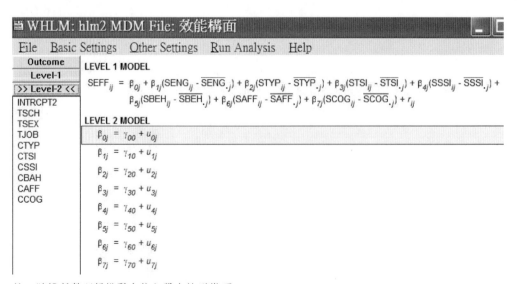

註：隨機係數迴歸模型未納入學生性別變項

Final estimation of fixed effects（最後固定效果估計值）

with robust standard errors（有強韌性標準誤）

Fixed Effect 固定效果	Coefficient 係數	Standard error 標準誤	t-ratio t 值	Approx. $d.f.$ 自由度	p-value p 值
For INTRCPT1, β_0					
INTRCPT2, γ_{00}	68.127391	1.038191	65.621	28	< 0.001
For SENG slope, β_1					
INTRCPT2, γ_{10}	0.128176	0.037318	3.435	28	0.002
For STYP slope, β_2					
INTRCPT2, γ_{20}	0.060569	0.036266	1.670	28	0.106
For STSI slope, β_3					
INTRCPT2, γ_{30}	0.965999	0.136531	7.075	28	< 0.001
For SSSI slope, β_4					
INTRCPT2, γ_{40}	0.234574	0.087946	2.667	28	0.013
For SBEH slope, β_5					
INTRCPT2, γ_{50}	−0.068951	0.101239	−0.681	28	0.501
For SAFF slope, β_6					
INTRCPT2, γ_{60}	0.418531	0.155974	2.683	28	0.012
For SCOG slope, β_7					
INTRCPT2, γ_{70}	1.172739	0.093774	12.506	28	< 0.001

就個體層次（學生層級）而言，個體層次解釋變項對學生學習自我效能有顯著影響效果者，有學生英文成就（γ_{10} = 0.128，p < .01）、學生知覺之師生教學互動（γ_{30} = 0.966，p < .001）、學生知覺之同儕學習互動（γ_{40} = 0.235，p < .01）、學習情感投入（γ_{60} = 0.419，p < .05）、學習認知投入（γ_{70} = 1.173，p < .001），學生知覺之教學風格（γ_{20} = 0.061，p > .05）與學習行為投入（γ_{50} = −0.069，p > .05）二個個體層次解釋變項對學習自我效能的影響均未達統計顯著水準。五個對學習自我效能具有顯著影響之解釋變項的係數值均為正數，表示學生英文成就、學生知覺之師生教學互動、學生知覺之同儕學習互動、學習情感投入、學習認知投入對學習自我效能均有正向的影響效果，以學生知覺之師生教學互動而言，γ_{30} = 0.966 表示學生知覺之師生教學互動測量值增加一個單位，學生學習自我效能就增加 0.966 個單位；以學習認知投入而言，γ_{70} = 1.173，表示學生個人學習認知投入增加一個單位，學習自我效能分數就提高 1.173 個單位。

多層次模式的實務應用

Final estimation of variance components（最後變異成分估計值）

Random Effect 隨機效果	Standard Deviation 標準差	Variance Component 變異數	d.f. 自由度	χ^2 卡方值	p-value p 值
INTRCPT1, μ_0	5.49301	30.17311	28	375.17597	< 0.001
SENG slope, μ_1	0.14244	0.02029	28	43.89701	0.028
STYP slope, μ_2	0.12122	0.01470	28	42.45841	0.039
STSI slope, μ_3	0.36867	0.13592	28	40.76619	0.056
SSSI slope, μ_4	0.30589	0.09357	28	43.28166	0.032
SBEH slope, μ_5	0.31584	0.09976	28	40.42520	0.060
SAFF slope, μ_6	0.53513	0.28636	28	32.92697	0.238
SCOG slope, μ_7	0.28626	0.08194	28	34.08019	0.198
level-1, r	8.69698	75.63752			

Deviance = 7673.717785

　　從隨機效果估計值中知悉：截距項的變異數 τ_{00} 等於 30.173，$\chi^2(28) = 375.176$（p < .001），達到 .05 顯著水準，表示控制個體層次七個解釋變項對學習自我效能的影響後，29 個班級學生平均學習自我效能間還有顯著的「班級間」差異存在，因而導致「班級間」學習自我效能的差異還有其他變因存在，這些變項可能是總體層次（班級屬性或教師特徵）的變因或是研究中未納入的個體層次變項。

　　學生英文學業成就對學習自我效能影響之斜率項的變異數達到統計顯著水準，$\tau_{11} = 0.020$（$\chi^2(28) = 43.897$，p < .05），表示 29 個班級學生英文學業成就對學習自我效能影響之平均斜率間有顯著的「班級間」差異存在；教學風格對學習自我效能影響之斜率項的變異數達到統計顯著水準，$\tau_{22} = 0.015$（$\chi^2(28) = 42.458$，p < .05），表示 29 個班級教學風格對學習自我效能影響之平均斜率間有顯著的「班級間」差異存在；同儕學習互動對學習自我效能影響之斜率項的變異數達到統計顯著水準，$\tau_{44} = 0.094$（$\chi^2(28) = 43.282$，p < .05），表示 29 個班級同儕學習互動對學習自我效能影響之平均斜率間有顯著的「班級間」差異存在。

　　隨機效果變異數分析模型第一層變異數 $\sigma^2_{零模型} = 178.545$，隨機係數迴歸模型第一層變異數 $\sigma^2_{隨機係數迴歸模型} = 75.638$，第一層誤差項變異數從 178.545 降至 75.638，表示階層一納入七個個體層次的預測變項後可以解釋班級之內學生學習自我效能的變異數百分比為 57.6%（$= \dfrac{178.545 - 75.638}{178.545} = .576$）。從離異係數值來看，與零

模型相較之下，離異係數值從 8481.498 下降至 7673.718，差異值為 808.080，表示隨機係數迴歸模型的適配度比零模型好很多。

（二）以截距為結果之模型的分析結果

以截距為結果模型中，階層一未納入任何個體層次解釋變項，階層二納入班級組織的解釋變項，階層二的組織變項包含脈絡變項及教師班級特徵屬性變項，分析時可以逐一納入脈絡變項、教師班級特徵屬性變項，或將脈絡變項及班級教師屬性特徵變項同時置入階層二模型中。

範例中階層二的變項中只投入脈絡變項，其餘教師班級特徵屬性總體層次的解釋變項並未納入，以截距為結果之模型主要進行的假設檢定為「考驗脈絡變項對於各班平均學習自我效能是否有顯著的影響？」

階層一模式

學習自我效能$_{ij} = \beta_{0j} + r_{ij}$

階層二模式（階層二模式的解釋變項經總平減轉換）

$\beta_{0j} = \gamma_{00} + \gamma_{01}$ 班級教學風格$_j + \gamma_{02}$ 班級教學互動$_j + \gamma_{03}$ 班級同儕互動$_j$
$\qquad + \gamma_{04}$ 班級行為投入$_j + \gamma_{05}$ 班級情感投入$_j + \gamma_{06}$ 班級認知投入$_j + \mu_{0j}$

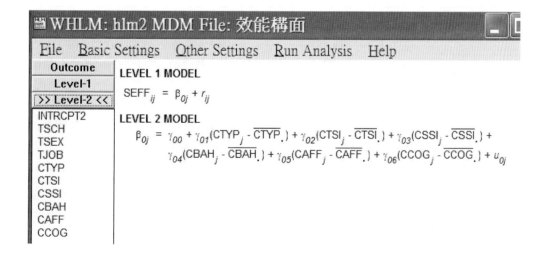

多層次模式的實務應用

Final estimation of fixed effects（最後固定效果估計值）

with robust standard errors（有強韌性標準誤）

Fixed Effect 固定效果	Coefficient 係數	Standard error 標準誤	t-ratio t 值	Approx. d.f. 自由度	p-value p 值
For INTRCPT1, β_0					
INTRCPT2, γ_{00}	68.108756	0.584770	116.471	22	< 0.001
CTYP, γ_{01}	−0.077755	0.201943	−0.385	22	0.704
CTSI, γ_{02}	0.186584	0.897910	0.208	22	0.837
CSSI, γ_{03}	0.597510	0.357517	1.671	22	0.109
CBAH, γ_{04}	−0.411909	0.483623	−0.852	22	0.404
CAFF, γ_{05}	1.149160	1.126137	1.020	22	0.319
CCOG, γ_{06}	1.263146	0.922362	1.369	22	0.185

　　從固定效果估計值摘要表發現：六個脈絡變項對各班平均學習自我效能的影響均未達統計顯著水準，表示 γ_{01} 至 γ_{06} 六個參數值均顯著等於 0。

Final estimation of variance components（最後變異成分估計值）

Random Effect 隨機效果	Standard Deviation 標準差	Variance Component 變異數	d.f. 自由度	χ^2 卡方值	p-value p 值
INTRCPT1, μ_0	2.76937	7.66941	22	55.21299	< 0.001
level-1, r	13.36641	178.66087			

Deviance = 8448.802117

　　組內相關係數 $\text{ICC} = \rho = \dfrac{\tau_{00}}{\tau_{00} + \sigma^2} = \dfrac{7.669}{7.669 + 178.661} = 0.041$，與零模型組內相關係數相比較來看，零模型的組內相關係數 $\rho_{零模型} = 0.127$，以截距為結果之迴歸模型的組內相關係數為 0.041，表示納入階層二的總體層次脈絡變項可以讓組內相關係數由 12.7% 降為 4.1%，階層二納入六個脈絡變項可以降低班級間平均學習自我效能的差異，但就個別脈絡變項而言，並沒有一個脈絡變項對班級平均自我效能有顯著的直接影響效果，此種情形可能是脈絡變項間有某種程度相關，引起多元共線性問題所導致。

　　階層二模型中同時納入教師屬性特徵（或班級變因）及脈絡變項的模型為：

階層一模式

學習自我效能$_{ij}$ = β_{0j} + r_{ij}

階層二模式（階層二模式的解釋變項經總平減轉換）

β_{0j} = γ_{00} + γ_{01} 教師學校$_j$ + γ_{02} 教師性別$_j$ + γ_{03} 教師職務$_j$

     + γ_{04} 班級教學風格$_j$ + γ_{05} 班級教學互動$_j$ + γ_{06} 班級同儕互動$_j$

     + γ_{07} 班級行為投入$_j$ + γ_{08} 班級情感投入$_j$ + γ_{09} 班級認知投入$_j$ + μ_{0j}

WHLM: hlm2 MDM File: 效能構面

File   Basic Settings   Other Settings   Run Analysis   Help

| Outcome |
| Level-1 |
| >> Level-2 << |
| INTRCPT2 |
| TSCH |
| TSEX |
| TJOB |
| CTYP |
| CTSI |
| CSSI |
| CBAH |
| CAFF |
| CCOG |

LEVEL 1 MODEL

$SEFF_{ij}$ = β_{0j} + r_{ij}

LEVEL 2 MODEL

β_{0j} = γ_{00} + γ_{01}(TSCH$_j$) + γ_{02}(TSEX$_j$) + γ_{03}(TJOB$_j$) + γ_{04}(CTYP$_j$) + γ_{05}(CTSI$_j$) + γ_{06}(CSSI$_j$) + γ_{07}(CBAH$_j$) + γ_{08}(CAFF$_j$) + γ_{09}(CCOG$_j$) + u_{0j}

以平均數為結果之迴歸模型中，第二層班級組織總體層次的解釋變項為班級屬性或教師特徵，納入的總體層次變項為教師服務學校屬性（私立或公立）、教師性別（女教師或男教師）、教師職務（兼任教師或專任教師）。

階層一模式

$SEFF_{ij}$ = β_{0j} + r_{ij}

階層二模式

β_{0j} = γ_{00} + $\gamma_{01} \times (TSCH_j)$ + $\gamma_{02} \times (TSEX_j)$ + $\gamma_{03} \times (TJOB_j)$ + μ_{0j}

混合模式

$SEFF_{ij}$ = γ_{00} + $\gamma_{01} \times TSCH_j$ + $\gamma_{02} \times TSEX_j$ + $\gamma_{03} \times TJOB_j$ + μ_{0j} + r_{ij}

多層次模式的實務應用

Final estimation of fixed effects（最後固定效果估計值）

with robust standard errors（有強韌性標準誤）

Fixed Effect 固定效果	Coefficient 係數	Standard error 標準誤	t-ratio t 值	Approx. $d.f.$ 自由度	p-value p 值
For INTRCPT1, β_0					
INTRCPT2, γ_{00}	67.279716	1.796520	37.450	25	< 0.001
TSCH, γ_{01}	3.536792	2.499535	1.415	25	0.169
TSEX, γ_{02}	1.273883	1.971680	0.646	25	0.524
TJOB, γ_{03}	−1.302085	2.077747	−0.627	25	0.537

　　從固定效果值摘要表來看，三個總體層次解釋變項教師服務學校屬性、教師性別、教師職務對各班平均學習自我效能均沒有顯著的影響效果，其中 $\gamma_{01} = 3.537$，$p > .05$；$\gamma_{02} = 1.274$，$p > .05$；$\gamma_{03} = -1.302$，$p > .05$，三個固定效果係數參數均未達統計顯著水準。

　　單獨以教師服務學校屬性（私立學校或公立學校）為第二層的解釋變項時，教師服務學校屬性解釋變項對學習自我效能的直接影響效果則達統計顯著水準。

Final estimation of fixed effects（最後固定效果估計值）

with robust standard errors（有強韌性標準誤）

Fixed Effect 固定效果	Coefficient 係數	Standard error 標準誤	t-ratio t 值	Approx. $d.f.$ 自由度	p-value p 值
For INTRCPT1, β_0					
INTRCPT2, γ_{00}	66.494482	1.273414	52.218	27	< 0.001
TSCH, γ_{01}	4.395875	2.076373	2.117	27	0.044

　　以總體層次變項「教師服務學校屬性」為第二層解釋變項時，$\gamma_{01} = 4.396$（$p < .05$），表示「公立學校教師」班級平均學習自我效能顯著的高於「私立學校教師」班級平均學習自我效能。就第二層組織變項對結果變項的影響效果檢定分析，研究者可以逐一將班級組織變項納入，分別探究班級組織變項對結果變項的影響是否達到顯著，並將換算之組內相關係數與零模型之組內相關係數進行比較，以探究納入組織變因後，組內相關係數的變化情況。

（三）脈絡模型的分析結果

　　脈絡模型中階層二解釋變項中只納入脈絡變項，假設檢定在於考驗同時投入個體層次解釋變項與總體層次脈絡變項後，各解釋變項對學生學習自我效能的直接影響效果是否顯著？

階層一模式（階層一模式中的解釋變項經組平減轉換）

$$學習自我效能_{ij} = \beta_{0j} + \beta_{1j} 英文成就_{ij} + \beta_{2j} 教學風格_{ij} + \beta_{3j} 教學互動_{ij}$$
$$+ \beta_{4j} 同儕互動_{ij} + \beta_{5j} 行為投入_{ij} + \beta_{6j} 情感投入_{ij}$$
$$+ \beta_{7j} 認知投入_{ij} + r_{ij}$$

階層二模式（階層二模式中的脈絡變項經總平減轉換）

$$\beta_{0j} = \gamma_{00} + \gamma_{01} 班級教學風格_j + \gamma_{02} 班級教學互動_j + \gamma_{03} 班級同儕互動_j$$
$$+ \gamma_{04} 班級行為投入_j + \gamma_{05} 班級情感投入_j + \gamma_{06} 班級認知投入_j + \mu_{0j}$$
$$\beta_{1j} = \gamma_{10} + \mu_{1j}$$
$$\beta_{2j} = \gamma_{20} + \mu_{2j}$$
$$\beta_{3j} = \gamma_{30} + \mu_{3j}$$
$$\beta_{4j} = \gamma_{40} + \mu_{4j}$$
$$\beta_{5j} = \gamma_{50} + \mu_{5j}$$
$$\beta_{6j} = \gamma_{60} + \mu_{6j}$$
$$\beta_{7j} = \gamma_{70} + \mu_{7j}$$

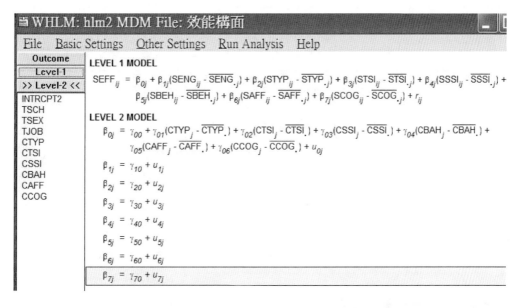

多層次模式的實務應用

Final estimation of fixed effects（最後固定效果估計值）

with robust standard errors（有強韌性標準誤）

Fixed Effect 固定效果	Coefficient 係數	Standard error 標準誤	t-ratio t 值	Approx. $d.f.$ 自由度	p-value p 值
For INTRCPT1, β_0					
INTRCPT2, γ_{00}	68.141451	0.611132	111.500	22	< 0.001
CTYP, γ_{01}	−0.010101	0.125908	−0.080	22	0.937
CTSI, γ_{02}	0.046613	0.610600	0.076	22	0.940
CSSI, γ_{03}	0.766503	0.257690	2.975	22	0.007
CBAH, γ_{04}	−0.765467	0.336397	−2.275	22	0.033
CAFF, γ_{05}	1.201121	0.773920	1.552	22	0.135
CCOG, γ_{06}	1.107154	0.684894	1.617	22	0.120
For SENG slope, β_1					
INTRCPT2, γ_{10}	0.131667	0.037496	3.511	28	0.002
For STYP slope, β_2					
INTRCPT2, γ_{20}	0.061514	0.036643	1.679	28	0.104
For STSI slope, β_3					
INTRCPT2, γ_{30}	0.957483	0.143896	6.654	28	< 0.001
For SSSI slope, β_4					
INTRCPT2, γ_{40}	0.230314	0.085492	2.694	28	0.012
For SBEH slope, β_5					
INTRCPT2, γ_{50}	−0.071962	0.101447	−0.709	28	0.484
For SAFF slope, β_6					
INTRCPT2, γ_{60}	0.380832	0.153518	2.481	28	0.019
For SCOG slope, β_7					
INTRCPT2, γ_{70}	1.186433	0.092643	12.807	28	< 0.001

　　從固定效果係數摘要中可以得知：脈絡變項對各班平均學習自我效能有顯著影響效果的變項有二項，分別是「班級同儕互動」（$\gamma_{03} = 0.767$，$p < .01$）與「班級行為投入」（$\gamma_{04} = -0.765$，$p < .05$），其中「班級同儕互動」的參數估計值為正值，表示班級同儕互動愈多，各班平均學習自我效能就愈佳，「班級行為投入」的參數估計值為負值，表示班級行為投入愈多，各班平均學習自我效能就愈差。

　　就個體層次解釋變項對學生學習自我效能的影響而言，達到統計顯著水準的變項有學生英文成就（$\gamma_{10} = 0.132$，$p < .01$）、學生知覺之師生教學互動（$\gamma_{30} =$

0.957，$p < .001$）、學生知覺之同儕學習互動（$\gamma_{40} = 0.230$，$p < .05$）、學生情感投入（$\gamma_{60} = 0.381$，$p < .05$）、學生認知投入（$\gamma_{70} = 1.186$，$p < .001$），以影響的重要性來看，學生認知投入的影響最大，其次是學生知覺之師生教學互動、學生情感投入、學生知覺之同儕學習互動、學生英文成就，至於學生知覺之教學風格、學生行為投入的影響效果則未達顯著，此結果與隨機係數之迴歸模型相同。

Final estimation of variance components（最後變異成分估計值）

Random Effect 隨機效果	Standard Deviation 標準差	Variance Component 變異數	d.f. 自由度	χ^2 卡方值	p-value p 值
INTRCPT1, μ_0	3.29044	10.82700	22	137.44300	< 0.001
SENG slope, μ_1	0.14496	0.02101	28	43.90180	0.028
STYP slope, μ_2	0.12340	0.01523	28	42.49443	0.039
STSI slope, μ_3	0.44181	0.19520	28	40.81260	0.056
SSSI slope, μ_4	0.26654	0.07104	28	43.35779	0.032
SBEH slope, μ_5	0.32384	0.10487	28	40.45945	0.060
SAFF slope, μ_6	0.51453	0.26474	28	32.74727	0.245
SCOG slope, μ_7	0.27610	0.07623	28	34.27582	0.192
level-1, r	8.69271	75.56317			

Deviance = 7645.076178

從隨機效果估計值中知悉：截距項的變異數 τ_{00} 等於 10.827，$\chi^2(22) = 137.443$（$p < .001$），達到 .05 顯著水準，表示 29 個班級學生平均學習自我效能間有顯著的「班級間」差異存在。

學生英文學業成就對學習自我效能影響之斜率項的變異數達到統計顯著水準，$\tau_{11} = 0.021$（$p < .05$），表示 29 個班級學生英文學業成就對學習自我效能影響之平均斜率間有顯著的「班級間」差異存在；教學風格對學習自我效能影響之斜率項的變異數達到統計顯著水準，$\tau_{22} = 0.015$（$p < .05$），表示 29 個班級教學風格對學習自我效能影響之平均斜率間有顯著的「班級間」差異存在；同儕學習互動對學習自我效能影響之斜率項的變異數達到統計顯著水準，$\tau_{44} = 0.071$（$p < .05$），表示 29 個班級同儕學習互動對學習自我效能影響之平均斜率間有顯著的「班級間」差異存在。

主要參考書目

吳明隆（2009）。SPSS 操作與應用——多變量分析實務。臺北：五南。

陳正昌、程炳林、陳新豐、劉子鍵（2011）。多變量分析方法——統計軟體應用（第六版）。臺北：五南。

郭志剛等（譯）（2008）（S. W. Raudenbush & A. S. Bryk 著）。階層線性模式。臺北：五南。

張芳全（2010）。多層次模型在學習成之研究。臺北：心理。

溫福星、邱皓政（2011）。多層次模式方法論。新北市：新亞測驗評量暨技術研究中心。

謝俊義（2010）。多層次線性分析：理論、方法與實務。臺北：鼎茂。

Bickel, R.(2007). *Multilevel analysis for applied research: It's just regression.* New York: Guilford Press.

Heck, R. H., & Thomas, S. T. (2009). *An introduction to multilevel modeling techniques.* New York, NY: Routledge.

Kreft, I. G., & Leeuw, J. (1998). *Introducing multilevel modeling.* Newbury Park, CA: SAGE.

Maas, C. J. M., & Hox, J. J. (2005). Sufficient sample sizes for multilevel modeling. *Methodology, 1,* 86-92.

Mok, M. (1995). *Sample size requirements for 2-level designs in educational research.* Sydney, Asutralia: Macquarie University.

Snijders, T. A B, & Bosker, R. J. (2010). *Multilevel analysis-An introduction to basic and advanced multilevel modeling.* Newbury Park, CA: Sage.

Stevens, J. P. (2009). *Applied multivariate statistics for the social sciences.* New York, NY: Routledge.

Teo, T. (2012). Hierarchical linear modeling (HLM) with application in education technology research: A non-technical. *International Journal of Instructional Media, 39*(1), 87-93.

五南文化廣場

橫跨各領域的專業性、學術性書籍
在這裡必能滿足您的絕佳選擇！

五南全國展售門市

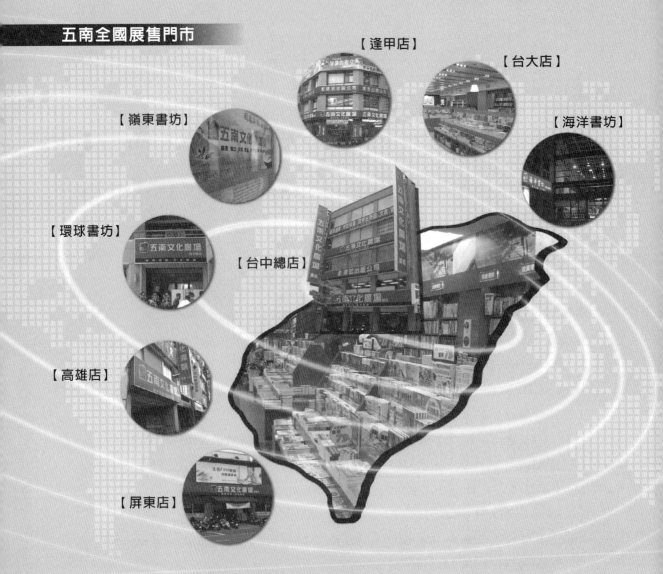

【逢甲店】

【台大店】

【嶺東書坊】

【海洋書坊】

【環球書坊】

【台中總店】

【高雄店】

【屏東店】

海洋書坊：202 基 隆 市 北 寧 路 2號 TEL：02-24636590　FAX：02-24636591
台 大 店：100 台北市羅斯福路四段160號 TEL：02-23683380　FAX：02-23683381
逢 甲 店：407 台中市河南路二段240號 TEL：04-27055800　FAX：04-27055801
台中總店：400 台 中 市 中 山 路 6號 TEL：04-22260330　FAX：04-22258234
嶺東書坊：408 台中市南屯區嶺東路1號 TEL：04-23853672　FAX：04-23853719
環球書坊：640 雲林縣斗六市嘉東里鎮南路1221號 TEL：05-5348939　FAX：05-5348940
高 雄 店：800 高 雄 市 中 山 一 路 290號 TEL：07-2351960　FAX：07-2351963
屏 東 店：900 屏 東 市 中 山 路 46-2號 TEL：08-7324020　FAX：08-7327357
中信圖書團購部：400 台 中 市 中 山 路 6號 TEL：04-22260339　FAX：04-22258234
政府出版品總經銷：400 台中市軍福七路600號 TEL：04-24378010　FAX：04-24377010
網 路 書 店　http://www.wunanbooks.com.tw

專業法商理工圖書・各類圖書・考試用書・雜誌・文具・禮品・大陸簡體書
政府出版品總經銷・中信圖書館採購編目・教科書代辦業務

五南圖解財經商管系列

※ 最有系統的圖解財經工具書。

※ 一單元一概念，精簡扼要傳授財經必備知識。

※ 超越傳統書籍，結合實務精華理論，提升就業競爭力，與時俱進。

※ 內容完整，架構清晰，圖文並茂‧容易理解‧快速吸收。

圖解企劃案撰寫
／戴國良

圖解企業管理(MBA學)
／戴國良

圖解企業危機管理
／朱延智

圖解行銷學
／戴國良

圖解策略管理
／戴國良

圖解管理學
／戴國良

圖解經濟學
／伍忠賢

圖解國貿實務
／李淑茹

圖解會計學
／趙敏希
馬嘉應教授審定

圖解作業研究
／趙元和、趙英宏、
趙敏希

圖解人力資源管理
／戴國良

圖解財務管理
／戴國良

圖解領導學
／戴國良

國家圖書館出版品預行編目資料

多層次模式的實務應用 / 吳明隆著. -- 初版.
-- 臺北市：五南, 2013.07
　　面；　公分
ISBN 978-957-11-7178-4(平裝)

1.社會科學 2.研究方法 3.線性結構

501.28　　　　　　　　　　102011892

1H83
多層次模式的實務應用

作　　者－吳明隆（60.2）

發 行 人－楊榮川

總 編 輯－王翠華

主　　編－張毓芬

責任編輯－侯家嵐

文字校對－陳俐君

封面設計－盧盈良

排版設計－上驊實業有限公司

出 版 者－五南圖書出版股份有限公司

地　　址：106 台北市大安區和平東路二段 339 號 4 樓

電　　話：(02)2705-5066

傳　　真：(02)2706-6100

網　　址：http://www.wunan.com.tw

電子郵件：wunan@wunan.com.tw

劃撥帳號：01068953

戶　　名：五南圖書出版股份有限公司

台中市駐區辦公室／台中市中區中山路 6 號

電　　話：(04)2223-0891

傳　　真：(04)2223-3549

高雄市駐區辦公室／高雄市新興區中山一路 290 號

電　　話：(07)2358-702

傳　　真：(07)2350-236

法律顧問　林勝安律師事務所　林勝安律師

出版日期：2013 年 7 月初版一刷

定　　價　新臺幣 670 元